KB139221

일제강점기 글쓰기론 자료 1

일제강점기 글쓰기론 자료

일제 강점기 글쓰기론 자료

1

일제 강점기 글쓰기론 자료

김경남 엮음

경진출판

최근 근대적 글쓰기와 관련된 연구가 비교적 많은 성과를 거두고 있다. 근대적 글쓰기 연구는 주로 1890년대부터 일제강점기까지를 대상으로, 그 시대의 글쓰기가 어떤 경향을 보이며, 어떤 의미를 갖고 있는가를 연구 주제로 삼는 경향이 있다. 일부 연구에서는 이 시기의 글쓰기가 재현으로서의 가치를 가지며 자아를 발견하는 시기로 규정하는 경우도 있고, 문예나 문체 발전의 관점에서 연구를 진행하는 경우도 있다.

이러한 흐름에서 이 시기의 글쓰기 관련 교재를 발굴하고 소개하는 작업도 다수 이루어졌다. 최재학의 『문장지남』(1908), 『실지응용작문법』(1909)을 비롯하여, 이각종의 『실용작문법』(1911), 이종린의 『문장체법』(1914)을 비롯한 다수의 교재가 발굴 소개된 것이 대표적이다.

그러나 근대 시기의 글쓰기에 관한 논의가 일부 교재에서만 이루어진 것은 아니다. 특히 일제강점기의 경우, 다수의 잡지나 신문에서 글쓰기와 관련된 논설 또는 논문을 발견할 수 있다. 더욱이 문학적 글쓰기, 곧 창작과 관련된 논의는 프로 문학 논쟁이 본격화되면서 빈번한 논쟁의 주제가 된다.

이 자료집은 일제강점기에 이루어진 글쓰기 관련 자료를 모아 놓은 것이다. 자료 정리의 기준은 1) 글쓰기와 관련된 일반적인 논의, 2) 잡지에 등장하는 문학적 글쓰기와 관련된 논의, 3) 동아일보에 소재하는 문학적 글쓰기(창작 관련 논의)이다. 이 자료집에 정리한 글들이 이 시대의 글쓰기와 관련된 자료를 전수 조사한 것은 아니지만, 지금까지 정리되지 않았던 자료를 최대한 찾아 정리하고자 한 점에서, 일제강점기의 글쓰기에 관한 연구자들에게 다소의 도움이 될 것으로 기대한다.

김경남

제2부 일제강점기 문학적 글쓰기론 자료(잡지 편)

제3부 일제강점기 문학적 글쓰기론 자료(동아일보 편)

제 **1** 부

일제강점기 신문·잡지 소재 글쓰기론

[1] 文章小論:
金岸曙, 『조선문단』 창작특집 제2호(1925.4.)

1.

　사람은 社會的 動物이라 합니다. 社會的 動物이라 함에는 그 뜻이 다른데 있는 것이 아니요 사람이란 혼자서 살 수가 없다는 것이외다. 그러기에 사람은 알 수 업는 그 옛날부터 오늘날까지 社會라는 組織體를 만들어놓고 그 안에서 살아온 것이외다. 그러고 같은 生活을 난호아 두 가지로 個人이니 社會니 하거니와 그 實 자세히 들여다보면 世上에는 絶對로 個人生活이 있을 수 없는 일이오 또한 絶對로 社會生活이 없는 것이외다. 어듸까지든지 서로 도와가면서 살아가는 것이외다.

　個人들이 모혀서 한덩어리를 만들어놓고 살아감에는 무엇보다도 말이 必要하외다. 말이 없어서는 서로 意思를 表示할 수가 없기 때문이외다. 말을 모르는 어린 아이라도 아프면 아프다는 標로 얼굴을 찡그리든가 울든가 하는 것이요, 기쁘면 기쁘다고 버룩버룩 웃지 아니하든가 이것도 다 自己의 意思를 表示해 놓는데 지나지 아니하는 일이거니와 만일 사람에게 言語가 없다 하면 얼마나 不便하며 圓滿한 生活을 할수가 없는지 이것으로 알 수가 있는 일이외다. 또 그러고 사람에게는 나면서부터 本能으로의 表現慾이 있습니다. 잠시도 가만이 있지 아니하고 손을 움직이든가 발꼬락을 놀니든가 하는 것도 다 自己의 意思表示외다. 이러한 사람에게 言語가 있어 思想과 感情을 表할 수가 있으나저 요한福音 첫머리에 있는 '첨에 말이 있으니 말은 곧 하느님이라.'한 글 句가 決코 偶然한 일이 아니외다. 하느님도 말이 없이는 自己의 意見을 表示해 놓을 수가 없지 아니하든가 이것으로써 보면 말을 서로通치 못하는 外國人들의 心情처럼 외로운 것은 없을 것이외다.

자기의 意思를 發表하야 내것과 남의 것과가 合致되는가 아니 되는가를 돌아보아서 버릴 것은 버리고 取할 것을 取하는 곳에 사람은 社會的 動物이라는 意義가 잇는 것이외다. 그러기에 사람의 生活에서 言語를 뽑아 버린다 하면 그것은 마치 사람에게서 生命을 없애버리는 것이나 마찬가지 이미 言語는 그만치 重한 것이외다.

그럼 글이란 무엇이냐 할 것이외다. 글이나 말은 다같이 사람의 思想과 感情을 表現해 주는 것이거니와 그 다른 点을 말하라면 글은 말을 代身하는 것으로 말은 두고두고 꼭같이 傳할 수가 없어도 글을 오래 동안 두고두고 傳할 수가 있는 것이외다. 言語란 입으로 하는 말이오, 文章이란 글로 하는 말이라고 할 수가 있는 것이외다. 아모리 같은 말이라도 文字로써 그것을 代身케 되면 입으로 하는 말과는 自然히 달라지지 아니할 수가 없으니 말은 그 音聲을 높인다든가 손즛을 한다든가 하면 不足한 点을 補充할 수가 있거니와 글에 이르러서는 音聲을 높일 수도 없고 손짓을 할 수가 없는 것이외다. 이곳에 어떻게 하면 글로써 自己의 思想과 感情을 고대로 그려 놓을 수가 있는가 하는 問題가 생기는 것이외다.

또 그러고 말은 그 자리에서 깊은 感動을 주면 그만이나 글에 이르러서는 될 수 있는 대로 오래동안 그 感銘을 주자는 데 있습니다. 그러기 때문에 말 잘하는 사람이라고 글 잘 쓰는 사람이 되지 못하야 이야

말로 全혀 그 才能이 다른 것이외다. 그러고 글을 두 가지로 난호아 韻文과 散文으로 區別합니다. 韻文이라 함은 詩歌로 普通 文章과는 그 目的이 다릅습니다. 그리하야 이것은 實用的이 아니기 때문에 차라리 藝術的 文章이라 할 만한 것이외다. 그러고 散文이라 함은 自己의 마음에 있는 대로 하고 싶은 이야기를 그대로 表現해 놋는 글이외다. 편지를 쓰는 것이나 小說을 쓰는 것이나 다 文章의 分類로는 散文이외다. 이 散文처럼 넓이 누구에게나 通用되는 것은 없으니 筆者가 이야기하랴는 글이란 이 種類의 文章을 말할 것도 없이 韻文은 韻文으로의 獨特한 發達이 있고 散文은 散文으로의 進步가 있는 것이외다.

2.

그런데 글은 어떻게 만들 것인가. 이에 對한 基礎知識이라 할 만한 것을 몇 가지 말슴들이겠습니다.

글을 지으랴면 네 가지 準備가 必要하다. 첫재에는 辭典이왜다. 正確한 辭典이 없이는 單語의 意味를 分明이 할 수가 없습니다. 둘재에는 文典이니 文典이 없이는 言語의 組織을 分明히 할 수가 없습니다. 셋재에는 論理에 대한 知識이 없으면 文章에 誤謬가 생기기 쉽습니다. 그리고 마즈막에는 修辭學이외다. 修辭에 對한 修養이 있는 이라야 아름답게 쓸 수가 있는 것이외다.

이에 對한 準備가 글을 쓰는데 대단이 必要하외다. 그러나 우리에게는 辭典이 있습니까. 文典도 아직까지는 確定된 것이 없고 論理와 修辭 같은 것에 이르러서는 朝鮮말로 된 것이 없으매 이러한 것은 남의 것을 빌어다가 본다 하고 그보다도 根本이라 할 만한 辭典과 文典이 없으니 이 点으로 보면 朝鮮서는 글을 쓴다는 것도 대단한 어려움이외다. 그러나 그렇다고 글쓰기를 斷念할 수는 없는 것이외다.

글이란 남에게 깊은 感銘을 주자 함에 있는 것이외다. 그러면 같은 말이라도 어떠한 말을 쓴 것인가 이에 對하야 또한 생각을 게을리 할 수가 없는 일이외다. 같은 말에도 두 가지가 있어 하나는 <u>歷史的과 다른</u> <u>하나는 地方的과가 있으니</u> 歷史的에는 古語體와 文語體와 現語體가 있습니다. 古語體라 함은 예전에 쓰든 말이나 現代에는 쓰지 아니하는 것이니 死語에 가까운 것이외다. 글에다 特殊한 境遇를 除한 以外에는 決코 쓸 것이 아니외다. 文語體라 함은 論語와 孟子같은 冊에 使用된 것으로 所謂 諺解외다. 이와 같은 語體도 實用으로 보아 一般性을 가지지 못하였기 때문에 쓰지 아니하는 것이 좋습니다. 웨 그런고 글이란 누구에게던지 귀에 거슬니지 아니하고 곧 解得되리랴야 感動을 줄 수가 있기 때문이외다. 그 다음에 現語體외다. 現語體라 함은 文字 그대로 方今 通用되는 現行하는 말이니 가장 깊은 感銘을 주는 것이외다. <u>그러면 文章에 많은 效果를 나타내이랴 함에는 이 現語體를 使用함이 第</u> <u>一일 것이외다.</u>

그리고 地方的으로 말의 뜻과 習慣이 各各 다르니 그것을 그대로 쓴다 하면 남에게 解得되기 어려울 것이외다.

道에 따라서 各各 사투리가 있으니 저 咸鏡道에서 '있소꼬마'니 '왔음둥둥' 하는 말을 다른 道 사람에게 한다 하면 알지 못할 것이외다. 또 平安道의 '왔음마'니 '갔쉐' 하는 것이나 慶尙道에서 '살'이라는 말은 다른 道의 '쌀'이 되는 것이나 그 地方的 色彩를 如實하게 내임에는 必要하여도 決코 一般的으로 使用할 것이 아니외다.

그런지라 말에는 標準을 세우고 그것을 쓰는 것이 一般의 理解에 가장 便利한 것이외다. 어떤 이는 말에다 어떻게 標準을 세우느냐 假令 서울서 '귀멍어리'라는 말을 平安道에서는 '귀먹걸이'라고 하니 이러한 것이 다 標準을 세울 수가 없다고 하는 것을 들었습니다. 그러나 그것은 그런 것이 아니외다. 아무리 '벙어리'라는 말을 '버버리'라고 하더래도 그것은 그 地方地方의 사투리에 지나지 아니하는 것이요, 넓이 생각하면 一般性을 가진 말이 없지도 아니할 뿐 아니라 또 어떠한 말이던지 가장 좋다 할 만한 것을 標準語로 定해 놓고 그것을 使用하면 그것이 곧 누구누구에게나(이에는 敎科書의 그것을 가르침임은 勿論

이외다.) 通用될 것이니 이만한 것을 가지고 標準을 세울 수가 없다는 것은 한 個의 固執에 지나지 아니하는 것이외다.

우리가 標準해 쓸 만한 말은 <u>서울의 現行語</u>외다. 筆者는 이것을 標準 삼아 使用하여 왔거니와 만일 서울말에 自己의 感情을 고대로 나타내 여 줄 만한 것이 없는 때에는 地方의 사투리에서 가장 音調 좋은 말을 골나서 쓰고 맙니다. <u>사투리라도 한 사람 두 사람 使用해 가노라면 一 般性을 가지게</u> 되는 것이외다.

자 이것이 글을 쓰는데 入門으로의 準備인 줄 압니다. 그러면 한거름 나아가서 筆者는 어떻게 하면 思想과 感情을 알아볼 수 있도록 그려놓 을 수가 있는가, 아모리 좋은 생각이라도 그것을 그려놓을 만한 才能이 없는 사람은 한갓되인 일에 지내지 아니하는 것이외다. 才能이 있는 사람은 조곰만 힘을 쓰면 그 질로 곧 들어가게 되어도 才能이 없는 사 람은 如干한 法則만으로는 아니되고 <u>꾸준히 좋은 글을 읽어가면서 많이 지어보는 수밖에 없는 것이외다.</u> 또 어떤 便으로 보면 本來 글이란 다른 科學 모양으로 이렇게 하지 아니하면 아니 된다는 法則이나 方式이 있 는 것이 아니외다. 이미 이러하다는 決定的 法則과 方式이 없으매 文章 의 길로 들어감에는 여러 가지 길이 있는 것은 말할 것도 없는 일이거 니와 그렇다고 全혀 그 方式이라 할 만한 것이 없는 것도 아니외다.

筆者는 글에 對하야 네 가지 標語를 가젓으니 그것은 '<u>眞實하게, 分 明하게, 알기 쉽게, 아름답게</u>' 모다 이러함이 없이 글을 쓴다 하면 그것 은 더 말할 것이 없이 惡文일 것이외다. 그런데 아름답지 아니한 意見 이나마 筆者는 하나씩 하나씩 그것을 이야기하고저 하거니와 筆者가 <u>文章 小論이라고 붓을 든 것도 그 實은 이 네 가지를 말하자 함</u>에 지내지 아니하는 것이외다.

그러면 어떻게 하면 眞實하게 글을 쓸 수가 있는가.

저 有名한 '루우소우'에게 일즉이 누구가 어떻게 하면 小說을 쓸 수 가 있느냐를 물을 때에 그는 서슴지 아니하고 거즛을 참되게 쓰라고 하였든 것이외다. 이 거즛이라 함은 다른 것이 아니요, 作者의 머릿속에 想이 있는 것만치 이 現實의 事實은 아니기 때문에 거즛이라 한 것이요, 決코 自己의 맘을 거즛하라는 것은 아니외다. 거즛으로는 사람의 맘을 움직일 수가 없는 것이외다. 글의 目的이 사람에게 깊은 感銘을 주는데 있다 하면 참된 글이라야 반듯이 읽는 사람의 맘을 움직여 놓을 것이외다. 眞實한 맘을 고대로 表現해 놓으라는 말이니 自己가 생각한 대로 自己가 느낀 대로 自己가 본 대로 自己가 들은 대로 그것을 表現해 놓지 아니하는 限에서는 眞實을 있을 수 업는 것이외다.

예로부터 至誠感天이라는 말도 있거니와 至誠이 없이는 決코 남의 맘을 움직여 놓을 수가 없는 일이외다. 하지 아니하고는 참을 수가 없는 말이 眞實한 맘이라면 쓰지 아니하고는 견대일 수 없는 글이 참된 글일 것이외다. 이것으로 보면 맘에는 아모 것도 없으면서 붓을 들어 글을 쓴다는 것처럼 罪되는 일은 없는 것이외다. 누구의 맘이든지 움직여 놓지 못하고 한갓되이 붓과 조희만을 울리게 하니 世上에 이와 같이 罪되는 일이 어디 있겠습니까? 우리는 혼히 美辭佳句로 엮어 놓은 文章에서보다 素朴하나마 純實한 글에서 感動을 받은 때가 많습니다. 이것은 美辭佳句에는 거즛이 있기 쉽고 純實한 그것에는 아름답지는 못하나 참된 心情이 나타나기 때문이외다. 그러기에 맨 처음부터 想이 없는 것이면 決코 붓을 들으랴 하지 아니하는 것이 좋은 일이외다.

붓을 들어 쓰기 前에 몬저 내가 쓰면 무엇을 쓸 것인가, 다시 말하면 내가 이에 對하야 무엇을 보았든가, 무엇을 들었든가, 무엇을 생각하였든가, 무엇을 느꼈든가 하면서 다시 한 번 살펴보는 것이외다. 그 結果 分明히 뚜렷한 무엇이 나타나거든 비로소 붓을 잡을 것이요, 그렇지 아니한, 境遇에는 決코 붓을 잡을 것이 아니외다. 그러한 참된 것이 없으면서 붓을 잡는다 하면 무엇을 쓸 것입니까. 自己도 모르는 거즛을 짓거림에 지내지 아니할 것이니 이야말로 누더기에 개똥이외다.

體驗이란 누구에게든지 必要합니다만은 文章을 業으로 하는 이에게서처럼 貴重한 것은 없는 것이외다. 그러고 想像力과 敏感이 必要한 것은 더 말할 것도 없는 일이외다. 眞實한 맘이란 글을 쓰는 사람의 언제든지 잊어서는 아니될 일이니 글을 쓰게 하는 動機가 이곳에 있기 때문이외다.

4.

아모리 眞實한 생각이 있다 하더라도 그것을 分明하게 表示치 아니하여서는 無意味한 일이 되고 보니 이곳에서 '分明하게' 하는 둘재 標語와 對面케 되는 것이외다.

어떻게 글을 分明히 쓸 수가 있을가.

이에는 여러 가지 方法이 있습니다. 첫재에는 <u>單語를 撰擇할 것이외다. 單語는 文章을 이루워 주는 基礎외다. 單語가 모혀서 한 句가 되고 句가 모혀서 한 節이 되고 節이 모혀서 한 章이 되고 章이 모혀서 한 篇이 되니</u> 어떻게 單語를 輕視할 수가 있겠습니까. 이써 單語를 골르라는 所以거니와 確定한 意味를 가진 單語를 擇하기 위하야는 될 수 있는 대로 여러 가지 뜻을 가진 單語를 쓰지 말고 한가지 意味를 가진 것을 擇할 것이외다. 分明한 뜻을 가진 文章은 뜻이 좁은 것도 이 때문이니 茫然하게 冊이라 하는 것보다는 그 뜻을 훨신 좁혀서 冊을 指示해 놓은 것이외다. 그리하면 뜻도 分明하거니와 實感을 줍니다. 假令 冊을 주시오 하면 어떤 冊? 하고 다시 물을 터이니 그보다는 冊 이름을 指示하야 말하는 것이 누가 들어도 반듯이 있는 冊으로 알 뿐 아니라 實感을 가지게 될 것이외다.

그러고 둘재에는 <u>文法的 關係를 밝힐 것이다.</u> 朝鮮말에는 主格을 빼여버리거나 客格에 吐를 넣지 아니하는 習慣이 있거니와 이것은 이미 習慣이 그러하니 또한 어찌할 수 없는 일이나 이 때문에 뜻이 分明치 못하게 되는 것이 많습니다. 朝鮮말로는 '갑니다' 하는 말을 누구나 합니다. 그러나 이것을 저 單語에다 比하면 이와 같은 分明치 아니한 글은 없을 것이외다. 웨 그런고 하니 '갑니다' 하니 누구가 간다는지 그 말의 主人이 없지 아니합니까. 그러고 '물을 주오' 할 것은 '물 주오'

하면서 客格의 吐를 빼여 버리는 것도 생각하면 대단히 좋지 못한 버릇이외다. 다시 말하면 이와 같은 것은 論理的이 아니외다. 그러나 말이란 또한 어디까지든지 算術과 같이 論理的으로만 되는 것이 아니기 때문에 이러한 習慣은 朝鮮말의 한 美点이라고 생각할 수도 있거니와 그 뜻이 分明치 아니할 念慮가 있을 때에는 文法的 關係를 밝혀 논는 것이 좋을 줄 압니다.

그 다음에는 句讀点을 반듯이 넣을 것이외다. 산, 들, 물, 바람 할 것을 산들물바람이라 하면 그 뜻이 알기 어려울 것이니 이와 같은 것에 句讀點을 넣는 것은 勿論이어니와 文句를 뗄데 떼고 끊어야 할 곳을 끊어놓지 아니하면 音調의 美点도 없어질 뿐 아니라 그 뜻이 또한 分明치 못해지니 句讀点과 句分은 必要하외다. 같은 句分에도 그 뜻에 따라서 할 것이요, 決코 文法的으로만 할 것이 아니외다. 句分에 對하야 朝鮮말의 性質과 西洋의 그것과는 서로 다르기 때문에 洋式을 딸을 것은 아니외다. 한마디로 읽어서 그 뜻과 音調가 分明해지는 것이 있으니 假令 '그것은 쓸 만하외다.'할 것을 '그, 것, 은, 쓸, 만, 하, 외다'한다면 如干만 괴롭은 感을 가지게 되지 안는 것이외다.

한가지 더 이야기하고저 하는 것은 言語란 各各 그 나라의 習慣이 있는 以上 그것을 無視할 수는 없는 일이외다. 그것을 無視하면 그 言語의 固有한 美点을 잃어버리게 되야 語塞한 생각을 가지게 하니 假令 '그이가맘이착하다' 해야 朝鮮말다울 것을 저 洋式대로 '그이의맘이착하다' 하면 비록 이렇다고 집어내일 만한 것은 없다 하더라도 귀에는 거슬리는 것이외다. '그이가' 하는가와 '그이의' 하는 '의'와의 差異건만은 듣기에는 語塞한 생각을 주니 말이란 이와 같이 가장 적은 한 字로 因하야 그 固有한 慣用으로의 美点을 害하게 되는 것이외다. 그러기에 所謂 文法에만 拘束되야 글을 쓴다 하면 이러한 害도 받게 되니 結局 文章에서는 어디까지든지 가장 깊은 注意를 하면서 왼 힘을 다하지 아니하여서는 아니될 것이외다.

그 뜻이 分明하랴면 기다란 글 句를 쓸 것이 아니요, 짤막짤막 찍어

가면서 前後의 連絡을 지어 놓는 것이 좋은 일인 줄 압니다. 이것은 뜻의 分明을 위하여서만이 아니요 感動을 주기 위하야서는 대단이 좋은 일이외다. 웨 그런고 하니 사람의 感情이 激하였을 때의 말은 決코 길 것이 아니요, 짤분 것이기 때문이외다.

5.

그 글이 眞實하고 그 뜻이 分明하다 하더라도 알아보기가 어렵어서는 아니될 것이외다. 그런지라 알기 쉽게 쓰지 아니할 수가 없는 것이외다. 또 그뿐 아니라 文章의 目的이 넓이 一般的으로 讀者를 求함에 있다 하면 더구나 글이란 누구가 보든지 알 수 있는 것이 아니여서는 아니 될 것이외다. 누구나 알아볼 수 없게 글을 쓰는 것은 作者 그 自身이 그것에 對하야 充分이 理解치 못한 것이라도 할 만한 일이니 <u>알기 쉽게 하는 標語</u>의 뜻이 이 곳에 있는 것이외다.

가튼 文章에도 一般的으로 讀者를 求하는 것과 特殊的으로 專門家만을 위하야 쓰는 것이 있을 것이외다. 아모리 쉽게 쓴다 하더라도 '아인쓰타인'의 相對性 原理가튼 것은 決코 누구나 보고 알 것이 아니거니와 그밧게 <u>專門的 學術 論文</u>도 結局은 그 方面의 研究者가 아니고는 알 수가 없는 것이니 이와 가튼 것은 別問題라 하더라도 적어도 <u>一般을 위한 文章은 어듸까지든지 알기 어렵어서는 아니될 것</u>이외다. 그리고 무엇보다 古來로 名文이라는 것은 모도 다 알기 쉽으니 이것은 決코 偶然한 일이 아니외다.

어떠케 하면 알기 쉽게 글을 쓸 수가 있는가. 첫재에는 <u>僻字難語를 쓰지 아니할 것</u>이외다. 사뭇만이 아노라는 드시 쉽은 것을 내여버리고 어렵운 말을 쓰기 조와하는 所謂 學者가 있습니다. 그러나 그것은 假字외다. 假字가 아니고야 自己도 모르는 것을 글이라고 쓸 이가 어듸 있겠습니까.

그리고 淸新한 맛을 주기 위하야는 될 수 있는 데로 <u>陳腐한 글 句를</u>

避할 것이외다. 그러나 好奇的 傾向은 버려야 할 것이외다. 目的을 目的한다든가 過程을 過程한다든가 하는 글 句를 즐겨서 쓰는 것처럼 보기 싫은 것은 없는 일이거니와 저 淸算이니 意識이니 하는 말도 쓸 境遇가 있는 것이요 함부로 아무데나 쓸 것이 아니외다. 내가 그이의 것을 意識했다는 말을 쓰는 이가 있으니 내가 그이의 것을 알았다 하면 도로혀 朝鮮말답고 그 뜻이 알기 쉽지 아니합니까. 그러컨만은 구태여 이러한 말을 쓰랴고 하니 筆者는 그들의 마음을 알 수가 없습니다. 옛 前붙어 決算이란 말이 있으니 새삼스러이 淸算이라는 말을 쓰지 아니하면 아니될 것도 없는 일이외다. 그렇타고 언제까지든지 쓰든 말만 쓰라는 것은 아니요, 必要하면 새로이 말을 만들어서도 쓸 수가 있는 것이외다. 다만 好奇의 迎新成을 삼가라는 것이외다.

그러고 둘재에는 外國말을 쓰지 않을 것이외다. 이것도 또한 얼마나 사람에게 好奇로의 一面이 있는가를 보여주는 것이거니와 自己 나라 말로도 넉넉이 그 뜻을 그려내일 수 있는 것을 구태여 낯설고 듯기 어렵은 外國말을 쓰니 이 때문에 알기 쉬운 글이 얼마나 알기 어렵어집니까. 가튼 外國말이라도 이미 朝鮮말이 되야 누구든지 아는 것이면 決코 달리 만들어 쓸 것이 아니외다. '렘프'라는 것을 外國語라 하야 '洋燈'이라고 고처 쓴다면 도로혀 웃을 일이요, '汽車'가 '불수레'도 아니건만은 그것을 '불수레'라 가르친다면 귀이 거슬니지 아니할 수 없는 일이니 이와 가튼 것은 決코 고칠 것이 아니외다. 一般으로 通用되는 말은 아모리 外國語라도 그대로 쓸 것이요, 다만 一般으로 通用되지 아니하는 外國말는 써서 아니된다는 것이외다. 交通機關이 發達되야 四海가 한 집 가튼 觀이 있는 現代외다. 그러기 때문에 어떠한 나라말이든지 차차 그 固有한 慣用法을 일허버리고 남의 것으로 代用하는 傾向이 없지 아니하거니와 그 外國말 使用은 자못 甚하외다. 試驗삼아 新聞雜誌面에 나타나는 새롭은 사람들이란 이들의 글을 보십시오. 外國語 투성이가 아닌가, 朝鮮말은 吐에 지내지 아니하고 外國語가 主人이 되지 아니하였든가, 그것도 外國語 그것이 아니고는 그 分明한 뜻을 使用

할 수가 없는 것이면 또한 할 수 없는 일로, 그 말에 對한 註解는 있어야 讀者에게 對한 禮가 되거늘 그것도 모르는 체 입을 씨서버리고 마니 이와 가치 알기 어렵게 만드는 것은 없는 것이외다.

또 그러고 쉬운 말을 쓴다고 그 글이 반듯이 쉬운 것은 아니외다. 그 글이 論理的 統一性과 連絡을 가지지 못하는 限에서는 또한 알아보기 어렵은 글이니 한마듸로써 말하면 쉽은 말에다 그 뜻이 論理的 統一性을 가저야 할 것이외다.

6.

네 가지 標語 中에서 남은 것이 마즈막으로 '아름답게 하라'는 것이외다. 글에는 두 가지가 있으니 知의 글과 情의 글이 그것이외다. 知의 글은 科學書類과 가튼 것으로 뜻만 分明하고 正確하고 알기 위우면 그만이거니와 情의 글은 아름답게 하는 條件 하나늘 더 가지게 되니 이것은 感情을 生命삼는 文學品에서 가장 重要視하는 것이외다. 그럿타고 知의 글에서도 必要치 아니한 것은 아니외다.

그 뜻이 眞實하고 그 글이 分明하고 그 뜻이 알기 쉽게 되엿다 하면 文章의 目的은 達한 것이외다. 그러나 여긔에다 아름답게 하는 한가지를 더하게 되면 이야말로 말 타고 경마를 잡히는 심이외다. 글의 完璧이외다. 그러나 어쩌케 아름답게 할 수가 있는가. 이것은 대단이 어렵은 問題로 이 小論에서는 이야기할 餘裕가 없을 뿐 아니라 이에 關하야는 여러 種의 修辭學이 있으니 이곧에서 그 자세한 이야기를 하고저 아니하거니와 文章에서는 言語를 所有한 그 民族의 習慣과 感情을 無視하여서는 아니 될 것이 그것들을 無視하지 아니하는 곧에서 아름답은 맛이 보이기 때문이외다.

그러고 形容詞라든가 副詞가튼 것을 많이 쓸 것이 아니외다. 한마듸에 對하야 많은 形容詞가 있더라도 그 中에서 가장 切實한 하나만을 쓸 것이요, 決코 過重 形容 때문에 그 本來의 美조차 害롭게 할 것이 아니외다. 副詞도 또한 形容詞의 그것과 마찬가지로 過重 副詞에 文章을 잡아노하서는 아니될 것이외다. 가장 實感을 줄 만한 말을 하나 골나 놓은 뒤에는 아모리 아깝더라도 눈을 딱 감고 내여버리라는 말이외다. 내여버리기가 아갑아서 그것들을 다 使用하였다가는 이것도 저것도 다 자미없는 것이 되기 때문이외다.

그 다음에는 音調美외다. 생각나는 대로 써 놓은 글이라 하여도 그 글에는 一定한 音調가 있게 되는 것이외다. 누구든지 미끈하게 읽을 수 있도록 하라는 것이외다. 이것은 作者의 個性과 그 呼吸에 關係되는 것이나마 그럿타고 다른 사람에게 通用이 아니되는 것은 아니외다. 所謂 <u>自己式이라 할 만한 틀이 自然이 생기니</u> 이것이 없이는 音調美는 이야기할 것이 못 되는 것이외다.

筆者는 이것으로써 이 小論을 끗내이려고 하거니와 마즈막 標語인 아름답게 하는 것에 對하야 그 本領이 修辭學이기 때문에 修辭에 對하야 그런 種類을 읽으시기 발팜니다. 그리고 좋은 글을 쓰자면 끈치 아니하고 努力에 苦心을 다하여 가면서 글을 고치기도 하고 글 句를 옴기기도 하노라면 自然이 解得이 되는 것이외다. 글이란 사람이라는 말도 있거니와 文章에 對한 法則은 代類의 公式이 아니기 때문에 이모저모로 꾸준이 實行하는데 있을 뿐이외다. (끝)

[2] [雜論] 荒文에 對한 雜文 — '雜文橫行觀 筆者에게':
金岸曙, 『동아일보』, 1925.11.19.

表題가 우슙우닛가 웃을 이도 잇을 것이다 만은 흙은 흙으로 째고 毒은 毒이 안이면 막을 수가 업는 因果의 世上이니 내 잘못만이라 할 수도 업는 일이다. 손톱에 째만큼한 根底도 업시 活字에 '잉크'칠을 해 가지고는 一種의 '自暴的'이니 '自嘲的'이니 '浮傲한 態度'이니 하니 엉터릿 말을 白紙 위에 버려놋는 것을 보고 나니 안 쓰랴도 안 쓸 수가 업서 그 實 생각하면 어이없는 일이다.

　所謂 '雜文 橫行觀'이란 一文을 拜讀하고 나니 先後 順序를 알아볼 수가 업슬 쑨더러 그 筆者의 目的한 바가 어느 곳에 잇는 것조차 차즐 수가 업서 荒文이란 特製語를 부치게 되니 이에는 別다른 쯧이 잇는 것이 아니고 眞實한 態度를 가상 일허바렷다는 意味이다. 眞實한 態度가 업는 사람에게 眞實을 구함은 중에게 상투를 싸라고 强迫함과 마찬가지로 眞實이 나올 리가 업고 상투가 싸질 것이 못 된다. '雜文 橫行觀'이란 一文 그 自身이 雜文도 못되고 荒文이 된 것은 結局 이와 가튼 類이다.

　嚴正하고 眞正한 告白을 하면 그 荒文에 對하야 이러니 저러니 하며 말을 하는 것이 도로혀 자미 업는 일로 쏘ㅇ통은 흔들면 흔들사록 내 음새가 나는 것이다 만은 임의 眞實한 生을 밧아 곳은 發育 속에 자라나는 '假面'에까지 압토 當치 안흔 荒說을 더하엿스니 '假面'의 責任者로 무엇이라고 한 마듸 해야 올흘 상 십퍼 든 것이 붓이다.

　나는 筆戰 都賣商이 아니니 남의 것까지 사가지고 利를 볼 생각은 하지 아니하고 내 압헤 닥친 '假面'戰만 살 짜름이니 問題는 '假面'에 對하여서만 잡게 된다. (하략)

(현당독폐, 문예잡감 등의 글과 관련지어 보아야 할 글임)

[3] 文章上의 私考:

신정언, 『동아일보』, 1929.4.4.~4.13.

** 신정언은 1902년 충남 공주군에서 태어났으며, 일제강점기 야담가(野談家)로 활동했다. 1935년 김동인이 창간하여 1945년까지 발행한 야담 전문 월간지 『야담』에서 주요 필자로 활동했으며, 『야담』과 비슷한 성격의 『월간야담』에도 참여했다. 1930년대 후반 "야담계 거장"으로 불리면서 야담집도 출판한 이 분야의 거물이었다. 소재는 주로 중국과 한국의 역사서에서 따왔다.

◎ 文章上의 私考(1), 『동아일보』, 1929.4.4.

내가 이 論文을 긔록하는 것은 文章學上 積功이 잇슴을 쌀하 그 懷抱를 發表하는 것이 아닙니다. 實相은 朝鮮의 現行 文章이 私見에 若干 所懷됨이 잇슴으로 斯學의 一般原則을 參考하야 그 所懷 一端을 敍述하려는 것쑨입니다.

△ 文章의 氣品: 사람에게는 氣質과 品性이 잇다. 그러나 氣質은 完全하나 品性이 善良치 못한 者도 잇고 品性은 善良하나 氣質이 完全치 못한 者도 잇다. 그럼으로 完全한 人格者가 되는 데 잇서서는 氣品이 아울러 完全하여야 한다.

이와가티 文章에 잇서서도 完全한 文章이 되는 데에는 文章的 氣質과 文章的 品性이 具備되어야 한다. 그런데 文章의 氣品이라는 것은 <u>善良한 構想과 善良한 體裁</u>를 써나서는 形成할 수 업는 것이다. 그래서 構想과 體裁는 文章 氣品의 二大 要素가 되어 잇다.

吾人이 一事物을 述코저 함에 잇서 이에 關한 思想을 聚集하고 修飾하며 配置하는 等 그 手段 方法을 文章學上에 構想이라 한다. 이 構想이란 것은 希臘語에서 始作된 것이니 '新感想을 作出한다'는 義이다. 이에 構想의 意義를 다시 釋明할진대 構想이란 것은 左의 要件이 잇서야만 한다.

第一. 記載의 材料를 選擇할 것
第二. 材料의 適不適을 識別하야 削者는 削하고 用者는 用할 것
第三. 그 材料를 如何히 配置할 것을 一定할 것

以上의 三個 條項은 構想에 잇서서 어느 境遇이나 欠缺치 못할 必要 條件이다. 그럼으로 作家로서는 構想의 要件에 對하야 一時라도 閑却할 수 업는 것은 勿論의 問題이다. 그런데 構想의 要件에 對하야 어써한 方法은 必要하고 어써한 方法은 不必要하다는 等의 一定한 規律을 確立하기는 자못 困難한 것이다. 何故오 하면 사람의 思想 感情이란 것은 各人 各自로서 千差萬別이 된 까닭이다. 그래서 構想의 良否는 結局 各人各自의 天才에 잇슬 것이오 다른 方便이 업게 되엇다.

構想의 能力을 涵養하는 것은 勿論 必要한 것이나 構想은 思想 感情의 結團體임으로 直接 學問으로서는 徹底한 手段을 取하기가 困難하다. 다시 말하면 思想 感情의 涵養 그것은 構想上 必要한 것이나 그 涵養 方法에 對하야는 文章學 能力으로서는 如何히 할 수 업는 것이다. 그럼으로 文章學은 다만 文章上 法則에 主眼할 쏜이니 그 構想이 自己 思想 感情에 對 하야 目的한 바와 가티 <u>適合 或 不適合한 與否를 識別할 것이오 다음에는 그 識別을 쌀하 削할 것은 削하고 用할 것은 用하며 다시 이것을 어써케 修飾하며 어써케 配置할가 注意</u>할 것쏜이다.

무릇 文章이란 것은 다만 文字 及 句節의 集合쏜이 아니오 어느 目的을 達하기 爲하야 活動하는 手段임으로써 字字句句에 對하야 特別한 規律을 一定할 必要가 업슬 것으로 생각할 수 잇다.

그러나 文章은 條理가 整然하고 意脈이 一貫하야 頭는 尾를 起하고

尾는 頭를 承하야 前後가 照應함으로써 全體의 一致를 必要하게 된다. 이와가티 全體가 一致性을 가지지 못하면 讀者의 理解를 어들 수 업고 讀者의 理解가 업는 文章의 目的을 達할 수 업는 짜닭이다.

◎ 文章上의 私考(2), 『동아일보』, 1929.4.5.

△ 論法의 要件: 文章을 形成함에 잇서 構想上 注意를 要하는 것은 文章 實質에 關한 問題이다. 그런데 文章의 實質이란 것은 어써한 標準을 써나서는 不能함으로 構想에는 自然히 論式上 三個 要件을 必要하게 되엇스니 첫재는 題目을 定할 것, 다음에는 大體의 構結을 連續할 것, 最後로는 그것을 舖張 充實할 것이다. 文章의 題目이란 것은 將次 述하려는 事項의 主想이다. 그럼으로 文章의 第一 着手는 題目을 定하는 데 잇다. 만일 이것을 定하지 아니하면 그 範圍가 漠然하야 執筆上 望洋의 늣김이 잇게 된다. 實로 題目 그것은 文章의 基礎이다. 그런데 題目의 形式은 自然 數種이 잇게 된다. 或은 主辭의 意義로서 되는 것도 잇고, 或은 疑問의 意義로써 되는 것도 잇스니 例하면 '文章과 科學과의 關係', '儒道의 宗敎的 價値', '朝鮮의 文明' 等, 이러한 題目은 前者에 屬한 것이오, '世界平和란 것은 무엇닌가?', '어찌하야 人生은 道德을 必要로 하는가', '神이란 것이 果然 잇는가? 업는가' 等, 이와 가튼 題目은 後者에 屬한 것이다.

題目은 作家의 思想 感情을 짤하 어느 째는 主辭, 어느 째는 疑問, 어느 째는 命令, 어느 째는 願望 等, 그 種類가 만흘 것은 勿論이다. 그러나 어써한 意義의 題目이든지 文章으로서는 반듯이 題目을 一定하지 아니할 수 업고 또는 分明히 하지 아니할 수 업다. 그런데 文章學上으로 보면 文章을 作成함에 잇서 題目 以外에 '問題와 題名'의 區別이 잇스니 이 三者를 서로 混同하는 것이 絶對 不可할 것은 다시 말할 必要가 업는 것이다. 이 三者의 關係를 볼진대 問題라는 것은 그 意義가 廣

漠한 것이오 題目은 그 意義가 明瞭한 것에 相異가 잇스니 이에서 題目은 問題의 一部分으로 생각할 수 잇다. 그러나 題目은 問題를 蒐集하야 그 意義를 一層 明瞭하게 한 것이다. 다시 말하면 問題는 一般性을 가젓고 題目은 特別性을 가젓다. 前例에 依하야 問題에 關한 一例를 示하건대, '文學과 科學의 關係'라 한 것을 다만 '文學論'이라 하고 '儒敎의 宗敎的 價値'라는 것을 다만 '宗敎에 對하야'라 한 것은 이것이 問題이다. 그런데 題名이란 것은 題目 及 問題에 對하야 特別한 意義가 잇스니 卽 題名 그것은 어썬 作品을 世間에 紹介하기 爲한 名稱이오 題目 及 問題는 다만 作家의 記述하려는 事項의 目標이다. 그럼으로 兩者間의 相異點은 前者는 外的이오 後者는 內的인 것이다.

文章은 題目이나 問題를 作定함으로서 完成된 것이 아님은 勿論이다. 題目 或 問題를 作定한 後에는 이에 該當한 材料를 蒐集하고 다음에는 그 骨子를 撰擇하야 記置構結의 大體 組織을 分明히 아니치 못할 것이니 構結에 잇서서는 冒頭, 展開, 結尾 等 三個 要件을 必要로 한다. 冒頭라 하는 것은 入題의 前에 記述코저 하는 事項을 約述하야 讀者로 하야금 一箇의 大旨를 了解케 하는 것이오, 展開라 하는 것은 冒頭의 大要를 舖陳하는 것이니 여긔에서 그 一篇의 主旨에 起伏이 생기고 揭揚이 反覆되는 것이다. 最後에 잇서 結尾라는 것은 上段의 意識을 收束하는 것이다. 이와 가티 冒頭, 展開, 結尾의 伏體가 完了된 째에는 이에 다시 充實을 要치 아니치 못하게 된다. 卽 充實이란 것은 文章 骨子에 皮肉을 修飾하야 文章의 大體를 完全히 하는 것이니 例하면 或은 單純으로부터 複雜에 入하고 或은 根本으로부터 枝葉에 出하야 意義를 反覆하는 것이다. 그럼으로 說明, 例證 等 形式으로도 相照應하야 文章의 明瞭와 勢力을 增長하게 된다.

◎ 文章上의 私考(3), 1929.4.6.

△ 體裁의 特質: 文章이라는 것은 自己의 思想 感情을 文字에 依 하야 表現한 것이다. 그럼으로 文章을 形成함에는 <u>記事文, 敍事文, 解釋文, 論文</u>, 어쩌한 文章이든지 반듯이 <u>整理한 法制을 써날 수 업스니 이것이 卽 體裁</u>이다. 體裁는 文章의 形式임으로 文章에는 自然히 體裁가 잇슬 줄로 생각한다. 그러나 實際에 잇서서는 다만 文字의 羅列, 術語의 集合한 쑨이오 體裁의 要件을 具備치 못한 文章이 업지 아니하다. 그럼으로 文章을 構成하는 데 잇서 最大 要件이 되는 것은 體裁이다. 다시 말하면 文章의 目的, 卽 自己의 思想 感情을 讀者로 하야금 充分히 理解하게 할진대 善良한 體裁를 써나서는 不能하다.

무릇 사람의 思想 感情은 千差萬別이다. 어쩌한 境遇에는 同一한 思想이 잇게 되고 同一한 感情이 잇게 되는 것은 이것이 偶然한 事實이오 原則이 아니다. 彼宇宙의 本則은 各人의 思想 感情은 根本的으로 다른 까닭에 그 思想 感情으로부터 表現되는 文章의 體裁도 쏘한 서로 갓지 아니하다. 쌀하서 그 體裁에 依하야 그 人格과 人品을 斟酌(3행 판독 안됨) 아니다. *** 等 *文章家는 가장 明白하고 가장 **한 體裁로써 自己의 思想 感情을 表現하는데에 妙方을 어든 者이니 이와 가튼 文章法을 배우는 것이 크게 有益할 것은 勿論이다. 그러나 <u>自己의 獨特性은 暫時라도 忘却할 수 업는 것이다. 何故뇨 하면 獨特性이 업는 文章에는 氣品이 업는 까닭</u>이다.

文章의 氣品에는 쏘한 理智, 情感, 美麗 等 三個 要件이 單一化하여야 한다. 그럼으로 그 氣品이 體裁上으로서 充實함에는 다시 三個 要件이 잇게 되니

第一은 感情에 適應할 것

第二는 表現의 感情은 正直할 것

第三은 理解에 容易할 것

等이다. 卽 快樂한 感情에는 快樂한 體裁가 잇고 悲哀한 感情에는 悲哀한 體裁가 잇서야 할 것이니 이것은 第一 要件에 屬한 것이오, 다음에 思想 感情을 發表함에는 各自 獨特性에 根據되어야 한다. 假令 他人의 體裁가 必要한 境遇에는 그 體裁를 引用하는 것도 無妨하나 決코 他人의 思想 感情을 自我의 獨特性으로 變化하는 것은 不可한 것이니 이것은 第二 要件에 屬한 것이오 自己의 思想 感情을 讀者로 하야금 理解하게 하는 것이 文章의 最大 目的이다. 假令 平凡한 讀者에 對하야 高尚한 體裁를 用한다든가 高尚한 讀者에 對하야 卑近한 體裁를 用하는 것은 何者를 勿論하고 適當한 體裁가 못된 것이니 이것은 第三 要件에 該當한 것이다. 그럼으로 體裁에는 족음이라고 虛僞가 잇다하면 그것은 氣品을 가지지 못한 體裁이다. 卽 世上에서 指名하는 바 名文이라 하는 것은 氣品이 充實한 것이다. 네로부터 有名한 文章家라 할지라도 一生의 作品에 得意作이 만치 못한 것은 그 氣品이 如一하지 못한 關係이다.

◎ **文章上의 私考(4)**, 1929.4.7.

△ <u>思想1)의 交換</u>: 文章의 目的은 思想 感情을 交換하려는 데 잇다. 그 思想 感情을 交換함에 잇서서는 相對者로 하여금 確實한 理解를 가지게 하는 것이 文章法의 最大 手段이다. 그럼으로 <u>文章의 論調는 明哲을 써나서는 不可한 것</u>이다. 로마 時代의 有名한 修辭學者 '큐인지리안'니 "文章은 理解를 目的하야 作하는 것이니 理解를 目的함에는 明哲만큼 必要한 것이 업다."하얏다. 이것은 文章學上의 金言이라 한다. 卽 文章의 目的이 思想 感情을 交換하려는 데 잇는 以上은 그 表現 內容이 明哲

---

1) 사상(思想): 생각과 느낌을 뜻하는 말.

치 아니할 수 업는 것은 다시 말할 必要가 업는 것이다. 그럼으로 네로부터 名文 傑作이라 하는 것은 明哲의 要件을 具備하지 아니한 것이 업스나 各人各自의 容易한 것이 아니다. 그런데 明哲이라는 것은 理智의 所關임으로 만일 理智 方面으로만 偏重하는 째에는 오즉 그 論調가 精確 透徹할 쑌이오 外他의 興感은 만치 못하다. 例하면 判決文이나 敎科書 가튼 것은 明哲쑌으로써 足하다 할 수 잇다. 그러나 一般 世人의 注意를 誘引하고 同感을 惹起하려는 文章으로서는 明哲 以外에 쏘한 要件이 업지 못하게 되엇으니 이것은 卽 勢力이다.

勢力이라는 것은 文章의 內容을 讀者의 感情에 訴하는 것이다. 아모리 明哲한 論調라 할지라도 讀者로 하야금 何等의 感情上 衝動이 업는 째에는 文章의 價値를 振作하지 못한다. 그럼으로 文章을 構成함에 잇서 첫재로 文字를 選擇하고 다음에 表現의 簡潔을 二大 要件으로 하는 것은 그 文章의 勢力을 確實히 하려는 것이다. 假令 推想的 文字. 總括的 文字 가튼 것이 만흔 文章은 그 意味가 넘우나 漠然한 싸닭으로 讀者의 興感을 이쓸기가 어렵다. 다시 말하면 이러한 文章은 設或 氣品이 잇다 할지라도 强味의 氣品을 가지니 못한다. 그럼으로 勢力이 잇는 文章을 構成하는 데 잇서서는 文句를 節約하는 妙方을 엇지 아니할 수 업다. 歐陽脩가 醉翁亭記를 쓸 째에 徐(?)洲에 山이 만흔 데 對하야 처음에는 數十字를 羅列하게 되엇스나 最後에 니르러 다만 環騰皆山 等의 短句를 쓰게 된 것은 이것이 文字 撰擇과 表現 簡潔의 妙方을 어든 一例이다.

文章은 明哲과 勢力으로써 氣品을 完全히 일우지 못한다. 쏘한 다른 要素를 必要하게 되엇스니 이것이 즉 美麗이다. 文章의 目的이 思想交換에 잇슴으로 表現되는 思想 그것은 不可不 明哲하여야 되고 不可不 勢力을 가져야 할 것은 다시 말할 必要가 업거니와 文章을 보는 者로 하야금 淸溪에 臨한 것과 갓고 香花를 對한 것과 가튼 快感과 美感을 가지게 하는 데는 美麗한 文彩를 써나서는 不能하다. 그래서 이 要件에 對하야 어떤 學者는 文章의 典雅라 하며 어떤 學者는 文章의 洗練이라 하얏스나 그 何者를 不問하고 모다 審美的 意味를 含有한 것은 一般이다. 이것을 한 美人의 容態로써 比喩할진대 비록 心性이 端雅하고 眉目이 淸秀할지라도 衣裳美가 不足한 째에는 對者의 美感을 쉬웁게 이쓸지 못하는 것과 가트니 그 衣裳美가 文章에 잇서서 美麗的 要件이 되는 것이다.

◎ 文章上의 私考(5), 1929.4.8.

그럼으로 文章의 明哲과 勢力은 이 美麗的 要件으로 말미암아 더욱 異彩를 振興하게 된다. 다시 말하면 檄文에는 檄文的 美가 잇서야 하고 表文에는 表文的 美가 잇서야 한다. 以上의 말한 바 明哲, 勢力, 美麗 等은 體裁上 三大 美質이라는 것이니 文章 體裁는 이 三個 美質이 잇는 與否를 짤하 비롯오 名文이 되고 아니되는 判別이 잇게 되며 同時에 文章의 氣品이 完全하고 不完全한 虛實이 생기게 된다.

△ 文字의 選擇: 文章 構成의 最重 要件이 善良한 體裁에 잇다는 것은 以上에 말한 것과 갓다. 그런데 善良한 體裁라 하는 것은 어써한 것인가 함에는 英國의 有名한 文豪 쉬이푸트 氏가 말한 것이 眞理를 어덧다 할 것이니 卽 善良한 體裁는 "正當한 位置에 正當한 文字를 使用한 것이라" 하얏다. 일로써 생각할진대 正當한 位置를 選擇하고 正當한 文字를 使用하는 것이 氣品이 잇는 文章을 構成함에 잇서 第一 主要 問題라 아니할 수 업다. 무릇 文章은 文字를 써나서 構成될 수 업는 것은 다시 말할 必要가 업는 것이다. 그러나 文字가 集合되엇다 하야 文章的 體裁를 形成하는 것이 아니오 一定한 法則이 잇게 되엇스니 첫재 文字 選擇은 現代的으로 할 것이오, 다음에는 文字의 配置를 整然하게 할 것이다. 卽 正當한 文字를 集合하야 句節을 作하고 正當한 句節을 集合

하야 段落을 作하며 正當한 段落을 集合하야 章篇을 作하는 것이 善良
한 體裁의 順序이다.

그럼으로 善良한 文章을 構成코저 할진대 먼저 文字의 使用法과 句節
段落 等의 構成法을 알아야 한다. 適當한 文字가 아니면 適當한 句節을
作하지 못하고 適當한 句節이 아니면 適當한 段落을 得치 못하며 適當
한 段落이 아니면 쏘한 適當한 章篇을 得치 못할 것은 明確한 理勢이
다. 그럼으로 文章의 第一 目的이 自己의 思想 感情을 交換하는 데 잇슬
진대 作家로서는 容易하게 理解할 만한 文字와 文法에 注意하여야 한다.
例하면 古文風의 趣味를 딸하 數千年 前의 文字를 使用한다 하면 이것
은 時代 相違의 文章이 되니만큼 現代 讀者로서는 理解가 困難할 것이
며, 或은 一地方의 方言이나 外來語만으로써 構成된 文章은 普遍性을
가지지 못한 까닭으로 一般 讀者의 理解가 쏘한 만치 못하다. 그리고
一時的 生命을 가진 流行 文字를 使用한다할진대 그 文章의 生命도 亦
是 一時的 生命에 不過하게 된다. 그럼으로써 作家로서는 무엇보담 文
字 使用에 對하야 가장 注意하여야 한다.

古文字이나 古文法의 使用이 絶對로 不必要하다는 것이 아니다. (1줄
판독 안됨) 用이라 하는 것은 아니다. 境遇에 依하야 各各 要用되는 째
가 잇슴은 勿論이니 例하면 歷史小說 等 記事에 잇서서는 或 當時 社會
의 事情 及 風俗 習慣을 그대로 描寫하기 爲하야 當時에 使用하든 文字
를 引用할 必要가 잇는 것이다. 現代 詩人으로써 詩歌를 作成함에 잇서
古文字, 古文法을 恒茶飯 使用하는 一例로써만 볼지라도 古文字 使用이
絶對로써 不適當하다는 것은 아니다. 쏘한 方言 及 外來語의 使用에 잇
서서도 그 地方의 風俗 習慣을 그대로 描寫하며 或은 다른 社會 文化의
長點을 輸入하려는 데 잇서서는 그 地方 方言과 그 外來語의 使用이 더
욱 必要한 境遇가 업지 아니하다. 그러나 文章은 어느 째이나 思想 感
情을 交換하려는 것이 惟一한 目的이 된 故로 特別한 境遇를 除去한 外

에는 一般的으로써 理解가 容易할 文字를 使用는 것이 原則이 된다. 그럼으로 文章 그것은 現代 變遷의 趨勢에 依하야 現代化하지 아니할 수 업는 것이다.

◎ **文章上의 私考(6), 1929.4.9.**

△ 配列의 順位: 體裁를 配列함에 잇서서는 整然한 法則을 좃지 아니할 수 업스니 句節, 段落, 章篇의 順序는 決코 紊亂히 할 수 업스며 缺陷할 수 업는 것이다. 何故오 하면 文字가 아니면 句節을 일을 수 업고 句節이 아니면 段落을 일을 수 업스며 段落이 아니면 章篇을 일울 수 업슴이로 個中에서 하나라도 紊亂이 잇다든가 缺陷이 잇는 째에는 體裁를 形成할 수 업슴은 當然한 理勢이다. 卽 句節이란 깃은 文字가 集合되어 一個 完全한 意義를 形成한 것이오 段落이란 것은 句節이 相集하야 一個 思想 感情을 表現하는 團體가 된 것이며 章篇은 段落이 相集하야 思想 感情의 總體를 形成한 것이다. 그럼으로 文章 (1줄)[2] 못함으로써 自然히 句節, 段落, 章篇 等 順序를 紊亂히 할 수 업스며 缺陷할 수 업다는 것이다. 그런데 明哲, 勢力, 美麗 等 體裁上 三大 美質은 句節, 段落, 章篇에 잇서서도 各各 必要하게 된다. 그러나 句節, 段落, 章篇은 自然히 性質이 다름을 짤하 以上 三個 美質의 要用 方面도 다름으로 그 各自의 特質을 보게 된다.

句節의 明哲이란 것은 作家의 感想을 讀者로서도 作家와 同一한 感想을 가지게 하는 것이나 段落의 明哲은 先頭의 句節로써 段落의 主旨를 提起하고 다음에는 論理上 相反되지 아니하는 句節을 配列하고 各 論點의 推移를 提示하야서 互相 照應하는 것이다. 다음으로 句節의 勢力이란 것은 句節 配置上 重要 意義가 잇는 句節은 重要 位置에 配列하는 것이니 假令 句節 配置上 冒頭가 主要한 境遇에는 冒頭에 置하고 結

---

2) 한 줄을 판독할 수 없어서 입력하지 못했음.

尾가 主要한 境遇에는 結尾에 置치 아니치 못할 것이다. 그러나 <u>段落의</u> <u>勢力</u>은 主要 句節과 不主要 句節을 區別하야 不主要句節로부터 主要 句節에 次第로써 論步를 移하는 것이다. 또한 句節의 美麗란 것은 文字로부터 文字에 推移하는 自然的 順序를 整然하게 하는 것이니 例하면 外來語의 固有名詞下에 同一한 意義가 잇는 自國 文字를 使用하는 것은 句節 美麗의 規律 及 順序에 背馳된 것이다. 그러고 <u>段落의 美麗</u>는 句節의 美麗를 支保하야 句節로부터 推移하는 配置를 整然하게 하는 것이다. 그런데 章篇은 段落의 集合으로 形成됨을 쌀하 明哲, 勢力, 美麗 그 것도 段落의 明哲, 勢力, 美麗가 아니면 具備되지 못할 것은 勿論의 理勢이다. 即 章篇은 文章의 體裁하 된 까닭이다. 그러나 美麗에 잇서서는 <u>章篇 獨特의 美麗가</u> 잇게 된 것이니 段落의 推移를 美麗하게 할 것은 勿論이어니와 段落의 冒頭에는 前段과 가장 關係가 깁흔 段落을 置하야 各段落으로써 章篇 全體의 文脈을 通하게 하는 것이다.

◎ 文章上의 私考(7), 1929.4.10.

句節, 段落, 章篇은 各各 性質에 依하야 明哲, 勢力, 美麗 等을 具備하는 外에 또한 一致를 必要로 하는 것이니 <u>一致라는 것은 一個 主義를</u> <u>中心</u>으로 한 것을 云함이다. 例하면 追悼 意味 文章 中에 快樂 意味의 文章을 混作하는 것은 勿論 一致가 못된 文章이다. 그럼으로 一致가 된 文章에는 二個의 主義가 업고 二個 主義가 업슴으로써 그 文意가 混亂치 안케 된다. 이 一致에 잇서서도 句節, 段落, 章篇이 各各 相異할 것은 勿論이나 大體로써 말하면 一致가 잇는 文章에는 그 文脈이 一貫됨으로써 讀者는 句節句節, 段落段落의 文意를 따로 解釋하지 아니할지라도 그 全篇의 意義를 一目瞭然하게 了解되리라는 精神에 니르러는 同一하다. 그럼으로 句節의 一致이든지 段落의 一致이든지 章篇의 一致이든지 그 何者를 不問하고 <u>一致에는 二種이 잇스니 (一)은 思想의 一致</u> <u>(二)는 表現의 一致</u> 可히 欠缺치 못할 要件이다.

△ 非僧非俗[3]의 文體: 構想에는 構想에 必要한 要件이 잇고 體裁에는 體裁에 必要한 要件이 잇는 것은 以上에 말한 것과 갓다. 이 모든 要件의 總體는 文章에 關하야 一般的 原則이 된 것이다. 그럼으로 어써한 文章이든지 文章으로서는 그 原則에 對하야 注意하지 아니할 수 업는 것이다. 屢屢히 말한 것과 가티 文章이라는 것은 文字 集合쑨으로서 完成되는 것이 아니오 반듯이 一定한 法則을 要하게 되는 것은 數理學에 잇서서 公式을 必要로 하는 것과 갓다. 이것은 古文에 잇서서도 그러하고 現代文에 잇서서도 그러하다. 다만 兩者間에 差異가 잇는 것은 <u>時代의 遷移와 社會의 變改를 짤하 構想上 材料 그것만 今昔이 다를 쑨이다</u>. 다시 말하면 <u>文章은 時代化하지 아니할 수 업스나 根本的 原則에 잇서서는 小毫의 變함이 업다</u>.

以上 意味에 依하야 朝鮮 現代 文章을 볼진대 多少의 原則上 違格되는 文章이 잇는 것을 種種 發見하게 된다. 이에 關한 實例는 許多한 것으로 생각하나 무엇보다 體裁와 文字 使用의 數例만 볼지라도 可히 써 斟酌될 줄로 생각한다. <u>朝鮮은 古來로부터 漢文을 崇尙한 關係로 말미암아 모든 文章에 잇서서도 純漢文體를 使用하얏든</u> 것은 이미 周知하는 事實이다. 그런데 時代의 變遷을 짤하 過去의 流行되든 純漢文體의 文章 그것도 自然히 變改하지 아니할 수 업는 運數에 니른 結果, 오늘날에 <u>流行되는 詩文, 卽 國漢文 交作體</u>가 생기게 되엇다. 그런데 現下의 文章 中에는 여러 種類의 文體가 잇는 것을 보게 된다. 어쩐 文章은 漢文體에 漢文吐만 부친 것도 잇고 어쩐 文章은 <u>文語와 俗語가 混雜된</u> 것도 잇다. 다시 말하면 一篇章에 잇서서는 勿論이오 一句節 中에도 文法 配列이 混雜된 것이 만핫다. 이와 가튼 文體는 決斷코 法則이 整然한 文體라 할 수 업다.

---

3) 비승비속(非僧非俗): 승려도 아니고 속세도 아닌.

◎ 文章上의 私考(8), 1929.4.11.

　그럼으로 漢文體이면 純漢文 論式, 言文一致體면 純言文一致 論式으로 쓸 것이오 文語體이면 文語式으로, 俗語體이면 俗語式으로 그 論法을 竝行하여야 果然 法則이 整然한 文體라 할 수 잇는 것이다. 나는 某 新聞社 社說 中에서 "눈코를 뜰 사이가 업시 돌아다니나 줄인 배를 채울 수 업는 吾人 處地는 豈不可惜乎아." 하는 句節을 보앗다. 또한 某氏 金剛山記 中에서 "쏫죽한 봉오리, 깁숙한 골작이, 피어나는 구름, 흐르는 물굽이, 果然 難書難畵의 靈山 神秘이라. 曷勝美懷"라 한 것을 보앗다. 以上 數例는 그 文脈이나 文意가 充實하지 못하고 아름답지 못하다는 것이 아니나 冒頭는 口語, 結尾는 文語로써 한 句節이 된 것은 體裁 法則上으로는 違格이 되엇다 아니할 수 업다. 또한 某 雜誌 論文 中에 이러한 文章을 보앗다. "可無衣乎아 無衣則必寒이오, 人可無食乎아 無食則必餓이니 썰리고 줄인 苦痛을 免하려면 生活의 새 資源을 自力으로써 開拓하라."는 것이다. 이 句節 中의 論法을 分釋하야 보면, "可無衣乎아 無衣則必寒이오, 人可無食乎아 無食則必餓"라 한 것은 分明히 漢文體에 諺文吐를 부친 것이오, "썰리고 줄인 苦痛을 免하려면 生活의 새 資源을 自力으로 開拓하라."한 것은 分明히 文語一致이니 이 文句는 冒頭는 漢文體, 結尾는 文語體로써 構成된 것이다. 이러한 體裁도 論法上 違格이라 아니할 수 업는 것이다. 그럼으로 나는 이러한 文體를 통틀어서 非僧非俗의 文體라고 생각한다. 또한 朝鮮 現代 文章 中에는 그 文脈과 文體가 마치 外國文을 直譯한 것과 가튼 文章이 만타. 露骨로써 말하면 自己의 創作文이라도 그 文體로는 日本文을 直譯한 것과 가튼 文章이 흔하다. 最近 某 小學校長 暴行 事件에 對하야 某 新聞社 社說 中에서 一例를 보건대 "某에 依하야 生한 暴行은" 한 文句가 잇다. 卽 그 某라는 것은 暴行者이다. 그러면 "某의 暴行은" 하얏스면 理解하기가 容易할 것을 不拘하고 '依'字를 使用한 것은 어써한 意味로써 使用한 것인지를 了解하기 어렵다. 이것은 畢竟 日本文 作製하든 習慣으로써 된 것으로 생각한다. 그러면 現下 朝鮮에 流行되는 文章은 非僧非俗의 文體가 아니면 譯文體 文章으로 된 것으로 생각한다.

△ 目的의 相違: 文章은 반듯이 時代化를 要하는 것은 文章의 目的이 自己의 思想 感情을 文字에 依하야 世人으로 하야금 理解하려는 데 잇는 까닭이다. 그럼으로 現代人의 理解를 必要로 한 以上은 體裁로써도 時代化하여야 할 것은 勿論이어니와 무엇보담 文字의 使用이 時代化하지 아니할 수 업는 것이다. 그런데 文字의 使用은 반듯이 時代化하라는 이 絶對的 條件은 아니다. 何故오 하면 前述함과 가티 文字使用의 事情과 境遇에 딸하 그 使用法이 다르게 된다. 假令 古文을 著述한다든가 科學을 硏究하는 境遇에는 거긔에 必要한 文字를 使用하지 아니할 수 업는 것이다. 例하면 崔六堂의 硏究한 "붉敎"의 '붉'字 그것은 쏙 '붉'字래야 붉敎 意義에 合한 것이오 '밝'字라도 文字가 된다는 것은 이것이 文字는 事情과 境遇에 依하야 各各 使用할 必要가 잇게 된 것을 明證한 것이다. 그러나 이러한 專門的 方面 以外에는 그 文字 使用을 時代化하는 것이 原則이 된 것이다.

◎ **文章上의 私考(9), 1929.4.12.**

나는 最近하야 某氏 論文 中에서 "矣身"이라 하는 文字를 使用한 것을 보앗다. 이 矣身이라는 것은 卽 '나'라는 말이니 距今 三十年까지는 使用하든 文字이다. 그러나 그 當時에도 普通으로 使用하든 文字가 아니오 特別 境遇— 例하면 訴狀 或은 誓約書 가튼 文書에 使用하든 文字이다. 그런데 至今와서 矣身 文字를 使用하는 것은 現代化의 文字 使用法이라 할 수는 업다. 矣身이란 것이 年代로 보아서는 古文字라 할 수 업스나 그 間 文章上 變遷으로 보아서는 古文字라 아니할 수 업다. 現今 中學生은 勿論이오 或은 專門學校 生徒 中에서도 矣身의 意義를 了解한 자가 만치 못한 一例로 보아도 矣身이란 것이 現代的 文字가 못

되는 것이 分明하다. 이것은 古文字 使用에 對한 一例로써 말한 것이어니와 이러한 文字를 使用하는 것은 <u>文章의 目的에 對하야 스스로 妨害되는 것을 注意</u>하지 아니할 수 업는 것이다.

現下 朝鮮은 外國文化가 輸入되는 時期임을 딸하 自然히 文字 使用에 잇서서도 變化가 생김은 勿論이다. 그러나 文章의 目的을 爲하야서는 外來語, 外來 文字를 使用함에 잇서 注意하지 아니할 수 업는 것이다. 나는 최근 朝鮮文 新聞 社說 쏘는 雜誌 論說 中에서 '丈夫, 滅多, 田舍, 勝手, 都合, 面目, 世話, 面倒, 景氣, 心配, 見無, 有難' 等 文字를 使用하는 것을 보앗다. 이러한 文字는 日本語를 學用하는 者로서는 그 文意를 了解할 수 잇는 것이다. 그러나 日本語를 아지 못하는 者는 그 文意를 了解하지 못하는 者도 잇슬 것이오 或은 誤解하는 者도 잇슬 것이다. 假令 '丈夫'는 男兒로 생각할 수 잇스나 '튼튼'하다고는 생각 못할 것이며, '田舍'는 農家로는 생각하기 쉬우나 '地方'이라고는 생각 못할 것이며, '面倒'는 面部가 傷한 것으로 생각할 수 잇스나 '귀찬타'는 쏫으로 생각은 못할 것이오, '世話'는 世上所聞으로는 생각할 수 잇스나 '周旋'의 쏫으로는 생각 못할 것이오, '景氣'는 山川 景氣로 생각은 할지라도 '時勢'의 쏫으로는 생각할 수 업슬 것이다. 그러면 筆者의 使用한 쏫과 讀者의 解釋하는 쏫이 이와 가티 相違됨을 딸하서 그 文章은 讀者의 誤解가 아니면 理解가 못될 것은 明白한 것이니 이러한 文字를 使用하는 것은 文章의 目的을 爲하야 違反된 것이라 아니할 수 업다. 外來語이나 外來 文字를 使用할 境遇가 업슬 바이 아니며 쏘는 使用하는 것이 絶對로 글흐다는 것은 아니다. 그러치마는 不得已한 境遇 以外에는 그 社會의 固有 文字를 使用하는 것이 文章의 目的을 爲하야 有利할 것을 생각한다.

◎ 文章上의 私考(10), 1929.4.13.

△ 將來의 文章: <u>新聞 紙上의 論文 或은 記事이나 雜誌上의 論文 或</u>

은 記事에 對하야 "요사이의 글은 알아볼 수 업다."는 말을 種種 듯게 된다. 이러한 말은 頑固 老階級에도 잇는 不平說이오 現代 靑年 或은 學生 中에도 잇는 不平說이다. 그 原因을 살필진대 여러 關係가 잇겟지 마는 或은 古文字 或은 外來 文字의 濫用 結果로써 생각한다. 다시 말하면 學生間에 잇는 不平說은 古文字 關係에 잇고 老人間에 잇는 不平說은 外來 文字 關係에 잇는 줄로 생각한다. 그 不平說을 嚴密히 말하면 모도가 智識 程度의 關係라 할 수 잇스니 어쩌한 作家이든지 이러한 不平說에 對하야 ──이 對應하기는 事實上으로 困難한 問題로써 생각한다.

그러나 이것을 다만 그들의 智識 程度로써만 放任하고 아무 考慮를 아니한다는 것은 文章의 目的을 爲한 責任으로는 度外視할 수 업는 過失로 생각한다. 그런데 여긔에서 特別히 關心되는 것은 新術語에 對한 것이다.

文運이 進步됨을 쌀하 新學術語가 同時에 續出할 것은 當然한 事實이다. 쏘한 新文化를 論述 或 紹介할 境遇에는 반듯이 그 新學術語를 使用하지 아니할 수 업는 것이다. 그런데 이 新學術語는 一般的으로 普及되고 周知된 것이 아님으로써 作家의 思想 感情을 讀者로 하야금 理解케 하기가 分明히 難問題라 아니할 수 업는 것이다. 이러한 境遇에는 不可不 作家의 手段 方法에 依하야 多少 便益이 잇슬 줄로 생각한다. 그 便益을 取하려는 方法에 잇서서는 各自의 特別 手段이 잇슬 것이나 '難句 及 新學術語의 註釋欄을 두는 것도 有利하다 할 것이니 支那의 書冊, 日本의 大學 雜誌 中에는 이러한 例가 만흔 것을 엿보아 더욱 有利할 줄로써 생각한다.

오늘날 朝鮮 社會의 程度는 萬般 文物이 過渡期이다. 쌀하서 朝鮮人의 文章法도 過渡期에 잇는 文章이다. 그럼으로 어쩌한 體裁가 참된 體裁이며 어쩌한 文章이 참된 文章인 것을 標準하야써 確言하기가 어렵다. 쏘는 斯學의 權威者가 업슴으로 그 優劣의 批判이 正確하지 아니하다. 그러나 여러 作家의 作品數가 늘어갈스록 不知不識 中에 이에 關한 作家의 自覺도 漸次로 늘어갈 것은 明確한 事實이다. 이것은 至今 各 新聞記事의 論法으로 보아도 分明히 斟酌할 수 잇다. 내가 東亞日報 創刊 當時에 整理部에 잇서서 本社 外勤 記者의 製作한 記事, 各 支分局의 記事, 其他 寄書, 投書 或은 有名人士에게 請求한 論文 等 許多 原稿를 校正하얏든 經驗이 잇스며, 또는 그 後 時代日報 在勤 中에도 亦是 이 方面의 經驗한 바이 잇섯다. 當時의 文章을 回顧하건대 그 作法 論式에 잇서 格式에 違反되지 아니한 것을 別로 보기가 어려웟다. 그러나 現下 各 新聞 及 雜誌에 記載되는 記事를 보건대 그 作法 論式이 比較的 進步 된 것으로 보인다. 이것이 距今 九年 前의 事實이니 今昔 差가 잇슬 것은 勿論이다. 이 一例로만 볼지라도 朝鮮人의 文章法을 一步一步 進步 의 途程에 잇는 것을 알 수 잇다. 그러나 過渡期 文章法을 向上 進步하려는 데 잇서서는 特別한 關心과 勤勞가 아니면 不能할 것이다. 그럼으로 斯界의 有意者로서는 무엇보담 斯學의 基礎知識을 어들 것이오 同時에 實質的 自覺과 實地上 經驗으로 洗練에 努力하여야 할 것이다. 이에 나는 "名文의 智識과 名文의 作法은 名文을 만히 닑은 後라."고 말한 獨逸 哲學者 헬트만을 느리 敬慕하려 한다. (끗)

[4] 朝鮮語와 作文:
李秉岐, 『학생』 제1권 제2호, 1929.4.

내가 지난 가을에 모처럼 洋服을 입고 學徒들을 다리고 日本人 先生과 가티 扶餘로 修學旅行을 가서 어느 旅館에 들엇섯다. 日本 先生은 旅館ㅅ방 웃묵에 안저 편지를 쓰고 나는 몸이 좀 고달피어 그 알에서 묵에 누워 잇다가 '구들ㅅ장이 넘우 차니 군불을 째어 주오'하고 旅館 主人을 불러 이르고 그 主人에게 "영감이상 조선말을 잘 합니다."하는 칭찬을 바든 일이 잇섯다. 하오리 洋服을 입고 진고개관에서나 停車場

近處에서 무지한 勞働者에게 "쌔가 무손 일이가 잇소까?"하고 혀 구든 소리를 하며 暇日人 노릇을 하는 싸위보다는 내가 조선말을 낫게 할는지 모르지마는 누구나 조선 사람으로서 그만한 말쯤은 하고야 칭찬을 바들 것도 아니다. 하나 이 世上에서 조선 사람이 조선말을 하고서 칭찬을 밧는다는 것이 어찌 생각하면 그럴 쯧도 한 일이다. 우에 말한 ○○○○○만 아니라 頑固한 學父兄에도 조선말이 무엇인지를 모르고 學校 단이는 子弟에게 '조선놈이 조선말이야 무엇하러 배우느냐'하는 이도 잇다 한다. 이 싸위 사람들은 과연 무식한 사람이라 하겟스나 또한 제법 유식하다는 사람들에도 이와 가튼 말을 하는 이가 적지 안타.

만일 이러한 論法으로 하면 다만 조선말쑌이랴. 무슨 學校니 學問도 다 必要가 업슬 것이다. 소곰은 짜고 사탕은 단 줄을 알며 주먹 九九도 하고 나무ㅅ가리도 싸홀 줄 알으니 化學이나 數學도 배울 것 업는 것 아닌가. 그래도 化學 數學은 배워야 할 줄을 알면서도 어찌 조선말에 대하여서는 그다지 녀기지 안흘까─이 싸위 말은 퍽 웃으운 말 가트나 이상하게도 이 世上에서는 이 싸위 말을 곳잘 하는 사람들을 만히 어더볼 수가 있다.

(此間 三十八行 削除)

더욱이 어려움을 쌔닷게 된다. 作文의 基礎知識인 朝鮮語 그것을 톡톡하게 배우지 못한 이들에게 作文 그것인들 잘하기 바랄 것인가. 북이 커야 소리도 클 것 아닌가.

(此間 十三行 削除)

그런데 우리 조선말로서 우리의 思想 感情을 自由롭게 發表하자면 첫재 朝鮮말 그것을 잘 알어야 함은 무론이지마는 朝鮮말 그것만 잘 안다고 그러케 될 것은 아니고 또한 그 發表하는 法, 곳 作文法도 잘 알어야 할 것이다. 作文法을 잘 알고자면 作文 練習의 必要야 더 말할 것 업다. 그럼으로 敎育令에도 朝鮮語 課程에 반듯이 作文이란 科目을 너혼 것이다. 作文도 朝鮮語 敎育의 하나에 지나지 못하나 作文이야말로 重要한 課程이라 아니할 수 업다. 文人 學者에 쯧을 두는 이야말로 말할 것도 업고 그밧게 어써한 사람이든지 詩, 小說, 評論은 아니드라도 편지나 契約書쯤이야 쓸 必要가 업는 이는 업슬 것이다. 편지나 契約書 쯤을 쓰드라도 作文法을 알고 모르는 關係가 적이 잇슬 것이 아니랴.

(此間 十一行 削除)

과연 作文을 가르치자면 朝鮮말 그것보다도 더 어려울 것이다. 웨 그럴가. 지금 우리는 朝鮮語 知識이 부실한 까닭에 作文 그것도 잘 될 수 업다 함은 우에 말함과 가트며 게다가 作文을 맛터 가르치는이라고 반듯이 文章家가 아닐 것이니 自己가 꼭 模範文을 재어낼 것도 아니며 그러면 달리 쏘 어썬 名文이나 만히 어들 수 잇서 그것을 내보이고 그대로 지어라 할 것도 아니며 그저 文題만 내어 주고 지어오느라 하면 그 主意와 構成이 어썬건 그만두고 도모지 조선말 그것을 모르게 써서 仔細히 보자면 한두장만 보재도 매우 時間이 걸리게 된다.

(以下 三十九行 削除)

[5] 新聞 文章 如是觀－主로 報導記事를 中心으로 한 鑑賞: 朴八陽, 『鐵筆』 창간호, 1930.7.

新聞記者는 恒常 두 가지 큰 問題를 가지고 잇다. 卽 그것은 '무엇을 쓸가?'하는 材料의 問題와 '엇더케 쓸가?'하는 文章의 問題다.

모든 藝術에 잇서서 그 內容과 形式이 密接한 關係를 가지고 잇는 것과 쪽가치 新聞記事에 잇서서도 '무엇을 쓸가'하는 內容의 問題와 '엇더케 쓸가'하는 形式의 問題는 至極히 緊密한 關係에 잇다. 다시 말하면 아모리 조흔 材料도 조치 못한 文章으로는 그 材料의 價値가 減殺되는 것이며 아모리 조흔 文章이라도 조치 못한 材料로는 그 文章의 效果가 減殺되는 것이다.

新聞 文章을 잘 쓴다는 것은 一種의 專門的 技術이다. 그럼으로 이 方面의 硏究와 經驗이 업시는 아모리 普通 文章에 잇서서는 達人이라

할지라도 여긔에 잇서서는 完全히 한 個의 門外漢에 지나지 안는다.

그러면 新聞 文章은 엇더케 써야 할 것인가. 이 問題에 對하야 우리는 대개 이와 가치 대답하려 한다.

即, 新聞 文章은

첫재 簡潔하여야

둘재 明快하여야

셋재 獨創的이라야

넷재 文章에 魅力이 잇서야 될 것이라고—

新聞 文章에 잇서서 지루하게 그리고 重言復言하는 것은 一大 禁物이다. 왜 그러냐 하면 現代의 新聞 讀者는 大部分 그들의 生活 感情이 奔忙한 싸닭에—그리고 現代의 空氣를 呼吸하고 잇는 만콤 모도가 氣分이 餘裕잇지 못한 싸닭에—그들은 모든 方面에 잇서서 簡單, 明快를 要求한다. 現今에 잇서서 新聞은 一種의 商品이라 顧客인 讀者가 要求하는 바 簡單 明瞭한 新聞 文章을 事實에 잇서서 쓰지 아니할 수 업는 것이오 또 어듸로 보든지 그리 쓰지 아니하면 아니될 性質의 물건이라 할 것이다.

簡潔하게 그리고 明快하게 써라! 特別한 興味 잇는 記事(로—만쓰의 類) 以外에는 最小限度의 行數에다 最大限度의 事實을 써 넛되 要領잇게 써라(近來의 新聞 紙上에서는 文法上 語脈이 不通되는 文法 無視의 奇文을 종종 보게 되는데 그것보다도 더 甚한 것은 要領의 所在를 알 수 업는 記事를 갓금 보게 되는 것이다.)

이것이 내가 위에서 말한 바 첫재 條件과 둘재 條件이오 다음으로는 獨創的이라야 할 것이니 千篇一律의 新聞 記事 '투'나 典型에 잡힌 記事는 實로 읽기도 陳腐하야 讀者의 厭症을 誘發하기 쉬운 것이다.

마즈막 한 가지 要件은 文章에 魅力이 잇서야 할 것이니 아모 魅力 업는 支離滅裂한 文句의 羅列은 그것이 제아모리 天下의 大事件을 報導한다 할지라도 讀者의 興味를 쓸지 못할 것이다. 그런데 그 魅力은 어느 달은 句節보다도 첫재 그 記事의 冒頭에 잇서야 할 것이니 記事의 첫

句節이 平凡 陳腐할 째에는 讀者는 그 記事는 보지도 안코 집어치울 것이며 첫 冒頭가 緊張하야 사람의 興味를 쓰을게 할 째에는 不知不識間에 記事를 마지막짜지 보고야 말 것이다.

要컨대 新聞 文章은 一種의 專門的 技術이라 그것을 그 具體的인 境遇에 잇서서 說明하지 아니하고 抽象的으로 이야기하기는 至極히 困難한 물건이라 할 것이다. —六月 十三日

[6] 記者生活과 文藝家:
廉想涉, 『철필』 제2권 제1호, 1931.1.

新聞 記者는 無冠帝王이라고 自誇할 것도 아니지만 虛張聲勢하야 不純僞瞞한 生活者라는 自卑함도 不當하다. 權威 잇는 新聞을 만들겟다—權威 잇는 記者가 되겟다고 着實히 努力하고 公明正大한 態度와 雄建銳利한 筆鋒을 닥가 나가는 記者에게는 事實로 一世의 輿論을 左右할 만한 無冠帝王의 權威가 싸를지 모르겟지만 다만 一介의 記者라고 씻덕대거나 한다면 그야말로 分數업는 일일 것이다. 그러나 이와는 正反對로 記者生活이란 虛僞에 차고 不純한 것이라 하야 넘어나 自卑하면서 먹고 살자니 이 노릇이라도 하여야지 하고 늘 不滿을 가지는 사람도 업지 안흐니 이것도 조치 못한 생각이다. 日前에 某地方記者의 感想을 보고도 그 良心잇는 自己反省에는 同感하고 同情하겟지만 自己의 新聞記者生活을 客觀的으로 넘어나 蔑視한 態度에 對하야는 나는 不快를 늣겻다. 그러나 이런 사람은 新聞記者가 되엿다고 한울의 별이나 싼 듯이 眼下의 無人으로 청둥벌숭이처럼 도라다니는 사람이 잇슬지 업슬지는 모르지만 萬— 잇다면 그런 部類의 사람보다 얼마나 나흔지 모르겟다. 또한 이 記事를 揭載해 주면 多少 支局 經營上 조켓다느니 이 漢詩만 한 篇을 내주면 술한 盞이 생긴다느니 하는 無主責한 放言을 함부로 하는 짜위라든지 支局 記者가 되면 新婦가 結婚을 承諾한다고 哀乞伏乞

을 하야 三日 記者가 되는 等 事實로 보면 그 當者도 當者려니와 이러한 것을 仲介 或 任免하는 記者와 支局 經營者의 沒廉恥 無責任함에는 噴飯의 程度를 지나서 公憤을 늣길 째도 업지 안흘 수 업기는 하다. 그러나 이러한 것은 記者라는 職務가 元來부터 詐欺的이거나 挾雜性을 가진 이기 째문이 아니라 品格과 權威가 잇는 것 或은 잇서야 할 것이기 때문에 이를 利用하라 하고 쏘 利用되어서 마츰내 自墮落하고 마는 것이다. 그리하야 良心 잇는 者는 이 自墮落의 一面만 보고 嫌惡하고 擯斥하거나 自身이 記者이면서도 記者임을 자랑함보다는 自己의 俗惡化흘 自欺하야 內的 苦鬪를 맛보게 되는 것이다. 그리고 이러한 心境은 그가 藝術的으로 눈 쓰는 경우에 한칭 더한 것이다. 그러나 이것을 쏘다시 一面으로 생각하면 內的 苦鬪를 가진다는 것은 사람으로의 自己 生活과 記者로서의 操身執心에 對하야 墮落을 防禦함이라는 意味에서 조흔 것이다.

그러나 消極的으로 記者生活 그것으로 말미암아 自己의 內的 生活이 墮落한다고 생각하야사는 아니될 것이다. 더욱히 藝術家에 잇서서 記者生活함으로 말미암아 藝術的 良心을 일커나 俗化하며 藝術的으로 墮落한다고 생각하야서는 아니될 일이다. 記者生活이란 劇務요 俗務가 아님이 아니지만, 그러타고 劇務 俗務에 從事하는 사람은 모다 俗化하고 惡化나고 사람으로서나 藝術家로서의 良心 痲痺가 되는 것은 아니다. 허물며 다른 職業과 달라서 所謂 社會의 木鐸이니 興論의 嚮導이니 無冠帝王이니 하는 記者 生活에서랴. 비록 그것이 虛爲無實타 하기로. 그러나 쏘 有名無實치 안토록 努力하여야 할 것 아니냐. 쏘한 그가 萬一 文學家인 경우라면야 더욱히 自己反省이나 內的 苦鬪가 銳敏하니만치 操身과 執心에 淸高를 自期하는 努力이 만흘지니 記者生活이 劇務임으로 말미암은 時間 不足으로 하야 文學的 修養에는 障害가 不無하드라도 記者로서의 品位는 向上될 것이 아닌가 한다.

以上은 日前 某支局 記者의 感想錄을 보고 그 넘어나 記者生活에 不滿을 率直한 告白에 一便 同情을 늣기면서도 一便 誤解 잇는 듯하기로 數字

卑見을 加함에 긋친 것이다.

新聞記事의 行文

近來에는 社會部나 地方部의 記事를 取扱해 본 일이 업스니까 얼만한 程度의 記事를 編輯者가 얼마큼 添削한 것이 紙面에 나타나는지는 알 수 업고 쏘 그것이 前者에 比하야는 進步되엇다 할지라도 一讀者로서 每日 記事를 通覽하면 어느 新聞이나 不滿을 늣긴다. 그 原因에 對하야는 여기에 公言하기를 쓰린다. 그러나 나로서— 現在나 自身이 記者라는 것을 써나서— 一讀者로서 要求하야 마지 안는 것은 行文에 좀더 注意하야 달라는 要求요, 싸라 今後 記者를 志願하거나 쏘 記者를 採用하는 新聞社나 各社 支局에서 가장 注意할 일이라 하는 바이다. 新聞社나 讀者가 雄文巨濠를 要求하는 것은 勿論 아니라. 그러나 新聞 記事로서의 未成品을 要求치는 안는다. 文의 體와 格을 이루는 記事를 바라는 것이다.

그러나 말이 그러치 新聞記事란 大端히 어려운 것이다. 記事는 손으로 스는 것이 아니라 발로 서야 한다 함은 그 時間的 迅速을 意味함이거니와 文體로도 平凡하고 容易한 듯하면서 其實은 그러치 안흔 것이다. 政治面은 電文의 飜譯만 하면 고만일 것 가트되 이처럼 普及된 日文을 飜譯한다는 것이 그러케 容易할지? 나는 疑問이다. 容易한 사람도 잇겟지만은 처음부터 輕蔑한 態度도 對할 것은 決코 아니다. 하물며 社會面(一地方面 記事를 包含함) 記事에랴.

社會面 記事는 純朝鮮文인 고로 從來에 朝鮮文에 對한 先入見的 蔑視로 그까짓 諺文으로 쓰는 것은 記事가 아무려면 못 쓰라고 함부로 덤비지만, 어느 글 처놋코 體와 格을 이루지 안코 되는 법이 업스면야 諺文이라고 얏볼 것은 아니다. 더우가 웃으운 일은 漢字나 外國文字에는 劃數나 造語에 잘못이 잇스면 無識이 綻露(탄로)된다 하야 注意하지만은 우리글에는 語不成說의 綴字를 하야노코도 恬然(염연)한 것이 常例이니 이러

한 記事는 編輯者의 頭痛거리다.

　그는 何如間에 社會面 記事를 노코 보면 여기에는 實로 모든 文體가 綜合되엿다. 가장 어렵다는 理由도 여긔에 잇다. 가령 裁判記事 가튼 것은 보드라도 스켓취的 敍景, 抒情 敍事 等 文體가 綜合되여서, 印象的 으로 그 雰圍氣를 興味잇게 描寫하는 一便, 事件의 顚末 推移를 分明히 核心을 잡아 敍述하자면 如干한 努力과 修鍊이 업시는 안 될 것이다. 事件의 種類와 大小에 싸라서 被告의 服裝, 動作 表情 等 敍景을 略하기도 하고 或은 抒情的 部分을 誇張하기도 하여 坐는 單純히 敍事에 쓰치기도 하며 가장 重大視하거나 가장 讀者의 興味를 쓰는 部分은 一問一答式을 取하거나 하야 경우를 싸라 適宜히 取扱하여야 하겟지만은 그 取捨라든지 順次의 長短을 按排라는 것이 如干 어렵지 안흘 것이다. 놋대야 한아씀 훔친 竊盜 事件에 法庭에 선 被告의 表情 動作이나 廷內의 空氣를 描寫한다든지 山梨 公判廷의 記事를 某月 某日 某時 開廷, 被告의 住所 氏名 訊問이 마친 後 卽時 審理 開始라고 簡單한 敍事에 씃친다면 그 어느 것이나 記事로서 失敗일 것이다. 要컨대 取扱上 標準은 社會的 센세이슌과 讀者에게 주는 興味의 程度를 싸른 것이지만 文體上으로 보면 이만치나 複雜하고 文格의 調和와 效果에 置重치 안흐면 아니될 것이다. 이와 가티 一記事를 解剖하야 보아도 單純한 報道-報告에 그치지 안코 文章美를 多種多樣의 形式과 手法으로 發揮하여야 하겟지만은 社會面의 個個의 記事를 보드라도 純敍事의 것, 抒情味에 濃厚한 것, 諷刺的의 것, 諧謔味의 것, 敎訓的의 것 等 모든 種類의 文章이 그 속에 석기어 잇는 것인 故로 萬一 그 各各의 文章이 모다 體格을 이루어서 新聞記事體라는 큰 文體를 이룬다면 그것도 坐한 훌륭한 文藝作品일 것이다. 決코 社會面 記事라고 輕蔑할 것이 아니라 그 大衆性에 잇서서 極히 所重히 생각하여야 할 것이다. (씃)

[7] 文體와 形式의 要素:
　골함 B. 만슨 作, 朴英熙 譯,『학등』제11호, 1934(소화9년) 10월

◎ 文體와 形式의 要素(上),『학등』제11호

文體는 手段이다.

　文體는 作品의 裝飾으로 생각할 것이 아니라 <u>文體는 目的으로의 手段</u>으로 생각할 것이다. '스탄다―르'는 作家側의 '思想'이 讀者에게 미칠 만한 程度의 效果를 내는데 關해서 말한다. 文體는 效果를 내는 手段이라고. '삐폰'은 各自 自身의 말로서 定義를 내린다고 하니, 즉 文體는 各自 自身을 遠隔한대 있는 未知의 讀者에게 作用하는대 쓰는 手段이라고 한다.

　이러한 까닭에 必要한 手段이라면 그것은 表面的인 純然한 裝飾이 될 수는 없는 것이다.

　그런데 往往이 보면 過去에 있었든 것과 같이 今日에 無關係한 手段의 剛琢를 頑强히 主張하는 사람이 있으면 또 한편으로는 往往 世上에는 自己表現인 藝術의 敎義를 流布하기도 한다. 이러한 誤解에 關해서는 나중에 附帶的 記述이 잇을 것이다. 이곳에서 우리의 할 일은 '카―드'를 내놓는 것이며 그 中에 本文은 <u>文學은 本質的으로 效果 傳達의 技術</u>이라고 主張하는 것을 보이는 것뿐이다.

　文體의 要素

　'삐폰'이나 '스탄다―르'의 定義는 文體라는 것이 文學의 兩枝葉으로 되는 主題인 以上 詩, 散文의 兩者와 同一하게 適用되는 것이다. 우리가 그 發見을 散文에서만 附隨해서 생각하는 것은 文體의 要素를 따루 생각할 때에 限해서 그러하다. <u>散文은 詩에 比해서 選語, 母音 子音의 組合</u>

48

하는 것, 文章 構成, 韻律, 思想 系統 等에서 어떠한 差違가 잇슬 것인가.

一. 語彙: 一般으로 말(語)은 우리들 自身 中의 智的 感情的, 感覺的 要因에 關係되는 것이다. 理性에 對한 語彙가 있으면 感情에 對한 것이 있고, 感覺에 對한 것이 있다. 理性에 對한 것은 比較, 對照, 關係, 抽象을 보이는 말로 成立된다. 우리가 文學評論, 哲學 等의 散文을 考察할 때는 우리는 가장 純粹한 例에서 抽象名詞의 頻出을 論評할 것이다. 感情의 語彙는 主로서 感情과 그 陰影의 名詞로 成立되니 이 名詞로서 形容詞 動詞가 생기는 것이다. 感覺의 語彙는 어느 感覺이 傳하는 對象에 關聯한 것이다.

우리들이 全語彙를 이렇게 區分하게 될 때는 때때로 困難한 일이 있다. '책상' '樹林' '개고리' '아이' 들은 確實히 感覺上의 말이며 '焦燥', '憤怒' '恐慌'도 또한 明白히 感情의 言語며 '判斷' '速度' '價値'는 곧 智的인 術語로 辨別되는 것이다. 그러나 우리는 사람이면 '危險'이라는 것과 같은 말의 區別은 어떻게 하느냐고 누가 물을 때는 생각하지 않으면 아니된다. '귀먹어리'는 汽車가 突進하는 鐵路로 坦平하게 설어갈 수 있으나 그의 位置의 危險을 感覺하는 것은 傍觀者인 우리들이다. 우리는 곧 그 사람 自身이 되어가지고 그가 모르는 危險에 주먹을 주게 된다. 이렇게 '危險'이라는 말은 感情의 語彙에 屬한 것이라고 말할 수 있다.

그 다음으로 困難한 것은 아래의 事實과 같다. 多數의 말은 根本으로 한 개의 '그룹'에 屬한 것이다. 漸次로 自己의 '그룹'에 屬한 것과 關係를 갖게 되므로 暗示的인 部分에서는 一味相通하는 것이 생기게 된다. 이리해서 精神的이면서 同時에 感情的, 感覺的인 말이――見 一個人으로서의 人間에서 나온 것이 明白하나, 넓게 普遍化된 意味의 말이 생겨난다. '生'과 '死' 等이 이것이다.

原理 그것은 單純하고 判然해서, 지금 그 詳細한 適用의 困難을 解說할 必要는 없다. 그러나 散文이 知性인 語彙를 보다 더 많이 使用하고, 詩가 感情的인 말에 많이 기우러지는 것은, 이제 明白하게 된 모양이다.

그러나 그것이 所謂 詩語法—豊富한 感情的 聯想을 綜合해서 가지고 있는 感情語의 選擇—의 起因이다.

二. 母音 子音의 合成: 大體 子音과 母音의 調和的 集合에는 지금 詩人과 散文家와의 語彙에서 相違한 傾向을 본 것과 같이, 詩와 散文 사이에 큰 區分이 있을 것인가. 나는 그렇게 생각하지는 아니한다. 文字의 技術에 나타나는 秘密(나는 이번에 文字라는 것을 아주 文字 그대로 말하는 것이다)은 兩形式에 共通된 것이다. 이리해서 散文에 있어서나 詩에 있어서나 憂鬱한 一節은 恒常 多數의 開放 母音과 喉聲 子音을 보일 것이며, 兩形式 中에 快活한 一節은 흔히 齒牙의 咽喉間을 急速히 빠저가는 短母音의 舞踏가 될 것이다.

研究者는 말할 것도 없이 脣音, 喉音, 齒音 其他 子音類에 通達치 않으면 아니된다. 그것은 그처럼 多數의 '아메리카'의 批評家들로 하여금, 그들이 文體의 論할 때, 曖昧하게 不得 要領하게 한 그 初步的 範疇를 記憶하는 것은 全然 쓸 데 없는 것인 까닭이다. 그들은 恰似히 한번도 細胞의 分類를 배와보려고 하지 않은 似而非 生理學者와 같은 것이다.

◎ 文體와 形式의 要素(下), 『학등』 제12호, 1936.12.1.

三. 文章 構成法: 사람의 마음에는 어느 때나 單文과 複文 또는 合文의 文法上 區別이든지 또는 完全 不完全이든지 或은 均衡과 對照와 平行의 修辭上의 區別이 準備되여 있을 터이므로 이러한 것이 實際로 文體 解剖에 使用되게 되면 사람은 생각지도 않은 精確한 結論으로 들어가게 하는 일이 때때로 있다. 文體의 變化는 흔히 文章 構造의 變化에 따른다. 卽 簡單한 單文에서 不完全한 複文에까지 對照에서 平行 肯定文의 均衡에서 單純한 否定까지의 移動에 左右되는 것이다.

그러나 이러한 文章을 構成하는 樣式의 모든 것은 散文이나 詩의 어느 것의 調和에든지 利用되는 것이니 이것에 우리는 또다시 失望하지 않으면 아니된다.

四. 韻律: 이 方面에서는 센트베리 氏가 開拓한 德分에 區別은 매우 顯著히 認識될 수 있다. 例를 들면 散文은 六音節脚도 散文에서는 想像할 수 있다. 그러나 이러한 小小한 區別은 대개 散文에서 생긴 區別이다. 五音節脚, 一般으로는 '이오니아'調(短短長格), 第三 빠온調(長短短格)라고 이름하는 것은 한가지 最高 散文의 調和에 重要한 것이다. 또는 詩作家들이 그 效用을 疑心하는 三音節格 암피뿌락調(弱强弱格)은 散文에서 그의 敵手에게는 매우 有用한 韻脚이다. 다른 三音節格 모로사스調(長長長格)의 詩에서는 不可能한 것이나 間或 散文의 押韻이 될 때도 있다. 다른 區別로서는 一音節脚이 英詩보다도 그 散文에서 거진 壓倒的으로 쓰위지는 것이다.

이 問題는 이것만으로 다 할 수 없는 것이니 다만 센트베리 氏의 調査한 散文 '리듬'의 特例 中에서 몇 가지만을 꺼집어낸 데 不過하다. 내가 이 主題를 簡略히 論及케 된 것은 研究者의 好奇心에 一鞭을 加하야 좀더 깊은 研究를 하게 하려는 老婆心이며, 만일 그것이 아니되면 적으나마 作詩學과는 別個로서 散文에 音樂的 組織이 있을 수 있는 것을 믿게 하려는 까닭이다.

五. 思想體系: 思想 系統은 文體의 普遍的 要素다. 그것은 다만 前述의 文章 構造를 支配할 뿐만 아니라 또는 文章과 文章과의 連鎖를 支配하는 것이다. 어떠한 文章에든지 能動의 言語가 있으며, 力點이 있어서 힘을 드릴 場所에 있는 이러한 말이 그 文章의 個性을 決定한다. 그뿐만이 아니라 또 論理的 數學的 法則에 따라서 다음에 올 文章이 어느 곳에 力點을 두어야 할 것을 決定하게 되는 것이다. 그런 故로 思想 系統은 文章의 細密한 筋肉 組織에 關與하는 것으로 말할 수 있다.

그러나 形式의 限定—(이곳에서는 아직 考察하지 않은 術語이지만)—에 關係될 것에는 더욱이 큰 思想 系統이 있다. 우리는 또다시 形式

一般論으로 드러가자. 이미 散文 文體의 硏究에서는 確固한 根據를 發見하였으니 再論하기 前에 한번 더 살피어 보자.

우리는 散文 文體家에게 이렇게 質問한다. ―그의 用語 選擇은 果然 正確하고 妥當하며 훌륭한 것이었든가? 用語는 思想을 充分히 作品에 나타나도록 選擇한 것인가? 그 思想은 健全하며 緊密하며 公平한 感情에 或은 다른 藝術―繪畵 같은 것이 이르려고 하나 이르지 못한 繪畵的 暗示에 充分히 이르럿는가? 그 韻律은 散文에 適當한 것인가? 偶然한 까닭에 아모렇게나 그런 韻律에 不知不識間 끌러드러가지나 않었나?

다시 作者의 귀(耳)는 母音과 子音에 對해서 적게 들리는가 크게 들리는가? 그의 特有의 文章 構成法이란 무엇인가? 가장 어떠한 構成이 쫀슨 式 文章을 그처럼 有名하게 하였는가? 그는 思想 表現에 當해서 어떻게 鮮明하게 强勢의 配置法을 보이었는가?

形式

文體는 얼른 말하면 表現의 方法이나 形式은 表現의 典型이다. 今日에서 形式이라고 하면 두 가지 意味가 있는 것으로서 하나는 가령 말하면 五幕짜리라든가 短篇이라든가 警句라는 形式이고, 또 하나는 더욱 學術的으로서 좀 說明하기 어려운 意味에 씨여지고 있다. 畵家가 形式이라는 境遇에는 靜物이라든지 肖像畵라든지 空想畵라는 것과 같은 '칸바스'의 그림의 種類를 意味하는 것이 아니라 全體的으로 作品의 審美的 構成을 말하는 것이다. 畵家가 말하는 形式이라는 말이 어느 틈에 近代 文學批評의 語彙에 뛰어들어가서 지금은 그것이 어느 文學作品의 全體的 審美的 組成을 意味하며 類型中에서 特殊型을 指摘하는 데 使用되며 그로므로 小說이 잘 되었더래도 構想이 拙劣하고 形式에 缺點이 있다고 하는 버릇으로 말하기 쉬운 것이다.

形式이라는 것은 作品을 全構成에서 觀察하는 때 보이고 생각되는 것을 말하는 것이며, 文體라는 것은 作品 中의 어느 一節을 가지고 보며 또는 생각하는 것이다.

構造와 그 機能

形式을 좀더 具體的으로 말한다면 形式이라는 것은 藝術作品의 機能 있는 構造라고 말할 수 있을 듯하다. 이 槪念은 '아리스토텔'의 所有 骨子라는데 該當하고 近者에는 構圖라고 부르든가 建築 構造라고 부르는 것이니, 骨子 或은 構造의 各方面의 機能을 意味하는 것이다. 그런 까닭에 이야기의 內容을 骨子로만 만들어 버리는 것은, 그 形式을 說明하는 것이 아니라 다만 그 解剖를 보이는데 不過하다고 볼 것이다. 그런데 그 骨格에 適當한 機能을 주며 그 作品이 어느 程度에 運動과 高潮, 平衡과 均齊에 이르렀는가를 보이는 것은 그것에 生理學을 주어서 그것이 構造上 산(生)물건이라는 것을 보이는 까닭이다.

'아리스토텔'의 詩學은 形式의 法典이지만 形式이 散文과 詩의 共有物인 以上에는 그 法典도 表題에 보이는 바와 같이, 勿論 詩에 關한 것이지만 그와 同一하게 散文 形式의 性質도 그와 마찬가지다. 그것은 바로 우리들의 求하는 것과 形式의 主要한 機能의 調査와 定義 等을 包含하였다. 初中終이라는 것이 그것이니, 近代 批評家의 常用語를 좇으면 序論, 本論, 結論이니, 音樂에서 말하는 '크레센트'(漸音漸强) 法則에 다라서 排列된 것이다. 가령 讀者는 初中終인 '아리스토틀'의 定義를 가지고 그것을 感情의 言語로 飜譯하여서 볼 것이다. 感情에 있어서 '처음'이라는 것은 어느 期待의 擡頭를 意味한다는 것을 깨닫게 되면 諸君은 벌서 形式 理解의 第一步에 드러선 것이다. 卽 形式은 心理的으로는 이렇게 된다.

먼저 讀者의 마음에 무엇이 일어날 듯한 걱정이 생기며 그것이 成長하고 動搖되며 躊躇하야 이 期待가 的確히 되며 最後의 그 豫期가 滿足되는 것이다. 그것은 法則과 같이 簡單하지만 法則에서 나온 實際는 非常이 複雜形을 取하게 되는 것이다. (콜함 B.만슨 作에서)

[8] 언어의 순수를 위하야:
金岸曙, 『동아일보』 1931.3.29.~4.4.

** 이 글은 1931년 3월 29일부터 4월 4일까지 6회에 걸쳐 연재된
안서의 언어론이자 작문론임.

◎ 言語의 純粹를 爲하야(一), 『동아일보』, 1931.3.29.

新聞 雜誌에 連載되는 小說이라는 것을 들여다보면 版에 박아노타
십히 그 씃헤는,
"어데를 갑니까?"라고 산애가 물엇다.
"나요? 散步갑니다."라고 女子는 對答햇다.
열이면 아홉쯤은 이러한 '라고'라는 말을 依例히 使用햇스니 이 어
인 일입니까. 풋내기 新進이니 旣成 作家이니 할 것 업시 모다 이 어색
한 '라고'를 奇怪하다 할 만치 連發하는 것을 보니 朝鮮말의 美와 純實
性을 爲해 寒心한 생각을 禁할 수가 업습니다.
"간다고 해 줍시오"나 "오라고 하겟소"하는 말 가튼 것은 대단히 듯
기 조코 아름답은 것이나 "어데를 갑니까라고 물엇다"와 가튼 것에는
가튼 말의 가튼 '라고'건만은, 如干만 듯기 실코 밉은 생각을 禁할 수
가 업는 것을 어찌합니까. 말할 것도 업시 이것은 저 日本말에,
"'學校へユく'ご 彼れが 云ひましだ"의 'ご'를 고대로 집어 삼킨 것
이외다.
이러한 고대로 삼켜 놋는 번역처럼 무섭은 害毒은 업는 것이외다.
또 嚴正히 말하자면 이런 것은 번역도 아모것도 아니외다. 가장 어리
석은 사람이 自己의 固有한 언어란 어써한 것을 몰으고 그 自身의 汗顔
無知를 그대로 表해 노흔 데 지내지 아니하는 것이외다. 어찌하야 日
本말의 'ご'가 朝鮮말로 번역될 쌔에 '라고'가 되어야 할 것입니까. 이
러케 飜譯하는 것은 朝鮮말을 몰으는 無知에서 생긴 것으로 그 害毒은

實로 큰 것이외다. 이 '라고' 가튼 것이 그대로 아모러한 反省 업시 멧 年 동안 使用된다하면 아름답은 朝鮮말에 가장 듯기 실코 아름답지 못한 混種語가 存在되고 말 모양이니 現下 朝鮮語도 사람에게 지지 안을 만큼 受難期에 잇다 할 만하외다. 쏘 다른 人士들은 그만두고라도 所謂 文筆로서 一生의 業을 삼겟다는 作家로서 이짜위 '라고'즛을 조금도 부그럽어 하지 아니하고 할 말로야 그까즛 作品은 해서 무엇에 씁니싸. 文學的 作品에서처럼 言語가 그 自身의 純實性을 가장 잘 發揮되는 것이 업다는 것이 眞正이라고 하면 쏘 그러한 '라고' 싸위의 作品에서 무슨 기픈 感動으로의 價値가 發見될 것입니싸. (중략)

◎ 言語의 純粹를 爲하야(二), 『동아일보』, 1931.3.31.

現代 朝鮮말이 어써케 受難期에서 極度의 賤待를 밧는가는 文字로 나타나는 雜誌니 新聞에서쑨이 아니고 日常 使用되는 對話에서도 꼭 가튼 傾向을 볼 수가 잇는 것은 朝鮮말의 純實을 爲해 가장 설어할 만한 일이외다. 全 서울을 風靡하다시피 流行의 極致를 보인 '마쟝' 俱樂部 가튼 곳에 가면

"내가 먼저 올으고 말썰"

"올으기만 하면 相當한데"

하는 말을 들을 수가 잇스니 이것은 말할 것도 업시 "내가 먼저 터지고 말썰", "터지기만 하면 相當한데" 하는 말이외다. 누구라서 '올은다'는 말을 듯고 '터진다' 쏘는 '난다', '나온다'는 意味로 알아들을 수 잇습니싸. 朝鮮말에 '나온다', '난다' 쏘는 '터진다'는 말이 잇건마는 그들 마장쑨들은 갑갑히 제 손 속에 잇는 낫늑은 말을 쓸 줄은 몰으고 日本말의 '上がる'란 것을 고대로 몬지한아 썰지 아니하고 '올은다'니 무엇이니 使用을 하니 말할 나위 업는 것이외다.

아모리 그들이 日本말을 잘 짓걸이고 잘 쓴다 하더라도 그들의 번역이란 날대로 삼키는 '올은다' 式의 最上일 모양이니 그 實은 日本말을

理解한다고 할 수가 업는 일이외다. 眞正한 意味로 日本말을 理解하는 사람으로는 決코 '上がる'를 '올은다'고 惡譯해 노흘 理가 업는 것이외다. 日本말도 '올은다' 式으로 使用할 모양이니 日本말도 적지 안케 이들 째문에 固有한 純實性을 일허버릴 모양이어니와 나날이 素質性을 일허버리는 朝鮮말에는 朝鮮말도 日本말도 아닌 混血語라 할 투기말의 强徵的 生産을 밧게 되니 생각하면 싹한 노릇이외다. 世上에 무섭다 무섭다 해도 沒理解의 無識처럼 두렵은 것은 업습니다.

이것은 沒理解의 無識 째문에 强徵的 出山을 바든 '마장'터의 '올은다' 式과는 다른 이야기로 筆者가 얼마 前 偶然한 機會에 發見한 그야말로 義憤을 禁할 수 업는 것이 잇습니다. 어썬 學校의 機關 雜誌에 어썬 이가 '營養素에 對하야' 一文을 草한 것이 잇습니다. 말할 것도 업시 나는 이곳에서 그 筆者의 論文 內容에 對한 檢討이 아니요 그의 用語에 對하야 참말 口逆나는 생각을 禁할 수가 업기 째문이외다.

무슨 그러케 하지 아니하면 안 될 必要가 잇기로 '아시도·알부민'이라 쓰든가 쏘는 그것으로는 不足한 생각이 잇다 하면 原語 (Acido Albumin)이라 햇스면 그만일 것을 二重 三重으로 朝鮮 語音은 쌔어버리고 'アシド アルベミン' 하고 日本音을 반듯이 너허 노앗스니 암만해도 그 筆者의 心思를 알 수가 업는 일이외다. 그것도 '아시도 알부민'이라는 것의 原語가 日本말로 'アシド アルベミン' 일 것 가트면 얼마든지 使用해도 조흘 것이외다만은 原語도 아닌 日本音을 이러한 名詞이면 반듯이 너허 노흐면서도 朝鮮 사람의 讀者를 要求하지 아니할 수 업는 朝鮮文을 使用하면서도 期於히 朝鮮 語音만은 모조리 살싹쌔어 노코 말앗스니 이에서 더 筆者의 마음은 몰을 것이외다.

人名 가튼 것에는 'ムルダー'(Mulder)니 'ヘンリク'(Henrique)니 'ハンセン'(Hansen)이니 하며 도로혀 半더듬이 日本말을 써 노코 固有한 그 人物의 發音을 잡아놋는 것보다는 '물더'니 '헨릭'이니 '한센'이니 하는 것이 나의 愚見가타서는 여러 百倍 조하 보이건마는 그 筆者는 日本音은 너헛슬망정 朝鮮 語音은 期於코 쌔어노코 말앗스니 첫재에 發音으

로 보아서 잘못이오 둘재에 朝鮮文으로 다른 것은 다 쓰면서 이러한 것만 朝鮮語音을 넛치 아니하야 모양이 덜 조흔 것이오 셋재는 무슨 必然으로 그 筆者는 그러한 態度를 取치 아니할 수가 업섯든지 하느님이 아닌 내 自身으로는 알 수가 업거니와 如何간 朝鮮語의 純實性을 爲하야 그러한 態度를 取하는 것은 삼가지 아니할 수가 업는 일이외다.

◎ 言語의 純粹를 爲하야(三), 『동아일보』, 1931.4.1.

또 그것도 그 雜誌가 學校라는 背景을 가진 機關紙가 아니고 鐘路 네거리를 데굴데굴 굴러다니는 廣告 나불랭이 같은 것이라면 구태여 이런 말 저런 말 할 것이 아니요 그대로 못 본 체 해버렷으면 그만이외다마는 이것은 그러치 아니하야 아모리 그 筆者 한 個人의 取한 바 態度라 하더라도 結局으로의 責任과 허물은 學校라는 커다란 體面에 돌아가지 아니할 수 업고 보니 나의 이곳에서 말하는 公憤이 決코 意味업는 好奇가 아니외다. 無識이란 다른 것이 아니요 그런 것이외다. 汗顔스럽은 沒常識하다는 責難은 이러한 곳에서 생기는 것이외다. 言語와 智識과 思想을 尊重히 보지 않을 수 업는 곳에서 이러한 口逆날 만한 즛을 하여 그 自身이 그 自身에 對한 羞恥를 避할 길이 업는 것이외다.

'ヴイタミン'이니 'カルカリアルブミン'이니 하는 日本音을 朝鮮文에다 朝鮮音만을 빼어버리고 삼뭇 눈 씌우게 羅列해 노치 아니할 수 업는 理由를 나는 암만해도 發見할 수 업슬 쑨 아니라 이것으로 因하야 참을 수 업는 口逆과 얄미움을 禁할 수가 업슬 싸름이외다. 부끄럽음을 아지 못하는 곳에서 어리석은 이의 幸福이 잇슬는지 몰으거니와 웬만큼은 부끄럽음을 알아두는 것이 向上으로의 바른 길이 되는 것이외다.

現下 朝鮮은 混亂時代외다. 洋服에 집신 신고 상투를 싸고 帽子를 쓰는 판이니 朝鮮文 속에 넘으로 日本말쯤이야 若干 집어넛는다기로 무슨 相關이 잇겟느냐고 도리혀 나를 責難한다면 別道理는 업는 일이외다마는 洋服에다가 집신 신은 꼴은 조타고 할 수 업는 것과 마찬가

지로 言語의 純實性으로 보아서 우리는 어대까지든지 그러한 보기 실흔 꼴을 避치 아니할 수가 업는 것이외다.

어쩐 小說 줄이나 쓴다는 作者가 '날 버리고 가시는 님은 十里도 못 가서 발病 난다'하는 朝鮮的 情調가 가득한 이 노래를 '私を棄てゆく人は十里もゆかぬうち足を痛て歩けなくなる' 하며 日本말로 번역한 것을 보앗습니다마는 이 번역 속에는 보드랍은 情緒의 아름답은 맛은 하나도 업고 殘酷 그 自身밧게 보이지 아니합니다. 만일 이 譯者로 眞實하게 朝鮮말로의 純實한 맛을 안다고 하면 決코 이러케는 惡譯하지 아니하엿슬 것이외다. 또 엇지 그쑌이겟습니까. 이러한 번역은 日本말 그 自身의 美와 純實性을 허물어낸 것도 허물어낸 것이거니와 朝鮮말도 日本말도 아모 것도 되다 만 것이외다. 言語가 그 自身의 美와 純實性을 일케 되면 그곳에는 賤待와 侮辱의 씻츨 수 업는 傷處 자옥밧게 남지 못하는 것이외다.

이러케 한 마듸 한 字라도 輕忽히 할 수 업는 것이어늘 조금도 그러한 反省이 업시 어쩌케 이러한 言語 使用을 함부로 할 수 잇겟습니까. 言語의 勢力은 蠻勇的 尙武에 잇지 아니하고 眞平한 意味로의 文化를 소유치 아니하고는 미둘 수 업는 것이외다. 文化國의 洗練된 言語의 表現은 이 事實을 雄辯으로 說明하는 것이외다. 言語란 決코 思想 意味만을 表現하는 것이 아니외다. 그 意味와 音調 두 가지의 混一된 調和에서 言語는 人生의 思想과 感情을 如實하게 生命 잇는 活躍으로 이쓸게 되는 것이외다. 만일 單純한 意味만으로 滿足할 수가 잇다 하면 '당신 갓소, 나 갓소, 우리 모두 다 갓소'와 가튼 말을 반드시 우습게 쏘는 憎惡의 생각 업시 그대로 들을 수는 업는 것이외다. 그것은 무슨 째문이겟습니까. 勿論 그 語法에나 揚音에 서툴다는 感이 잇슬 것이외다마는 그보다도 그 말에 音調美와 純實性이 업기 째문에 아무리 그대로 바다드릴랴고 하야도 그대로 바다드릴 수 업는 다시 말하면 意味로만 滿足할 수가 업기 째문이외다. 言語에서 그 意味만을 보고 그 音調를 돌아보지 아니함과 가튼 傾向은 꽃의 色彩만을 認定하고 香내를 忘却

해 버리는 것이나 一般이외다.

◎ 言語의 純粹를 爲하야(四), 『동아일보』, 1931.4.2.

　사람의 感情이란 決코 理論이나 理智만으로 解釋할 수가 업는 것만
치 理智를 主眼잡은 文章이라면 論理的으로도 進行시킬 수 잇는 것이
외다마는 그러치 아니하고 感情의 表現에서는 각금 論理와는 背馳되는
傾向을 볼 수가 잇스니, "그 녀석이 뭐라고 줏나?" 하는 것이 그것이외
다. 사람이면 말을 하든가 노래를 하든가 할 것이어늘 개가 아닌 사람
이 하는 말을 줏는다 한 것은 말할 것도 업시 理智와 論理를 無視한
感情으로의 憎惡를 表現한 것으로 이와 가튼 用語는 얼마든지 發見할
수 잇는 것이외다.
　感情의 表現에서 우리는 言語의 意味 以外에도 感情의 表現을 如實하
게 돕기 爲하야 몸즛과 손즛과 얼굴즛과 또 揚音 가튼 것을 使用하니 假
令 "듯기 실허!" 하는 말 가튼 것을 맨 첨 '듯'에다가 힘을 주어 얼굴을
씽그리고 할 때와 맨 나종 '허'에다가 힘을 주고서 손즛을 할 쌔의, 이
가튼 두 가지 말의 意味는 그 音調로의 感情的 表現 쌔문에 顯著하게
달라지는 것을 볼 수 잇지 아니합니까. 쏙 가튼 말이언마는 이러케 그
意味가 달라지는 것은 言語란 그 意味 以外에도 音調로의 感情的 한 方
面이기 쌔문이외다.
　言語란 이러케 몸즛과 音調에 쌀아서 달나지는 것이어늘 朝鮮말도
아닌 半더듬이 雜種語로써 어써케 自己의 固有한 思想과 感情을 表現
할 수 잇겟습니까. 表現할 수가 잇다 함은 귀먹어리나 벙어리가 아니
고는 미들 수 업는 일이외다. 누구라서 言語에서 意味만을 싸는 것으
로써 滿足할 수 잇겟습니까. 思想과 感情은 意味만으로 表現되는 것이
아니오 音調의 如實한 表現을 가지지 못하는 以上 決코 生命 잇는 活躍
은 할 수가 업는 것이외다.
　對話에는 몸즛과 손즛과 音調의 놉나지로써 우리의 思想과 感情을

如實히 表現할 수가 잇는 것이외다마는 文章에는 몸즛과 놉나지의 音調가 업기 째문에 다른 어쩌한 表現 方法을 取치 아니할 수가 업스니 그 것은 말을 될 수 잇는 데로 (理智의 文章으로 事件의 記錄만으로 滿足할 수가 업는 以上에는) 感情的으로 하지 아니할 수가 업는 것이외다.

　1. 아홉 時에 그가 가가에서 와낫습니다(나왓습니다??). 나는 밧게서 그 째싸지 그를 기달렷습니다. 비에 나의 옷은 대단히 저젓습니다.
　2. 아홉 時가 되니까 그가 가가에서 나왓습니다. 얼마나 만흔 時間을 나는 밧게서 쏘다지는 비에 옷을 함쑥 적시면서 그를 기달엿습니다.

와 가튼 두 글을 比較해 보면 그 意味는 대개 가튼 것이나마 그 感情的 되는 點에서는 대단히 다르지 아니할 수가 없으니 (1)에서 우리는 理智 的이요 理論的이요 正確하고 非感情的으로 마치 裁判所의 判決文가튼 어쩐 事實의 記錄인 것을 發見할 수가 잇습니다. 그러나 이와는 반대로 (2)에서 우리는 感情으로서의 事實만의 記錄이 아니요 그 同時에 不滿足한 참을 수 업는 不平과 원망스럽은 表現을 볼 수가 잇는 것이외다. 이와 가튼 것은 말할 것도 업시 그 째에 感情을 고대로 如實하게 讀者 에게 傳키 爲하야 筆者가 用語에 過度한 形容을 가장 眞實한 意味로 한 것이외다. 文章에서는 더욱 感情 表現의 文章에서는 아모리 거즛이라 도 讀者가 거즛이라는 것을 看破하도록 써서는 아니됩니다. 거즛을 表 現해도 그것을 어대까지 眞正한 것이라고 생각할 만큼 表現하지 아니 할 수가 업스니 이 點에서 作者는 거즛을 참된 것 만들기 위하야 왼갓 苦生을 하지 아니할 수가 업다는 奇異한 現象을 發見하게 됩니다.
　이야기는 本來의 問題에서 感情 表現으로 들어갓습니다마는 言語란 如何間 조그마한 가장 적은 差異로 말미암아서 가장 큰 다른 쯧이 되 고 마는 것이 만흔 것만치 作者로의 어대까지든지 다하지 아니할 수 업는 任務는 言語의 眞正한 生命과 精神을 붓잡아 使用치 아니할 수가 업는 것이외다.

只今 朝鮮 文體에 日本 文體의 直譯式이 어중이써중이들로 因하야 輸入되야 固有한 本來로의 아름답은 純實性을 일허 버리고 보기 실흔 꼴을 가지게 된 것은 참아 볼 수 업는 일이외다. 所謂 童謠니 童話니 하는 가장 純實한 言語를 使用치 아니할 수 업는 文章으로부터 小說이니 詩歌니 論文이니 하는 것을 有心히 들어본다 하면 얼마든지 自然스럽지 못한 不純한 現象을 發見할 수 잇는 줄 압니다. "이슬에 장미꽃이 저저 잇서요" 하니 勿論 '저저 잇서요' 하는 말을 쓸 수 잇는 째와 곳이 업지 아니한 것은 아니외다마는 前後의 文章의 意味와 音調로 보아서 "이슬에 장미꽃치 젓습니다."하는 것이 훨씬 조아 보이건만 조금도 그런 것은 생각지 아니하고 저 일본말의 (ぬれてるる)를 고대로 옴겨다가 朝鮮말을 결단을 내는 것은 암만해도 贊成할 수 업는 일이외다. 贊成할 수 업는 것보다도 그 잘못을 容恕할 수 업는 것이외다.

엇찌 '저저 잇서요' 하나만이겟습니까. '갓습니다. 왓습니다.'하면 말이 보드랍고 뜻과 音調가 조흔 것을 '가서 잇섯습니다. 와서 잇섯습니다.'니 하니, 大體 '가서 잇섯습니다.'란 무엇 말나죽은 것이며 '와서 잇섯습니다.'와 같은 것은 조금도 朝鮮말답지 아니하다는 생각을 못하는지 참아 閑心한 일이외다. 言語에 아모러한 修養과 反省이 업기로서니 日本말 고대로의 '가서 잇섯습니다. 와서 잇섯습니다.'와 가튼 말을 使用함은 그 넘우나 大膽함에 놀나지 아니할 수가 업는 일이외다.

쏘 '이 問題에 잇서서'와 가튼 '잇서서'의 使用도 생각할 點이 적지 안타고 합니다. '이 問題에 對하야'라 하든지 그러치 안흐면 '이 點에 對하야' 할 것을 구태여 '이 點에 잇서서' 하고 日本말 式을 가저 올 必要가 어대 잇는지 한번 생각해 볼 일이외다. 그러고 新聞 雜誌에 '取扱'이니 '相手關係'니 '味方'이니 하는 아모리 보아도 낫설을 말을 쓰는 것과 가튼 것은 朝鮮말의 純實性을 위하야 容恕할 수 업는 亂賊이라 하지 아니할 수가 업는 일이외다.

◎ 言語의 純粹를 爲하야(五), 『동아일보』, 1931.4.3.

　外來語라고 어써한 것을 勿論하고 排斥하자는 것은 아니외다. 言語
의 生成과 豊富가 周圍의 必然과 外來語로 因하여서만 잇슬 수 잇는 것
이라 하면 우리는 必然에 쌀하서는 얼마든지 새로히 말을 지어 쓸 수
도 잇는 것이요 얼마든지 外來말을 바다들어서 自己의 語數를 豊富히
할 것이외다마는 가튼 外來말에도 바다들일 만한 말이 잇고 새로히 말
을 짓는 데도 쓸 만한 것과 쓰지 못할 말이 잇는 以上 어써케 함부로
맨들어서 아모 條件 업시 使用할 수가 잇겟습니싸.
　理論과 音調와 意味의 세 가지 條件이 들어맛지 아니하는 新造語는
한갓 個人의 獨斷에 지내지 아니하는 것만치 實用에 조금도 共通性을
가질 수가 업는 것이외다. 그쑨 아니고 또 그러한 造語에는 生命과 精
神이 업는 것을 아모리 使用한다면 무슨 如實한 效果를 어들 수가 잇
겟습니싸.
　함부로 自己의 固有한 語法을 돌아보지 아니하고 外來語에 心醉하야
그 語法을 바다들이는 것은 自己의 것까지 일허버릴 쑨이요 조금도 그
語法으로 因하야 利益될 것은 업는 것이외다. 自己의 語法과 外來語의
性質과를 比較하야 自己의 語法에는 업는 것이나마 바다들어서 조금도
自己 語法의 純實性에 害되지 아니할 만한 것이면 바다들어도 조흘 것
이외다마는 곳과 쌔를 돌아보지 아니하고 '가고 잇습니다, 자고 잇습
니다'하는 쓸데업는 語法을 바다들이는 것은 조금이라도 自己의 言語
를 생각하는 사람으로는 할 수 업는 일이외다. 그야말로 자기의 眞珠
는 내여버리고 남의 倉庫에서 모래알을 가저오는 어리석은 이나 다름
업는 것이외다. 참말 言語처럼 가장 적은 한마듸 쌔문에 다른 생각을
가지게 하는 것은 업습니다. 나는 여긔서 詩人 金東煥 氏의 '江南 제비'
라는 아름답은 小曲을 하나 여러분에게 보여드리겟습니다.

　三月이라 삼질날

62

江南 제비 둥주리 친다
열에 열해 기둘러도 소식 업네
江南은 넓고 크고 등포 만혼데
아, 하, 하, 등주리 그립어
江南 제비에 눈물 짓네
西伯利亞의 옵바야, 닛지나 안으섯나

이것이외다. 얼마나 音調와 意味로의 아름답은 詩입니까. 그러나 이 詩의 用語에 자미 업는 것이 잇서서보다도 音調와 意味의 보드랍고 아름답고 妙할 것이 그만 갈 곳까지 가지 못햇다는 感을 禁할 수 업는 것이 잇습니다. 그것은 다른 것이 아니라 나의 생각 가타서는 둘재 節의 셋재 줄 '江南 제비에 눈물 짓네' 한 그것이외다. '江南 제비에 눈물 지네' 하더라도 조금은 나흘 것이 '눈물 짓네' 하엿기 때문에 더구나 '江南 제비에' 한 '에' 따가 아니고 다른 말을 썻든들 하는 앗갑은 생각을 禁할 수가 업습니다. 말할 것도 업시 意味가 通치 안는다는 것이 아니고 音調에 자미가 업는 것이외다. 더구나 詩歌란 意味가 全體가 아니요 어대까지든지 音調를 重視하지 아니할 수 업는 것이라면 더더구나 이 詩를 위해 앗갑은 생각을 禁할 수가 업는 것이외다.

◎ 言語의 純粹를 爲하야(六), 『동아일보』, 1931.4.4.

그리고 또 맨 나종 '西伯利亞의 옵바야, 닛지나 안으섯나' 한 '西伯利亞의 옵바야,' 하고 詩人은 컴마를 찍엇습니다. 詩人 自身이 校正을 한 것이매 그 컴마가 誤植은 아닐 것이외다. 나는 이 컴마 하나 때문에 눈으로 이 한 줄을 볼 째에는 적지 안케 疑心을 하지 아니할 수가 업습니다. 그것은 다른 것이 아니요 이 컴마가 잇슴으로써 그 한마듸가 呼格(보케티보,)이 되엿기 째문이외다. '옵바야' 불너노코서 '닛지나 안으섯나' 하는 것은 암만해도 우습은 일이라 하지 아니할 수 업습니다. 웨 그런고 하니 '닛지나 안으섯나' 하는 것은 自己 혼자서 疑問을 가진 想像이기 째문이외다.

나는 別로 이 詩를 가지고 詩人 金東煥 氏를 詰難하자는 것이 아니고 손갑가이 이 詩가 잇기 째문에 그것을 들어다 노코 말 한마듸와 컴마 하나 째문에 어써케 意味와 音調의 아름답고 깁고 넓고 할 것이 도로혀 그와는 反對의 效果를 讀者에게 줄 수가 잇는가 하는 것을 보여들엿슬 쑨이외다.

그러면 文筆에 從事하는 쏘는 從事하랴는 사람으로서는 무엇보다도 言語에 對한 忠實한 修養이 必要한 것을 알 수가 잇는 줄 압니다. 이것이 感情과 思想의 如實한 表現을 重要視하는 사람으로는 가장 苦心하지 아니할 수 업는 同時에 言語에서 意味만을 붓잡는 것으로 滿足할 수 업는 所以외다. 意味만을 表함에는 손즛과 발즛과 얼굴즛으로도 할 수 업는 것이 아니외다마는 그것으로는 우리의 思想과 感情이 조금도 滿足해 하지 아니하는 것을 어찌합니까.

말하든 차이기로 外來語의 發音에 對하야 한마듸하겟습니다. 말할 것도 업시 地名, 人名은 온전한 發音처럼 어렵은 것은 업슬 것이외다. 웨 그런고 하니 프랑스 사람은 '파리'라고 하나 그것을 英音으로 할 째에는 '패리스'라 하지 아니할 수가 업는 것과 마찬가지로 英國의 '런던'이 佛語로는 '론드르'가 되고 마니 어는 것을 正確한 發音이라고 할 수가 업기 째문이외다. 더구나 英語 가튼 것은 發音이 不規則하야 '론돈'이니 '런든'이니 '런던'이니 하는 판이니 어써케 外國人으로 正確한 發音을 期할 수가 잇겟습니까마는 그래도 어느 程度까지는 어써한 國語에 든지 標準을 잡고 그 비슷한 發音을 해야 올흘 줄 압니다. '간디'를 '간듸' 하는 것은 認定할 수 잇거니와 '간지'하는 것은 암만해도 올타고 할 수가 업는 日本 發音의 'ガンヂ'에서 빌어온 것이라 할 수 밧게 업는 일이외다. 어떤 雜誌에는 獨逸의 大哲學者 '쇼펜하우에르'를 '소펜하엘' 하엿고 쏘 '니체'를 '니쌔'하고 發音해 노핫스니 비슷한 것이라고 본다면 보지 못할 것은 아니외다마는 原音과는 本來 썰어지기 쉽은 固有名詞의

發音이 二重 三重으로 여러 말을 것쳐서 옮겨젓기 쌔문에 나종에는 도무지 알아볼 수 업는 이름이 되고 마는 것은 만일 本人이나 本國人이 듯는다 하면 대단히 우습은 일일 것이외다.

이러한 固有名詞에 對하여서는 新聞 雜誌社에 純一을 시켜놋는 것이 대단히 조흔 일인 줄 압니다. 그러케만 되면 어제 新聞에는 '짠듸'이든 것이 오늘 新聞에는 '간지'가 되어 讀者에게 이 사람이 어제 그 사람인가 하는 疑問도 업서질 것이오 여러 가지 意味로 대단히 조흔 일인 줄 압니다.

[9] 作文論:
岸曙 金億, 『매일신보』 1931.11.18.~11.29.

** 이 글은 1931년 11월 18일부터 11월 29일까지 『매일신보』에 연재된 안서의 작문론으로, 서간문 쓰기의 원리를 대상으로 한 글임

◎ 作文論(一)—特히 書翰文에 對하야, 『매일신보』, 1931.11.18.

一.

대포가 별악을 치는 곳에 詩歌가 허틀어지고 電化가 얼으럼거리는 판에 對話術이 明色을 일허버렷고 電信이 發達되자 書翰文體가 어즈럽어진 이 現代외다. 그러나 아모러쎄나 되는대로 意思 表햇스면 그만이지 文章가튼 것을 어느 겨를에 다 공부하느냐면서 文章가튼 거슨 대스롭게 생각하지 아니하고 대개는 等閑히 보는 모양이외다. 그러나 우리는 걸음걸을 줄 아는지라 쏘한 달아나기를 배호지 아니할 수 업는 것이외다. 다름질을 하더라도 비틀거리지도 아니하고 쏘한 넘어지지도 아니하고 쪽바로 기운잇게 쏘는 모양잇게 달아나지 아니할 수

업는 것이외다. 이곳이외다. 우리가 意思가튼 거슬 表示치 아니하고 그대로 지닌다고 하면 몰으거니와 이왕에 그것을 發表치 아니할 수 업다고 하면 비틀거리지도 아니하고 넘어지지도 아니하고 쏙바로 氣運 잇게 쓰는 모양 잇게 發表치 아니할 수 업는 것이외다. 웨 그런고 하니 이 意思라는 것을 發表케 해 주는 것이 바로 文章이기 째문이외다. 그러나 아무리 어즈럽고 거츨은 現代라고 하더라도 意思表示로의 文章을 無視할 수가 업는 것이 사람에게는 그 시대의 思想과 感情이 잇는 것이 아님닛가.

二.

새부대에는 날근 술을 너흘 것이 아니요 부대가 새로우면 술도 새것을 너흐라는 옛사람의 말도 잇습니다만은 가튼 時代의 가튼 空氣를 마시는 目下 朝鮮사람들의 意思發表의 文章은 참말 千差萬別이라는 생각을 禁할 수가 업스니 그야말로 새부대에 날근 술을 낡은 부대에 새술이라 할 만하외다. 첫재에 書翰文 가튼 것을 보십시오. '分手相別于今 …此等'하고 始作하는 날근 式이 잇는 反面 '作別한지 오랫습니다. 발서 무탈하지요. 그동안 엇덧습닛가. 몸이 平安합닛가.'하는 새롭은 式이 잇스니 누구가 이 두 편지를 가튼 時代의 가튼 사람의 것이라고 생각할 수가 잇겟습닛가.

만일 갓 쓰고 洋服 입고 自動車를 타고 다니는 사람이 잇다 하면 우리들은 반듯이 넘우도 甚한 時代의 錯覺에 깜짝 놀래며 '헉헉' 웃지 아니할 수가 업는 것이외다. 그러나 書翰文體가 엄청나게 틀니는 時代的 錯覺에는 놀랠 줄도 몰으고 웃을 줄도 몰으니 그야말로 도로혀 놀낼 일이요 웃지 안흘 수가 업는 일이외다.

다섯 살 적에 입든 옷을 열 살 난 아회에게 입힐 사람은 업슬 것이외다. 그러나 편지 가튼 것은 다섯 살 적에 입든 것을 열 살이 되어도 조금도 無理라고 생각지 아니하고 그대로 입히는 것이 도로혀 제 格

제 式李어니 생각하는 상 십흐니 새삼스러이 因襲이라는 무겁고 크다란 힘에 놀내지 아니할 수가 업는 것이외다.

只今 서울이니 쇠골이니 할 것 업시 五六十되는 늙은이들은 이즘 젊은 사람들의 편지를 보고 "이것은 말이지 글은 아니야." 하는 말을 하면서, "공부했다 하는 것이 便紙 한 張도 변변이 못 쏨담…" 하면서 맛먹지 안타는 쑤지람을 합니다. 나는 구테여 이런 늙은이들의 말을 이러니 저러니 論難하려고 하지 아니합니다. 다만 그들에게는 지나간 옛날의 쏩아버릴 수 업는 因襲의 惡疾에 박인 것만치 或은 그러한 말로써 自慰를 삼을지 몰으리란 말만 하여 주겟습니다. 그러나 所謂 새 敎育을 바다 自己 짠은 새 知識의 所有者라는 젊은이들로써 그 무슨 뜻인지도 모르고 書翰文에는 "誠末*此時 ******不任下誠之至"니 하는 時代的 錯覺의 文句를 例事로 버려놋는데 니르러서야 갓 쓰고 洋服 입고 自動車 탄 것이나 다섯 살 적 옷을 열 살에도 如前히 입는 것이나 조곰도 다름이 업다는 생각을 禁할 수가 업스니 이것은 決코 나 한 個人의 생각이 아닐 것이외다.

새 부대에는 새 술을 너흘 것이요 낡은 부대에는 낡은 술을 담으라. —이것은 다시 말하면 새 時代의 새 사람에게는 <u>새 時代의 새롭은 思想과 感情을 담아노흘 만한 새롭은 體가</u> 잇지 안아서는 아니 된다는 말이외다. 아모리 <u>因習</u>이라고 하더라도 쓸데도 업는 虛僞의 形式에 얽매어 맘에도 업는 줏을 그대로 追從할 必要는 업는 것이외다. 이 새롭은 사람에게는 어디까지든지 새롭은 文體가 잇지 아니할 수 업는 所以외다.

◎ 작문론(二)―특히 서한문에 대하야, 『매일신보』, 1931.11.19.

三.

사람은 社會的 動物이라고 합니다. 이 社會的 動物이라는 말에는 다른 뜻이 잇는 것이 아니외다. 사람은 혼자서 살 수가 업다는 意味 以外

에도 社會라는 組織을 이루지 아니하고는 살 수 업다는 것이외다. 이리하야 사람은 알 수 업는 넷날부터 只今까지 社會라는 것을 이루어 놋코 살아온 것이외다. 그러기에 嚴正한 意味로 보면 사람에게는 比較的 個人生活이라는 것이 업는 것이외다. 個人生活이니 社會生活이니 하는 말은 便宜上 두 가지 生活로 區別해 노앗슬 쑨이오 조금도 그 本質에는 差異가 업는 것이외다. 말하자면 가튼 生活을 두 가지 方面으로 觀察한데 지내지 아니하는 것이외다.

여러 個人이 모혀 社會라는 큰 團體를 만들어 놋코 生을 營爲함에는 무엇이 잇서야 하겠습닛가. 그 要件으로는 무엇보다도 言語가 必要할 것이외다. 이 言語 업시는 彼此의 意思를 通 할 수가 업기 쌔문이외다. 다시 말하면 個人마다 自己에 要求하는 바를 表示하야 意見이 서로 一致되는가 쏘는 아니되는가를 알기 위하야는 各各 自己의 意思를 分明하게 表現하지 안아서는 아니될 것이외다. 그러치 아니하고 社會라는 큰 團體를 만들어 노흘 수가 업는 것이외다. 言語와 글을 通치 못하는 外國 사람들이 모혀서 엇더케 社會를 만들어 노흘 수가 잇스며 쏘는 安全한 生을 營爲할 수가 잇겟습니까.

個人마다 自己의 意思를 <u>眞實</u>하게 <u>分明</u>하게 알기 쉽게 아름답게 <u>表示함</u>에는 네 가지 방법이 잇스니 첫재는 <u>字典</u> 둘재는 <u>文典</u> 셋재에 <u>論理</u> 넷재에 <u>修辭</u>가 그것이외다. <u>字典</u>이 確定치 아니하고는 單語의 意味가 積確해지지 못하고 <u>文典</u>이 統一되지 아니하고는 言語의 組織이 分明해지지 못하고 <u>論理法則</u>을 밟지 아니하고는 錯誤가 쌓이기 쉬운 것이요 <u>修辭의 法則</u>을 직히지 아니하고는 分明함과 美가 작어지기 쉬운 것이외다. 넷날부터 조혼 말과 조혼 글은 다 이 네 가지를 거쳐서 된 것이외다.

그런데 <u>우리 朝鮮에는 思想과 感情을 表現함에 업서서는 아니 될 이 네 가지 가운데 아직까지 完全한 字典이 업고 文法도 確定되지 못하엿스니 實로 글과 말을 分明히 表現하기가 어렵은 일이외다.</u> 이러케 어렵은 時代에 處한 것만치 우리는 엇더케 하면 朝鮮말을 精確하게 쓸 수가 잇는가 恒常 注意하지 안을 수 업는 일이외다.

四.

엇더한 글과 엇더한 말도 勿論하고 그것이 自己의 思想과 感情의 發表인 以上에는 반드시 確實하게, 分明하게, 알기 쉽게, 아름답게 하는 네 가지 條件을 직혀야 할 것이외다. 그러치 아니하고는 읽는 사람에게나 듯는 이에게 조금도 實感으로의 感銘을 줄 수가 업기 째문이외다.

書翰文도 이와 조금도 다를 것이 업습니다. 편지라 하는 것은 다른 것이 아니외다. 마조 안자서 이야기할 것을 글로서 自己의 思想을 傳하는 것이 아닙닛가. 만일 마조 안자서 하는 말에 거즛이 잇다던가 分明히 못하다든가 아름답지 못하다든가 또는 알기가 어렵다든가 하면 듯는 사람이 엇던 영문인지를 몰으고 괴롭아 할 것이외다. 그와 마찬가지로 만일 편지에다가 속에도 업는 거즛을 아름답은 文字로 쓸데업는 裝飾을 한다하면 그것을 읽는 사람은 不快한 感情을 禁할 수가 업서서 "이 녀석이 누구를 업시는 심인가."하면서 얼굴빗치 달라지지 아니하리라고 斷言할 수도 업는 일이니 이것에 世上에서 니르는 바 명에 싼 개똥이니 하는 것이외다.(?) 오래지 아니하야 개똥의 大色이 들어나서 그 香氣롭지 못한 냄새를 노흘 것이외다. 무엇보다도 편지에서 그 個人의 私生活을 엿볼 수가 잇는 것만치 맘에도 업는 거즛을 하여서는 아니될 것이외다.

그러기에 決斷코 自己의 생각한 바에서 白頭山만한 誇張을 할 것도 아니요 주먹만한 것을 쌍알만하게 줄여놀 것도 아니외다. 잇는 대로 如實하게 表하는 것이 가장 조흔 일이외다. 그러나 論理으로는 決코 文章에서 誇張을 한다든가 또는 그것을 縮小한다든가 할 것이 아니라고 합니다만은 實感을 주기 위하야는 조금 誇張해 놋치 아니할 수가 업다는 것도 만습니다. 如何間 웃을 말을 듯고 우는 이가 업는 것과 마찬가지로 섧은 이야기를 듯고 웃는 사람은 업는 것이 普通 世上의 人情인

以上 文章에 쓰는 사람의 如實이 心中에 들어나지 아니하고는 남에게 效果로의 感動을 줄 수는 업는 것이외다.

◎ 작문론(三)—특히 서한문에 대하야, 『매일신보』, 1931.11.20.

自己는 웃지 아니하고 남더러 웃으라고 하면 웃을 사람이 어듸 잇스며 自己는 울지 아니하면서 남에게 울음을 强請한대야 그것은 아모 所用이 업는 것인즉 文章이 남에게 깁흔 感動을 줌에는 結局 '至誠感天'이라 할 만한 그러한 眞實이 잇서야 할 것이외다. 그러치 아니하고 그만한 效果를 바랄 수는 到底히 不可能한 일이외다. 이러한 意味로 보아 지내간 漢文式 書翰文은 板에 박아 노타 십흔 單純한 形式에 지내지 아니하니 그리하야 조금도 眞實한 맛이 업습니다. 쏘 그것이 우리에게는 非現代的인 것만치 귀에 거슬리고 맘에 맛지 아는 것이외다.

읽는 대로 쓰고 쓴 대로 읽으면 그 意味가 容易하게 通해질 쑨 아니라 文章과 言語 사이에 조곰도 間隔이 업시 그대로 使用할 수 잇는 貴엽은 文字를 내여버리고 何必 쓰기도 어렵고 알아보기도 貴찮은 漢文을 아직도 편지에다가 使用하지 하니할 수 업는 必要가 어듸 잇습닛가. 늙은이들은 할 수 업는 因襲의 惡疾 째문이라고 할 수가 잇거니와 새 敎育을 바든 새사람으로도 아직 오히려 漢文式 書翰文을 그대로 직혀 오는 것은 암만해도 알 수 업는 일이외다. 그리하야 이러한 이들의 편지 가튼 것을 들여다 보면 그야말로 新舊思想이 雜居를 하야 意外의 喜悲感을 演出하는 것이 하나 둘 아니외다.

四.4)

엇더한 글과 엇더한 말을 勿論하고 그것이 自己의 思想 發表인 以上

---

4) 원문에 19일字와 중복되고 있음.

에는 반듯이 '眞實하게, 分明하게, 알기 쉽게, 아름답게' 하는 네 가지 條件을 직혀야 합니다. 그렇치 아니하고는 읽는 사람에게나 듯는 이에게 조곰도 感銘을 줄 수가 업기 째문이외다.

편지도 이와 마찬가지외다. 편지라 함은 다른 것이 아니라 마조 안자서 이야기할 것을 글노써 自己의 思想을 傳함에 지내지 아니하는 것이외다. 만일에 마조 안자서 하는 말에 거즛이 잇든가, 分明치 못하든가, 아름답지 못하든가, 또는 알기 어렵다든가 하면 듯는 사람이 괴롭을 것입니다. 그와 마찬가지로 편지에도 만일 속에도 업는 거즛을 아름답은 文字로 쓸데업는 裝飾을 한다 하면 읽는 사람은 "녀석 나를 업으랴나" 하면서 얼골빛을 變할 것이니 이것이 世上에서 말하는 "명주 찰게 개똥"이라는 것이외다. 오래지 아니하야 개똥은 숨이나서 오래지 아니하야 香氣롭지 못한 냄새를 놋홀 것입니다.

그러기에 決斷코 생각하는 바에서 誇張도 할 것이 아니요 쏘는 적게도 할 것이 아니요, 잇는 그대로 如實하게 發表할 것이외다. 웃을 말을 듯고 우는 이가 업는 것과 마찬가지로 울을 이야기를 듯고 웃는 이는 업는 法이외다.

自己가 먼저 웃지 아니하고 남을 웃길 수 업는 것이요, 自己가 울지 아니하고 남을 울닐 수 업는 것이외다. 結局은 '至誠은 感天'이라는 한 마듸에 다하고 말을 것입니다.

이런 意味로 보면 지나간 漢文式 편지는 眞實한 맛이 업고 單純한 形式에 지내지 아니합니다. 그러고 그것이 쏘 現代의 우리에게는 非現代的이 되는 만큼 귀에 거슬니는 바가 적지 아니합니다.

읽는 대로 쓰고 쓰는 대로 읽으면 이 글이 편리해질 쑨 아니라 말이나 글이 쏙 가튼 *업은 自己의 文字를 버리고 쓰기 어렵고 알기 어렵은 漢文을 아직도 편지에 쓰지 아니하면 아니될 것 만치 생각하는 절문이들의 생각이야말로 참말 몰을 일이외다.

◎ 작문론(四)－특히 서한문에 대하야, 『매일신보』, 1931.11.21.

五.

그러면 편지를 엇더케 써야 할가 하는 問題에 對答하기 위하야 다음에 몃 가지를 말하겟습니다. 이것은 편지에 대하여서만 그러할 것이 안이고 넓히 글을 씀에는 이러한 標準이 잇서야 합니다.

첫재에 標準語를 써야 할 것이외다. 辭典의 確定이 업스면 單語의 意味가 確定되지 못합니다. 敎育이 發達되지 못한 나라에는 다 가튼 現象이 잇습니다. 우리 朝鮮에도 歷史的으로나 地方的으로 여러 가지 系統의 말과 글이 잇스니 첫재에 古語體 둘재에 文語體 셋재에 現語體와 가튼 것은 歷史的이외다. 古語體라는 것은 文字의 뜻과 가치 古代에 쓰는 것으로 現代에서는 極히 적은 方面에서쑨 쓰게 되는 것이요 文語體라는 것은 말에는 쓰지 아니하고 지내간 時節에 論語나 孟子나 大學의 所謂 諺解라는 것으로 現代에는 만히 쓰지 아니하는 것이외다. 그리고 現語體라는 것은 方今 우리가 쓰는 말이니 여긔에도 자세히 난호아 보면 여러 가지 體가 잇습니다.

그런데 使用되는 文字를 標準삼아 現語體를 區別하야 보면 漢諺文體와 諺漢文體와 純諺文體의 세 가지가 잇스니 漢諺文體라 함은 漢文을 主로 하고 諺文으로 吐를 달은 것이요 諺漢文體라 함은 諺文을 主로 하고 若干 漢文을 석은 것이외다. 그리고 純諺文體 가튼 것은 諺文만을 쓴 것입니다.

또 地方的으로 사토리라는 것이 잇스니 道를 딸아 發音한 것이나 單語나 慣用法에 적지 아니한 差異가 잇는 것이 그것이외다. 平安道의 들메기라든지 큰아바지 가튼 것을 서울서는 다딈이라든가 伯父로 쓰는 것이 그것이요, 慶尙道의 '살'을 여러 道의 '쌀'과 가튼 싸위입니다. 그러고 이밧게도 여러 가지의 다른 것이 잇거니와 가튼 方言의 用法에도 적지 아니한 差異가 잇는 것은 누구나 아는 바외다.

言語와 文字의 分明한 意味의 統一키 爲하야는 이러한 <u>發音과 單語와 慣用法</u>에서 엇더한 것을 <u>標準語</u>로 정하는 것이 올켓습닛가.

六.

첫재에는 <u>現代語體</u>를 들겟습니다. 만일 現用語體를 쓰지 아니하고 古語體를 쓴다하면 理解하기에 어렵을 쑨 아니라 무엇보다 言語에는 分明히 귀에 들어오는 것이 必要한 만큼 귀에 거슬리는 것이 잇서서는 아니될 것이외다. 이와 反對로 現語體를 쓴다 하면 文字만 배호고도 곳 글을 읽을 수가 잇는 것입니다. 우에도 말한 바어니와 엇더한 글을 勿論하고 理想的 文字가 됨에는 읽으면 듯는 이가 다 理解할 수가 잇고 보면 文字를 아는 이라면 누구나 다 알만한 글이라야 할 것입니다. 이러한 意味로 現語體를 쓰는 것은 글의 普及과 배호는 이의 時間과 努力의 浪費를 막기 위하야 대단히 必要할 쑨 아니라 쏘 한거름 나아가서 理論으로 본다 하더라도 입으로 하는 말과 붓으로 쓰는 글이 조금도 다를 것이 업는 것입니다.

우리가 只今까지 쓰는 因襲의 편지와 現語體의 그것과를 比較해 봅시다. "先主大人의 喪事는 무엇이라 엿줄 말슴이 업소이다."하는 것과 "祖父님 喪을 當하여서 얼마나 설습닛가." 하는 것과 어느 것이 좀 더 우리 귀에 갓갑이 들니로 어느 것이 좀더 멀게 들닙닛가. 말이나 글이 感銘 깁흔 늣김을 주지 못하는 것은 結局 '無用'에 지나지 아니하는 것이외다.

◎ 作文論(五)−特히 書翰文에 對하야, 『매일신보』, 1931.11.22.

말을 하든 次에 한마듸 더 합니다 만은 이런 見地로 보아 日常會話나 글에 漢字를 만히 쓰는 것은 자미 업는 일인 줄 압니다. 여긔에 漢字라는 것은 日常 用語로 우리의 귀에 닉은 말이 아니고 우리의 귀에 거슬려 들리는 것을 말함이외다.

　둘재에 서울말을 들겟습니다. 서울말은 朝鮮말 中에 가장 넓히 씨우는 말일 뿐 아니라 여러 道 말이 모혀서 合한 말인 것만큼 여러 싀골말 中에서 가장 朝鮮말을 代表한 것이라 볼 수가 잇기 째문이외다. 그러기에 말이나 글에나 서울말을 標準語로 쓰는 것이 가장 조흘 줄 압니다. 그리고 極히 적은 한도로 서울말로는 그러한 意思를 表示할 수가 업스나 싀골말에 잇는 것이면 音調 조흔 것을 가리어 넓히 一般에게 알이는 것도 조흔 일인 줄 압니다.

　勿論 서울말을 標準으로 할 것입니다 만은 서울말 중에도 가장 자미 업는 말이 간혹 잇다는 것은 니즐 수는 업는 것이외다.

　셋재에 諺文體를 들 것입니다. 世界에 차마(하기는 日本도 그러합니다 만은) 朝鮮서처럼 가튼 意思를 두가지 글로 表示하지 안흐면 아니 되는 나라는 업슬 것입니다. 諺文에 漢字를 닛는 것이나 漢字에 諺文을 닛는 것과 가튼 現象이 그것이외다.

　漢字를 使用하기 째문에 諺文을 읽을 수 잇는 이가 넉넉히 읽을 수 업게 되니 舊式 女子의 大部分은 다 이러한 難關 어구에서 헤매이게 됩니다. 쏘 甚하면 漢文은 알면서 諺文을 석거노앗기 째문에 읽을 수 업는 이가 잇스니 六十 넘은 頑固한 늘근이들 中에는 大部分 그러한 이들이외다. 그러나 그들은 나의 말하는 問題 밧기외다.

　누구나 알 수 잇고 읽을 수 잇는 글을 쓰랴면 純諺文으로 쓰지 아니할 수가 업습니다. 크다랗케 文化의 民衆化라는 看板을 거러놋치 안코라도 便紙의 民衆化를 위해서라도 이 일히나만은 쏙 實行하는 것이 대단히 조흔 일이외다. 이런 이야기를 알아나아가면 結局 漢字廢止論이 될지 몰으겟습니다 만은 漢字 째문에 우리는 學校에서 時間과 精力을 얼마나 虛費하엿습닛가. 그러나 結果 우리는 漢文을 얼만만한 限度까지 理解하게 되엇습닛가. 생각하면 가이업슬만큼 時間과 精力을 徒費하고 말앗슬 뿐입니다. 印刷機의 漢諺文 째문에 까닭스럽고 浪費되는 時間과 精力도 앗갑을 뿐 아니라 朝鮮文化의 迅한 發達을 막아버리

는 點에서 우리는 크게 생각할 必要가 잇슬 줄 압니다. 勿論 因習이라
는 것이 큰 힘을 가젓습니다. 하야 잘못한 것을 알면서도 如前히 그대
로 하여가는 일이 하나 둘 아닌 것도 압니다 만은 漢字 하나만은 多少
의 不便한 것을 싹 참고라도 使用치 아니하고 諺文만을 쓰는 것이 큰
일인 줄 압니다.

◎ 作文論(六)−特히 書翰文에 對하야, 『매일신보』, 1931.11.24.

七.

편지를 엇더케 써야 하느냐 하는 말은 結局 글을 엇더케 지여야 하
느냐 하는 疑問에 지내지 아니하는 것입니다. 편지에는 편지답은 形式
이 잇는 것과 作文에는 作文답은 形式이 잇는 以外에는 조금도 두 가지
가 다른 것이 업습니다. 편지에는 편지답은 형식이라 할 만한 것이 잇
습니다 만은 반드시 그 形式을 그대로 쌀아야 할 것은 아니고 臨時해
서 쓰는 自己의 意思가 어대 잇는 것을 생각하야 그것을 傳達하면 그
만인 것입니다.
 一. 그 冊을 주십시오.
 二. 주십시요, 그 冊을.
하는 말을 假令 比較하여 본다면 이 두 말에는 主眼 잡은 곳이 各各
다르다 할 수가 잇느니 第一의 境遇에는 '주십시요'에 힘이 잇서서 그
것이 主眼입니다. 日常時에 注意해 보면 이러한 것이 쭈렷하게 들어날
것입니다. 편지에도 이와 마찬가지로 自己의 主眼되는 것을 몬저 말한
뒤에 人事가튼 것은 나중에 하여도 조금도 틀리지 안을 줄 압니다. 반
듯시 지내간 째 漢文體式의 '時令, 安否, 姿性, 結尾' 가튼 것을 가초지
안어서는 아니될 것이 아닙니다.
 쏘 이쑨 아니고 現代 사람에게는 現代의 밧븐 生活이 잇고 漢文體式
다운 **生活이 잇는 것만큼 그 形式이나 文體에 自然 差別되는 點이

만홀 것이외다. 일도 업는데 三四尺되는 漢文字를 버려노혼 편지를 現代 사람으로는 알 사람도 업거니와 또 그러한 편지를 바다서 첨부터 씃까지 忠實하게 읽어 줄 사람도 업슬 것이외다. 勿論 그것이 갓갑은 벗에게 自己의 거줏업는 感想을 告白하는 그러한 편지일 것 갓흐면 이에서 더 깁흔 편지는 업슬 것이외다마는 그럿치도 아니하고 美辭 佳句를 羅列하야 개똥을 명주로 싼 것 가튼 그러한 편지는 現代에서는 不必要한 것이외다. 不必要한 것쑨이 아니고 지내간 한가한 時代에도 必要치 안앗을 줄 압니다. 그러므로 엇던 特別한 境遇—우에 말한 親한 벗에게 自己의 거줏 업는 感想을 表示하는 것 가튼 便紙 以外에는—를 除하고는 될 수 잇는 대로 簡單하게, 分明하게, 아름답게, 알아보기 쉽게 쓰는 것이 第一인 줄 압니다.

試驗삼아 商店, 學校, 엇던 團體 가튼 곳에 目錄이나 入學 祝辭나 入會 規則 가튼 것을 한 張 보내랴면서 이러니 저러니 쓸데업는 文字를 羅列하야 편지를 햇다 합니다. 그런 편지를 쓴 本人은 好意를 表示햇다 할지라도 그 편지를 바든 사람으로는 반드시 '이 사람이 미첫나 보아' 할 것입니다. 마찬가지로 親故한테라도 內容 업는 긴 便紙는 가튼 結果를 줄 쑨이고 아모러한 有益도 줄 수 업습니다. 이것은 現代라는 時代가 그러하니 누룰 원망할 수도 업는 것이외다. 그러므로 現代에서는 쓰는 사람, 밧는 사람 다 가티 時間과 精力과의 經濟를 어들 수 업는 것이외다.

또 實際 보면 만나서 이야기할 말을 다한 뒤에 하는 말은 한마듸면 한마듸 百마듸면 百마듸가 모도 다 쓸데업는 말이거나 그럿치 아니하면 한 말을 重言復言하고 되풀이하는 데 지내지 아니하는 것이 아닙닛가. 이러케 되면 하는 사람은 엇던 心理를 가젓는지 몰으나 듯는 사람에게는 惡談이나 그럿치 아니하면 重言復言가튼 말을 한다는 印象밧게 주지 못하야 도로혀 貴찮게 생각하는 일이 만혼 法입니다. 하지 않아서는 아니되는 말이면 眞實하게, 알아듯기 쉽게, 또는 好感을 주기도 하야 아름답게 할 것이니 저도 또한 말하는 代身인 것만큼 그럿케 하지 아니하야서는 아니될 것입니다.

八.

'眞實하게, 分明하게, 알기 쉽게, 아름답게'라는 말은 말로는 대단이
쉽은 말입니다만 實際에 當하면 엇더케 해야 眞實하게, 무엇으로 分明
하게, 엇더케 알기 쉽게, 무엇으로 아름답게 自己의 뜻을 表示할 수가
잇는지 自己언만은 엇더케 해야 조흘지 싹해지는 쌔가 많습니다.
　이러한 疑問을 풀기 위하야 될 수 잇는 대로 忠實하게 하나식 對答
해 봅시다. 엇더케 하면 自己의 眞實을 表示할 수가 잇겟습닛가.

九.

말이나 글이나 眞實치 안어서는 價値가 업는 것입니다. 엇더한 手段
으로든지 眞實치 못한 것을 아름답게 느러놋코 곱게 다스린다 하더라
도 結局을 거즛된 헛소리에 지내지 아니하기 쌔문이외다.
　예로부터 只今까지 名文이 만하 그 글이 읽는 사람의 맘을 푹푹 찔
으는 것은 지은 사람의 眞實한 맘을 如實하게 그려내기 쌔문이외다.
저 漢文에 아름답은 諸葛亮의 出師表가튼 것은 다 지은이의 眞實한 맘
을 그대로 그려냇기 쌔문에 사람에게 깁고깁혼 感動을 주는 것입니다.
眞實한 글이란 반듯이 자기의 뜻을 그려낸 글만이 아니고 事實을 그려
내는 데도 眞實치 아니하야서는 아니됩니다.
　一, 쯕 自己가 생각한 대로 늣긴 그대로
　二, 쯕 自己가 본 대로 들은 그대로
　이것이 眞實한 글의 根本이외다. 다시 말하면 自己가 쯕 經驗한 대로
쓸 것이요, 그보다 더하지도 말고, 그보다 들하지도 말게 쓰라는 것이
외다. 只今 眞實치 못한 글을 들어보면 "情다운 知己와 사랑스러운 祖
國을 써나 멀리 萬里客館을 向하게 되어 雲―가튼 蒼蒼하야 섭섭한 情

懷만 無窮할 쑨이러니 兄의 一幅 情紙를 拜讀하오매 모다 頌祝하는 말이요, 勸勉하는 뜻이라. 再三 拜讀하고 다시 悚感키를 마지 아니하노이다. 그러나 넘우나 過*이 바래 주서서 무슨 무거운 짐이 엇게에 실은 듯한 생각이 잇습니다."와 가튼 것이니 이러한 것에는 조금도 眞情이 흘러나지 아니하는 것이외다. 가고 십허서 自己 父母한테 *끌려 가지고 逃亡하다 십히 깃버서 간 사람의 心情이라는 것보다도, 동무들과 함께 每日을 기나하면서 질겁어 하는 사람도 편지에는 "鬱鬱蒼蒼하야 섭섭한 情懷가 無窮하니"하는 말을 例事로 쓸 것이라 볼 수 잇습니다. 그쑨 아니고 自己의 親故의 편지가 엇더한 편지엿는지 몰으거니와 한 번이나 읽어보앗슬지 말앗슬지 한 것을 가지고 "再三拜讀"이라 한 것이 더욱 웃습습니다. 이글 全體에 간절한 情懷가 보입닛가. 쏘 再三拜讀이라 햇슬 만한 誠意가 어느 줄에 잇습닛가. 이와 가튼 것은 虛僞의 裝飾으로 아모리 읽어도 조곰도 읽는 사람의 맘을 울려주지 못할 것입니다.

◎ 作文論(七)─特히 書翰文에 對하야, 『매일신보』, 1931.11.25.

사람의 맘이란 異常하야 비록 文體가튼 것은 아름답지 못하더라도 그곳에 眞實한 것이 씨엇스면 반듯이 感動되는 것은 事實이외다. 이것은 結局 自己와 自己의 親故를 거즛한 데 지내지 못하는 것이외다. 엇지 이러한 것쑨이겟습닛가. 嚴正하게 말하면 이 世上 글의 거의 大部分은 다 이런 거즛에 지내지 아니합니다. 바로 말하면 이것을 거즛이라 비웃는 筆者도 이 글을 거즛된 붓으로 옮기는지 누구가 保證할 수가 잇겟습닛가. 自己가 眞實하게 잇지 아니하는 것을 主張한다는가 自己가 眞實하게 感動되지 아니하는 것을 무겁게 도도히 感動된 듯이 그린 다든지 쏘는 그럴 듯한 文字를 집어다가 글짓기 위해 글을 쓰는 것 가튼 것은 모도 다 眞實하지 못한 글이라 할 수가 잇습니다. 말할 것도 업시 世上에서 거즛말하는 것이 容恕할 수 업는 罪라 할 것 가트면 이러한 거즛글을 짓는 사람도 容恕할 수 업는 사람일 쑨더러 讀者의 時間과 精力을 消費해 주는 點으로 보아 더욱 容恕할 수 업는 일이외다. 이것은 쌴 이야기외다 만은 文筆로 職業을 삼는 사람으로는 所謂 感興이 잇건 입건 글을 쓰지 아니할 수 업는 것만큼 글에 中毒이 되야 眞實치 못한 글을 만히 쓰게 되는 것이니 이 쏘한 職業上 엇지 할 수 업시 짓는 罪라 할 수밧게 업는 일이외다.

만일 하지 아니할 수가 업서 하는 말이 眞實한 말이요, 쓰지 아니할 수가 업서 쓰는 글이 眞正한 것이라 하면 그 以外의 모든 말과 여러 가지 글은 심심 **되는 한 作亂에 지내지 아니한 것이외다. 文士나 記者 가튼 사람이 거즛글을 만히 쓰고 짓게 되는 것은 그 職業이 잇는 것 업는 것 할 것 업시 쓰지 안해서는 아니되겟고, 짓지 아니하야서는 아니될 境遇에 잇기 쌔문입니다.

이와 갓튼 대단이 좃치 못한 것이나 그래도 容恕해 줄 수밧게 업는 것이요, 될 수 잇는 대로 남의 맘에 깁흔 感動을 주도록 眞實한 생각을 眞實하게 그려내는 것이 조흘 것입니다.

十.

아모리 그 쯧은 眞實하다 하더라도 그것을 보는 사람이 잘 理解하지 못할 것 가트면 이 쏘한 無益한 일에 지내지 못할 것이외다. 이것은 한마듸로 말하면 眞實한 思想을 엇더케 表現하야 남이 알아보도록 할가 하는 問題입니다. 世上에서는 흔히 思想만 잇스면 表現이야 엇더케든지 할 수 잇다고 합니다만은 그 實은 自己의 思想을 如實하게 表現하지 못하는 사람이 거의 大部分입니다.

이것을 比較해 말하면 自己의 몸동이에 꼭 맛는 옷을 입고 단이는 사람은 적고 대개는 自己의 몸동이보다는 큰 옷을 입는 이가 만흔 것과 마찬가지로 自己의 思想이라는 몸동이에 表現이라는 옷을 알맞게 입히는 이는 甚히 적습니다. 말이나 글을 모르게 쓰는 바보가 어데 잇겟느냐 합니다만은 世上에는 이러한 글과 말이 하도 만흐니 이 事實을 엇지합닛가. 新聞記事를 들여다 보십시오. 반드시 알아볼 수 업는 글이 잇슬 것입니다. 거리에서 싸호는 것을 보십시오. 그곳에서 반드시 알아들을 수 업는 말 째문에 주먹질하는 것을 볼 것입니다.

만일 新聞 記事나 거리 싸홈에서 알아볼 수 업는 글과 알아들을 수 업는 말을 發見하거든 당신의 벗에게서 온 편지와 밋 당신의 周圍에 잇는 동무들의 말을 注意해 보십시오. 당신은 놀랄만큼 알아볼 수 업는 글과 알아들을 수 업는 말을 發見하고 그 거름으로 修辭學을 求하려 冊肆로 갈 것입니다. 그러나 修辭學으로 그 病을 고칠 수가 잇는지 나는 疑心합니다. 웨 그런고 하니 <u>文章의 練習에는 반드시 修辭學만 가지고 完全을 期約할 수가 업고, 남의 名文이니 美文이니 하는 것을 만히 읽으되 하나식 하나식 씹어 가면서 精讀하지 아니코는 別수가 업기</u> 째문이외다.

또 그쑌만 아니고 古來로 名文이니 하는 글에는 대개 文法을 무시한 것도 적지 아니하야 읽으면 읽을사록 복쌕해지는 것이 만습니다. 普通으로 말하면 理論과 文法에만 틀니지 안이하면 그 뜻은 明瞭해집니다만은 그 代身에 아름답음과 所謂 風流味가 적어 大理石 가치 맷쓴은 하지만 만지면 찬 맛이 늣겨지는 것이외다. 그러기에 프랑스 小說家 프로베르[5] 가튼 사람은 文筆에 苦心을 거듭한 것만큼 흠은 업고 아름답기는 하나 그 代身 風流味가 업서 산듯해 보이는 것이 다 이 째문이외다.

이런 말을 하면 당신은 失望할지 몰으겟습니다 마는 魏나라 文帝가 '經國의 大*이오 不朽의 *事'라고 文章의 德(?)을 칭찬한 것만큼 누구나 닥가서 어들 것이 못 됩니다. 이에는 本來부터 天才가 잇는 것을 밋지 아니할 수가 업는 것이외다. 그러나 로마 詩人 '호라시'의 法則이란 天才를 닥가줄 쑌이오 天才를 만들지 못한다는 말과 갓치 天才의 本質

---

5) 프로베르: 플로베르(1821~1880). 프랑스의 소설가. 프랑스 사실주의 문학의 창시자로 여겨지며, 걸작 『보바리 부인』(1857)으로 유명함. 'The idea exists only by virtue of its form' 이라고 하는 일물일어설(一物―語說)로 사실주의 문학의 특징을 설명하고자 하였다.

이 업는 사람은 그 法則으로 因하야 잘못된 길이나 밟지 아니하게 될 뿐으로 自己와 才能을 發展식힐 길이나 엇게 되는 것입니다. 만일 그 法則으로 因하야 그 以上 무엇을 바란다고 하면 그것은 나래업시 날아가랴는 것과 가트니 그 罪는 法則이라는 것에 잇지 아니하고 本是부터 나래업는 自身에게 잇는 것입니다. 法則으로 因하야 비록 날지는 못할지언정 失手업시 地上을 쌔른 거름으로 걸어가게 되는 것도 쏘한 法則의 고맙은 힘이라 하지 아니할 수가 업습니다.

◎ 作文論(八)—特히 書翰文에 對하야, 『매일신보』, 1931.11.26.

十一.

가튼 글에도 知의 글과 情의 글 두 가지가 잇습니다. 知의 글은 法令과 科學가튼 글이니 이러한 글은 '眞, 明, 易'하게 써서 그 쯧만 傳해도 그만이요, 別로 아름답게 하는 條件이 업는 것만큼 乾燥無味하게 되는 것도 엇지할 수 업는 일입니다.

그러나 感情의 글은 사람의 感情을 적어 논 것이 目的인 만큼 知의 글 모양으로 '眞, 明, 易'하게 쓰는 外에도 '아름답게', 힘잇게, 간절하게 하지 안아서는 주는 힘이 적을 것입니다. 그러타고 勿論 속에도 업는 것을 쑤며 내어서는 아니될 것이오 어데까지든지 自己의 思想과 感情을 如實하게 表現해야 합니다. 世上에서 말하는 文章의 修飾이라는 것은 結局 한마듸로 하면 思想과 感情을 곱게 꿈인다는 데 지내지 아니하는 것입니다.

그런데 知의 글을 具體的이라 한다 하면 情의 글은 抽象的이라 할 수 잇습니다. 이 點에서 代數와 幾何가튼 것이면 理論과 公式과 定義가 잇는 것만큼 그 範圍에서 틀니면 '이것은 안 된 것이다' 하고 斷言할 수가 잇습니다 만은 情의 글에 드러서는 抽象的인 것만큼 理論과 公式과 定義 가튼 것이 업서서 엇더케 글을 쓰면 틀니고 엇더케 쓰면 틀니지 아니한다는 것이 업습니다. 그러기에 前에도 말한 것과 가치 만히 쓰는 것 밧게 別수가 업습니다. 만히 읽고 만히 쓰는 동안에는 自然히 '이러하다' 하는 意見이 생겨 차차 되고 안 된 것을 알게 됩니다. 웃습은 말 갓습니다 만은 여러 卷의 修辭學을 精讀하는 것보다는 여러 사람의 名文과 表現을 읽는 것이 文章의 길을 알는 발은 길인 줄 압니다. 몰으는 가운데 所謂 普通이 되듯이 文通이라 할 만한 것이 생기게 되기 째문입니다.

이미 이러하다는 法則의 確定이 업는 以上에는 그 茫然한 法則을 求할 것이 아니고 스스로 나아가서 自己식의 法則을 發見해 버리는 것이 上策입니다.

이렇케 文章에 대한 이야기를 이렇케 抽象的으로만 하게 되는 것도 쏘한 情의 글이란 그 自身이 抽象的이기 째문에 엇지할 수 업시 말도 自然히 抽象的으로 되기 째문이외다. 그러나 당신으로 만일 抽象的보다도 엇더케든지 具體的 이야기를 要한다면 나는 답지아니한 것이나마 具體的으로 몇 마듸 하겟습니다.

十二.

말할 것도 업시 書翰文은 그럿치 아니한 것도 밋을지 모르나 情의 글 아닐 수가 업는 것은 당신도 알 줄 압니다.

글은 잘 짓는 사람에게도 쯧이 分明치 아니하거나 쏘는 如實하게 하면서도 아름답지 못한 것이 잇거나 아름답기는 하나 如實지 못하거나 한 것이 잇습니다. 누구의 말과 가티 글이란 쓰는 사람의 生命인 만큼 그럿케 쓰게 될 것이 아닌 것도 無理가 아니외다. 그러기에 글짓기처럼 어렵은 일은 업고 글짓는 이처럼 恒常 한 字 한 句에 큰 操心을 하지 아니할 수가 업는 것입니다.

글 쓰는 데 注意할 것으로 맨첨에 쯧이 分明한 單語를 쓸 것입니다. 만일 쯧이 分明치 못할 째에는 單語에 定義를 낼 것이외다.

말할 것도 업시 글을 만드는 要素는 單語입니다. 單語가 모혀서 한 句가 되고 句가 모혀서 節이 되고 節이 모혀서 章이 되고 그러하고 章이 모혀서 한 篇이 되는 것만큼 單語가 한 篇의 基礎가 되지 아니할 수가 업습니다. 기초 공사가 튼튼하지 못한 집은 아모리 크고 놉다 하더라도 내리는 비와 부는 바람에 곳 넘어지고 마는 것과 가티 分明한 뜻을 가지지 못한 單語로 된 文章은 아름답고 힘잇게 되엿더라도 그 實體가 뜻을 일코 마는 것입니다.

뜻이 分明한 말에는 대개 그 뜻이 좁은 것이 만습니다. 그 例로는 廣義的으로 '사람'하는 것보다는 그 뜻은 좁을망정 '東洋사람' 하는 便이 確實해 보입니다. 이 모양으로 '東洋 사람'보다도 '朝鮮 사람', '朝鮮 사람'보다도 '서울 사람', '서울 사람'보다도 '金某'라 하는 것이 훨신 뜻은 좁을망정 精確하지 아니합닛가. 마찬가지 理由로 될 수 잇는 대로 精確한 뜻을 表示하기 爲하야 單語 撰擇에도 이러한 것을 골내는 것이 좃습니다.

이와 反對로 分明한 뜻을 가지지 아니한 單語—다시 말하면 그 뜻이 넓은 것이나 曖昧한 것이나 同語異義나 異語同義語 가튼 것이니 그 例를 들어보면 故人가튼 것이외다. 故人이라는 말에는 '죽은 사람' 또는 '親舊'라는 두 가지 뜻이 잇스니 만일 "故人을 생각한다." 하는 째에 이것을 엇던 뜻으로 解釋해야 조흘지 알 수 업는 것이외다. 그러기에 分明하게 쓰랴고 하면 못然하게 "故人을 생각한다."하는 것보다 "친구를 생각한다."든가 "죽은 이를 생각한다."든가 이와 기티 갈나쓰지 아니하야서는 그만 그 뜻은 대단이 分明치 못하게 되는 것이외다.

◎ 作文論(九)－特히 書翰文에 對하야, 『매일신보』, 1931.11.27.

十三.

　그 다음에는 말의 關係를 分明하게 하기 爲하야 <u>單語와 單語와의 文法的 關係를 分明히</u> 할 것이외다.

　이 두 가지 關係를 分明히 하지 아니하는 限에서는 그 뜻이 쑤렷하게 나타나지 아니하는 것이니 <u>母語敎育을 밧지 못하는 朝鮮 사람에게는</u> 크게 注意하지 아니하면 아니될 일이외다. 이것은 다시 말하면 <u>吐를 바로 단다는 것이외다.</u>

　우리 가운데는 母語敎育을 밧지 못한 것만큼 所謂 直譯式體의 글 句가 만흐니 "被告ニ通知スル" 하는 것을 "被告에 通知한다." 하고 번역하는 싸위야말로 도로혀 웃을 만한 일이외다. 이러한 例도 相當히 만커니와 "나의 친구" 한 것을 "나의 親故" 하는 것과 가튼 것은 도로혀 文法이나 배호앗다는 高等普通學校 生徒들의 쓰는 글이니 다시 더 무엇 하겟슴닛가.

　文法的 關係를 分明히 함에는 우에 말한 吐와 主格과 客格을 分明히 하지 안어서는 아니될 것입니다. 가령 "보니까 갑듸다" 하는 말과 가트니 '보기'는 누가 보고 '가기'는 누가 간다는 뜻인지 도모지 알 수 업는 것이외다. 아모리 因習이기로서니 主格 가튼 것을쌔거나 代名詞 가튼 것을 쓰지 아니하고서는 어써케 그 뜻을 分明히 할 수가 잇겟슴닛가. 우에 말한 이러한 모든 올치 못한 習慣은 말에나 글에 쓰지 아니하여야 할 것이외다.

　글을 쓴다는 이들의 글에도 각금 主格 가튼 것을쌔어버린 것이 눈에 씌우게 됨에 니르러서야 말할 것이 무엇입닛가.(하기는 讀者 中에 主格쌔어버린 것이 눈에 씌운다니 눈이란 누구의 눈인고 할지를 몰으겟슴니다 만은 이리한 글에는 筆者의 눈이라든지 내 눈이라든지 하는 것보다 茫然하게 一般的으로 눈이라 하는 것이 도로혀 조흔가 합니다.)

그리고 글의 分明한 뜻을 돕음에는 句讀點이 대단이 必要합니다. 가령 "산물들솟" 가른 것으로 이대로 句讀點이 업스면 대단히 分明치 아니하나 이것을 "산, 물, 들, 솟"하고 컴마를 찍어 노흐면 쌔끗해집니다. 말을 하는 次이니 句讀點에 對하야 한마듸 하겟습니다.

','는 컴마라는 것으로 休止, '-'는 쌔쉬라는 것으로 同意, '?'은 疑問, '.'은 終止, '…'은 云云, '「 」'는 對話 쏘는 符號 이런 것들이외다. 只今 이것들의 實例를 들어노흐면, 아래와 가튼 것이 될 것이니,

「그 사람? 아아! 그 사람이 죽엇어? 어젯게까지 집을 짓노라고 애를 쓰더니. 사람의 일을 누구라 알리. 가 보아야지-가야 해. 애, 人力車를 불러라! 어서! 어서! 그리고 … 아니다 내 가다가 불러 타고 가지. 저런 변이 잇나. 사람의 일을 누가 알리…」하며 황황히 쒸어 나간다.

이러한 것은 小說 가튼대 만히 잇슬 만한 일이외다.

十四.

그리고 初學者로는 될 수 잇는 대로 기다란 글을 쓰려 하지 말고 쌀막쌀막히 句와 節로 前後의 連絡을 取하는 것이 좃습니다. 뜻이 明瞭하여지지도 못하고 形容 가튼 것이 그 잇슬만한 곳을 엇지 못하는 것은 쓸데업시 單語에 고기를 만히 무처 句를 길게 하고 쌀아서 節을 길게 함에 잇는 것이 만흐니 가령 "主春(主權?)도 쌈하앗게 지내며 가고 마자보면 다가치 孤寂한 생각만 남겨주는 陰曆설까지 넘어 갓건만 어젯밤 내려 싸인 째 아닌 눈에 치위는 겨울의 그것이나 조곰도 다름이 업고 네거리 모퉁이에는 쌀쌀한 바람이 志向업시 눈보래를 휘날리니 쓸쓸한 이땅에는 봄조차 업스랴는가."

하는 것이외다. 이러한 긴 것을 쓸 생각을 말고 될 수 잇는 대로 쌀 막쌀막하게 찍어서 表現하는 것이 分明하게 그 뜻이 들어납니다. 하기 는 獨逸哲學者 '닛체' 가튼 사람은 "文章을 곳치는 것은 思想을 곳치는 것이다."고 한 것만큼 文章을 아모리 가튼 意味로 고쳐놋는다 하드라 도 고쳐진 文章과 原文章에는 대단한 差異가 잇는 것이외다. 그만큼 글 이란 쯔하나를 다르게 하기 째문에 뜻에 큰 差異가 생기는 것을 보면 프로베르의 "自然은 決코 가튼 物件의 創造를 許하지 않는다."는 말이 올하 보입니다.

<u>原뜻은 허물내여지더라도 우리 引用 文句를 쌀막쌀막하게 고쳐보겟습 니다.</u>

"主春[6](?)도 쌈핫게 지내갓습니다. 그러고 마자보니 亦是 다 가티 孤寂한 생각만 남겨주는 陰曆 설까지도 넘어갓습니다. 그럿컨만은 어 젯밤 내려 싸힌 째 아닌 눈에 치워는 겨울의 그것이나 조금도 다름이 업습니다. 그러고 네거리의 모퉁이에는 쌀쌀한 바람이 志向업시 눈보 래를 휘날리기만 합니다. 쓸쓸한 이 땅에는 봄조차 업스랴는가." 이와 가치 되니 原文과 이 分析한 글과를 對照해 보십시오. 뜻에는 差異가 잇슬망정 分析해 노흔 글이 읽기에는 쉬울 것입니다.

그러고 自己의 目的하는 바가 무엇인 것을 생각하야 그곳에 力點을 明示하지 안아서는 아니됩니다. 그 實은 力點하는 쯔하나로 말미암아 뜻이 엄청나게 달라지는 것이니 새삼스럽게 말의 偉大한 힘에 感歎하 는 것도 알지마는 如何間 言語처럼 貴한 것은 업습니다.

가령 "兄이야 관계 잇습닛가."니 "兄은 關係 업습닛가"니 "兄만 關係 업습닛가"니 "兄만은 關係 업습닛가" 하는 것을 比較해 보면 自然히 알 道理가 잇슬 줄 밋습니다.

---

6) 원문 판독 안 됨.

十五.

아모리 그 쯧이 眞實하고 分明하다 하더라도 어렵기 째문에 보는 이가 그것을 몰나보게 되면 읽는 이에게 아모 所用이 업는 것이외다.

그러나 글에는 두 가지가 잇서 하나는 一般 사람에게 읽히우랴는 目的이 아니고 어썬 特殊한 專門家에게 읽히우랴는 目的을 가진 것이 잇스니 科學術語 가튼 것이 그것이외다. 只今 이것은 누구에게나 읽혀 알니울 수 잇을 만한 便紙 쓰는 法을 말한 것이기 째문에 勿論 엇던 特殊한 專門家를 讀者 삼는 것이 아니외다. 글은 어대까지든지 讀者 標準에 글이 아니여서는 아니 됩니다. 누구나 알아보기 쉽게 쓸 수 잇는 것을 何必 알아보기 어렵게 쓸 必要가 어데 잇습닛가. 이것은 自己의 博學을 자랑하는 것도 아무 것도 아니고 도로혀 自己의 表現不足으로써 自己의 몸을 얽어매는 것이나 조곰도 다름이 업는 것입니다. 한마듸로 말하면 自己의 無能과 無識을 나타내임에 지나지 안는 것이외다.

名文이면 名文일사록 알아보기 쉽게 쓴 것이 무엇보다도 그 表現方法의 能熟한 것을 말함인 줄 압니다. 더욱 근대의 글은 어데까지든지 難語와 假字 가튼 것을 쓰지 아니하고 알기 쉽게 普通 쓰는 말을 만히 쓰는 것이 그 特色의 하나이라 아니할 수가 업습니다. 글을 쉽게 쓰기로 하야 注意하지 아니하면 아니될 멧차기로는 外國語를 함부로 쓰지 안아야 할 것이외다.

◎ 作文論(十一)―特히 書翰文에 對하야, 『매일신보』, 1931.11.29.

이에는 不得已한 境遇가 잇서 그 말을 사용하지 아니하고는 그 쯧을 表現할 수가 업는 以外에는 決코 外國語를 사용할 것이 아니외다. '탈수'를 새삼스럽게 '洋燈'이라 쓸 수 업는 것과 마찬가지로 라듸오를 別달니 이름지어 쓸 수 업는 것이외다. 또 그 다음에는 남들이 읽지 못하는 古語 가튼 것과 한 地方 말이나 自己가 自作한 말을 쓰지 말 것이외다. 엇지할 수 업서 쓴다 하면 그 쌔에는 分明하게 그 쯧을 明示해야 할 것입니다. 그리고 專門家를 위한 學術研究論文이 아니거든 自己의 專門的 學術用語를 쓰지 아니하는 것이 一般의 理解를 위해 조혼 일이외다. 마즈막으로 句讀와 句節을 分明히 쎄여 말과 말을 混同치 안토록 할 것들이외다.

그러고 말을 될 수 잇는 대로 새쯧한 맛을 주기 위하야 새롭은 말을 쓰는 것이 조흐며 只今까지 "人生이 春夢갓다"나 "歲月이 流水갓다"하는 것을 쓴다 합시다. 누가 이 말에서 새쯧한 맛을 늣길 수가 잇겟습닛가. 케케묵은 맛밧게는 아모 맛도 못 늣길 것이외다. 그러기에 清純한 맛이 나는 말을 골나쓰지 안이하면 읽는 사람의 注意를 쓸 수가 업게 됩니다. 지내간 漢文體式의 편지에는 오래동안 두고두고 使用한 것만큼 케케묵어 陳腐한 냄새가 코를 찔으는 것이 엇지 偶然한 일이겟습닛가.

十六.

하기는 쉬운 말을 쓴다고 반드시 쉬운 글이 될 것도 아니외다. 무엇보다도 글의 論理的 統一이 잇고 連絡이 잇고 쏘 그 다음에는 사람의 맘에 맞는 것이라야 합니다. 그러나 이러한 것은 배와서 알 것이 아니고 自己 스스로 쯘치 아니하고 힘씀으로서 自然히 알 수 잇는 것이외다.

그리고 이제부터 이야기하지 아니하면 아니될 것은 '글을 아름답게 하는 問題'입니다. 한마듸로 말하면 文章의 修飾이라는 文章의 價值와 分明과 쉬움을 돕아주는 데 지내지 안습니다. 그러나 나는 이곳에서 붓을 나의 修辭學에 對한 이야기는 하고 십지 안습니다. 웨 그런고 하니 修辭에 關한 대강 이야기만 한다 하더라도 싸로히 冊 한 卷을 만들게 되는 쌔문입니다. 쏘 그 쌴 아니고 別로 興味 잇는 것도 못되고 比喩法이나 直喩法이니 隱喩法이니 結晶法이니 問答法이니 誇張法이니 하야 法투성이쌴입니다.

或 修辭學에 쯧이 잇는 이는 그 冊을 보는 것이 훨신 나을 것이요,

그럿치 아니하거든 무엇이든지 녯것이 믓슷것이고 名文 中에서 맘에 맛는 것을 撰擇하야 精讀하며 吟味하는 것이 좃습니다.

前에도 여러번 말하엿습니다. 文章이라는 것은 배호아 될 것이 아니고 만히 읽는 中에 自然히 배호아지는 것만콤 도로혀 法則을 定해 놋코 그것을 本밧는 것이 웃습은 일이 되는 수가 만습니다.

나는 다만 편지 쓰는 데 한 돕음이나 될가 하는 생각으로 이만큼이나마 줏거려 노핫슬 쭌이외다. 잘 읽어주신다 하면 글을 아름답게는 몰으겟습니다 만은 알아볼 수 잇도록은 쓸 수가 잇슬 줄 압니다. 만히도 말고 알아볼 수 잇도록 편지를 쓸 수가 잇게만 여러분이 되신다 하면 갓 쓰고 洋服 입고 自轉車를 타고 단니는 것과 갓튼 時代的 錯覺의 중한 것을 보지도 안케 될 쭌 아니라 새 술을 새 부대에 담는 셈이 될 것이니 나로서는 이 以上의 깃붐이 업슬 것이외다.

[10] 효과적인 광고의 원리와 방법:
鄭慶澔, 『동아일보』, 1935.9.7.~9.9.

** 이 글은 1935년 9월 7일, 9일에 연재한 광고 관련 글로, 본래는 상 중 하 세 편으로 기획된 듯하나, 하편은 실리지 않았음.

◎ 效果的인 廣告의 原理와 方法(上), 『동아일보』, 1935.9.7.

時代 進步에 伴하야 廣告 乃至 宣傳 方法에 여러 가지 형태로 進步되여서 從來의 想像 本位로부터서 漸次로 科學的 知識을 必要로 하는 새로운 樣式의 廣告術이 採用되게 이르럿고 게다가 現今엔 廣告界 趨勢도 그 面目이 一新되어 가는 傾向이 잇는 것이 事實인 同時에 廣告術에 대한 科學的 硏究가 이제는 獨立한 一科目으로서 認定되는 一方 重要視하게까지 이르럿다. 그러나 아직까지도 廣告의 原理, 廣告 道德을 全然 無

視하는 一種의 幼稚한, 卽 良心의 沒却하는 詐欺的 惡德 廣告主가 跋扈하는 形便이니 아직도 前途遼遠한 感이 업지 안타 하겟다.

在來에는 廣告에 對한 解釋을 學義와 같이 或種의 商品을 社會에 넓히 訴求 宣傳하는 것으로만 그 目的으로 大部分 是認튼 것인데 近者에 이르러서는 單純히 告知하는 것으로만은 廣告 本質에 背馳된다 하야 一步 나가서 客의 反應 效果 如何를 必히 豫想에다 너코서야 着手하게 되는 程度에까지 이르럿다고 할 수 잇게 되엇다. 單純히 或種의 廣告를 客이 보고서 或種의 商品을 알게만 된다고 이는 完全한 廣告 目的을 達하엿다고 보기 어렵다. (중략)

廣告의 方法: 廣告의 機關이란 範圍가 狹少한 것이 안흘 것은 分明하다. 적어도 우리가 每日 對하는 모든 事物과 그리고 機會에 應用으로서 廣告 效果를 完全히 發揮할 수 잇을 것이 아닌가 한다. 卽 利用 如何로는 廣告의 資料 時期가 限없이 잇다 하는 것이다. 要는 그 때를 놋치지 않을 만한 識見과 誠意가 必要하다 하겟다. 新聞이든 雜誌든 어쨌든지 有利한 모든 것을 利用하야 連續的으로 宣傳을 하게 되면 回를 거듭할스록 漸進的으로 눈에 익고 따라서 親近케 될 것이겟다. 이것이 受動的인 客에게 깊혼 印象을 주게 될 것이고 이 印象的이란 것은 廣告 構成上 特히 販賣를 目的으로 하는 데 잇어서 無視키 어려운 가장 重要한 要素라고도 할 수 잇다. 强한 印象을 주지 안흐면 廣告를 가지고 販賣手段으로 하는데 너무나 拙劣하고 無意味하다 하겟다. 언제까지든지 記憶케 하며 强大한 未練과 愛着心으로서 相對方을 고을게 하는 것이 原則으로 알면 過差가 없을 줄 안다. 그리고 <u>廣告의 文體는 原則上 平凡 且 簡易한 것을 擇하는 것이 조흘 줄 안다. 엇재 그러냐 하면 廣告란 엇잿든 多數人에게 보이게 하는 目的임으로 普通人이 알기 쉽게 또 그 文意를 解得키 쉬웁게 써야 되겟다.</u>

◎ 效果的인 廣告의 原理와 方法(中), 『동아일보』, 1935.9.9.

일반 大衆이 新聞을 볼 때 어디를 먼저 보고 만히 읽나? 뭇지 안허도 한글로 쓴 三面일 것이다. 그와 反對로 政治나 經濟 學藝 같은 欄은 좀 智識階級이라든지 특히 興味를 느끼는 사람에게 局限되어 잇슬 줄 안다. 이것을 보드래도 廣告文이 通俗的이라야 되겟음은 알게 될 것이며 이와 反對로 너무 高尙 優雅하게만 쓴다면 그만큼 讀者가 一部에 限定되어 廣告 本義의 背馳되고 마는 것이다. 그리고 要領을 分明히 하여야 되겟다. 어떤 廣告는 무엇을 宣傳하는 廣告인지 잘 모를 만치 表現 方法이 鮮明치 못한 것을 볼 수 잇는데 이것은 廣告 價値로 보아서 제 아무리 조흔 機會를 利用하야서 한 것이라도 그 效果가 零에 가깝다. 그리고 너무 긴 廣告 文案은 極力 避해야 될 줄 안다. 要領만으로도 能히 讀者가 그 廣告 目的을 判斷할 수 잇도록 해야겟다. 어쨌든 讀者가 經驗한 事物에 새로 그 무엇을 附加하는 힘이 잇어야 初度 廣告라도 본 사람의 머리에 記憶으로 남는 것이다. 普通 사람이란 그러케 본 것으로서는 印象에 남지 안는 것이다. 다만 連續的으로 나감으로서 비로소 多少의 記憶이 남는 것이다.

如何튼 廣告란 讀者가 알고 잇는 範圍에다가 조금씩 漸進 方法으로 새 事實을 附加하야 나가가지고 自己의 商品이나 其他 알리고자 하는 事實을 讀者로 하야금 낯닉게 하는 한 便, 好奇心이 생기게 되도록 留意해야 되겟다. 덮어놓고 아무 豫告도 없이 별안간 新製品 같은 것을 廣告한다 하드래도 사람들은 그러케 注意하지 않을 것이다. 그것은 새로 생긴 것에 對하야 아모 經驗이 없기 때문일 줄 안다. 그런 故로 처음에는 먼저 經驗을 客으로 하여금 갖게 하기 爲한 廣告를 하고 그 다음에는 그 經驗에 依하야 사게까지 할 만한 廣告가 必要할 것이다. 여기에 廣告 使命이란 것이 잇슬 것이다. 다음 廣告를 하야 有效케 함에는 어떤 方法과 手段을 써야 할 것인가를 생각함에는 爲先 特殊 商品에 對한 需要者의 境遇 及 地位를 본 後 그 뒤에 決定할 性質의 問題인 줄 안다.

需要 消費者에 男女別 老幼別 職業別 勤務者 又는 勞働者 또는 場所에 都鄙 需要 時期 如何 等을 參酌하지 않으면 안 되겠다. 要는 廣告 秘術이란 다른 것이 아니다. 眞正 明瞭한 그러고 <u>要領 잇는 摘要 三項을 들수 잇는 同時</u>에 따라서 그 方法 巧妙 如何에 左右되는 것일 것이다. 그리고 廣告主는 細目에까지 注意하야 그 反響을 念頭에 너코 또 한 便으로는 文句에 잇어서도 緻密한 用意로서 說明 文意에 暢達을 圖하야 警句 奇想을 넛는 一方, 描寫 考案과 樣式에 잇어서 新機軸에 努力하야 人心을 集中토록 힘써야 되겠다. (중략)

다음에 廣告와 地理的 關係에 對하야 써 보겠다.

新聞이나 雜誌에는 各其 勢力 範圍가 잇다고 보겠다. 特히 地理的 關係에 잇어서 그런 것이다. 都會는 都會, 地方은 地方대로 各各 新聞社나 雜誌社가 잇어 그 地方을 中心으로 讀者를 가지고 잇다. 그야 一流의 新聞이면 全國을 相對로 하니 別로 이런 關係가 없겠지만 中小 新聞에 이르러서는 所謂 廣告 爭奪戰이란 것이 暗暗裡에 展開되여 가는 것이 常例다. 이 모든 情勢를 살펴 廣告主는 自己의 立場으로 充分한 硏究를 해야 되겠다. 그 準備로서 爲先 (중략)

((下)는 기재되지 않음)

[11] 聖書와 文章:
　　田榮澤, 『문장』 제1권 제3집, 1939.3.

一.

聖經은 文學으로 보아도 偉大한 文學이오 그 가운데 훌륭하고 高貴한 文章이 수두룩합니다.

92

쉑스피어를 비롯하야 웬만한 西洋 文學은 거이 다 聖書의 感化와 影響을 받은 것은 너머나 다 잘 아는 일이어니와 現代에 와서는 東西洋을 勿論하고 聖經의 影響을 받지 아니한 文學이 별로 없다고 해도 可할 것입니다.

대개 原始的으로 보아서 모든 藝術이 宗敎와 其 發源을 같이하야 처음에는 서로 分間할 수 없는 것이지마는 其中에도 文學과 宗敎는 둘이 아니오 하나이었다고 볼 수 있는 것입니다. 信仰과 祈禱의 文學的 表現이 或 詩歌도 되고 小說이나 劇도 되고 그밖에 傳記로 書簡文으로 其他 散文으로 되어나오나니 이런 意味로 보아서 聖書나 佛經이나 其他 宗敎 文獻은 거이 다 큰 文學이라고 볼 수 있습니다. 이것을 다시 뒤집어서 말하면 무릇 偉大하고 眞實된 文學은 또한 宗敎의 信仰의 香氣요 빛이라고 볼 수 있습니다. 直接 聖者나 信仰家의 作品이 아니라 하드래도 古來로 값있고 偉大한 作家의 著作에는 그것을 깊이 鑑賞하면 반다시 宗敎의 맛과 향기가 있을 것이니, 그것은 文學이나 宗敎나 그 本質的으로 人生을 (或 人生과 世界)를 말하고 人生의 깊은 데를 꿰둘러서 人生을 바로 살고 빛나게 살자는 것이오 다시 말하면 文學이나 宗敎가 기 基調와 檢心에 共通性을 發見하는 까닭입니다.

×

다른 사람은 어쩻던지 나는 내 文筆生活, 文章生活에 있어서 信仰生活에 적지 않을 만큼 그리고 다른 어떠한 文學보다도 新舊約 聖書에서 더욱 많이 가타짐과 影響을 받았다고 생각합니다. 이것은 나뿐 아니라 나밖에도 많은 사람이 같은 經驗을 가진 이가 있을 줄 믿습니다.

공중에 나는 새를 보라
심으지도 않고 곡간에 모아드리지도 아니하되
천부께서 길으나니

들에 백합화가 어떻게 자라는가 생각하여 보아라

솔로몬의 지극한 영광으로도 입은 것이 이 꽃 하나만 같지 못하였나
니라.

적게 믿는 이들아.

오늘 있다가 내일 아궁에 던지는 돌들도 하느님이 이렇게 입히거든

하물며 너히야 더욱 입히지 아니하시랴. ─마태복음 六·三六

나의 사랑하는 이여

나의 짝 나의 아름다운 자여

이러나서 나오라

볼지어다

겨울도 이미 지나고

비도 이미 끄쳤는데

꽃은 지면에 피고

새의 노래할 때가 이르매

반구(斑鳩)의 소래가 우리 당에 들리고

무화과나무에는

푸른 무화과가 익으며

포도나무는 꽃이 피어 향기를 내는도다.

나의 짝 나의 아름다운 자여

이러나서 나올지어다. ─아가 二장 十~十三

하나님이어 내마음이

주를 찾으랴고

털러거림이

사슴이 시내물을

사모함 같도다. ─詩篇 四二, 一

이러한 말슴은 宗敎的 眞理나 敎訓으로뿐만 아니라 아름다운 表現과 文章으로서 내가 어려서부터 깊은 印象을 가지고 過去의 나의 文筆生活을 支配하고 있는 것이외다.

二.

예수 自身은 붓을 들어 글을 쓰신 일이 없습니다. 있다면 한 번 유대人 宗敎家들이 어떤 淫行한 女人을 부들고 와서 "모세의 律法대로 돌로 치오리까" 하고 무를 때에 "누구던지 罪 없는 자는 몬저 돌로 치라"고 하신 일이 있는데 그 말슴을 하시기 前에 손가락으로 땅에 글씨를 쓰신 일이 있지만 그때에 무슨 말 或 무슨 字를 쓰셨는지도 모르고 그 밖에는 글을 쓰셨다는 記錄이 없습니다. 그러나 그때 그의 입에서 나온 말슴이 우리네가 到底히 모방도 할 수 없는 홀륭한 詩句와 文學이 되어 나온 것이다.

우에 引用한 '공중에 나는 새를 보라' 한 마듸가 벌서 깊은 眞理가 있고 끝없는 餘響이 있는 詩가 아닙니까. 또 有名한,

여호도 굴이 있고
空中에 나는 새도
머리 둘 곳이 있으되
人子는 머리 둘 곳이 없노라

하신 말슴도 普通 사람이 숭내낼 수 없는 詩句라고 할 수 있고, 亦是 有名한 山上 寶訓의 '마음이 간난한 者는 福이 있나니'로 시작된 '八福'의 敎訓도 그 想으로 보나 表現으로 보나 偉大한 詩입니다.

그밖에 그의 말슴 가온대

누구던지 제 生命을 살리려 하면 잃을 것이오

또 누구던지 제 목숨을 잃으면 찾일 것이니

사람이 온 天下를 얻고도 제 목숨을 잃으면 무엇이 유익하리오

한 教訓이나 그밖에 비유의 形式으로 된 말슴이나 이 談話의 形式으로 된 말슴이나 거이 全部가 貴한 文章이 아닌 것이 없습니다. 그 中에도 열 處女 비유, 진주 비유, 羊 백마리라든지 '不汗黨 맞난 사람과 사마리아 사람' 이야기나 '放蕩한 아들'의 이야기들을 어찌 이숍의 寓話나 톨스토이의 民話에 比하겠습니까.

三.

舊約에서 가장 代表的으로 有名한 글만 들어본다 해도 여기에 이로 다 적을 수 없겠습니다.

詩篇 一篇, 二十三篇과 우에 이미 引用한 四十二篇과 三十七篇 等이 다 人類 文學上에 빛나는 文學이지마는 그 中에도 五十一篇 같은 것은 '懺悔文學'으로 世界 文學史上에 祖宗이 된 것입니다.

볼지어다 내가 날 때에 죄악이 있고

내 어머니가 나를 잉태하였을 때에

내게 죄가 있었도다.

우슬초로 나를 깨끗게 하소서

내가 정할 것이오 나를 씻기사

나를 눈보다 히게 하옵소서

낯을 가리워 내 죄를 보지 마옵소서

내 모은 악을 없이하여 주옵소서

하느님이어 나를 위하야

한 정한 마음을 지으시며

내 속에 정직한 심령을

새롭게 하옵소서 ―시편 五一·五七, 九, 十

　그리고 苦痛文學으로 最古 最大한 地位를 占有하고 있는 作者 未詳의 '욥 記' 같은 것은 眞實로 永久 不朽의 價値가 있는 것입니다. 다른 것은 다 덮어두고라도 主人公 욥의 深刻한 苦痛을 들어내는데 그 많은 財産과 온갖 所有物을 빼앗기고 그 子女를 全部 빼앗기고 나종에는 그의 健康을 빼앗기고 惡瘡이 發하야 洞里 밖에 쫓겨나서 재덤이에 앉아서 개와장으로 몸을 긁고 있을 때에 (作者는 그 안해를 그냥 살려두고) 가장 그를 同情하고 慰勞해야 될 안해가 그의 信仰을 비웃고 저주하야 그 마음을 아푸게 한 것 같은 것은 近代 戲曲에서 볼 수 없는 것입니다.

　그리고 問題를 '참 사랑의 勝利'라고 할 만한 詩劇인 '雅歌'도 우에서 一句를 이미 引用 紹介하였거니와 村處女인 술남미가 솔로몬 王에게 부들려서 王宮에 와 있는데 宮女들은 솔로몬의 사랑을 極口 讚揚하고 그 마음을 시골 牧羊者에게서 떠나서 王에게 向하게 하려고 할 적에 그의 대답을 보라(一○一一七)

　　나는 샤론의 들꽃이오
　　골짝이의 백합화로다
　　마치 가시나무 가운데
　　백합화로다
　　내 사랑하는 이가 수풀 가운데
　　능금나무 같으니
　　내가 심히 기뻐하야 그 그늘에
　　앉었는데 그 실과 맛이 달도다
　　청컨대 너이는 건포도로
　　나를 소생케 하고
　　능금으로 내 힘을 도으라

그는 如前히 故鄕에 남아 있는 옛 애인의 사랑을 간절이 사모하고 있는 것입니다. 宮女들의 비웃고 嘲弄하는 말도 못 드른 체하고 그는 그의 애타는 가슴을 하소연하는 말이라던지(一○十六─二○七) 그 中에도 第二幕이라고 할 만한 二章 八, 九節에 그 愛人 牧羊者가 찾아온 光景을 그린

자! 내 사랑하는 이의 목소리 들리도다
저가 산에서 뛰고 달려오도다
나의 사랑하는 자는 마치 노루와 어린 사슴 같으니
보라 저가 우리 담 뒤에 서서 창으로 들여다보며
문살 틈으로 엿보도다 ―아가 二·八, 九

이러한 章句라던지 이 雅歌의 主詞요 要句이라 할 만한

사랑은 죽음과 같이 强하도다

한 것 같은 章句는 果然 그 原題에도 '노래 中의 노래'라 한 것이 그럴 만합니다.

×

또 나를 버리고 子息을 버리고 다라나는 淫奔의 안해가 나가는 뒷모양을 바라보고 애끈고 못잊어하는 남편의 心情을 (그것은 하느님을 背逆한 人間을 그 體驗으로 본 것이지마는) 描寫한 호세아 書 같은 것은 小說을 쓴다는 이가 반다시 읽을 만한 것입니다.

四.

마지막으로 將次 新天新地가 올 것을 預言한 말라기의 一節을 읽고 거기서 얻는 拙作 詩句를 적기로 하자.

볼지어다 그 날이 니르리니
형세는 뜨거운 풀무와 같고
교만한 자와 행악하는 자는
초개같어서 다 살오와
뿌리와 가지를 남기지 아니하되
너이에게는 반다시 의로운 해가 돋으리니
너히가 나가서 뛰기를
굴레벗은 송아지처럼 하리라 ─말라기 四章 九節

義의 가지들아
찬눈과 굳은 어름은
꿈처럼 땅우에 슬어지고
따뜻한 해빛이
아즈랭이 낀 들에 찾것마는
'義의 太陽'을 사모하야
새날을 기다리는
'이새의 가치'에 붙은 적은 움들은
어제도 오늘도 음침한 골재기에서
번뇌와 가시의 찔리어
위력을 받는가.

오! 벗들아 한줄기 가지의 벗들아
첫닭이 요란하게 우는데
저 東方에 빛나는 새벽별이
어두운 하늘을 곱게 장식하고

장차 돌아올 太陽의 使者처럼
먼동이 터오나니 자 뛰세
나와 굴레벗은 송아지처럼 뛰세.

[12] 文章論:
柳子厚, 『문장』 제1권 제5집, 1939.6.

文章의 意義

大體 文章이라 하는 것이 무엇인가. 이에 對하야 예로부터 先哲들이
建立한 意義의 學說이 많습니다. 그 여러 가지로 文章에 對한 定義의
學說 가운데에서 가장 逼眞하고 重大한 것을 一束對擧하여 보겠습니
다. 그 後에 거기에서 醞釀(온양)된 나의 生覺되는 바의 文章의 要義를
附解하여 볼가 합니다.

一. 周易의 立說을 보면 天文을 보와써 時變을 살피며 人文을 보와
   天下를 化成하는 것이 天人合致的 文章의 要諦라 하였고,

二. 左傳에 孔子의 引說을 보면 仲尼가 가라사대 뜻이 있으면 말로써
   뜻을 充足하게 發表하며 글로써 말을 充足하게 敍述하는 것이니
   뜻이 있고 말을 하지 아니하면 뉘라서 그 뜻 속에 있는 말을 알
   수 있으리오. 이 뜻을 말로, 말을 글로 맨드러 오래 멀리 傳하고,
   行하는 것이 이 이른바 文章이라 하였고,

三. 梁書 文學傳에 보면 大抵 글이라 하는 것은 性靈을 妙發하며 懷抱
   를 獨拔하는 것이라 하였고,

四. 北齊 文苑傳에 보면 幽顯의 情을 通達하며 天人의 際를 極明하는
   것이 文章이라 하였고,

五. 隋書 經籍志에 보면 百家諸子의 書類는 經籍 鼓吹가 되고 聖賢의

文章은 政治의 脯蔽(?)이 된다 하였고,

六. 元史 儒學에 보면 文章이라 하는 것은 道를 실은 것이오 六經이라 하는 것은 道의 所在라 하였고,

七. 吾學編傳에 보면 占人의 文章은 道德에 밝고 時務에 通하였다 하였고,

八. 法言에 보면 聖人이 글로써 그 隩藏(오장)함에 다섯 가지 次序가 있으니 一曰 元이요, 二曰 妙오, 三曰 包오, 四曰 要오, 五曰 文이니 幽深한 바를 元이라 하는 것이요, 理微한 바를 妙라 하는 것이요, 敷博한 바를 包라 하는 것이오, 辭約한 바를 要라 하는 것이오, 章成하는 바를 文이라 하였고,

九. 程子의 말에 보면 道라 하는 것은 文의 根本이오, 文이라 하는 것은 道의 枝葉이라 하였고,

十. 典論에 보면 文章은 經國의 大業이오 不朽의 盛事라 하였고,

十一. 李德裕의 말에 보면 文章은 千兵萬馬같다 하고 또 文章은 日月과 같아서 終古로 常見하는 것으로 光景이 隨新하는 것과 같다 하였고,

十二. 李華의 말에 보면 文이라 하는 것은 貫道의 器라 하였고,

十三. 杜牧의 말에 보면 文이라 하는 것은 意로써 主를 삼고 氣로써 輔를 삼고 元采와 章句로써 兵術을 삼는 것이라 하였고,

十四. 詞好問의 말에 보면 文章이라는 것은 天地의 元氣로서 마침내 變함이 없는 理致라 하였고,

十五. 元書에 보면 文章이라 하는 것은 日月에 輝光 있음과 같고, 草木에 華實이 있는 것과 같다 하였고,

十六. 宋濂의 말에 보면 文章이라 하는 것은 반드시 浩然한 養氣에 있나니 氣運이 天地로 더부러 같아서 能히 廣大充實하면 可히 三靈(天地人의 意)에 配序되며 萬類를 管攝할 수 있는 것이니, 文章이란 乾坤의 精粹오, 陰陽의 靈和오 四時의 衡石이오 百物의 管攝이 이것이라 하였고,

十七. 蘇伯衡의 말에 보면 聖賢의 道德에 光輝가 積中發外하는 故로
그 말이 글을 맨들지 아니하여도 스스로 文章을 極致한다 하였고,
十八. 文心雕龍에 보면 最上의 文章은 富於萬篇하고 資於一字라 하
였습니다.

以上에도 이와 類似한 文章의 意義論은 不知其數입니다. 如何間 以上
에 呼出 羅列한 文章에 對한 意義的 說法이 어느 것이 逼眞치 아니한
것이 없으나 孔子의 志言을 組織하야 久遠化한다는 說과 典論의 經國大
業이오 不朽盛事라는 八字義와 元好問의 天地之元氣로서 無終變之理한
定義說이 가장 簡充한 바가 있지 아니한가 하고 生覺됩니다.
要컨댄 文章이라 하는 것은 性情을 彫琢하고 辭令을 貫一한 目的과
精神에서 組織하야 發表 宣言하는 것으로 栗谷 先生의 말슴을 꾸어다
하면 爲往聖繼絕學하랴ᅦ는 精神으로 爲萬世開太平하랴는 立志를 輔輪
하야 文章이 世上에 한번 宣言되면 마땅히 一世의 振鐸으로 當時의 大
衆을 飜悟케 하며 文章이 大衆에 한번 留據되면 萬代의 顯鍾으로 永遠
의 垂敎로서 圓熟케 되어야 합니다. 그리하야 過去의 傳聲과 遺言을 不
絕히 繼響하며 現在로 乃至 未來의 耳目과 心胸을 不怠히 啓開하야 서
無變一道의 化成大業을 가져오는 것이 참으로 文章의 意義的 本然의 存
在가 아닐가 합니다. 다시 한번 더 말하여 보면 繼啓의 一貫의 精神과
立志와 信念으로 人生의 最高 目的과 宇宙의 最大 眞理를 渙發開拓하며
擴充廣遠하랴는 無量大와 無窮遠의 最美最善化를 把持 成果하랴는 萬古
不易의 手段作用이 이 文章의 意義 가운데 胎胚되여 있는 것이 아닐
가 합니다. 文章은 宇宙 人生의 暗黑 睡眠에 비쳐오는 千秋의 長明燈이
오 깨처오는 萬代의 鐘鼓聲일 것입니다. 조금 더 크게 말하면 日月雷霆
의 光威 그것이오 또다시 餘裕없이 文章의 意義를 表示한다면 宇宙와
人生의 總唱和의 無變大不可量의 連續禮의 全部를 包括한 것이라 하겠
습니다.

文章의 信念

"志切爲言하고 至言爲文이라" 하는 말은 예로부터 傳하는 말입니다. 卽 뜻이 懇切하면 말로 表現되고 말의 表現이 至正하면 이것이 곧 글이 된다는 것입니다. 이 글을 組織化하는 것이 아마 文章일 것입니다.

이 **文章의 形式**은 詞藻에 있고 이 **文章의 實質**은 思想에 있는 것입니다. 卽 內在한 思想이 形外로 詞藻에 發하는 것이 이것이 文章입니다. 그럼으로 內在의 思想이 充實 健全치 못하면 形外의 詞藻는 貧弱 虛僞의 似而非한 文章이 되고 말 것입니다. 이는 慧性ㅊ과 蓄氣가 없는 까닭입니다. 이 慧性과 蓄氣는 무엇으로부터 나오는 것이냐 하면 自古로 文章에는 三多主義를 執是하나니 卽 一日 看多 卽 多讀이오 二日 述多 卽 多作이오 三日 商量多 卽 思考多가 이것입니다. 古今의 文章을 多讀하고 한갓 多讀할 뿐만이 아니라 自己의 思量으로 多作할 것이오 한갓 多作할 뿐만이 아니라 萬物을 對象으로 實地의 考察이 明敏하여야 하는 것입니다.

우리 東方의 學者로서 多讀 述多 商量多의 三多主義를 元實忠勤치 아니한 분은 한 분도 없습니다. 그러나 그 中에 가장 이 三多主義를 特別히 遵奉한 學者 한 분이 있으니 이는 沙溪 金長生 先生입니다. 그 一例를 가져다 보면 沙溪 先生이 젊었을 때에 詩를 工夫하는데 問題는 蟋蟀이였습니다. 그런데 이분이 詩는 짓지 아니하고 밤낮 몇일을 두고 끙끙대며 귀뚜래미만 좇아다니였다 합니다. 決局에 한짝 詩를 지어내놓는데 무엇이라고 하였는고 하니,

"壁上蟋蟀跪坐哭"

이라 지었습니다. 이 詩를 그 父親되는 黃崗 金繼輝 先生이 보고는 하도 氣가 맥혀서 하는 말이 귀뚜래미가 꿇어앉어 우다니 이것이 무슨 소리며 귀뚜래미 우는데 哭字가 當하냐. 이것이 詩인지 무엇인지 아무 것도 아니라고 咏嘆을 連發할 際音에 때마침 栗谷 李珥 先生께서 黃崗 先生을 찾아오셨다가 보시고 그 詩는 참으로 잘 지은 詩라고 大稱讚을

許하셨습니다. 이 말슴에 황강 先生은 깜작놀라면서 그 詩가 詩法에나 詩性에나 詩格에 무엇이 되엿다고 稱讚을 하느냐고 물은즉 栗谷 先生 께서는 웃으시면서 對答하시기를 자네는 詩를 이렇게 짓지 못할 것일 세. 이 詩는 참으로 조곰도 虛僞가 없는 眞實 그대로로서 實地 工夫가 與他超別한 詩라 하셨습니다. 黃崗은 입때까지 氣가 맥혀서 나무래기 만 하다가 栗谷 先生의 稱讚하시는 말삼에 어이가 없어서 또 재쳐서 물었습니다. 栗谷 先生께서 對答하시기를 귀뚜래미가 울제 仔細히 보 게. 꼭 꿇어앉어서 우는 法일세. 子弟가 이 蟋蟀詩를 지을 때에 實地로 蟋蟀에 對한 工夫가 없었다 하면 이렇게 詩가 逼眞하게 나올 수가 없을 것이오 다만 哭字에 이르러서는 얼마든지 變通할 수 있는 것이니 이 哭字로 이 詩意가 損失되거나 減損될 일은 없을 듯하다. 하시며 다시 稱讚하시기를 그 實地 工夫가 이와 같으니 그 長遠한 前途는 不可限量 이라 하시고 당신의 親友로 當時 道德 學問이 隆崇한 龜峯 宋翼弼 先生 에게 薦擧하야 그 大成을 約束하신 일이 있었다 합니다. 果然 栗谷은 聖人이시고 實地 工夫의 最高峰의 文章으로서 知人之鑑이 이와 같으셨 습니다. 沙溪 先生을 나은 분은 黃崗 先生이오 沙溪 先生을 아신 분은 栗谷 先生으로서 聖人이 能知聖人하고 英雄이 能知英雄이란 말은 이에 서 誣言이 아님을 더욱 잘 알 수 있습니다. 沙溪 先生은 그 後 實地 工 夫로써 東方의 大學者로 進出하야 名傳千秋하였습니다. 沙溪의 實地 工 夫는 이와 같이 微物인 귀뚜래미에까지 逼眞 懇切하였던 분입니다. 우 리가 過去의 學者의 누구를 아내 배호리오마는 더욱히 이 實地 工夫로 信念을 完成하던 沙溪 金長生 先生의 商量多 主義를 더욱 잘 배호지 아 니하면 참스러운 信念의 學問의 意義에서의 文章을 맛볼 수 없을 것이 라고 斷言하기를 조곰도 躊躇치 아니합니다.

要컨댄 文章을 漫然히 지어 보겠다고 生覺하여서는 不可한 것입니 다. 또한 文章을 짓지 아니하여서는 아니되겠다고 生覺하는 것은 더욱 禁物입니다. 文章을 表現치 아니하고는 견딜 수가 없다는 生覺이 元元 한 眞中에서 울어나올 때에 비로소 浩然한 文氣가 自然的으로 油發하게 되어 붓이 저절로 움지겨 지게 되어야 합니다. 여기에 모든 虛想과 왼갓 雜念은 스스로 물러가고 마는 것입니다. 그러나 이 雜念과 虛想만이 물러가고 活氣만이 있어서 筆障이 自進하며 毫管이 自動한다 하여서 반듯이 正大 鞠健雄衛한 文章이 나온다는 것은 무計입니다. 이 活氣가 流動 湧出하는 裡面에 반드시 確固한 造化的 母體의 信念이 있지 아니하면 亂草雜記의 傾向을 가져오기 쉽습니다. 即 自己가 文章에 獻身하야 죽엄이 잇다 할지라도 期於코 完遂하겠다는 信念이 있어야만 합니다.

이 信念이 무엇보다 主將的으로 健在하면 活氣는 從軍的으로 附隨하야 不渴의 權現으로 虛想의 孟燃과 雜念의 炎上은 消盡無根으로 征服되고 마는 것입니다. 이와 같이 信念에 活氣를 띠여오면 萬里長江의 文章은 滔滔滾滾하게 波濤流深하야 巨艦艨艇을 自由自在로 運進吐呑시킬 수 있는 것입니다.

東西古今의 偉大한 大文章家가 宇宙 造化의 事業과 人生不朽의 盛事를 傳함은 다 이 信念의 把持者들이 아니면 안 될 것입니다.

文章의 使命

文章 經濟와 文章 淨化는 大業 中의 大業입니다. 經國濟民과 宇宙 淨化는 文章의 目的이오 文章은 經國濟民과 宇宙淨化의 手段일 것입니다. 우리 人生의 目的 乃至 宇宙의 眞理 이것을 無窮하게 開拓하며 最善하게 表現하야 溫沃한 組織으로 廣遠한 宣言을 가져오는 것이 文章의 使命일 것입니다. 한번 다시 말하면 文章의 使命이라 하는 것은 造化의 大業으로서 最小限의 目的이 經國濟民에 있는 것이오 無窮大에 目的은 宇宙 全體를 闡明開拓하는 데 있는 것으로 通트러 永遠永劫의 目的과 眞理를 繼啓喚起하는 偉大한 아니 無相無名의 作用일 것입니다. 그럼으로 過現未의 三界生活을 一直貫通하야 學徒 自己들의 連綿的 相續인 萬世 唯一의 大事業일 것입니다.

어떠한 文章의 表現을 勿論하고 이 精神이 目的이 信念이 使命의 凝結 渙發이 없다하면 이는 皮相的 外舐(외지) 作用인 亂草雜記에 不過한 것이오 森嚴眞正한 繼啓使命의 文章의 配列을 許할 수 엇는 것입니다. 이 使命으로서 渙發되는 文章의 範疇를 局限類別하며 좀 따져본다 하면

一. 紀行 文章
二. 記述 文章
三. 論述 文章
四. 評論 文章
五. 辯難 文章
六. 諷諭 文章
七. 訓話 文章
八. 禮典 文章
九. 軍事 文章
十. 政治 文章
十一. 經濟 文章
十二. 藝術 文章
十三. 歷史 文章
十四. 宗敎 文章

等으로 이와 같이 抽別하여 槪看할 수 있으며 또 이 文章의 使命의 響應 方面을 가져다가 본다하면

一. 治國 文章
二. 興國 文章
三. 聖人 文章
四. 亂國 文章
五. 襄國 文章

106

六. 小人 文章

이와 같이 따져볼 수도 있습니다. 以上 列擧한 文章 가운데에 襄亂小人의 文章을 除外한 治興聖人의 文章은 그 어떠한 文章을 勿論하고 다 眞正한 文章의 使命을 帶來賷傳하는 것으로 宇宙 人生의 目的 眞理를 總淵源한 醴泉正流의 作用들입니다. 그 眞理와 目的과 使命을 完成所達하라는 方式에 있어서는 或 때로 敍實하며 或 때로 追憶하며 或 때로 感傷하며 或 때로 嚴飭하며 或 때로 勸戒하며 或 때로 覺醒하는 等으로 眞理와 目的의 消息을 바꾸어 다시 注言하여 보면 人生 自己를 主體로 宇宙 淨化를 標的으로, 或 感歎하기도 하며 或 憤怒하기도 하며 或 喜悅하기도 하며 或 憂愁하기도 하며 或 是非하기도 하며 或 分合하기도 하며 或 激勵的으로 나아가기도 하며 或 鞭撻警告的으로 나아가기도 하며 或 敎化 訓戒的으로 나아기도도 하며 或 羽化 解脫的으로 나아가기도 하야 不平하면 主로 咆哮叱咤하며 和平하면 主로 暢會解納하야 宇宙 人生의 淨化同備를 永遠 無量히 希願 期約하는 眞理를 信念化하야 心心相印으로 宣言傳令하는 것이 이것이 곧 文章의 永遠不朽의 大使命이 아닐가 하는 바입니다.

제**2**부
일제강점기 문학적 글쓰기론 자료(잡지 편)

1. 개벽
2. 조선문단
3. 철필
4. 농민
5. 한글(1935)
6. 학등

1. 개벽

◎ 소설 개요,

　曉鐘(1920), 『개벽』 창간호(1920.6.)~제4호(1920.10.) 4회 연재

　** 이 글은 소설에 대한 일반적인 지식을 내용으로 한 글이나 소설
의 특징을 설명하는 과정에서 소설 작법과 관련된 내용을 다수 다루
었음

　이에 講述하는 小說槪要는 筆者가 東京 藝術座 演劇學校에서 受業한
筆記를 根底하야 曾往에 演藝 講習所의 速成 敎科書로 가장 簡單히 編
述한 바이라. 其後 不得已한 事故를 因하야 該講習所는 繼續되지 못하
고 中止 中이나 挽近 以來로 各 新聞 雜誌에 小說 或 戱曲의 創作과 飜
譯이 間間 揭載됨을 見하매 그 大多數는 小說과 脚本의 如何한 것을 理
解치 못하고 妄作 誤譯이 甚히 만흔지라. 今에 小說 槪要로부터 小說
硏究法 脚本槪要 及 脚本 硏究法을 順次 記載코자 하노니 余의 此擧가
半島 靑年으로 文藝를 嗜好하는 諸彦의 一助가 되면 著述의 榮光일가
하노라.

□ 小說은 엇덕케 지을가: 大槪 우리 人類에는 그 心中에 여러 가지 動機가 잇스니 첫재는 自己의 느끼는 바라, 生覺하는 바를 發表하고자 하는 動機가 잇고, 둘재는 自己의 聞見하는 바 外界의 事物을 幾分間이라도 表現하고자 하는 動機가 잇스며, 셋재는 自己와 同一한 여러 가지 思想 感情을 抱含하고 外界에서 行動하는 人物을 그 마음과 가티 描寫하랴는 動機가 잇는 것이라. 이러한 第一 動機로부터 表現하는 것이 敍情詩요 第二 動機로부터 表現하는 것이 敍事詩며 第三 動機로부터 表現되는 것이 곳 戲曲과 小說이라.

이와 가티 小說과 戲曲은 同一한 動機에서 表現되는 故로 여러 가지 同一한 點이 만흔 것은 勿論이나 그러나 쏘한 他方面으로 觀察하면 相異한 點도 적지 안이하니 이에 우리가 小說의 眞理와 脚本의 妙味를 鑑償하랴 하면 먼저 小說과 脚本을 分間하야 그 槪要를 안 뒤에 그 硏究法을 아는 것이 文藝를 嗜好하는 靑年의 一助가 될가 하야 우리 演藝講習所에서 講述한 바를 多少 改纂하야 第一 着手로 小說槪要를 記載하는 바이다.

□ 小說과 戲曲의 相異한 點: 戲曲과 小說을 比較하면 戲曲은 綜合 美術이나 小說은 不然하니 卽 戲曲은 脚本과 俳優의 이름짓(動作)과 臺詞(科白) 及 舞臺의 背景과 쏘는 樂音의 聲과 가튼 여러 가지 物種의 美가 集合하야 作成된 美術이지만은 小說은 本文쑨이요 戲曲과 가티 俳優라던지 舞臺라던지 或은 樂聲과 가튼 副美術이 업는 것이라. 그러면 小說이 此等 戲曲의 副美術에서 썻는 여러 가지 拘束과 制裁를 써나 極히 自由로운 變化의 豊富한 箇所가 만흔 戲曲과 가티 俳優와 舞臺의 背景 等으로 近景을 躍動케 하는 點은 업슬지언정 그 屈曲의 自在한 點은 쏘한 可觀할 것이 만흔 것이라. 이러함으로 戲曲을 著述할 쌔에는 多數의 格式과 規定이 잇스나 小說은 이와 가튼 苟且한 折裁가 업슴으로 任意로 記現할 수가 잇스니 이러한 意味에서 生覺하면 小說은 一種의 簡易

한 戲曲이라. 劇場이 안이고 車中에서나 案上에서도 觀覽할 수 잇는 戲曲이라 할 수 잇스니 엇던 批評家가 小說을 가라쳐 袖珍戲曲(Pocket Drama)이라 稱함도 無理가 안인 말이라.

□ 小說의 五大 成分: 그러면 小說이라고 하는 것을 엇덕케 喫味할는지 엇더한 句絶에 着眼하야 그 善惡美醜를 分揀할는지 이는 먼저 그 小說의 編成된 成分을 알지 안이치 못할 것이니 大抵 小說이란 것은 엇더한 事件을 記錄한 것이라. 事件이 업고는 小說이 編成되지 못할 것은 勿論이라. 그러나 다만 事件만 가지고는 事情 自體가 小說되지 못할 것이요 卽 事件의 配置로 因하야 趣向이라던지 마련(組織)이라고 하는 것이 생기는 故로 事件의 마련이라고 하는 것이 小說의 第一 成分이라고 認치 아니치 못할 것이요. 人間의 行動이 업고는 事件이 일어나지 안이하는 故로 小說의 第二 成分은 人間됨을 可히 알 것이라. 事件이라던지 人間이라고 하는 것은 판 便으로 時間的인 同時에 空間的이니 事件이 일어나는 以上은 반듯이 엇더한 場所와 엇더한 時間이 잇슬 것이고 쏘한 人間이 行動하는 대도 場所와 時間과는 써나지 못할 것이니 小說의 第三 成分은 場所와 時間 卽 背景이라고 하는 것이 업지 안이치 못할 것이다. 이러한 成分은 두말업시 作者의 特有한 文章으로써 쓰지 안이치 못할 것이니 談話의 體制로 쓰던지 敍事의 體制로 쓰던지 이는 모다 作者의 文章에서 울어나오는 故로 文章 卽 文體가 小說의 第四 成分이라고 할 수 잇도다. 이제 第五의 成分될 것은 作者가 目的하는 바 著作의 內容이니 作者가 小說을 著作할 째에는 반듯이 무슨 目的하는 바가 잇슬 것이라. 다시 말하면 小說에는 반듯이 作者가 이 宇宙라던지 社會라던지 或은 人間에 對한 觀察이 잇슬 것이니—作者의 宇宙觀, 社會觀, 人生觀이 쏘한 表現된 것이라. 이러한 宇宙觀이라던지 社會觀이라던지 人生觀이라고 하는 것을 作者가 表現코자 하는 目的이 小說의 한 成分될 것은 勿論이다.

□ 小說 中의 事件은 人生의 眞相을 說明치 안이치 못할 것이다: 이 제 第一의 成分되는 事件을 陳述코자 하노니 小說 中에 나타나는 事件은 千差萬別이라 總括하야 말할 수 업스나 그러나 小說 中에 들 만한 事件은 社會에 些少하고 변변치 못한 事件이 안이요 반듯이 人生의 참 意義의 聯絡이 잇는―人生의 眞相을 表現함에 價値가 잇는―事件이 안 이면 될 수 업스나 文學은 人生의 眞相을 說明하는 것이라고 하는 文學의 根本義로부터 이러한 말을 할 수 잇는 것이라. 이와 가티 人生의 眞相을 說明하는 事件이라 한다고 무슨 큰 變怪나 나서 눈을 놀래고 귀를 울리는 不可思議의 珍奇한 事件이 안이오 엇더한 것이던지 日常 眼目에 平凡한 事件으로 暫時 보기에는 아무러치 안이한 事件이라도 人生에게 참된 意味가 잇고 價値가 잇는 事件이면 모다 人生의 眞相을 說明하는 事件이라고 할 수 잇는 것이라. 엇던 사람은 人生의 眞相을 說明하는 事件이라고 하는 것은 人間의 奮鬪라던지 悲歡이라던지 快意라 던지 悲哀의 傾向이 잇는 事實을 多數 記錄한 것은 줄 生覺하는 이도 잇스나 이는 반듯이 그러타고 할 수 업스니 질거운 것과 웃으운대 關係한 事實일지라도 人生의 眞相에 關係가 깁흔 事實이 만흔 것이라. 이 럼으로 이에 한 小說이 잇서 吾人의 幸福스러운 한 째와 不幸한 째를 不問하고 우리의 마음 속에 果然 世上과 人間이라고 하는 것이 이러하 구나 하고 째닷게 할 만한 眞實한 事件이 永久的 刺戟을 줄 만하면 곳 價値잇는 小說이라고 稱할 수 잇도다.

□ 小說의 事件은 참됨을 傳할 것이다: 作者가 이와 가티 人生의 關係가 깁흔 事實을 記錄함에는 될 수 잇는 대는 그 事實이 참스럽게 나타나도록 힘쓰지 안이치 못할 것이니 이러함으로 小說의 事件은 可及的 作者의 經驗한 範圍 안에서 가져오는 것이 必要함은 勿論이라. 作者가 經驗한 事實이라야 비로소 그 참스러운 것을 傳播할 수가 잇는 것인대 世間 作者가 이러한 原理를 明白히 알고도 往往이 原則을 蹂躪하는 이가 만흐니 群小의 作家들이 自己가 經驗한 바는 且置 勿論하고 될 수

잇는 대로는 前人이 言述한 事實이나 或은 그러한 事實로 世人의 歡意를 어든 事實을 模倣하야 自己의 著作 中에 編入하기를 힘쓰는 이가 만흐니 自己가 最初에 自己의 손으로 어썬 事實보담도 先輩가 임의 着手한 陳古의 事實을 作中에 編入하는 傾向이 만흠으로 往往이 小說의 事實에 眞實의 點이 적은 것은 그 多數가 이러한 原因으로 생기는 것이라.

이와 가티 小說의 事件은 人生의 眞相을 說明하기 可能할 쑨만 아니라 그 참된 것을 傳達치 안이치 못할 것은 勿論이어니와 그 事實을 如何히 列記하얏는지 配置는 엇더케 되엇는지 이에 이르러는 반듯이 組織 卽 마련이라는 問題가 생길 것이라. 이 問題에도 여러 가지가 잇스니 小說 中에 談話의 方法이 滋味스러운지 압뒤의 境遇가 符合이 되는지 各部의 連絡이 相當한지 쏘는 事件의 發展이 天然的으로 自然의 狀態에 잇는지 이러한 여러 가지 條件은 모다 마련이라고 하는 部分에 드난 것이라.

□ 小說 組織의 二種: 如何間 吾人은 마련 卽 組織上으로 보와 小說을 두 가지로 區別할 수가 잇스니 一은 組織의 分揀이 確實치 못한 小說과 他는 마련의 分揀이 確實한 小說이라. 그러나 엇더한 小說은 兩者가 어느 程度까지 混同되어 그 何者임을 區別하기 容易치 못한 것이 不無하나 如何는 大體로 보와 이러한 두 가지로 分揀할 수 잇는 것이라.

□ 마련의 確實 不確實: 마련의 分揀이 確實치 못한 小說은 小說 中 事件 사이에 關係가 薄弱하야 間斷되는 場面이 만흠으로 互相間에 原因과 結果가 업는 것이니 이러한 小說은 談話의 統一이 事件의 우에서는 볼 수 업고 다만 事件의 中心되는 主人公으로부터 統一되는 것이라. 이러함으로 마련이 確實치 못한 小說은 한 事件이 한 事件을 물고들어 畢竟은 終結에 이르기까지 規律이 잇는 事件의 連續이 안이고 다맛 主人公의 一生涯에 일어난 모든 事件을 列記하는대 不過한 것이다. 此와 反하야 마련이 確實한 小說은 多數의 事件이 마련上으로 보아 各各 그

一定한 位置를 지키고 前後의 事件과 互相 分離치 못할 關係를 維持하고 잇는 바라. 그럼으로 이러한 小說은 마련 中에서 一部의 事件을 取捨하면 그 一部가 缺陷되어 談話의 連絡이 整理치 못되는 것이라. 그러나 多數의 小說 中에는 此 兩者가 中性에 屬한 時가 有하니 엇던 程度까지는 마련이 整理되엇스나 엇더한 대는 間間이 分離되어 連絡이 업는 것이 잇스니 이러한 小說이라도 決코 忽視할 바는 안이라.

□ 兩者의 優劣: 然則 마련이 確實한 小說이 조흔지 마련이 確實치 못한 小說이 조흔지 이는 一般이 生覺하면 勿論 마련이 確實하고 組織이 整頓된 것이 조흘 것이나 그러타고 全數히 마련 整頓에만 依托하다가는 往往이 不自然에 흐르고 實際 人生의 事件에는 背戾되는 일이 업지도 안이하니 何故오 하면 우리의 世間萬事는 반듯이 互相間 關係로만 現出되는 것이 안이고 間間이 意外의 事件이 突發하는 것도 잇는 바라, 이럼으로 萬一 마련이 確實치 못하더래도 作中 人物의 躍動이 確然하면 그것이 果然 優秀한 小說이라고 할 수 잇는 것이요 마련이 確然한 것이라도 作中 人物이 確然히 躍動치 못하면 또한 優秀한 小說이라 謂키 難하니 그 要는 마련의 如何를 主體할 것이 안이라 다만 事件이 가장 自然으로 展開하야 讀者로 하여곰 實社會를 보고 잇는 것 가티 心理에 展徹되면 이런 마련이 곳 完全한 小說이라고 할 수 잇도다.

□ 單純한 마련과 複雜한 마련: 마련 即 組織은 그 程度로 보면 簡單한 것과 複雜한 區別이 잇스니 小說이 다만 한 줄기의 主張되는 談話로부터 成立되는 것은 마련이 簡單한 것이라. 假令 春香傳 가튼 것은 簡單한 마련의 줄기로 된 小說이요 三國志나 水湖誌 가튼 것은 複雜한 줄기로 된 小說이라 할 수 잇도다. 그러면 마련의 簡單한 것과 複雜한 것이 小說의 優劣을 定할 것이 안이요 엇더한 마련으로부터 생긴 小說이던지 談話의 整頓이 法利가 잇슬 쑌만 안이라 더구나 複雜한 마련이라도 談話의 줄기가 多數한 것이나 그 中間이 各各 繼統이 닷고 分離한

116

곳이 업스면 이 곳 完全한 마련이라고 할 수 잇는 것이라.

□ 마련을 쓰는 方法이 四種이 잇다: 이에 이러한 마련을 小說로 쓸 새에 여러 가지 方法이 잇스니 第一善 通으로 쓰는 方法이 作者가 作中에 自己를 表現하야 '엇더한 곳에 엇더한 사람이 잇섯다. 그 사람이 엇더한 일을 하엿다.'고 하는 等 話說 方法이니 直接 話說法이라 稱하는 것이요, 그 다음에는 作中에 人物—大槪는 主人公—으로써 그 經驗談을 말하게 하는 方法이라. 卽 全篇에 作者의 影子를 表現치 안이하고 오즉 主人公이 '나는 엇더코 엇더타' 하는 一人稱으로써 記載하는 것이니 이 것을 곳 自然的 談話法이라 하며, 第三은 作中의 主人公과 副主人公의 便紙를 列擧하야 事件을 談話하는 것이니 全篇이 便紙로 小說이 되는 것이라. 재래의 지은「젊은 비명의 煩惱」와 가튼 것은 著名한 一例라 할 수 잇스니 이러한 것을 書翰體 談話法이라 이름하며 第四는 作者가 自己 心中에서 創作하면서도 自己의 談話가 안이고 他人의 談話를 그대로 筆記한 것가티 쓰는 方法이니 이것을 假託的 談話法이라 할 수 잇다.

□ 四種 方法의 優劣: 이에 記錄한 四種 方法 中에 엇던 것이 가장 나흐냐 하면 또한 優劣 善惡을 速斷할 수 업스니 第一의 直接 談話法은 가장 自由로 事件을 展開하는데 便益이 잇스나 興味를 일으키고 多大한 刺戟을 주는 대는 自敍的이나 書翰體가 有益할 듯하며, 假託的 談話法도 또한 滋味스러운 方法이니 남의 責任에 돌려 여러 가지 大膽한 事件을 惹起케 하는 대는 必要하다 하겟도다.

□ 人間과ㅣ 性格의 描寫: 小說의 第二 成分은 사람 卽 人間이니 主人公 副主人公 等 여러 가지 小說 中 人物을 如何하게 描寫할는지? 그 人物의 性格은 如何히 現出할가 하는 것이 우리가 알지 안이치 못할 問題라. 小說 中에 表現하는 人物에는 우리가 日常 實見하는 것과 秋毫도 틀림업는 것도 잇고 또는 日常 實見하는 것과 多少 相異한 것도 잇는

것이니 無論 小說 中의 人物은 吾人이 日常 實見하는 人物과 틀림업는 描寫가 가장 조흔 것이나 이 問題는 暫間 且置하고 如何턴지 作中의 人物은 사나이나 게집이나 젊은이나 늙은이나 勿論하고 살아 잇는 것 가티 活動하는 狀態를 描寫치 안이치 못할 것이니 卽 <u>躍動하는 人物이 안이면 不可</u>한 것이라. 우리가 小說을 讀破하고도 오히려 그 人物의 影面이 眼前에 浮動치 안이하는 것이 잇스니 이는 그 小說 中 人物이 넘어 超人的이고 不自然으로 活動이 적은 까닭이요 이와 反對로 엇더한 小說을 讀過한 後 相當한 年月日을 經하더라도 그 姿態가 幻影과 가티 眉宇間에 存在하는 것이 잇스니 이는 主人公이 가장 自然으로 描寫되고 活動하는 까닭이라. 이러함으로 小說 中 人物은 일부러 지어낸 人物인지 坐한 天然으로 생긴 人物인지 이 두 가지 分揀은 곳 人物 描寫의 善惡을 判斷할 수 잇는 것이라.

　□ 性格 描寫의 二方法: 活動하는 人物을 描寫함에는 그 性格을 完全히 寫出하는 것이 唯一의 要件이니 이 性格을 描寫하는 方法에도 두 가지 方式이 잇는 것이다. 一은 作者가 人物의 性格을 解剖하여 銳敏하다던지 溫厚하다던지 事物에 感觸되기 쉽다던지 하는 外部로부터 그 人物을 觀察하여 그 性格을 說明하는 것이니 이를 이름하여 <u>解剖的 方法</u>이라 할 수 잇고, 二는 解剖的 方法을 쓰지 안이하고 人物의 言語와 動作으로부터 스스로 그 性格이 엇더한 것인 줄 알게 하는 方法이니 作者는 겨테서 아모 말도 업고 對話나 行動으로부터 엇더한 人物인 줄 讀者가 自覺케 하는 方法이니 이것을 <u>戲曲的 方法</u>이라 하는 것이라. 戲曲은 全혀 이 方法을 使用함으로 이러한 名稱을 준 것이라. 그러나 小說家로는 엇더한 方法을 採用하던지 關係치 안이하니 心中의 微細한 特色을 表現함에는 解剖的 方法이 一長이 잇스나 만이 이 方法에 依賴하면 도로혀 人物의 言動으로 性格을 描出하는 대 缺點이 나서 自然 人物의 生氣가 적어지는 弊端이 만흠으로 近代의 小說家는 大部가 戲曲的 方法을 採用하는 傾向이 잇다. 勿論 戲曲的 方法이 解剖的 方法보다 完

全한 點이 만흐나 人生萬般의 深奧한 心理를 모다 言動으로만 表出하기는 오히려 不足之嘆이 업지 안이한 故로 戲曲的 方法과 合하여 解剖的 方法을 加味하는 것이 自然의 勢라. 何如턴지 小說家는 作中의 人物의 性格을 十分 咀嚼하야 그 性中에 가장 現著한 것 卽 그 사람된 代表的 性格을 選擇하야 그 人物을 躍動케 하지 안흘 수 업는 것이니 다시 말하면 人物의 繪畵的 描寫에 成功하지 안이치 못할 것이라. (未完)

『개벽』 제2호, 1920.7.

□ 性格의 描寫는 小說의 主眼: 性格을 描寫하는 것은 小說의 主眼이니 小說이 戲曲과 相違하야 幕數의 制限이 업고 篇章의 長短을 自由로 伸縮하야 作中 人物의 性格을 充分이 說明할 수가 잇스며 任意로 發展케 하야 十分 圓滿이 描寫할 수가 잇스니 이럼으로 現代 小說의 唯一問題는 如何히 하여야 性格 發展을 圓滿이 描寫할가 하는 點에 歸結이 되는 것이다. 如何한 小說家를 勿論하고 主人公의 性格을 超動케 하는 것으로 第一의 目的을 삼지 안이치 못할 것은 吾人 人類의 生存上 모던 行動이 性格 如何를 딸아 色彩가 다른 까닭이다. 그럼으로 主人公이 처음에는 엇더한 性格을 가젓다가 그 境遇와 處地의 變遷을 因하야 經驗되는 事實과 가티 性格이 次第로 變하는 經路를 繪畵的으로 描寫하는 것이 小說 作家의 크게 主力하는 焦點이요 이 問題를 가장 自然스럽고 巧妙하게 解決하여 가는 法이 最上의 性格 描寫이라 할 수 잇다.

□ 小說에는 性格과 마련 두 가지 中 엇던 것이 主格이 될가: 小說에는 性格과 마련 이 두 가지가 엇던 것이 先後가 될는지 이것도 쏘한 泛然이 보지 못할 問題이니 사람에 精神과 肉體가티 서로 써나기 어려운 關係를 매진 것이다. 肉體만 잇스면 偶像에 不過한 것이요 精神만 잇스면 幻影에 질 배 업슴으로 性格과 마련은 實로 輕重을 論斷치 못할 問題나 그러나 小說에는 往往이 性格을 主格으로 興味를 일이키게

하는 것과 마련을 主格으로 興味를 일이키는 二種의 分類됨이 잇스니 이 것이 또한 事實上 自然의 形勢라 할 수 잇스나 그러나 前者는 大概 마련이 性格을 發展하는 補助에 不過하고 後者는 亦是 人物이 마련을 引導하는 器具에 使用될 쑨이다. 近代 小說에는 前者가 만코 古代 小說에는 後者가 만음은 一種 注目할 事件이라 할 수 잇도다. 元來 小說은 性格을 主格으로 된 것을 一段 上層에 둘 수밧게 업는 것이니 마련이 主格으로 된 興味는 變遷하기 容易하고 兼하야 永久性이 不足하지만은 性格을 主格으로 한 興味는 深厚하고 永久한 連續性이 잇는 까닭이라. 이러함으로 마련이 主格으로 된 小說의 病弊는 오직 事件을 滋味 잇게 하랴 하는 데만 索引되여 人物의 性格을 犧牲으로 供하야 人形과 가티 死物이 되고 마나니 이와 가튼 小說은 人生의 眞相을 發揮하는 文學의 大義에 符合치 안이하는 까닭이라 할 수 잇다.

그러나 이에 우리가 한갓 注意할 것은 人物의 性格 發展에만 傾倒하야 無理로 唐突한 事件을 引出할 쌔에는 도로혀 條理에 不適한 일이 만은 것이니 性格을 主眼으로 描寫하는 同時에 事件의 發生 卽 마련이 犧牲되지 안토록 하는 것이 참으로 小說家의 小說家된 精神이라 할 수 잇도다.

□ 性格과 마련의 關係: 性格과 마련의 關係는 暫時라도 相離치 못할 것이니 수레에 兩輪갓고 저울에 鐘板과 갓다. 事件이 업스면 性格이 업슬 것이요 性格이 업스면 事件이 또한 업슬 것이며 마련의 中에서 여러 가지 事件이 생기고 쌓아서 性格의 變化가 잇고 性格이 變化됨으로 또한 新事件이 發生되는 것이라. 이러함으로 小說 中에 事件은 그 發生의 根底를 人物의 性格 中에서 求치 아니치 못할 것이요 同時에 人物의 性格 變化도 그 原因을 事件上에 備置치 아니치 못할 것이니 恆常 性格을 생각하는 同時에 事件을 等閑이 할 수 업는 것이고 事件을 編成하는 同時에 性格을 忘却치 말아서 이 두 가지를 組合하는 方法이 自然에서 釀出하야 無理한 句節이 업는 小說이 곳 우리가 가장 尊重히 녀길 小說이다.

□ 第三 成分되는 背景: 背景이라고 하는 語句는 그 意味가 가장 廣闊하나 此에 論斷곳나 하는 背景은 專혀 人物의 事件의 活動을 發生케 하는 場所와 時日을 指摘한 것이다. 大抵 小說의 人物과 事件이 背景으로 因히야 一層 明瞭하고 判然한 區劃을 確成할 쑨만 안이라 그 結果로 自然히 動作이 超躍하야 活氣가 잇나이다. 宇宙 萬物이 모다 空間과 時間을 占有치 안코는 存在를 是認할 수 업거던 엇지 小說엔들 不然하리요. 이럼으로 小說에 背景 排置도 一種 重要한 成分이다.

□ 現代 小說의 背景 粧置의 特色: 現代 小說의 背景 粧置하는 特色은 一般的이 안이고 局部的이며 普遍的이 안이고 特殊的의 傾向이 現著하니 卽 背景을 널리 社會 一般의 光景에서 取치 안이하고 極히 狹少한 小部分에서 取하는 것과 一時代의 一般 狀態에서 求치 안이하고 一時期의 短速한 時間에서 描寫하랴고 하는 것이다. 一例를 들면 下層 社會의 事件만 描寫하는 것이요 下層 社會에서도 一般이 안이고 特히 勞動者 階級이면 勞働者만 描寫하는 것이요 時期로도 一年 內의 일보다 一個月의 일, 一個月의 일보다도 一日의 일과 가티 아모쪼록 狹小한 特殊의 境遇를 描寫하랴는 傾向이다. 이러함으로 現代의 小說에는 自然 여러 가지 種類가 잇스니, 假令 上流小說, 中流小說, 下流小說, 實業小說, 海事小說, 軍事小說, 政治小說, 少年小說, 少女小說 等 枚擧키 難한 것이다. 如斯이 背景의 取擇 方法이 狹少한 結果로 現代小說의 場所와 時間의 描寫가 仔詳 精密하야 敍述 方式이 極히 正確하고 坐 深奧한 印象을 付與하기 可能한 것이니 現代 小說의 背景 優劣은 實로 深奧한 印象 多少에 在하다 할 수 잇도다.

□ 背景 描寫의 注意: 背景의 描寫는 오즉 詳細한 것으로만 滿足하다 할 수 업다. 背景의 必要는 背景 自體에 對하야 必要한 것이 안이요 背景 中에서 活動하는 人物과 事件을 爲하야 必要한 것임으로 아모리 精密 正確한 背景이라도 人物과 事件에 符合치 안이하면 無用의 長物이니

물 업는 곳에 배와 가튼 것이다. 背景을 생각할 적에 반듯이 人物과 事件을 聯想하야 兩者의 活動이 超躍하도록 描寫치 안이치 못할 것이다. 一例를 舉하면 小說 中 엇더한 人物이 非常한 境遇을 當하야 悲憤慷慨할 적에 그 背景은 繁華燦爛한 것을 描寫하야 心的 狀態를 幾分間이라도 調和하며 慰安케 하던지 或은 悽慘沈鬱한 背景을 描寫하야 人物의 心的 狀態를 一層 더 濃厚케 할 것이다. 이와 가티 여러 가지 人物과 事件의 過去와 現在와 未來를 聯絡하야 心的 狀態를 或은 調和하고 或은 濃厚케 하는 背景 排置에 留意하는 것이 小說家의 特히 注意할 點이다.

□ 背景과 繪畵와 器具: 背景을 描寫할 째에 小說家의 心的 作用은 一種 畵家가 臨畵的 氣分을 가진 것 가티 注意치 아니치 못할 것이니 演劇에 舞臺上 器具 排置가 幕과 人物에 一致하도록 하는 것과 畵家가 風景을 眼前에 浮動케 하야 畵筆을 드는 것 가튼 心理로 小說家도 亦是 이와 가튼 勞作이 아니면 完全한 背景 描寫라 할 수 업다.

□ 文章은 엇더한 것인가: 이제 小說의 第四 成分이라 할 수 잇는 文章은 엇더케 染筆할가. 이것도 決코 疎忽히 할 問題가 아니다. 文章에도 場所와 家屋의 光景을 敍述하는 것도 잇고 事件의 進行을 記錄하는 것도 잇스며 人物의 對話를 記載하는 것도 잇다. 그러나 場所를 記錄하는 것은 背景의 條件에 參入할 것이고 이제 文章이라 함은 大體가 事件 進行과 人物 談話를 記現하는 것으로 主要히 說明하랴고 한다.

□ 事件 敍述은 如何히 할가: 事件의 進步를 敍述할 째에 반듯이 流動 狀態를 忘却하면 되지 안을 것이다. 如何한 事件을 勿論하고 停的 狀態에 잇는 것은 小說을 構成치 못하나니 時間이 가고 事件이 進行하는 것이 小說의 材料요 그 進行하는 事件을 그대로 描現하는 것이 文章의 任務다. 그러나 進行하는 度數는 遲速을 關係할 바 안이요 다못 事件의 停滯만 업고 前後가 聯絡만 잇게 充分이 描寫만 되면 足한 것이다.

이에 注意할 것은 엇던 群小의 作家와 가티 한 事件의 進行을 敍述할 째에 그 事件과는 關係도 업는 外他 事件을 敍述하기에 정말 本體 事件 까지 忘却하는 이가 잇스니 이러한 行動은 우리가 極히 細心하여 厭避 치 아니치 못할 것이다.

□ 小說과 對話 效用: 小說家의 文章으로 一層 重視할 것은 對話이다. 對話는 人物의 感情 思想을 說明하는 데 큰 힘이 잇슬 뿐만 아니라 人 物과 人物의 關係라던지 人物과 事件의 關係를 說明하는데 重要한 任務 를 가젓다. 作者가 劇的 說話法을 使用하여 人物을 描寫할 째는 人物의 性格을 表示하는 方法으로도 對話가 唯一의 材料가 되는 것은 贅言을 不侯할 것이다.

□ 對話는 엇더케 쓰면 조흘가: 이러함으로 對話의 쓰는 方法도 여 러 가지 注文이 잇슬 것이다. 對話의 文句는 반듯이 人物의 性格과 事 件의 發展上 關係가 깁혼 것을 選擇치 아니치 못할 것이니 對話의 自體 는 如何히 興味가 잇고 意義에 合當할지라도 作中의 人物과 마련에 關 係가 업던지 或은 關係가 薄弱한 것은 何等의 價値가 업는 것이다.

□ 對話는 人物에 符合이 아니되면 못 쓴다: 對話는 人物과 事件에 가장 關係가 깁지 안으면 안이 될 것이요 또 同時에 自然的으로 나오 는 談話가 안이면 되지 못할 것이다. 吾人의 語調는 生活과 處地와 職 業과 地方과 風土와 習慣을 딸아 各各 다른 것이다. 小說을 描寫할 적에 이러한 人物과 이러한 事件과 이러한 處地에 一致가 되지 안으면 決코 完全한 小說이라 하기 어려우니 이 性格에서 이 言語가 잇서야 비롯오 談話가 性格에 合一하얏다 할 수 잇다. 그러나 엇더한 境遇에는 人物의 平生 性格에 一致되지 안는 談話를 使用하는 째가 잇스니 이런 境遇에 는 그 特殊의 事實에 符合되는 談話를 採用하는 것이 事件에 一致되는 談話라 할 수 잇도다. 吾人이 小說을 著述할 時에 이러한 여러 가지 條

件을 具備한 談話를 使用함은 決코 容易한 事業이 안이다. 老鍊 大成한 小說家의 手腕이 안이면 期望키 難하니 예로부터 幾萬 幾千의 小說家가 잇섯지마는 談話의 巧妙한 靈點에 이른 이가 드믄 것은 談話의 採擇이 容易치 못한 것을 足히 証明하얏다 하겟도다.

□ 小說과 人生觀: 小說의 第五 成分은 作者가 小說을 쓸 째에 目的하는 바 卽 人生觀이라고 하는 것이다. 小說家가 붓을 들 째에 이 사람에게 附屬된 事件이면 종이나 개나 함부로 쓰는 것이 안이요 이 人生에 이러한 事件이 接觸되어 人生이라고 하는 것이 이러한 것인가, 사람이라고 하는 것이 참말 이런가 하는 째다름이 잇서야 이것을 表現하랴고 붓을 드는 것이니 이대에 作者의 胸中에 비치는 人生의 印象이 곳 人生觀이다. 이럼으로 小說에는 반듯이 人生觀이 업는 것은 업다. 그러타고 筆者가 小說家로써 엇던 倫理 思想을 說明하라는 것도 아니요 勸懲主義를 鼓吹하라는 것도 아님은 暫間 辨明한다. 小說家가 붓을 들 째에 일부로 倫理 思想에 適合하도록 쓰며 勸懲主義에 標題를 부티면 이는 小說이 아니요 修身談이며 說敎冊이니 小說家의 胸中은 恒常 虛心 平氣로 그 胸中의 心鏡에 비쳐오는 人間 萬般의 事物 中 特히 人生의 眞相과 社會의 眞面目을 表示할 만한 事件이 勿論 만을 것이다. 그 事象을 執捉하야 具象的으로—修身書와 說敎冊과 가티 理論은 말고—描寫하야 世上의 眞味와 正確을 發揮하는 것이 참으로 小說이라 할 수 잇고 쏘한 小說家의 人生을 實現하얏다 하겟스며 兼하야 小說이 藝術로써 永遠한 生命이 잇다 하겟도다.

□ 小說家는 一種의 道德家나 哲學家라고도 할 수 잇다: 小說을 보는 方便에 짤아 小說家를 一種의 道德家나 哲學家라 할 수 잇스니 그 一例를 말하면 쉑스피어는 그 作物 中에 故意로 倫理 思想을 表彰치 아니하얏스나 그 作物 中에 가득한 思想 感情으로부터 抽象하여 보면 一大 道德家라 할 수가 잇스니 이는 쉑스피어쑨 아니라 무릇 모든 小說 大方

124

家에게는 同一히 생각할 수 잇는 것이다.

□ 小說家가 道義的 思想을 表現하는 方法: 如斯히 小說家는 人生에 對하야 道義的 思想 廣義로 말하면 哲學的 思想을 表示하는 데는 數種의 方法이 잇스니 第一 普遍의 手段은 作者가 第三者 卽 談話하는 사람의 位置에 안저 讀者에게 說明하던지 紹介하는 것 가티 記錄하는 것이요, 第二의 方法은 戲曲家와 가티 엇더한 人物과 엇더한 事件을 捉來하야 人物로써 事件을 일으키게 하고 事件으로 因하야 人物에게 影響을 미치게 하는 것이니 이것이 自然이 人生의 眞理에 彷彿하도록 記述하는 것이다. 이를 이름하여 戲曲的 記述法이라 하며 이 方法으로 小說을 著作한 境遇에는 作中에 散在하여 잇는 作者의 모든 主義라고 할 만한 것을 集合하야 이를 組織的으로 作者의 人生哲學을 組成하야 讀者에게 表示하는 것이 實로 文學 批評家의 任務라고 할 수 잇도다.

□ 道義는 무엇이 標準인가: 小說 中에 道義的 思想을 鑑賞하야 그 眞否를 判斷함에는 目標가 되고 標準이 될 만한 것이 업지 아니치 못할 것이다. 그러나 우리가 學問上에서 眞理를 判斷하는 것 가티는 할 수 업다. 그러나 往昔 '쏘크라트'[1] 가튼 이는 文學에 表示되는 哲學的 思想 卽 眞理는 吾人이 學問上에 認識하는 眞理와 日常 經驗에서 認得하는 眞理와 合一치 안이하면 안이 되겟다 하얏스니 今日 學者間에도 오히려 是說을 遵奉하는 이가 업지 안이하나 그러나 此에 對하야 詩的 眞理를 提唱한 이는 '아리스트-톨'[2]이라. 氏의 說은 眞理에 二種이 잇스니 一은 歷史上의 眞理요 一은 詩上의 眞理라고 하엿다. 前者는 事實에 違背치 안이한 眞理고 後者는 事實 如何에 關係가 업고 다만 그럴 듯이 생각되는 眞理이다. 이 詩上의 眞理라고 하는 젊은 世界가 進步하거나

---

1) 쏘크라트: 플라톤
2) 아리스트-톨: 아리스토텔레스

年代가 變遷하거나 關係할 것 업시 恒常 一定不變하는 眞理이다. 歷史의 眞理는 歷史의 推移를 짤아 變할 수 잇지마는 이 詩上의 眞理는 永遠不變性이 잇는 故로 範圍가 넓고 限度가 업는 것이다. 詩에 이르러 반듯이 이 詩的 眞理를 表現하기 힘쓰지 안치 못하라고 한 이가 '아리스트—톨'의 說이다.

□ 小說은 詩的 眞理를 抱含치 안을 수 업다: 이러함으로 小說家는 自己의 自由에 放任하야 各色 事件과 온갖 人物을 結搆하야 選擇 取捨를 任意로 할 것이로대 如何한 境遇와 如何한 事實을 莫論하고 그 事件을 表示하는 眞理는 人生에 果然 그럴 듯한 眞理—詩上 眞理—에 抱含되지 안을 수 업는 것이니 小說 中 浮動되는 事件과 人物은 一時에 消滅될지라도 그들의 眞理는 萬代 不變할 것이 안이면 안이 되겟다. 다시 말하면 如右한 標準으로 小說 中의 眞理 道義 思想을 判斷할 것이다. 西洋 格言에,

小說은 名稱과 時日을 除한 外에는 모다 眞理이고 實錄은 名稱과 時日을 除한 外에는 모다 虛僞이다고 한 말이 잇다. 우리가 모름이 小說家가 되고저 할진대 반듯이 이 格言에 맞는 小說을 著作치 안을 수 업도다. (小說槪要 終)

◎ 현당독폐—제이설—소설 연구법, 효종, 『개벽』 제3호, 1920.8.

筆者로부터 讀者 諸君에게—우리 開闢 雜誌 第二號로 小說 槪要는 마첫고 第三號 第四號에는 小說 研究法을 족음式 두 번에 벌려 記載코자 한다. 本來 筆者의 作定은 小說에 對한 簡單한 說明과 戱曲에 對한 槪要와 研究法이나 쓰(書)고 긋을 마치랴고 하엿다. 그러나 編輯 諸兄의 非常한 厚意와 多大한 寬待는 여러 가지 便利를 주어 頁數를 싸로 내어 주엇고 쓰는 固執쟁이 筆者의 愚見을 만이 容認함은 참으로 感謝함을 말지 안이하는 同時에 무슨 묵어을 짐을 漸漸 어깨에다 올려 놋는 것

가튼 생각이 만이 든다. 그 外에 讀者 諸位에게도 謝意를 表하는 것은 이만한 글이나마 만이 愛讀하시는 것 같다.

第一 그 意味의 理解
第二 小說을 選擇
第三 題目을 알 必要
第四 主志를 알 일
第五 마련을 硏究
第六 人物은 엇더

〈제4호〉

第七은 背景
第八 分類
第九 會話
第十은 作體이다
第十一 比較 硏究이다 (完)

◎ [현당독폐] 戲曲의 槪要(續),
    효종(1920), 『개벽』 제5호(1920.11.)~제6호(1920.12.)

** 이 글은 희곡의 특징을 내용으로 한 글로, 희곡 작법과 관련을 맺고 있음

□ 첫말로

筆을 擧하야 戲曲의 槪要를 記하기 前에 스스로 慷慨無量의 情을 禁치 못하겟도다. 挽近 以來로 우리 朝鮮에도 모든 文藝의 發興이 指를

屈하기 未遑하나 個中에도 寂寂無聞의 暗狀에 潛在한 것은 劇文藝에 甚한 것이 업다. 이러한 原因과 近因은 구태여 此頁에 筆을 擧할 必要가 無하기로 玆에 記錄을 略하엿스나 그러나 十年 以來로 所謂 新派 演劇이니 舊派劇이니 하야 幾個의 演劇 團體가 업니는 아니하지마는 主腦된 者ㅣ 演劇이 何者임을 理解치 못하고 觀客된 者ㅣ 또한 어써한 것이 劇인지 알지 못하야 面에 粉을 塗하고 舞臺에 오르면 곳 一個의 俳優로 알고 體를 動하야 言을 吐하면 곳 科白으로 아니 어씨 有眼者로 하여금 寒心의 嘆이 無하리오. **는 一般의 看客이나 舞臺 主務者되는 者가 戱曲의 **한 것을 理解 아니 全然 不知하는 데에 第一 큰 原因이 잇도다. 이에 說話코자 하는 戱曲은 諸君에게 看劇의 一般 本 常識을 普及코자 하는 本意에 不過한 것이니 諸君이 此를 讀하고 戱曲이 어써한 것인지 그 畧意만 斟酌하면 이 곳 筆者의 바라는 쯧일가 한다.

이미 前號에 畧述한 小說 槪要와 此에 畧述코자 하는 戱曲 槪要는 그 脚色의 作法과 性格의 描寫와 對話의 方式에 相異한 點이 만혼 것은 勿論이다. 그러나 兩者가 相似한 中에도 相異한 한 方式 下에서 活動하는 文*인 故로 우리는 그 大要를 알 必要가 잇는 줄 밋는 바이다.

□ 戱曲과 小說의 相異한 點은 戱曲이 小說과 달라 舞臺의 背景이 잇고 俳優의 行演이라고 하는 것이 添附됨으로 이 二個의 條目下에서 符合되는 事件과 人物이 發主되는 것이다. 이러함으로 如何히 事件과 人物이 우리 人生에 眞理를 가젓더래도 舞臺라고 하는 特種의 場所를 忘却하고 俳優라고 하는 特殊 行動에 符合이 되지 못하면 이는 곳 劇文學으로는 全혀 價値가 업는 바이다.

□ 一例를 들면 現時 所謂 新派라고 하는 것은 各種의 演題下에서 共通의 背景을 使用하여 場所의 觀念이 업고 科白를 臨時로 自作하여 表情과 動作이 前後가 矛盾되고 對話에 條理가 업서 統一과 係連이 업슴으로 性格의 表現이 업고 人物의 生脈이 업스니 이는 演劇이 아니고 游

戱에 不過한 것이다. 戱曲上 價値는 勿論이고 文藝上으로도 秋毫 半點의 關係가 업는 것이요, 所謂 舊派라고 하야 春香이니 沈淸이니 하는 것은 實質上이나 形式上으로 決코 戱曲이라고 하며 演劇이라고 할 수 업스니 春香傳, 沈淸傳의 自體가 文學上 小說로써는 勿論 價値가 잇다고 하겟지마는 戱曲으로서는 價値를 認定할 수 업스니 이는 戱曲的 모든 條件이 缺乏된 싸닭이다. 다못 唱夫가 小說 朗讀을 歌調로 變한 것에 不過한 것이다. 그러면 戱曲과 小說의 마련 上 差異는 어써한 것인고. 우리가 마련 上 觀念을 한거름 더 나아가 생각하면 小說보담도 戱曲이 利롭지 못한 點이 만흐니 小說에서는 마련이 別로 어써한 制限이 업스나 戱曲에 들어서는 반듯이 三幕이나 五幕에 더 나을 수 업고 쏘 半日이나 一日 동안에 演盡하도록 마련을 하지 안을 수 업다. 小說은 一部分을 幾日間이라도 分讀할 수가 잇지마는 戱曲은 觀覽者의 生理 狀態上 아모래도 하로 안에 演盡하도록 하지 안할 수 업는 것이다. 그러면 마련에 使用되는 모든 材料도쎄지 못할 必要한 것 外에는 될 수 잇는 대로는 畧省하지 안할 수 업는 것이니 가장 重要한 事件으로만 讀者의 注意를 集中하는 것이다. 이런 싸닭에 小說의 마련은 任意로 크게 使用할 수 잇지마는 戱曲의 마련은 大槪 狹小의 마련을 적게 使用하는 것이다. 그러나 舞臺의 背景이라던지 俳優의 動作이 幾許의 마련을 擴大하는 일이 업지는 아니하나 如何튼 戱曲家는 比較的 小規模의 作中에서 明白하고 쏘한 有力한 印象을 觀覽者에게 提供코자 가장 苦心하는 바이다. 如斯히 마련의 組織上의 注意가 小說과 戱曲의 相違함과 가티 人物의 作法 卽 性格의 描寫 方法, 다시 말하면,

□ 小說과 戱曲의 人 描寫의 差異의 區別이 잇슬 것도 當然한 理致이다. 어썬 사람은 戱曲에 人物의 性格을 論할 必要가 업고 오즉 마련만 巧妙히 하면 足하다고 하는 이도 잇다. 그러나 이는 論議할 價値도 업는 誤謬이다. 우리가 쉑스피아의 戱曲을 보고 贊嘆不已하는 바는 그 큰 原因이 作中 人物의 躍動에 잇는 것은 確然한 事實이다. 更言하면 性格

描寫가 精妙한 까닭이다. 이러함으로 戱曲에 이르러서는 마련보다도 性格 描寫에 精力을 쓸 뿐만 아니라 結局 人物의 性格을 表現하기 爲하야 마련이 發展되는 것이다. 卽 性格으로 하여 마련이 잇고 人物로 하여 事件이 잇다고 하야도 可하다. 그러나 이제 한갓 注意할 것은 戱曲의 人物은 簡短이 描寫하지 아니치 못할 것이니 性格을 描寫함에는 小說과 달라 簡單이 하는 것이 한갓 條件이다. 小說에는 充分히 性格을 描寫하야 그 마음의 變遷되는 動機를 說明할 수가 잇지마는 戱曲에는 그 人物을 出現하는 場所가 定限이 잇슴으로 充分히 性格을 詳說하기 極難하니 이럼으로 自然 對話에 波及됨은 免치 못할 일이다. 우리가 戱曲을 作할 째에 對話의 言語를 選擇하야 人物 性格에 關係가 업는 것은 可及的 省略하는 理由가 여긔 잇다. 卽 對話가 性格 描寫에 直接 關連이 업거나 쏘는 場所 展開에 效用이 업는 것은 取치 아니할 것이다. 小說家는 作中에 性格을 描寫할 째에 스스로 說明者의 位置에 잇서 讀者에게 이르게 할 便利가 잇지마는 戱曲家는 이러한 自由가 업는 것이다. 그러함으로 戱曲家의 人物 描寫는 마련과 對話에 企待함이 만타. 그런즉 戱曲家가 이 目的을 達하기 爲하야 마련과 對話에 非常히 依賴하는 일이 만타. 例하면 마련 가운데 作中 人物의 境遇上 難關이라고 할 만한 個所를 設置하고 性格을 躍動케 하는 것과 그 難關에 當하야 그 人物이 어써한 擧動을 하든지 이 擧動으로 因하야 性格을 表現하게 되는 것이다. 다시 말하면 果實을 보고 그 나무가 무슨 나무인지 아는 것과 가티 幸不幸의 處地에 이르러 其人의 性格 아는 것은 우리가 往往 目睹하는 바다. 이러함으로 傑作의 戱曲일스록 그 마련이 반듯이 性格에 根據를 두어 性格의 發展을 보이기 爲하야 事件이 마련된다고 하야도 可한 것이다. 그러나 마련의 大體를 말하면 人物을 前後 左右로 操縱하는 것이요 性格을 表現하는 데는 오즉 漠然한 形體만 表示할 뿐이다. 이런 까닭에 性格의 細微한 點에 이르러서는 對話에 힘입지 안한 수 업는 事勢이다. 이러한 方式은 人物 描寫를 主力하는 戱曲, 特히 人物의 胸中을 解剖하는 心理的의 戱曲에 가장 確證을 볼 수 잇다. 그 中에 獨白의 效用도 이러한 戲曲에 多數 使用하는 것이니 이 獨白(Monologue)이라고 하는 것이 全혀 性格 描寫의 目的으로부터 나온 것은 勿論이다. 그러나 大體上 獨言이라고 하는 것은 自然에 갓갑지 못한 것이니 小說에서는 이러한 일이 全然 업슬 것이나 戲曲에 이르리시는 달리 조혼 方便이 적음으로 不得已 이러한 獨白을 使用하야 心的 狀態를 觀覽者에게 알리게 하는 것이 間間이 잇는 것이다.

　─未完─ 次號에는 戲曲의 構造된 原理─

『개벽』제6호, 1920.12.

　□ 戲曲의 構造된 原理: 第五號에 룍說한 바는 小說과 戲曲의 成分上 相違한 點을 말한 것이나 이제는 戲曲의 組成된 構造의 原理를 一斑的으로 말해 보자. 모든 戲曲이 생기는 것은 그 原因으로 어써한 衝突이 업지 아니치 못할 것이다. 一例를 들면 個人과 個人끼리의 衝突, 情과 情의 衝突, 利害와 利害의 衝突 等 이러한 衝突의 原因으로 一篇의 마련이 發生되는 것이다. 그러면 이 衝突의 起因으로부터 事件이 漸漸 誤解되다가 어써한 地境에 이르러서 衝突의 解結이 落着되는 것이 戲曲 構造의 原理이다. 그러나 이러케 發生에서 解結에 이르기까지의 經路가 보는 사람으로 하여금 어써한 條件下에서 滋味가 잇도록 하지 안할 수 업는 것이니 要컨대 戲曲의 마련은 가장 明白히 이러한 衝突의 經過를 알리게 짓(作)지 안할 수 업는 것이다. 이와 가티 事件의 始初로부터 終末에까지는 한가지 部分으로만 된 것이 아니니 勿論 戲曲의 構造된 모든 部分이 잇슬 것이다. 다시 말하면 어써한 衝突이 이러나서 落着되기까지의 一絲線이라고도 할 만한 劇線이 잇슬 것이요 그 劇線에도 各各 相違한 色線이 잇슬 것은 勿論이다. 다시 말하면 그 衝突이 일어나는 바 最初의 事件을 說明하는 部分이 잇슬 것이요 그 다음에는 次第로 色彩가 濃厚하여 事件의 進行이 極端에 이르는 部分이 잇슬 것이며 또 그 다음에는 極端에 達한 事件이 次次 解結되어 맛참내 常態로 돌아가

는 部分도 업지 아니치 못할 것이니 이것이 곳 最後의 終結되는 團結이라고 할 만한 部分이다. 이와 가티 劇線의 部分이 다름으로 自然히 幾段의 區別이 잇슬 것은 定한 일이다. 이럼으로 劇의 形式에 五段의 部分과 長短이 잇는 것이니 劇線이 始初로부터 終末까지 大槪는 五部分에 成立되어 잇는 것인 故로 짤아서 劇의 形式도 쏘한 五段으로 成立되는 것이 普通이다. 그러나 이 五段이라고 하는 것이 반듯이 五部分에 規則 잇게 區分되어 잇는 것은 아니다. 다시 말하면 第一段의 五十頁, 第二段의 五十頁, 第三段이 五十頁이라듯이 곳 五十頁式 規律잇게 分排되어 잇는 것은 아니다. 第一段이 좀 짤으기도 하고 第二段이 좀 길기도 하는 수가 잇는 것이니 얼른 말하면 一部의 劇中에 이 五段의 形式이 具備하여 잇스면 劇으로써는 缺點이 업다고 할 수 잇다. 쏘 그쑨만 아니라 幕數로 計算하여 假令 七部의 連續된 劇이 잇다고 하면 처음의 一幕이 第五段에 相當하고 다음의 一幕 이 第二段에 相當하며 그 다음 二幕式 第三段과 第四段에 相當하며 最後의 一幕이 第五段에 適合하게 되는 것도 勿論 잇는 것이니 要컨대 幕數의 寡多에 不關하고 다못 기나 짤으나 劇의 五段으로 成立되는 形式은 具備치 아니치 못할 것이다.

그러나 생각건대 劇이라고 하는 것은 반듯이 何等의 葛藤 卽 衝突로써 생기는 것이 常例이니 그 衝突이 생기기까지는 그 以前에 어써한 原因이 잠겨 잇지 아니치 못할 것이다.

그러면 우리가 劇을 쏠(書) 째에 第一段을 쓰기 前에 그 衝突의 原因되는 部分의 說明이 업지 아니치 못할 것이다. 이럼으로 劇의 衝突되는 原因을 說明하는 一部分을 劇의 形式과 合하야 全體가 六部로 成立되엿

다고 할 수 잇다. 이것을 圖形으로 表示하면 가가 第一段, 나가 第二段, 다가 第三段, 라가 第四段, 마가 第五段, 바가 第六段이라고 하겟다. 그러면 第一段의 部分을, 劇의 序幕이라고 이름하는 것이니 이것을 英語로는 Exposition이라고 한다. 大槪 劇을 보는 사람은 全體의 劇에서 어쩌한 人物이 나오는지 쏘 人物의 互相間에는 어쩌한 關係를 맷고 잇는지 어쩌한 事件의 衝突이 發生되는지 첫재 이것을 알리랴고 하는 것이다. 이것을 說明하고 이것을 明白히 알게 하도록 하는 것이 序幕의 큰 任務이다. 그러면 이 部分은 劇을 作코자 하는 이에게는 決코 疎忽이 取扱치 못할 重要한 대문이다. 그 整齊하는 方法이 고르지 못하거나 亂雜하게 된 것은 劇의 全體上에 크게 조치 못한 影響을 주는 것이니 적어도 劇文學을 硏究하는 이는 크게 注意할 것이다. 그러면 이 序幕의 說明에 쓰는 手段과 方法은 여러 가지가 잇는 것이니 우리가 日本 演劇을 볼 째에 往往이 淺黃幕을 치고 그 압해서 劇의 主人公과는 그처럼 關係가 업는 人物 數名이 나와 그 對話로써 事件의 發生을 說明하는 것이 亦是 方法의 一種이다. 如何튼 序幕의 큰 條件은 第一은 明白하게 記述치 아니치 못할 것이요, 第二는 張皇치 안케 簡單이 쓰지아니치 못할 것이요, 第三은 第二段과 關係가 가장 깁게 織成되지 아니치 못할 것이다. 일부러 짜루 부틴 것 가타서는 되지 아니할 것이다. 卽 가장 天然的으로 結合되도록 하여야 할 것이다. 序幕의 말은 이만하고 그 다음에는, 劇의 第二段의 이야기를 좀 하여 보자. 이미 말한 바 前者를 序幕이라고 하고 이제 이 段을 一幕재라고 하나니 英國 사람은 introduction이라고 한다. 이 段에서 비롯오 事件의 衝突이 일어나기를 始作하는 것이다. 그러면 이미 말한 序幕과 이제 말하고자 하는 第二段은 그 사이에 짜로 무슨 區劃이 잇는 것이 아니라 서로 融合하여 그 이은 쌍이 틈이 업시 自然으로 繼續되게 하지 아니치 못할 것이다. 다시 말하면 序幕에서 說明한 人物과 事件의 우에서 비롯오 衝突이 일어나 活動의 狀態로 들어가는 經路를 보이는 것이 此段의 할 일이다. 그만하고 다음에는, 劇의 第三段을 말할 것이니 이 第三段이라고 하는 것은 第一幕에서 일어난 衝突이 漸次 濃厚하여 一層 더 어렵고 複雜한 곳을 敍述하는 段이니 英語로는 Rising action이라고 한다. 第一幕에서 일어나는 衝突이 次第로 複雜해지는 經路를 觀覽者로 하여금 가장 그럴 듯하게 보도록 記述하는 것이 이 段에 重要한 任務이다. 이럼으로 衝突을 絶頂으로 引導하는 原因이 가장 鮮明하게 描寫치 아니할 수 업다. 一例를 擧하면 그 衝突이 或 人物과 人物 사이에 일어난 것이라고 하면 그 人物의 性格을 理解하도록 이 段에 記述치 아니치 못할 것이요, 또 衝突이 오즉 한 人物의 心的 作用으로 起因되엇가도 하면 그 人物의 心的 狀態가 如何한 狀態에서 如何한 狀態로 變遷하여 가는지 이 經路를 明確하게 描寫치 아니치 못할 것이다. 이럼으로 이 幕에서는 可及的 關係가 적은 세 人物이나 또는 대수롭지 못한 事件을 敍述하여서는 되지 안한 일이다. 何故냐 하면 衝突의 進行하는 經路를 空然히 不明한 곳으로 쌔치일 念慮가 잇는 싸닭이다. 劇의 第三段의 말은 그만 짓거리고 이제는, 劇의 第四段의 이악이를 좀 하여 보자. 이미 말한 바와 가티 어써한 事件이나 어써한 人物의 勢力이 서로 相立치 못한다 하면 그 사이에는 반듯이 衝突이 생기지 아니치 못할 것이니 이 두 일이 併立할 수 잇다고 하면 듸디어 劇이라는 것은 成立되기 어려운 것이다. 이럼으로 兩者의 衝突된 結果와 平均을 일코 優劣이 생길 것이다. 卽 事件이 轉換될 것이다. 이러한 대문을 描寫하는 것이 第四段의 任務이다. 이 段을 英語로는 Climax라고도 하고 또 Turning Point라 한다나. 이 段은 劇의 全體로 보아 衝突의 絶頂이라고 할 수 잇는 것이니 兩者의 어써한 것이 이기나 지나 하는 結果되는 衝突의 가장 極烈한 焦點이라. 이 段의쌔지 못할 性質은 前段에서 일어난 人物과 事件과 事情이 가장 自然으로 이 絶頂에 到達하도록 하는 것이다. 가장 順理로 가장 論理的으로 絶頂에 올라가는 것을 客觀에게 理解하도록 하는 것이다. 이럼으로 劇을 作하는 者, 特히 手腕을 要하는 部分이요, 또 悲劇으로써는 愁嘆이 가장 深切한 場面이다. 劇의 第四段은 요마만 하여 두고 다시 줄을 고처, 劇의 第五段이라고 하는 것은 어써한 것인가? 우리 人事의 萬般에는 어써한 境

遇와 어써한 事實을 勿論하고 그 極端에 達하면 반듯이 逆轉하는 것이니 卽 劇의 事件이 매쳐서 絶頂에 達하얏다가 그 絶頂을 지나면 다시 漸次로 事件이 플리어 解結에 갓가와지는 것이니 이러한 情境을 敍述하는 것이 第五段의 任務이요 英語로는 Fall이라고 불른다. 이 段의 性質은 劇을 질겁게 매즐른지 슬프게 마칠른지 하는 卽 悲劇과 喜劇을 判斷하는 場所이다. 萬一 劇이 喜劇일 것 가트면 이 段에서 모든 障害와 여러 가지 誤解가 自然이 除去되어 萬事가 主人公으로 하여금 順調로 處理되는 것이요, 萬一 劇이 悲劇으로 되엇슬 것 가트면 이와 反對로 災殃과 悲愁가 緊張해오던 徑路가 次第로 除去된 同時에 그 結果로 오즉 悲慘한 形塊가 自然히 其牙를 硏磨하야 主人公은 더욱이 窮境에 陷落하게 되는 것이다. 如何튼 悲劇이라고 하던지 喜劇이라고 하는 것이 이미 前段에도 말한 衝突의 原因이 絶頂이 되엇다가 그것이 엇더한 方面으로 새로이 이러나는 徑路를 敍述하는 것을 이 段에다 베푸는 것이다. 또 讀者나 觀覽者便으로 말하면 從來에 보아오던 劇의 四段까지는 觀覽者의 心理狀態가 어쩌케 劇의 發展되어가는지 一種 不安한 觀念으로 보와 오다가 이 대문에 이르러 비롯오 그 疑點이 除去되어지고 光明正大한 마음으로 作中 主人公에게 滿腔의 熱誠으로 同情을 表하여지는 것이니 이 대문이 또한 作者의 非常한 努力과 手腕을 要求할 緊要한 段이라고 할 수 잇다. 무슨 까닭이냐 하면 觀覽人이 예까지 劇을 보아오면 그 內容의 形便을 半數 以上이나 斟酌하는 까닭에 그 結果가 어찌될 줄도 이미 豫知하게 됨으로 이 位置에 잇는 觀覽人으로 하여금 興味가 쓰을고 가지 아니할 수 업는 故로 作者의 가장 苦心하는 것이 이 段에 이러한 理由가 잇슴을 말매암음이라. 참으로 實力 잇는 作者가 아니면 이 段을 길게 쓰을어도 厭症이 나지 아니하게 讀者나 觀覽者를 持久하기 어려운 것이니 古來의 劇을 보면 흔히 第四段의 絶頂까지를 길게 쓰을고 第五段으로부터를 짤으게 하랴 하는 傾向이 잇는 것은 全혀 이러한 理由가 잇는 까닭이다. 萬一 이 段을 失敗하면 結末이 가장 못스게 되는 것이요, 이와 反對로 이 段을 成功하면 劇이 끗까지 興味

無盡한 劇이 될 것이다. 每樣 作家들이 이 段을 興味스럽게 하기 爲하야 新件의 事實을 揷入하는 일도 잇고 或은 滑稽의 事件을 陳述하야 보는 者로 하여금 웃도록 하는 일도 잇는 것이니 如斯한 手段을 使用함은 解結에 갓가운 事件의 進行을 妨害하야 觀覽者로 하여곰 不安의 생각이 나게 하며 짤아서 豫想의 結末에 到達할는지 하는 疑心으로 好奇心을 喚起하는 것이다. 喜劇에는 主人公의 幸福의 進運을 沮害하는 事端을 敍述하고 또 悲劇에서는 主人公으로 하여곰 九死에서 一生을 엇게 하여 이미 判定된 運命을 暫間 回復되는 것가티 보이게 하는 것이다. 이러한 어려운 問題를 包含한 이 段은 作者 技倆의 優劣을 試驗하는 試金石이라고 할 수 잇다. 이만 쓰고 짜로 劇의 第六段을 족음 記錄하여 보자. 劇의 第六段은 가장 最後의 段이니 보는 사람으로 하여곰 이미 기다리고 잇는 進路에 滿足을 주는 結末의 末段이다. 이를 英語로는 Catarrophe[3]라고 한다. 그러나 어썬 作者, 特히 近代의 作家 中에는 所謂 結末 업는 結末(A Conclusion in which nothing is conclusion)을 使用하는 일이 잇다. 結末 업는 結末이라고 하는 것은 結末이라고 할 만한 結末이 업고서 劇이 終結을 告하는 것이니 近代作家 中에도 오로지 極端 寫實主義의 作家 中에 이 方法을 쓰는 일이 만핫다. 그들의 主見은 劇이라던지 小說이라고 하는 것이 勿論 人生에 眞實한 것이 아니면 아니 될 것이다 그러면 人生이라고 하는 것은 決코 終結이라고 하는 것이 잇슬 것은 아니다. 連綿不盡하는 事件은 互相 結連하야 原因이 되고 結果가 되어 人生이라고 하는 것이 終結되지 아니하는 以上에는 事件이 終結되지 아니할 것이니 事件은 不絶히 事件을 發生하는 것이다. 이러한 人生을 忠實이 寫出하는 劇으로써 그 一部의 마련에 終結이 잇슬 까닭이 업다고 하야 終結을 定할 수 업는 그곳에서 隨意로 終結하는 것이 眞實한 劇이요 眞正한 文學이라고 한다. 이러한 主見下에서 結末 업는 結末을 使用하는 것이다.

---

3) catarrophe: 해당 영어 단어가 없음. catastrophe(재앙, 참사)의 오기일 듯.

이 말이 決코 一理 업는 것이 아니요 道理에 벗어나는 것은 아니다. 그러나 오즉 縱으로 그 一面만 보고 하는 말이 아닌가 한다. 元來 人生이라고 하는 것은 果然 始初오 업고 終末도 업는 것이다. 그러나 限업는 生의 連續한 가운데는 어써한 節節에 이르러 始初도 잇고 終末도 잇는 한 團塊를 이루어 一部分式 接續되어 잇는 것은 가리우지 못할 事實이다. 無窮한 이 人生의 가운데도 一 小規模되는 卽 人生의 縮圖라고 할 만한 一部分을 取出하는 것은 事實이다. 人間이 人生問題를 생각하야 人生이라고 하는 것은 이러한 것이다라고 깨닷게 하는 것은 亦是 無窮한 人生을 大觀할 만한 有限한 小規模를 捉取할 수가 잇지 아니한가. 이 小規模의 人生으로 大人生의 縮圖라고도 볼 만한 人生의 一部分을 捉出하는 것이 곳 藝術이요 文學이다. 그러면 文學에는 卽 劇에는 쏘한 一部의 結果로 볼 만한 部分이 잇슬 것은 다시 말할 것이 업는 바이다. 이로 因하야 우리는 結末 잇는 劇의 第六段이 잇슴을 合理로 생각할 것이다. 다음에는 ⋯⋯未完⋯

(미완이라고 하였지만, 이후 이 글이 연재되지 않았음)

2. 조선문단

◎ 문학강화,

이광수(1924), 『조선문단』 창간호(1924.9.)~제5호(1925.2.)

** 이 글은 문학 일반 이론을 강의 형식으로 서술한 글로, 문학적 글쓰기의 특징을 포함하고 있음

『조선문단』 창간호, 1924.9.

一. 文學槪論과 文學史

文學이란 무엇이냐. 이 물음에 대답하는 것이 本 講話의 目的이다. 大學의 講義에서나 쏘는 冊肆의 書架에 文學槪論이란 것이 이것이다. 文學 硏究하는 이는 無論이어니와 文學的 創作을 하랴든지 쏘는 ㄷ아만 文學的 作品을 鑑賞하려 하는 이는 반다시 그 基礎知識으로 文學槪論의 知識이 必要할 것이다. 그런데 내가 아는 限에서는 아직 우리 朝鮮에서는 此種의 著述이 잇단 말을 듯지 못하엿다.

筆者가 일즉 八九年 前에 每日申報 紙上에 「文學이란 무엇이냐」 하는

論文을 十數回 連載한 일이 잇섯다. 그러나 그것은 文學의 一端을 論한 것이엇고 文學槪論이라 할 수 업습은 勿論이며 그 後 三四年을 經하야 『創造』라는 雜誌에 「文士와 修養」이라는 一篇의 論文을 揭하야 創作에 從事하는 者의 見地로 본 몃 가지 要件을 論한 일이 잇섯고, 쏘 昨年인가 再昨年에『開闢』誌上에 「文學에 쯧을 두는 姉妹에게」라는 論文으로 文學이란 엇더엇더한 것이라는 槪論에 又 槪論이라 할 만한 것을 토하엿다. 그러나 이 세 가지를 다 보와 合한다 하더라도 그것이 文學의 槪論을 말하엿다할 수는 업는 것이다.

그런데 우리 靑年間에 漸漸 文學熱이 昻勝****************것은 勿論이어니와 或은 詩歌, 或은 小說 ************* 文學槪論을 하나 써서 사랑하는 姉妹에게들 ************

大抵 엇더한 學을 勿論하고 그 學에 들어가는 데는 두 가지 門을 通過하는 것이 現代式 硏究法의 通例다. 두 가지 門이란 것은 槪論과 史다. 例하면 法學에는 法學通論과 法學史가 잇고 哲學에는 哲學槪論과 哲學史가 잇고 心理學, 社會學, 政治學, 經濟學 가튼 모든 人文科學의 硏究는 勿論이어니와 自然科學도 그러하다. 그와 가치 文學에도 文學槪論과 文學史가 잇서서 文學의 入門을 成하는 것이다.

諸外國에서는 國文學史는 中等敎育의 必須科가 되어 잇다. 日本의 中學校에서도 第四學年 쏘는 第五學年에 國文學史를 가르친다. 대개 文學史를 배호노라면 自然히 文學의 모든 形式의 分類와 內容을 알 수 잇슴으로 文學槪論의 知識을 엇을 수 잇기 째문이다. 文學槪論이라는 것은 文學史보다 훨신 뒤썰어지어 最近에 發達된 것이닛가 不遠의 將來에는 文學史 外에 文學槪論도 中等敎育의 必須 科目이 될 것을 밋는다.

그러면 엇지하야 中等敎育에 文學史나 文學槪論이 必須科目이 되는가. 그것은 文學이 國民生活에 極히 重要한 關係를 가진 까닭이다.

文學과 人生에 關하야는 項을 달리하야 論할 機會가 잇겟슴으로 여기서 詳論하기를 避하거니와 娛樂과 敎養을 爲하야 民衆이 가장 만히 攝取하는 것은 文學이다. 모든 藝術 中에 繪畵, 彫刻, 音樂, 劇보다도 文

學이 가장 鑑賞하기도 容易하고 求得하기도 容易한 까닭이다. 다른 藝術을 鑑賞하랴면 돈도 만히 들고 또 基礎的 敎養도 만히 들고 또 그 藝術品이 잇는 곳에 가지 아니하고는 求得할 수가 업거니와 文學의 鑑賞은 冊 한 卷만 사면 그만이오 郵便이 잇는 곳에서는 어듸서나 求得할 수 잇고 兼하야 言語와 文字만 알면 特別한 專門的 敎養이 업더라도 不充分하게남아 鑑賞할 수 잇는 까닭이다. 이 째문에 文學은 모든 藝術中에 가장 通俗性과 普遍性을 가지게 된 것이오 이 째문에 文學이 다른 모든 藝術 中에서 가장 國民生活(國家를 標準으로 보면)에 密接 緊着한 關係를 가진 것이다. 그런즉 中等敎育(그것은 國民敎育의 中軸이다)에서 文學(特히 國文學)에 關한 基礎知識을 一般 國民에게 주어 하여곰 文學의 起源과 發達의 經路와 또 文學이란 엇더한 것임과 또 文學을 鑑賞하고 批評하는 方法과 또 엇던 文學的 作品(假令 誰某의 作品, 무엇이라는 作品)이 價値 잇는 作品인 것을 指示하는 것은 當然한 일이다.

또 國家가 國文學을 尊重하는 한 理由가 잇다. 小學校도 그러하거니와 中學校의 所謂 國語科라는 것은 結局 國文學科다. 그 國民 中에서 古來로 創作된 詩文 中에 優秀하다 代表的이라고 認定한 것을 編纂한 것이 國文讀本이란 것이다. 이러케 國民敎育에 國文學을 尊重하는 理由는 廣義의 品性陶冶라든가 文字로서 思想과 感情을 表現하는 技術을 배호는 外에 國民精神을 鼓吹함에 잇다. 國民精神이라 함은 그 國民에게 特殊하게쎄어난 理想과 感情을 니름이니 이것은 그 國民의 政治, 宗敎, 習慣 等에도 表現되지마는 가장 純粹하게 表現되는 데가 文學 其他의 藝術이다. 그럼으로 國文學을 배호는 동안에 젊은 國民은 그 先祖의 精神 即 國民精神의 感染을 밧는 것이다. 이럼으로 現代의 國家가 國文學을 尊重하는 것이다.

國家쁜 아니라 모든 團體生活에서는 다각기 그 團體의 精神(理想과 感情)을 表現하는 文學을 尊重하는 것이니 假令 基督敎 內에서는 基督敎 文學이 잇고 社會主義 內에서는 社會主義 文學이 잇다. 요새에 恒用하는 푸롤레타리아 文學(無産階級 文學)이라는 것도 이러한 範疇에서 나온 것이다.

「生活이 잇는 곳에 藝術이 잇다」함은 眞理어니와 「이러한 生活이 잇는 곳에 이러한 藝術이 잇다」하는 것도 眞理다. 오늘날 朝鮮文學이 戀愛의 苦悶, 生活難의 苦悶(几字 削除) 思想的 彷徨과 亂調의 苦悶으로 一貫된 것은 오늘날 朝鮮 靑年의 生活이 그러한 까닭이다.

文學史를 보건대 文學은 그 國民에 큰 變動이 일어날 時期에 轉機가 되고 쪼 蔚興이 되는 듯하다. 假令 漢族이 蠻族인 蒙古族의 支配를 밧게 되매 所謂 元代文學이 蔚興하엿고 좀 더 올라가서는 漢末의 紛亂이 唐의 統一로 하야 天下의 泰平얼 致하매 唐代의 文學이 蔚興하엿고 日淸日露의 大戰을 機會로 하야 日本의 文學이 蔚興하엿다. 泰平도 文學을 生하고 悲慘도 文學을 生하는 듯하다. 오늘날 우리 朝鮮은 文學을 生할 機運에 際會하엿다 할 것이다.

그래서 文學은 漸漸 蔚興한다. 每朔 몃 篇式이라도 前에 업던 小說도 나고 詩도 나고 劇도 나고 單行本도 드문드문 난다. 文士의 數도 날로 늘어가고 男女間에 文學 靑年의 數도 날로 增加된다. 이것은 當然한 일일 것이다.

그러나 文學에 對한 通觀이 업기 째문에 朝鮮의 文壇의 偶然히 잘못 든 엇던 邪路로 굴러나려가는 듯하다. 마치 世界地理를 배호지 못한 에스키모 人이 世界는 全部 氷雪로 덥힌 것이어니 하는 것과 가티 쪼 世界 歷史를 배호지 못한 露西亞人이 世界는 自古以來로 階級 鬪爭의 血戰의 世界여니 하는 것과 가티 世界의 文學과 文學의 歷史를 通觀하지 못한 朝鮮 靑年들은 文學이라면 오늘날 朝鮮 文壇에 보는 듯한 데카단式 文學쑨이어니 하야 嘔逆나는 것은 억지로 맛나게 먹으려 하고 저도 쪼 嘔逆나는 것을 만들어 억지로 남의게 맛나다는 對答을 强請하려 한다. 이것은 오즉 新生하랴는 朝鮮 文學에 病毒이 될 쑨더러 朝鮮의 民族的 性格의 修練과 改造에 무서운 毒을 加하는 結果가 된다. 文學일대 墮落된 靑年 男女가 얼마나 만혼가.

不完全한 今日의 朝鮮의 家庭과 學校敎育, 社會의 空氣, 이 속에서 健

全한 燻肉을 밧지 못하고 게다가 舊套를 갓 버서버린 裸體의 靑年 男女가 닥치는 대로 아모러한 思想이나를 집어 넙으랴 할 째에 阿片과 갓고 毒酒와 갓고 淫女와 갓고 淫郎과 갓고 毒香을 가진 버섯과 가튼 文學이 이 純潔한 어린 靈들을 蟲感하야 惡魔의 群에 너허 狂醉亂舞하게 함을 볼 째에 우리는 人性을 爲하야 切齒扼腕하고 吾族의 將來를 爲하야 搏胸慟哭하지 아니할 수 업다.

그러면 이 文壇을 救할 길이 무엇인가. 그것은 一般 靑年이 文學의 世界의 地理와 歷史를 말하야 決코 文學은 에스키모가 사는 氷世界만도 아니오 裸體 食人의 野蠻이 사는 熱帶地方만도 아니오 쏘는 寺院 敎堂만도 아닌 同時에 靑樓酒肆만도 아니오 진실로 文學은 世界와 가티 廣大하고 人生과 가티 多種多樣하되 그 中에 亘萬古而不變하고 遍萬國而不移하는 一條 正道가 잇슴을 學得함에 잇다.

그리하자면 爲先 偉大한 文學的 作品을 그들에게 提供(創作으로나 飜譯으로나)함이 根本 問題어니와 文學의 槪論을 알게 할 것도 甚히 重要한 일이다.

本 講話가 敢히 이 目的을 達하리라고 自任하는 바 아니나 적더라도 이러한 微衷에서 나온 것은 事實이다. 나는 以下 逐號하야 나의 識見과 時間이 자라는 限에서 사랑하는 여러 讀者로 더불어 文學이란 엇더케 發生한 것인가 文學과 人生과의 關係는 엇더한가. 文學에는 엇더한 形式과 內容의 分類가 잇는가, 文學의 創作과 鑑賞과 批評이란 것은 무엇이며 엇더케 하는 것인가를 硏究해 보려 한다. (次號에)

『조선문단』 제2호, 1924.10.

二. 文學은 웨 잇나

「文學은 웨 잇나?」 이것은 누구나 當하는 疑問이다. 文學이 發達된 社會에서는 文學이란 으레히 잇는 것 하로도 文學이 업시는 살아갈 수 업는 것으로 생각이 되어서 「文學은 웨 잇나?」하는 疑問을 니르키는 이가 別로 업슬 것이다. 그럼으로 西洋人이 슨 文學槪論 敎科書에는 文學은 으레로 잇는 것으로 치고 說明을 시작한다.

그러나 우리 朝鮮에서는 이와는 事情이 다르다. 朝鮮에서는 아직 文學이 自己의 確實한 地位를 엇지 못하엿다. 그래서 子女들의 父兄이나 敎育者된 이의 多數는 文學을 무슨 毒物로 아는 모양이오 또 靑年 子女들도 或 消日거리로 小說卷이나 사서 닑는다 하더라도 그것은 大部分이 活動寫眞을 보는 대신이오 別로 그것의 對하야 깁흔 理解가 잇는 것 갓지 아니하다. 그쑨 아니라 文學을 퍽 사랑한다는 靑年들 中에도 文學의 眞義를 잘 모르기 째문에 自己가 사랑하는 <u>文學이 沒理解한 人士들의 攻擊을 바들 째에 그것을 辨駁하야 文學의 地位를 擁護할 만한 識見과 信念이 업다</u>. 이 모양으로 '文學'이란 것은 朝鮮에서는 極히 意義가 不分明하고 存在의 理由가 薄弱한 것이 되어 버렷다.

그럼으로 「文學은 웨 잇나?」하는 問題를 생각하야 이것에 適當한 解答을 求하는 것은 決 코 쓸데업는 일이 아니다. 더욱이 우리 **性에 覺醒한 사람이니 모든 것을 우리의 理性의 法廷에 쓸어내어 存在할 價値가 잇다든지 업다든지, 잇다하면 그 理由가 무엇인지를 分明히 하여야 하고 만일 存在할 價値가 업다고 判定되면 斷然히 그것을 人生에서 根絶하여 버릴 處置를 하여야 할 우리인 以上에는 이러케 意義가 不分明한 文學에 對하야 모르는 체하고 잇슬 수 업는 것이다.

ㄱ. 文學의 語義

「文學이 웨 잇나?」하는데 對하야 첫재로 決定해야 할 것은 文學이란 말의 쑷이다. 무슨 말이든지 그것이 비록 日常에 씨우는 말이라도 日常에 씨우는 말일사록 그 語義를 決定하랴 하면 甚히 困難함을 쌔닷는 法이다. 그 中에도 '文學' 갓흔 말은 語義를 決定하기가 더욱 어려운 것이다.

그 어려운 첫 理由는 우리 朝鮮에서는 文學이라 하면 얼는 四書五經과 諸子百家와 史記와 詩와 文과 이러한 모든 漢籍을 聯想함에 잇다. 그래서 文學을 배혼다 하면 이러한 것을 배홈을 니르고 文學者라 하면 이러한 것을 배혼 者를 니른다. 그러나 이 中에는 우리가 文學講話라 쏘는 文學槪論이라 하는데 말하는 文學의 部類에 屬할 것도 잇고 그러치 아니한 것도 잇다. 가령 周易 가튼 것은 哲學書라 하겟고 書傳 가튼 것은 歷史와 政治學書라 하겟고 論語 가튼 것은 政治學을 包含한 倫理書라 하겟고 孟子 亦是 그러코 史記는 無論 그 일홈과 가티 歷史요 諸子百家라는 것도 或은 哲學 或은 政治學을 包含한 倫理學 或은 歷史 評論, 政治 評論 等에 屬할 것이오, 그 中에서 참으로 文學이라 할 만한 것은 詩傳, 詩集 及 文集 等의 一部일 것이다. 四書五經이나 其他의 書籍에도 文學的 價値가 잇는 것이 업지 아니하다. 假令 周易의 篆象이라든지 繫辭傳 가튼 것 쏘는 司馬 氏의 史記 가튼 것은 文學的으로 보더라도 대단히 價値가 놉다고 한다. 그러나 그것은 副的이지 원쯧은 文學은 아니다.

둘재 大學의 文科에서 배호는 것도 다는 文學이 아니니 文科라 稱하는 속에는 純正文學도 잇거니와 哲學 所屬도 잇고 史學 所屬도 잇고 社會學 所屬도 잇고 甚至여 心理學조차 歷史的 遺傳으로 文科에 屬하며 人類學, 地理學 等屬도 文科에 屬한다. 이것은 모든 學問은 文科와 理科와 兩分하는 西洋의 大學 學制의 遺傳이다. 그럼으로 大學에서 배호는 것 中에 國文學, 英文學, 佛文學 쏘는 詩, 劇 이런 것을 배호는 것만이 정말 文學이라 할 것이다.

쏘 지금 日本이나 朝鮮이나 쏘는 支那에서까지도 文學이라 하는 것은 西洋語 literature의 飜譯인 것을 깁히 記憶할 必要가 잇다. 대개 在來의 東洋에서 用語例로 보건대 우에도 말한 바와 가티 詩와 文(本誌에 말하는 엣세니 古文眞寶 後集에 蒐集한 것 가튼)은 文學으로 녀겻스나 小說 脚本 갓혼 것은 極히 賤하게 보아서 文學에 참여를 아니 식혓는대 西洋語 literature를 飜譯한 文學에서는 도로혀 詩와 함께 小說과 劇을

文學의 中心으로 보는 까닭이다. 이 모양으로 在來의 用語 例에 依한 文學의 意義와 지금 쓰는 文學의 意義가 매우 갓지 아니한 것을 니즈면 文學에 對하야 여러 가지 誤解가 생기는 것이다.

또 西洋語의 literature도 여러 가지 意味가 잇서서 西洋人이 쓴 文學概論에는 대개 첫머리에 文學의 語義를 說明하는 것이 例다. Literature 라는 말에 形容詞를 부침에 싸라 우리말이나 또는 日本語로 '文獻'이라는 쯧을 가지게 되는 것이니 우리게 '文學'이라는 語와 '文獻'이라는 語가 判異하기 쌔문에 이러한 不便은 업다.

그런즉 '文學'이란 무엇을 意味하는 말인고. 이에 對한 比較的 完全한 對答은 이 文學講話 全部가 當할 것이어니와 豫備知識을 삼기 爲하야 大綱을 말하자면,

「文學이란 엇던 種類의 藝術的 形式에 依한 人類의 生活(思想 感情 及 活動)의 想像的 表現인 文獻으로서 吾人의 感情을 動하는 것이라.」할 것이다.

物理學은 文學이 아니다. 그것은 人類의 思想이나 感情이나 活動을 表現한 것이 아닌 쌔문이다. 心理學도 文學 아니다. 그것은 人類의 思想과 感情과 活動을 記述하고 說明하는 것이어니와 그는 人類의 思想과 感情과 活動을 한 自然現象으로 보아 記述 說明함에 不過하고 이것들이 어울어져 일우는 '生活'을 藝術的 形式으로 表現하지 아니한 싸닭이다. 그럼은 心理學은 生理學이나 物理學과 가티 自然科學이오 文學이 아니다. 歷史도 文學이 아니다. 歷史는 人類의 生活을 事實을 記述하고 그 中에서 因果의 理法을 찾는다. 그러나 歷史家는 오직 事實을 列記할 쑨이오 創造的 想像力을 活用하야 藝術的 形式이 依한 人生生活의 表現이 아닌 쌔문이다. 또 新聞의 社會欄에 나오는 여러 가지 哀話도 文學은 아니다. 그것이 비록 甚히 文學에 갓가운 듯하나 亦是 歷史와 가티 事實의 記述일 쑨이오 創造的 想像力의 藝術的 作品이 아닌 싸닭이다. 歷史的 事件이 文學의 材料가 될 수는 잇다. 그러나 아모리 文章이 아름답고 事實의 敍述이 재미잇고 쏘 우리에게 知識的 乃至 通信的 有益을

준다 하더라도 그것은 文學은 아니다. 우에도 말한 바와 가티 文學이 되려면 '藝術的 形式'과 '想像力에 依한 表現'이외도 그것이 우리의 感情을 움지기는 것이라야 할 것이다.

이러함으로 <u>日本과 朝鮮에서는 文藝</u>라는 말을 쓴다. 文藝란 文字로써 하는 藝術이라는 뜻이니 意義가 넘어 廣汎한 文學보다는 藝術인 文學을 表現하기에 甚히 適當한 말이다. <u>文藝란 말은 詩文, 小說 等 藝術的 作品을 가르친다 하면 文學이라 하면 學者的 態度로 이 모든 文藝的 作品을 硏究함을 가르칠 수가 잇다.</u> 곳 文學史, 文學論, 詩論, 文學批評 가튼 것을 文學이라 할 수 잇슬 것이다. 그래서 文藝의 創作에 從事하는 이를 文士 쏘는 詩人이라 하고 文學의 硏究에 從事하는 이를 文學者라 하면 藝術인 文學의 意義가 좀 分明해질 것이다. '近代文藝'라든지 '新文藝 運動'이라고 하는 文藝의 語는 다 이것을 가르친 것이다. 그러나 '英文學' '露文學', 할 째에는 文學이라는 語는 文藝까지도 包含하여 버린다.

ㄴ. 文學의 要求

모든 文物은 우리의 要求에서 나온 것이다. 假令 科學은 (1) 利用厚生의 要求와 (2) 知識的 要求에서 나온 것이오, 哲學이나 宗敎는 (1) 知識的 要求와 安心立命의 要求에서 나온 것이다. 우리가 迷信이라 하는 巫女나 소경도 우리가 疾病이나 其他 不幸의 原因과 未來의 運命을 알고 십다는 要求에서 나온 것이다. 그러다가 人知가 發達이 되어 이런 것이 아모 根據업는 迷信인 줄을 自覺할 째에 우리의 巫女나 소경에게 對한 要求가 슬어지고 싸라서 巫女와 소경의 業도 슬어지는 것이다. 이 모양으로 文學도 人生의 要求에서 나온 것이다. 사람의 天性이 文學을 要求함을 말하기 前에 우리는 藝術 全體에 關한 것을 暫間 말할 必要가 잇다. 文藝도 藝術의 一部인 까닭이다.

藝術이 웨 생겻나! '文學이 웨 잇나?' 하는 우리의 疑問 대신에 暫時 '藝術이 웨 잇나?'를 생각해 보자. 이 疑問에 對答하는 것이 곳 우리의 본래ㅅ 疑問에 對答하는 것이 될 것이기 째문이다.

藝術이 웨 잇나. 나는 일즉 扶餘를 갓슬 적에 山腹에서 發掘한 石器時代의 遺物을 본 일이 잇다. 그 大部分은 毋論 도끽와 창과 살촉 등물이니 이것은 原始人들이 일반 산양을 하기 爲하야 일변 敵을 防禦하기 爲하야 實用하던 것이다. 그러나 우리는 이 얼마 아니되는 遺物 中에도 不少한 非實用的인 作品을 發見한다. 동구란 고리며 十字架와 가치 생긴 것이며 人形 가튼 것 獸形 가튼 것 이 모양으로 <u>實用에는 아모 상관도 업는 것이 잇다. 이것이 그들의 藝術品</u>이다.

우리는 여긔서 藝術의 本意를 차즐 수가 잇다. 첫재 우리는 그 中에서 人類의 '創造의 衝動'을 볼 수 잇다. '무엇을 지어내고 십다' 하는 衝動이니 이것은 누가 하라고 해서 하는 것은 아니오 實用을 爲하야 하는 것도 아니오 오직 創造하고 십다는 內的 衝動에서 하는 것이다. 小兒들이 치운 겨울날에 치운 줄도 모르고 흙과 돌과 조개 썹데기를 솟곱지를 하는 것도 藝術이다. 劇의 萌芽. 그들이 혹을 닉여 가지고 人形이나 獸形을 만들고 칼로 나무ㅅ개비에 物像을 새기는 것도 創造的 衝動에서 나온 것이다.—藝術이다—造形美術이다. 그들이 죄악돌과 수수ㅅ강과 풀닙사귀로 집을 지어노코 조와한다.—이것도 藝術이다.—建築이다.—그 집이 쯧과 가티 完全히 되엿슬 재에 그 兒童들은 깃븜을 못 이긔어 무어라고 소리를 지른다. 이것은 藝術이다.—音樂이다.—쏘만일 그 깃붐이 甚히 클 재에는 소리를 지르는 同時에 四肢를 늘려 얼신얼신 춤을 춘다.—이것은 藝術이다.—舞蹈다.

이 모양으로 우리는 저 石器時代의 原始人과 어린 兒童들에게도 創造的 衝動이 잇는 것을 본다. 이 創造的 衝動은 다른 모은 衝動 모양으로 그것을 滿足하랴는 熱情과 그것이 滿足될 재에 더할 수 업는 喜悅을 經驗한다.—이것은 創造的 喜悅이라고 한다.

藝術의 起源에 對 하야 古來로 諸說이 紛紛하다. 英國의 허벗 스펜서4)는 藝術을 人類의 遊戱本能에서 나온 것이라 하엿다. 動物이 實用的인 活動을 하고 나서 精力이 남으면 이것을 非實用的인 愉快한 일에 쓰려고 한다.—이것이 遊戲本能이니 藝術이란 이 本能을 基礎로 하엿다는 쯧이다. 이 說에는 一理가 잇다. 우리는 衣食住를 求하는 일을 끗내기 前에는 藝術的 活動을 할 수가 업는 것이다. 石器時代人들도 實用的인 도씌나 창이나 살촉을 넉넉히 만든 뒤에야 人形 獸形가튼 것을 만들고 깃버하엿슬 것이다. 그러나 비록 스펜서의 말과 가티 藝術이 遊戲本能에서 發源하엿다 하더라도 藝術은 언제나 遊戲의 一種이랄 法은 업다. 대개 男女 兩性의 綜合의 根本은 性的衝動에 잇다 하더라도 人類의 戀愛나 結婚이 오직 性慾의 滿足에 잇지 아니하는 것과 갓다.

이와 反對로 獨逸의 쉘링(一七七五~一八五四)5)가튼 사람은 "藝術은 主觀과 客觀, 自然과 理性, 意識的인 것과 無意識的인 것을 結合 統一하는 것이니 그럼으로 藝術은 知에 達하는 最高의 方法이라." 하야 所謂 藝術的 哲學이나는 一派를 建設하얏다.

이것은 英國式인 스펜서의 遊戲本能說에 比하면 實로 가튼 藝術을 가지고 하나는 宏壯히 놉흔 것으로 치고 하나는 極히 나즌 것으로 친심이다.

그러나 以上에 列擧한 兩說과는 全혀 다른 見地에서 藝術의 定義를 求해 보고 십다. 그 見地란 다른 것이 아니라 우리에게는 先天的으로 藝術에 對한 要求가 잇다는 것이다. 卽 우리는 노래를 아니 부를 수 업고(詩類) 장단을 아니 칠 수 업고(音樂) 춤을 아니 출 수 업고(舞蹈) 그림을 아니 그릴 수 업고(繪畵) 흙이나 나무나 돌을 가지고 우리가 만들고 십흔 物像을 아니 만들 수 업고(彫刻 建築) 또 우리가 지어내고 십흔 이야기를 아니 지을 수 업고(小說) 또 우리가 무슨 事物에 對한 感激과 憧憬을 말 아니할 수 업다(엣세이). 이 모양으로 藝術이란 맛당히 잇슬 것이라 또는 잇지 못할 것이라 하는 問題가 아니오 우리 人生의 天性에서 나온 儼然한 事實이다. 日月星辰이나 山川草木이 事實인 것과

---

4) 허벗 스펜서: 헐버트 스펜서(1820~1903). 영국의 사회학자이자 철학자. 사회 진화론을 주창함.
5) 쉘링: 셸링(1775~1854). 독일의 철학자이자 교육학자. 독일 관념론의 대표자임.

가티 쏘 우리 生活 그 물건이 事實인 것과 가티 藝術도 人生의 事實이다. 다만 우리가 議論할 것은 이 事實인 藝術을 엇지하면 '最善하게 할가' 함이다. 마치 우리에게 固有한 性的 本能을 엇더케 하면 美化하고 道德化할 것이 問題임과 가티 엇시 하면 우리에게 固有한 藝術的 本能을 가장 充分하게 滿足식히고 아울러 그 滿足이 우리 人生에 害가 아니되고 도로혀 우리 人生을 美케 하고 高케 하고 善케 하는 것이 되게 할가 함이다.

文學을 要求함도 여긔 잇다. 우리는 니야기를 조와한다. 原始人도 言語가 생긴 째부터는 모혀 안저서 노래를 부르고 니야기하기를 시작하엿슬 것이다. 現在 우리 朝鮮에서도 無識한 農民間에와 家庭에서나 兒童間에는 '니야기'가 한 糧食이다. 만일 그들에게서 이 '니야기'를 쌔앗는다 하면 그들의 生活은 얼마나 索莫하게 될가. 쏘 기심매는 農夫들에게서 기심노래를, 바느질하고 둘레질하는 婦人들에게서 '중얼거리'는 노래 曲調를 쌔아스면 그들이 生活이 엇더케 될가. 이것에 文學의 必要가 잇는 곳이다. 卽 詩歌의 必要가 잇고 小說과 戱曲의 必要가 잇는 것이다.

그러면 이것이 스펜서의 말과 가티 다만 一種의 遊戱인가. 그러타고 볼 수 업다. 저 나무ㅅ짐을 지고 夕陽에 山을 나려오는 樵夫가

"노자 노자

젊어서 노자

늙어지면 못노느니라"

를 읇흘 째에 그것이 다만 遊戱일가. 이것을 읇흘 째에 그의 精神에는 異常한 全的 感動을 밧지 아니할가. 人生의 덧업슴, 靑春의 享樂의 덧업슴, 그리고 人生의 義務의 무거운 짐 이런 것이 석긴 一種 말할 수 업는 오직 그 노래로만 表現할 수 잇는 情緒를 經驗할 것이다. 이곳에 藝術이 遊戱 以上인 點이 잇다.

쏘 그러치 아니하면 藝術이란 쉘링이 말하는 바와 가티 그러케 高遠하고 難澁한 것일가. 그러타 하면 그것은 小數 選擇된 階級의 專有物이

오 人類 全體의 것이 아닐 것이다.—藝術이란 그 中에도 文學 쏘는 文藝란 人類 全體의 것이다.

'文學은 웨 잇나?' 文學은 이래서 잇는 것이다. 以上에 '文學은 무엇인가?'를 말할 째에 이것이 좀 더 分明하게 될 것이다. —次號에—

『조선문단』 제3호, 1924.11.

三. 文學은 무엇인가(一)

> 東窓이 밝앗나냐 노고지리 우지진다
> 소치는 아희놈은 상긔 아니 닐엇나냐
> 재넘어 사래 긴 밧을 언제 갈려 하느니 —南九萬 號藥泉

우리는 이 글을 닑을 째에 一種의 快味를 쌔닷는다. 웨 그런지 모르지마는 '조타!', '잘 지엇다!' 하는 생각이 난다. 다른 말로 하면 이 글은 '재미'가 잇다. 재미가 잇슴으로 이것을 한 번만 닑고 내버리지 아니하고 쏘 한 번 닑는다. 그러고는 얼마를 지나서는 다시 그것을 닑어볼 생각이 나는데 마츰 그것이 다 생각이 아니 날 째에는 우리는 애탄다. 애가 타서 제 손소 그 맛이 나도록 지어보려 하나 아모리 하여도 그대로 되지 아니함으로 마츰내 斷念해 버리고 어듸 그것이 잇는 冊을 求하러 간다. 求한 뒤에는 더욱 그것을 외오고 쏘 외와 마츰내 暗誦을 해 버리고 말고, 暗誦한 뒤에는 째째로 혼자 그것을 외와 볼 쑨 아니라, 機會만 잇는 대로 남에게까지 외와 들린다. 그래서 내가 외와 들리는 그것을 듯고 그 사람도 나와 가티 조와할 째에 나는 새로온 快味를 쌔닷고 만일 그 사람이 조와하지 아니하면 그 사람에게 이 노래를 조혼 맛을 쌔닷게 할 양으로 或은 이 노래의 쯧을 說明하고 이 노래에서 어든 自己의 愉快하던 經驗을 說明한다.

이 몸이 죽고죽어 일백 번 고치어 죽어

白骨이 塵土되여 넉시라도 잇고 업고

님 向한 一片丹心이야 變할 줄이 잇스랴 一鄭夢周 號圃隱

雪月이 滿廷한데 바람아 부지 마라

曳履聲 아닌 줄은 判然히 알건마는

그립고 아쉬운 맘에 행여 그인가 하노라 一失名

집방석 내지 마라 落葉인들 못 안즈랴

솔ㅅ불 혀지 마라 어제 진 달 도라온다

아희야 薄酒山菜일망정 업다 말고 내어라 一韓濩 號石峯

이 노래들도 비록 問題도 다르고 우리에게 주는 快味의 種類도 다르지마는 그것이 우리에게 一種의 快味를 주는 것과 한 번만 보는 것으로 滿足하지 못하고 讀誦하야 諷味하게까지 되는 것과 그 題目과 그 意味까지는 記憶하되 그 本來의 語句를 니저버리고는 到底히 그 맛을 어들 수 업슴과 쏘 이 快味를 自己 혼자만 맛봄으로써는 滿足하지 못하고 남에게까지 傳하고 십허지는 點으로 마찬가지니 이곳이 文學에 本色이 잇는 것이다.

以上 말한 것은 우리가 文學的 作品의 一種인 詩歌를 對할 째에 經驗한 心理어니와 우리는 이 心理를 解剖함으로 文學의 本質을 알아낼 수가 잇다고 밋는다.

첫재로 藝術品의 本質이 되는 것은 快味 쏘는 재미다. 快味가 업고는 藝術品이 지어지지를 아니한다. 文士가 藝術家가 붓을 들고 或은 原稿紙 압헤 畫布 압헤 안질 째는 곳 그가 남에게 傳하고 십허서 못 견딜 만한 快味를 늣기는 瞬間이다. 만일 그의 一生에 이만한 快味를 經驗하는 째가 오지 아니한다 하면 그는 永遠히 詩나 畫를 지어보지를 못하고 말앗슬 것이다. 無論 그가 經驗하는 快味라는 것이 悲哀를 內容으로

하는 것도 잇슬 것이다. 그러나 그가 그것을 詩나 畵로 表現하려 하는
것은 그 속에서 一種의 快味를 늣기는 까닭이오 또 一般 사람(鑑賞者)
이 그것을 '조타!', '재미잇다' 하고 鑑賞하는 것도 이 快味를 늣기는 째
문이다.

　鐵嶺 놉흔 고개 쉬어 넘는 저 구름아
　孤臣 寃淚를 비삼아 씌어다가
　님 계신 九重深處에 쌜려준 들 엇더리 —李恒福 號白沙

　이것은 作者가 極히 愛慕하고 그를 爲하여서는 生命을 바치기도 앗
가워 하지 안는 君主에게 寃痛한 罪를 밧고 北方으로 구향을 가면서
슬피 부른 노래다. 나는 한거름 한거름 님쎄서 멀리 쩌난다. 生前 다시
그리운 님의 얼굴을 뵈올동 말동하다. 구름아 너는 自由로아 님 게신데
갈 수도 잇스니 이 불상한 臣下가 鐵嶺ㅅ 고개에 외로히 안저서 비오듯
원통한 눈물을 쌜리더란 말을 傳해 주렴 하는 쯧이다. 우리도 이 노래
를 닑을 째에 슬프고 가만히 그 情境을 생각하고 소리 놉혀 읆흘 째에
눈물이 난다. 그러나 눈물을 흘리면서도 우리는 그 속에서 一種의 快味
를 經驗하지 아니하는가. 만일 그 快味가 아니엇던들 作者도 이것을 짓
지 아니하엿슬 것이오 讀者도 이것을 諷誦하지 아니할 것이다.
　이 快味는 決코 맛나는 飮食을 먹거나 부더러온 옷을 닙거나 其他
肉體的 滿足에서 오는 快味와 다르다. 卽 다만 感覺을 通하야 들어오는
快味와 다르다. 無論 우리 以上에 例로 든 노래를 닑을 째에는 눈이라
는 感官(感覺器官)을 通하고 또 이 노래를 읆는 소리를 들을 째에는 귀
라는 感官을 通한다.(藝術을 鑑賞하는 것이 눈과 귀의 두 感官임으로
이것을 心理學者는 高等感官이라고도 부른다.) 그러나 우리는 그 快味
가 오직 눈과 귀라는 感官 卽 본다 듯는다 하는 感覺으로만 생긴다고
할 수 업다. 우리가 스스로 經驗하는 바와 가티 그 快味는 퍽 깁흔 무
엇에 생기는 것과 갓고 또 우리가 '나'라고 부르는 人格 全體에서 생기

는 것 갓다. 그것을 或은 全精神의 滿足의 快味라고도 부를 수 잇고 쏘는 靈魂의 滿足의 快味라고도 부를 수 잇고 만일 心理學的인 名辭를 찾는다 하면 神經系統 全部의 滿足, 쏘 우리의 前經驗의 滿足이라고도 부를 수 잇다. 그러나 엇잿스나 쯧은 마찬가지다.— 우리가 이러한 노래를(卽 文學으로, 쏘는 더 넓히 말하면 모든 藝術을) 닑을 째에, 쏘는 닑는다는 것을 들을 째에 經驗한 快味는 一般 感覺으로 하는 그것보다도 깁고 쏘 部分的이 아니오 全的(全神經的, 全經驗的, 쏘는 全人格的)이다.

이 快味를 불러서 우리는 審美的 感情(그것을 畧하야 審美感이라고 부른다)의 滿足이라고 하고 이 感情을 니르키는 물건(哲學的 名辭를 쓰면 對象 쏘는 物象)을 美한 것(The Beautiful)이라 하고 엇던 물건으로 하여곰 '美한 것'이 되게 하는 要素를 우리는 美(Beauty)라고 부른다. 그리하고 <u>美의 法則을 硏究하는 學問을 美學</u>이라고 부르고 사람의 손으로 卽, 人工으로 만들어 노혼 '美한 것'을 藝術品이라고 부르고, 藝術品을 만드는 사람을 藝術家라고 부른다. 그럼으로 自然의 美한 것(우리가 아름다운 '경치'라고 부르는 것)은 自然美라고 부르고 藝術品이라고 부르지 아니하며, 모든 사람의 손으로 된 '美한 것' 卽 詩, 音樂, 그림, 彫刻, 建築, 舞蹈 가튼 것을 藝術이라고 부른다. 우리가 지금 말하는 文學도 藝術의 一種이다.(文學 中에 엇던 部分까지가 藝術인지는 後에 말한다.)

인제는 우리는 美가 藝術의 싸라서 詩의 詩되는 根本 要件임을 말하엿다. 그러고 美란 것은 結局 우리에게 先天的으로 잇는 審美的 感情이라는 一種의 特殊한 價値 感情의 滿足인 것도 말하엿다.(價値 感情이라 함은 事나 物에 對하야 '조타', '안조타' 하는 滿足, 不滿足에 對하야 움지기는 感情이니 세 가지 種類가 잇다.—人格 價値 感情 卽 道德 쏘는 善價値 感情, 眞理 價値 感情과 밋 여긔 말하는 美價値 感情이다.) 그럼으로 美를 多分으로 包含한 것은 조흔 藝術品이 될 것이오 그러치 못한 것은 조치 못한 藝術品이 될 것이다. 그러나 여긔서 우리는 甚히 어려운 問題에 逢着한다.—<u>美와 善과의 關係, 卽 道德과 藝術의 關係 問題다.</u>

이제 一二例를 보자.

첫재로 우에 든 例 中에 鄭圃隱의 '이몸이 죽고 죽어 일백 번 고치어 죽어 백골이 진토되어 넉시라도 잇고 업고 님 향한 일편단심이야 변할 줄이 잇스랴' 하는 것과 失名氏의 '설월이 만정한데 바람아 불지 마라. 예리성 아닌 줄은 판연히 알건마는, 그립고 아쉬운 맘에 행여 그인가 하노라' 하는 것을 比較해 보자. 둘이 다 재미가 잇다. 卽 快味가 잇다. 卽 그 속에 美가 잇다. 그러나 우리는 이 두 가지 快味 中이 적지 아니한 差異가 잇는 것을 아니 볼 수 업다. 圃隱의 것은 '悲壯'하고 失名氏의 것은 '優美'하다. 圃隱의 것은 옷깃을 바르게 하고 쓿어 안저 외일 만한 그러한 快味요 失名氏의 것은 案席에 비스듬이 기대어 한 손에 술ㅅ잔이나 들고 외일 만한 그러한 快味다.

그러나 이보다 더 甚한 差異를 보아 보자.

'철령 놉흔 고개 쉬어 넘는 저 구름아. 고신 원루를 비삼아 씌어다가, 님게신 구중심처에 쑥려준들 엇더리'하는 白沙의 것과

도라지 캐라 간다고 핑계는 조터니
총각 랑군 무덤에 성묘하러 간단다
어리마 둥실 네가 내 사랑이라

하는 것을 비교해 보자. 둘이 다 재미 잇다. 둘이 다 美가 잇는 것이다. 우리는 도로혀 난봉가에 一種의 强한 快味를 쌔닷는다. 그래서 事實上 白沙의 노래보다도 이 난봉가를 사랑하는 사람이 만타. 그러면서도 누구에게 뭇든지 이 난봉가보다도 白沙의 노래에 놉흔 價値를 줄 것이다.

이에 우리는 異常한 現象을 본다. 美에 差別이 잇다는 것이다. 이것은 노래(詩歌를 竝稱하는 朝鮮말이다. 朱耀翰 君이 이 用例를 열엇거니와 그것은 맛당한 것이라고 생각한다.)에만 그것이 아니오 小說, 엣세이 等 文學의 形式과 그쑨 아니라 音樂, 美術 等 藝術의 모든 種類로 보아도 그러한 것이다.

그러면 美에 差別을 주는 原理가 무엇인가. 우리가 '엇언 小說은 재미는 잇스나 낫바', '엇언 小說은 재미도 잇거니와 조와' 하고 <u>價値의 等分이 生하게 하는 것이 무엇인가. 그것은 人類의 '理想'</u>이다. 人類는 理想을 가질 수 잇는 것으로 特色을 삼는 動物이다. 사람은 決코 그의 現狀으로 滿足하지 못하는 動物이다. 그는 自己의 不完全을 分明히 意識할 줄 알고 쏘 完全한 自己를 觀念으로 지어 그것을 自己의 압헤 세우고 거긔 達하랴고 努力할 줄 아는 動物이다. 그럼으로 그는 다만 藝術品을 對할 쌔에 이 態度도 '批評'하는 것이니 우에 말한 價値 感情이란 곳 이 批評의 感情을 일커름이다. 나는 價値 感情을 一種의 滿足의 感情이라 하엿거니와 이 滿足이란 그의 偶像(낫븐 意味로 그러케 부르는 것은 아니다.)인 理想의 神의 滿足이다. 이 理想을 或 眞善美의 合致(플라톤) 或은 道德(칸트)이라 하고 或은 神의 意志(톨스토이)라 하고 或은 絶對(헤겔)이라 하고 或은 美(쉘링, 耽美派)라 하거니와 그것을 부르는 名稱을 各異하다 하더라도 人類에게 現實의 事物을 批評하고 統御하는 最高 原理가 存在함을 承認한 點에서는 一致하다 할 것이다.

우리가 圃隱이나 白沙의 노래를 볼 쌔에 우리 理想에 合하는 卽 高級의 感情을 經驗하고 난봉가를 볼 쌔에 오직 人類의 不完全하고 醜에 現實에만 基礎한 低級의 感情을 經驗하는 것이니 그럼으로 <u>低級의 感情을 基礎로 한 藝術品은 一時 歡迎을 밧더라도 人類의 理想을 向한 進步의 程度가 놉하감을 싸라 消滅하는 것이오 理想에 合致한 藝術品은 人類의 程度가 놉하갈사록 더욱 光彩를 發하고 더욱 多數人의 賞玩과 共鳴을 바들 것이다</u>. 그럼으로 圃隱의 노래와 난봉가의 壽命의 長短은 當然히 判斷될 것이다. 陶淵明, 李太白, 杜子美의 詩, 쉑스피어, 밀톤의 詩는 近來의 니른바 官能主義, 耽美主義, 데카단 主義의 汗牛充棟할 燦爛한 諸作品이 모도 忘却의 深淵에 들어간 뒤싸지 永遠에 光彩를 發할 것은 이것으로 보아 가장 確實한 일이다.

以上에 나도 簡單히 詩(밋 文學의 모든 形式과 一般 藝術)의 詩되는 根本 要素가 美에 잇는 것을 말하엿고 美에도 價値의 高低가 잇는 것을 말하엿다. 그러나 그 美가 엇더한 것이며 쏘 美를 엇던 모양으로 生하게 하는 것이 文學인지는 아직 言及하지 아니하엿다. (次號 繼續)

『조선문단』 제4호, 1924.12.

四, 文學은 무엇인가(二)

動機와 作者의 人格
보라 엇지면 이리도 荒涼한다
넷날에 繁華하던 내 都城이어
일즉 萬國이 우럴어 보던 큰 나라로서
이제는 가엽슨 종이 되도다
밤에 그가 호로 옮이어
눈물이 두 쌤을 적시는도다
그를 사랑하던 이 中에 위로하는 이조차 업슴이어
그의 친하던 이가 모도 배반하고 원수가 되엇도다

이것은 舊約聖經의 예레미아 哀歌 中의 一節이다. (원래 舊約聖經은 宗敎的 經典인 同時에 文學的으로 보더라도 不朽의 價値가 잇는 것이다. 그 中에도 創世記와 出埃及記의 前半과 에레미아 哀歌와 욥記와 詩篇 等은 宗敎的 意味를 쎄고 보더라도 人類가 가진 文學 中에 가장 貴한 地位를 占할 것이다. 세상ㅅ 사람이 흔히 이를 宗敎의 經典이라 하야 그 文學的 價値를 沒却함은 甚히 慨嘆할 일이다. 特히 上記의 諸編은 글만 볼 줄 아는 이면 누가 보아도 鑑賞할 點으로 보든지 쏘는 그것이 讀者에게 健全한 感動을 주는 點으로 보아 民衆文學의 模範을 삼을 것이라 한다.)
詩人이 그의 사랑하는 祖國의 都城이오 쏘 敬畏하는 여호와의 都城인 예루살렘이 바빌론人에게 蹂躪되어 荒涼하게 된 것을 보고 읇흔 것이다.

여긔서 우리는 作者(藝術品을 創作한 者의 總稱)의 藝術品을 創作하는 心理를 살필 수가 잇다.

그가 예루살렘의 廢墟에 설 째에 그의 腦中에는 萬胸의 感慨가 닐어나서 或은 한숨을 쉬고 或은 눈물을 지엇슬 것이다. 그 째에 그는 이 늣김(感情의 움지김이니 知的안 觀念에 對하야 하는 말이다.)을 自己 혼자만 가질 수가 업서 萬人의 斛中에 自己가 늣긴 바와 가튼 늣김을 니르키려 하는 굿센 慾望이 닐어날 것이다. 만일 慾望이란 名辭이 境遇에 不適當하다 하면 '굿센 義務感'이 닐어날 것이다. 누르랴 하야도 누를 수가 업다. 이러케 貴하고 큰 늣김을 萬代와 萬人에게 傳하지 아니할 수 업다 하고 굿센 義務感과도 가튼 慾望도 가튼 一種의 强迫感을 經驗하는 것이다. 이것을 일컬어 表現의 衝動이라고 한다.

이러한 表現의 衝動이 날 째에 或은 예루살렘이 이러케 荒凉하게 된 緣由와 荒凉한 現象을 알아볼 수 잇는 대로 알아보고 생각할 수 잇는 대로 생각하야 自己가 보는 바와 생각(知的으로)하는 바를 如實하게 記錄하야 萬代 萬人의 압헤 내어 놋는다. 이것이 歷史라는 것이오 이 일을 하는 사람을 歷史家라고 부른다.

쏘 만일 예루살렘의 廢墟의 時間의 一端이나 空間의 一端을 잡아 歷史家가 그의 보고듯고 생각한 知識을 材料하는 代身에 自己의 想像으로 여러 人物과 事件을 創造하야 (비록 歷史的 人物이나 事件의 名稱을 그대로 襲用한다 하더라도 그것은 事實을 爲 함이 아니오 다만 想像의 便宜를 爲한 것이다) 예루살렘의 廢墟를 그려내인다 하면 이것이 小說이 되거나 劇(詩 쏘는 散文의)이 되거나 쏘는 敍事詩가 될 것이오,

쏘 만일 누가 예루살렘의 廢墟를 對할 째에 닐어나는 늣김을 事實도 想像도 쓰지 아니하고 리즘(高低 長短) 잇는 말로 直接으로 表現한다 하면 이것이 우에 引用한 바와 가튼 敍情詩가 되는 것이다.

쏘 만일 "예루살렘의 廢墟"를 色彩와 線을 利用하야 表現한다면 畵가 될 것이오, 純粹한 音響만을 利用하야 表現한다면 그것음 音樂이 될

것이다.

엇지하엿스나 우리는 엇더한 事件(그것은 外物에 關한 것이거나 內心에 닐어나는 것이거나를 勿論하고)을 經驗할 째에 그것을 혼자만 經驗함에 그치지 말고 萬人에게 傳하라는 衝動 卽 表現의 衝動을 經驗하고 이 表現을 萬人의 情을 움지기는 것을 만들려 할 째에 그것이 藝術 衝動이 되고 쏘 그 藝術的 衝動을 文字로써 表現하려 할 째에 文學이 生하는 것이다. 그럼으로 '文學'(이 語義는 아직도 우리가 制限치 아니하엿스나 '文藝'와 同義로 假定하고 暫時 더 쓰자.)이란 文字를 使用한 藝術이라 할 것이다.

우혜 말한 바에서 甚히 重大한 問題가 닐어난다. 그것은 웨 이 哀歌의 作者가 예루살렘의 廢墟를 본 늣김을 '노래'라는 文學의 一 形式을 빌엇슬가 함이다. 이것은 '文學은 웨 잇나' 하는 題下에 이미 말한 바도 잇거니와 文學의 存在 理由와 밋 文學의 本質(同時에 藝術 全體의 存在 理由와 本質)을 아는데 甚히 重要한 問題다.

예루살렘의 廢墟를 본 이 哀歌에서 보건댄 作者가 이 形式을 취한 까닭은

(1) 그가 歷史家도 아니오 畵家도 아니오 音樂家도 아닌 것

(2) 作者가 詩人(노래짓는 이)의 素質과 技術을 가진 것

(3) 그째의 作者의 늣김이 노래로 表現하기에 가장 適當하엿던 것

이 세 가지일 것이다.

이 세 가지 中에 첫재는 말할 必要도 업거니와 둘재 中에 '詩人의 素質과 技術'이란 것과 셋재 中에 '노래로 表現하기에 가장 適當한 것'이란 것과는 매우 重要하게 생각할 必要가 잇다.

예루살렘의 廢墟를 본 사람이 얼마나 만핫스랴. 예루살렘의 住民 外에도 內外國人의 예루살렘을 본 이가 아마 數百萬이나 될 것이다. 그 사람들 中에 繁華하던 예루살렘의 記憶을 가진 者는 반다시 이 悲慘한 예루살렘의 廢墟를 보고 무슨무슨 늣김을 가졋슬 것이다. 그 中에는 或은 한숨만 한번 지우고 지나간 이도 잇슬 것이오 或은 눈살만 한번

씹흐리고 지나간 이도 잇슬 것이오 或은 소리업시 혼자 운 이도 잇슬 것이다. 그러나 그 中에는 或은 "아아!" 하고 感嘆하는 말 한 마듸를 發하는 이도 잇섯겟고 或은 좀더 길게

"아이구마 이게 웬 일이야

우리 예루살렘이 이게 웬 일이야.

엇지면 우리 서울의 繁華가 一朝에 이대도록 慘酷하게 되엇나."

하고 恨嘆한 이도 잇섯슬 것이다. 이 사람은 노래를 부른 것이다. 노래하는 것은 이리하야 생긴 것이다.

그러나 그는 이러케 한번 불러버리고는 그것을 다시 부를 생각도 업시 쏘는 저 혼자라도 記憶해 둘 생각도 업시 지나가 버리고 말앗슬 것이다.

그러나 그 數百萬 數千萬 사람들 中에는 哀歌의 作者와 가튼 사람이 온다. 그의 가슴에는 싯업는 늣김이 쓸허 오른다. 그는 지나가랴도 지나갈 수가 업시 길고 긴 노래를 부른다. 그리고도 말 수가 업서서 그는 그의 노래를 조희에 적어 놋는다. 그리하면 사람들이 그것을 낡고 쏘는 그것을 낡는 소리를 듯는다. 그들은 이 사람의 지은 노래가 自己네의 맘에 마즘을 쌔닷는다. 다시 말하면 自己네는 보고도 늣기고도 말하지 못하는 것을 대신 말한 듯함을 쌔닷는다. 에머슨의 말에 "詩人은 萬民의 代言人이다." 한 것이 이것을 니름이다.

이러한 素質(본래부터 타고나는 바탕)—남보다 强하고(卽 남에게 自己의 늣김을 傳하랴는 衝動이 强하고) 그것을 表現하는데 남보다 재조가 잇는 것—이러한 素質을 우리는 藝術的 素質이라고 부른다. 이 素質은 오직 藝術에만 잇는 것이 아니라 아모러한 技術에도 잇는 것이다.

그러나 여긔서 注意할 것은 素質만이 決코 藝術을 만들지 못한다는 것이다. 우리는 카나리아(소리 잘하기로 有名한 쇠쏘리와 가튼 새)를 알에서 나올 쌔부터 참새무리ㅅ속에 두면 참새소리밧게 못한다는 心理學者의 實驗을 안다. 쏘 카나리아를 소리 잘하는 카나리아를 만들기 爲하야 새장사하는 사람은 빗산 갑슬 주고 소리 잘하는 카나리아를 사

다가 여러 다른 카나리아의 소리 선생을 삼는 것을 안다. 이 모양으로 아모리 조흔 藝術的 素質을 가진 사람이라도 <u>苦心 慘憺한 技術의 鍊磨</u>가 업스면 조흔 藝術을 創作할 수 업는 것이다.

그럼으로 그러케 조흔 素質을 가지고 그뜨케 苦心 慘憺한 技術의 鍊磨를 가진 사람이 예루살렘의 廢墟를 지나갈 째에 數千年을 두고 萬人의 입에 膾炙하는 作品을 産하는 것이다.

산머리에 놉히 쯘 구름과 가티
내 홀로 방황하올 제
호수ㅅ가 나무ㅅ그늘에
水仙花 한 쎄를 문득 보오라
가는 바람에 너훌너훌
춤추는 금ㅅ빗 水仙花
銀河水ㅅ가에 반작어리는
별과도 갓치 촘촘히
씃업는 줄을 지어 물ㅅ가으로
늘어선 저 水仙花야
千이냐 萬이냐 고개를 쌔ㅅ닥여
깃븜에 겨운 춤을 추도다

물ㅅ결도 졋헤서 춤을 추건만
깃븐 물ㅅ결보다도 더 빗나도다
이러한 벗과 가티 할 째에
詩人이 안 깃브로 어이리마는
나는 보다 다만 보다 생각은 못하다
이것이 얼마나 貴한 보배인 줄을

그러나 매양 榻에 홀노 누어

有念無念에 恍然할 째에

나의 心眼에 벗듯거리노나

오오 水仙花 외로운 째의 복이어

그 째에 나의 남은 싯봄에 차고

그들과 어울어지어 춤을 추도다. ―워즈워드의 ‘水仙花’

이것은 워즈워드(英國의 自然詩人)의 詩中에 대단히 일홈 잇는 한 편이다. 湖水ㅅ가의 水仙花! 아마 이것은 엇던 實景일 것이다. 그러타 하면 예루살렘의 廢墟를 본 사람이 無數한 것과 가티 이 湖水ㅅ가의 水仙을 본 사람도 無數할 것이다. 그러나 그것을 이러케 아름답게 그려서 萬人이 誦讀하기를 마지안는 名篇을 만든 것은 오직 워즈워드쑨이엇다. 아마 이 湖水ㅅ가의 水仙을 實地로 본 男女들이 이 詩를 볼 째에는 이러한 생각이 날 것이다.

‘참 그러타―나도 그것을 對할 째에 이러케 조왓다. 그러나 나는 그것을 이모양으로 일홈지어 말할 줄을 몰랏다. 쏘 내가 희미하게 늣긴 것을 워즈워드는 分明히 늣겻고 쏘 나는 늣기고 생각하지 못하엿던 것까지 이 사람은 늣기고 생각하엿다. 그리하고 이 모든 늣김을 내가 말하고 십허도 맛당한 말을 찻지 못하엿섯는데 이 사람이 쏙 내 所願을 일러 주엇다.’

이 모양으로 그는 이 詩를 남이 지은 것으로 생각지 아니하고 自己의 말로 생각하고 諷誦할 것이다. 오직 그 實景을 본 사람만이 그러할 쑨 아니라 안 본 天下萬世의 讀者에게도 그러할 것이니 대개 누구나 사람 치고는 아름다운 곳과 물을 對하엿던 經驗이 잇겟기 째문이다.

以上은 오직 詩에 對하여서만 말한 것이지만 엇던 形式의 文學이나 다 이러하다. 小說도 그러코 엣세이도 그러하다. ‘詩言志’라 한 모양으로 萬人의 腦中에 잇는 늣김이 ‘참 그러코나’ 하는 形式을 차자 表現될 째에 우리는 그 속에서 美를 보는 것이오 藝術의 깃븜을 經驗하는 것이다.

그러면 우리의 問題는 '참 그러코나!' 하고 사람으로 하여곰 感嘆케 할 만한 '形式'으로 올마갈 것이다. 이 '形式'은 진실로 藝術論의 中心 問題다. 藝術이라는 말의 原語인 '아트(Art)'가 원래 '재주'라는 말이니 나무를 깍가서 사람을 만드는 재주, 돌을 싸하서 집을 만드는 재주, 말을 모아서 노래를 맨드는 재주라는 말이다. 이 재주만 다른 것이 아니오 엇던 形式을 잘 만드는 재주다.

그러나 우리는 文學의 形式 問題에 넘어가기 전에 文學과 人格의 關係에 關하야 생각하여 볼 必要가 잇다.

日本 評論家 高山樗牛 氏는 '文은 人이라' 하는 標語를 말하엿다. 이것이 곳 '文學'(다른 藝術도)과 作者의 人格과의 關係를 말한 것이다. 그런데 이 말은 眞理다. 엉겅퀴에서 葡萄를 싸지 못하고 葡萄나무에 엉겅퀴는 열리지 아니하는 것이니 高貴한 人格에서야 高貴한 文學이 나오고 卑劣한 人格에서는 오직 卑劣한 文學만이 나올 수 잇는 것이다. 春畫를 그리는 사람이 宗敎畵는 그릴 수 업슬 것이오 비록 그린다 하더라도 그것은 春畫와 가튼 것이 되고 말 것이다.

가령 우에 例를 든 바와 가튼 예루살렘의 廢墟를 노코 보더라도 혹은 '역시 그놈의 예루살렘 잘도 망햇다. 그 조흔 집이 만핫지마는 내야 한번이나 들어 살아보앗나. 그놈들 젠체하고 잘 사는 것이 퍽도 아니 씁더니 고소하게 되엇다. 좀 더 근햇고지고 쑥밧히 되엇고지고.'

이러케 冷笑하는 이도 잇서서 이런 것을 文學으로 만들기도 할 것이오 쏘 혹은

'世上이 덧업다. 예루살렘의 榮華도 쑴이로고나. 에라 人生萬事가 다 쓸데업다. 그저 먹고 놀고 먹고 놀자.'

이러케 超然主義的으로 생각하야 그러한 노래를 지을 수도 잇슬 것이오 쏘 혹은

'예루살렘이 다 망하여도 내 한몸만 편하면 그만이지. 聖殿에 불이 부터도 내 집 추녀긋만 온전하렴으나, 내 게집과 내 술만 남으렴으나.'

이러케 利己主義的으로 생각하는 이도 잇슬 것이다. 쏘 이러한 생각

을 가지고 노래를 만들더라도 그것이 우리에게 美의 快感을 줄 수가 잇는 것이다.

이런 것이 모도 그 藝術家의 人格을 反影이니 첫 例와 가튼 데서 所謂 惡魔主義의 文學이 생기고 둘잿 例 가튼 데서 東洋에 흔히 보이는 超然主義의 文學이 생기고 셋재 例 가튼 데서 極히 低級된 利己的 享樂主義의 文學이 생기는 것이다.

이제 멧 가지 實例를 들어보자.

「…나는 당신의 가슴 아레서
눈을 감고 죽고 십허요
그리고 당신의 품 속에서
아양부리며 쉬고 십허요

그러면 處女여!
나의 女王이여
그 쌤의 꼿을 나의 쌔口에
그 눈의 별을 나의 눈에
…………」 —城「處女의 花環」

이라든지

「모든 사람은 죽어 버리고
그리고 나와 당신과만이
황무한 沙漠에 산다 하여도
나는 참으로 幸福이겟소」 (同上)

이라든지 純利己主義的, 享樂主義的, 肉慾主義的, 惡魔主義的, 戀愛至上主義다. 이러한 이의 人格의 눈으로 볼 째에 人生生活은 戀愛쑨이오 人生의

義務는 오직 異性의 '품속에서 아양부리고 쉬고 십흔' 것일 것이다.

「아레리가6) 사람들아! 征服者들아! 行進하는
人道主義들아
先導者야! 行進하는 世紀야! 自由民아! 모
든 團體들아!
이것이 너희들의 부를 노래의 題目이다.

푸레이리(大草原)의 노래와
길게 다라나는 미시십비 江과 멕시코 海에 흘러
들어가는 노래와
요하요며 인디아나며 일리노이쓰며 아이오아
며 워스킨씬이며 미네쏘다의 노래와
그밧게 中部에서 캔서쓰에서 四方으로 울어나
오는 노래는
萬物에 生氣를 주랴고 끄님업시 내쌤ㅁ는 불의
脈搏에서 터지어 나오는 것이다.」 —휘트만

「長江 우에 휘임한 넷다리ㅅ가에
그들의 軍旗는 四月ㅅ 바람에 날렷다
이곳에 農民들은 나라를 爲해
全世界를 울리는 銃을 노핫다.

그들의 敵도 고요히 자는지 오래고
勝利者인 그들도 고요히 잠이 들엇다.
흐르는 歲月이 이 넷다리를 휩슬어

---

6) 아레리가: 아메리카의 오식.

바다로 긔어드는 검은 江波에 써나려갓다.
이 풀 푸른 언덕 부드러운 물ㅅ가에
우리는 이 날에 돌 碑를 세운다.
尊敬하는 先人들 모양으로 우리 子女들이 간 뒤
에라도
그네는 尊貴한 功績을 紀念할가 하고

靈아 그 英雄들에게 죽을 勇氣를 주고
그네의 子孫에게 自由를 주게 하던 靈아
歲月과 天地를 命하야 쌔트리지 말게 하라
그들과 너 위해 세우는 우리의 이 碑를」
　　　　　—에머슨, 「콩커드 紀念碑 除幕式」

　　이것은 나의 拙劣한 飜譯이지마는 亦是 大意는 傳하엿스리라고 밋는
다. 쏘 戀愛를 題로 하더라도,

「나의 키쓰와 나의 눈물을 밧든
나의 손에 잡히엇던 오오 그 손이어
여러 해 前에 내게 芳香을 주며
술을 부어주는 그 손이어

한번 사랑한 이는 언제나 내 님이러라
만혼 해를 지내여도 나는 그대를 記憶하노라
나의 눈물을 눈물이라는 눈물을
나는 그대에게 술로 알고 보내노라.」
　　　　　—아더 시몬즈, 岸曙 譯, 「눈물」

쏘 우리 詩人의 作品 中에도

「님그린 相思夢이 귀쑤람의 넉시되어

秋夜長 깁흔 밤에 님의 방에 들엇다가

날 닛고 깁히 든 잠을 쌔워볼가 하노라」 —失名

「잔듸

잔디

金잔듸

深深山川에 팔한 풀빗은

가신 님 무덤가엣 金잔듸

봄이 왓네 봄날이 왓네

버들가지에도 金잔듸에도

深深山川엣 무덤가에도

봄이 왓네 봄빗이 왓네.」 —金素月, 「금잔듸」

　이런 것은 모도 아름다운 노래다. 戀愛의 노래도 이리하여야 할 것
이다. 戀愛가 決코 賤한 것이 아니다. 戀愛는 人生의 가장 貴하고 아름
다운 것 中의 하나이다. 그럼은 戀愛는 文學의 가장 貴重한 題目 中에
하나일 것이다. 그러나 다만 그것을 보는 사람의 人格을 싸라 或은 戀
愛의 動物的 方面만 보고 或은 戀愛의 精神的 方面을 보는 것이다. 그레
서 或은 거룩한 戀愛의 노래를 짓고 혹은 春畵를 그리는 것이다.
　대개 作品의 善惡은 動機의 如何에서 갈리고 動機는 人格에서 發芽
되는 芽胞다. 以上에 例를 든 것으로 보더라도 그 作品에는 個人의 人
格의 特色이 分明히 들어나지 아니하는가. 파리의 눈에는 不潔한 것만
보일 것이다. 벌이나 나뷔 눈에는 쏫이 보인다. 九萬里長空의 雄大廣闊
한 맛은 大鵬이 아니고는 보지 못하는 것이다. 劣惡한 人格을 가진 이
는 人生의 醜惡하고 劣惡한 方面만 즐겨 보아 人性의 醜惡하고 劣等한
感情을 움지기게 하는 作品을 내어 人性을 墮落케 하는 것이다. 그럼으
로 醜惡하고 劣等한 藝術家를 가지는 것은 그 民族의 毒이오, 아울너

人類의 毒이다. 그와 反對로 高貴한 人格을 가진 藝術家를 가지는 것은 그 民族의 福이오 아울러 人類의 복이다. 文은 人이다.

『조선문단』 제5호, 1924.12.

四, 文學은 무엇인가(三)

－作品－鑑賞－批評－價値

「무슨 재미잇는 책 업나?」

「무슨 책을 보면 조흘가?」

이러한 것은 우리가 흔히 듯는 質問이다. 더욱이 朝鮮 靑年들 中에서 흔히 듯는 質問이다. 대개 그들은 漢文의 힘이 不足함으로 그네의 先人들이 鑑賞하던 漢文으로 된 文學을 볼 힘은 업고 日語와 英語를 배홧스나 그것으로 된 文學을 鑑賞할 만한 語學의 힘이 업슬 쑨더러 自家生活도 잘 理解하기 前에 外國生活을 理解하야 그것을 材料로 한 文學을 理解할 만한 힘이 업고 게다가 朝鮮語로 된 文學的 作品이 缺乏하고 보니 十七八歲 以上의 中等 以上 敎育을 밧는 靑年 男女들이 作品에 굶주릴 것은 自然한 일이다. 그 까닭에 우에 말한 것과 가튼 質問을 우리가 듯는 것이다. 이것을 우리는 '社會의 作品 要求'라고 일홈지을 수가 잇다.

毋論 사람들ㅅ 가운데는 一生에 文學的 作品을 손에 대어보지 안는 이도 잇지마는 敎育을 밧고 精神生活을 가진 사람에게는 文學이 一種의 必要品이 된다. 아니보고는 못 견듸는 必要品이 되는 것이다. 이것을 應하는 것이 우리가 文士라고 일컷는 作家다. 文, 小說, 詩, 歌 等을 짓는 사람의 一群이니 어느 時代에나 어느 社會에나 반드시 이 一群이 잇는 것이다.

넓히 말하면 萬人이 다 多少間 文士의 素質을 가진 것이다. 그러나 어느 方面에나 그러한 것과 가티 사람 中에는 特別히 想像力과 觀察力의 稟賦를 밧고 쏘 言語를 豐富하게 自由롭게 驅使할 能力을 가지며 同

時에 '글짓기'를 조와하는 사람이 잇는 것이다. 이러한 사람은 흔히 物質的 利害關係를 全혀 念頭에 두지 아니하고 오직 아희들이 작난에 미치는 모양으로 글짓기에 미치고 글이 자긔가 쓴하엿던 대로 지어젓슬 째에 더할 수 업는 깃붐을 늣기는 것이다. 진실로 文士의 깃붐은 오직 쓴맛는 作品을 完成하는 째에 잇다.

이리하야 文士가 지어내는 作品을 一般 讀者는 購讀이라도 經路를 通하야 본다. 그것은 鑑賞이라고 일컷는다. 讀者는 書籍을 代價를 주고 삼으로 作者에게 物質的 報酬를 주고 그것을 鑑賞하고 愛讀함으로 精神的 報酬를 준다. 作者가 生存하는 동안 衣食住의 必要가 잇는 것은 毋論이니 이 費用을 讀者가 分擔하는 것은 當然한 일이다. 그러나 엇던 作品의 作者가 世上을 써나버리면 그 作品은 全혀 人類의 共有物이 되어버릴 것이다. 이러케 蓄積된 作品의 堆積이 엇던 나라의 文學을 일우는 것이니 支那나 英國은 豊富한 文學을 가진 나라다. 그러케 말하는 것보다도 漢語나 英語는 豊富하고 高貴한 文學을 가지엇다 하는 것이 더 맛당할 것이니 대개 文學은 言語를 賴하야 生育하는 것이기 째문이다.

社會는 價値가 놉흔 文學的 作品을 要求한다. 그러나 그것은 억지로 나오는 것이 아니다. 마치 天下에 女子가 만하도 美人이 極히 드믄 것과 가티 文學的 作品이 만터라도 여러 世代를 通하야 여러 사람에게 愛誦을 바들 만한 것은 極히 드물다. 漢文學으로 보더라도 陶淵明의 歸去來辭 蘇東坡의 赤壁賦 가튼 것은 그러케 여럿이 생기는 것이 아니오 李白 杜子美나 沙翁 杜翁 가튼 이가 그러케 아모째 아모데나 나는 것이 아니다.

엇더한 時代의 數업는 만흔 作家 中에서 一種의 自然淘汰의 經路를 通하야 그 中에서 멧 사람을 남겨 노코는 모도 忘却의 해재ㅅ물에 일어버려지고 마는 것이니 或은 當年에 슬어지는 作家도 잇고 或은 一時 相當히 일홈을 내더라도 三四년이 못하야 사람들의 記憶에서 쏜겨 나는 이도 잇고 或은 十年 或은 二十年을 그의 生命을 維持하는 이도 잇스나 百年을 넘어 살되 오히려 그 名聲이 減하지 아니하는 이는 이야말로 不世出의 大天才라 全世界를 通하야 몟 사람에 지나지 아니하는 것이다. 이것은 毋論 文學에서만 그러한 것이 아니오 아모러한 方面에서도 그러할 것이다.

그러면 누가 이러케 作家를 淘汰하는가. 그것은 오직 民心이다. 或帝王의 權力이 一時는 엇더한 種類의 文學에 優勢를 주고 엇던 種類의 文學을 抑壓함을 得한다 하더라도 그것은 一時的 現象에 不過하는 것이오 쏘 비록 엇던 作品이 不公平한 一群의 批評家 쌔문에 一時的으로 不當한 悲運을 當한다 하더라도 진실로 그 속에 不朽의 價值가 잇다 하면 언제나 반다시 들어나는 것이다.

그러나 이 民心이란 것은 임이 업는 것이매 그것이 意思를 發表할 쌔에는 반다시 엇던 個人의 입을 비는 것이니 이 個人을 우리는 批評家라고 한다. 사람마다 모다 文學的 作品을 鑑賞하는 힘이 잇거니와 사람들 中에는 特히 그 鑑賞力이 銳敏하야─即 特別한 稟賦와 工夫가 잇서서 作品 中에서 普通ㅅ 讀者가 보지 못하는 바를 보고 늦기지 못하는 바를 늣기는 이가 잇다. 이러한 能力을 가진 이가 엇던 作品의 眞價를 分明하게 說明함으로 即 批評함으로 一般 讀者는 그 批評을 보고 自己네가 至今토록 알아보지 못하던 眞價를 알아보게 되는 것이다. 가령 獨逸人에게 꾀테[7]의 파우스트의 眞價를 알린 것이 칼라일이라 함은 有名한 니야기다. 만일 꾀테가 아니엇던들 世界는 아직도 沙翁劇의 眞價를 몰랏슬는지 모르고 칼라일이 아니엇던들 파우스트가 그처럼 有名하게는 안 되엿슬 것이다. 支那 文學에도 누구나 아는 일은 聖嘆의 批評의 功勞다. 只今 三國誌, 水湖誌, 西湘記, 金瓶梅, 西遊記를 누구나 五才子 奇書로 許하거니와 이 모든 作品에게 이러케 決定的 批評을 나린 것은 聖嘆이다.

이런 것은 文學에서만 보는 現象이 아니라 藝術의 모든 部門에서도

그러하고 또 人物을 推薦하는 데나 政治的 輿論을 니르키는 데나 다 보는 일이다. 곳 엇던 偉大한 天才가 萬民의 맘을 代表하야 發論하는 것이다. 그 째에 그 發論이 民心에 合하는 것이면 곳 民心의 소리가 되는 것이니 이것이 文學的 作品이 바들 最後의 檢印이다. 이 檢印을 마즌 것만이 國民의 黃金의 書架에 貯藏되여 '古典'이라는 榮譽를 누리는 것이다.

그러면 엇던 作品이 이러케 不朽의 榮譽를 엇는 理由가 무엇인가. 무엇이 잇길래 엇더한 作品은 國境과 時代를 超越하야 不朽의 生命을 가지고 무엇이 업길래 엇더한 作品은 버슷모양으로 멧칠이 못하야 그러지어 버리고 마는가. 그것은 價値다. 作品의 價値다. 그러면 作品의 價値를 構成하는 것이 무엇인가. 이에 두리는 文藝批評의 中心 問題에 到達하엿다. 이 價値를 論하는 것이 文藝 價値論이 그것을 擴充한 것이 藝術 價値論이 될 것이니 곳 文藝 또는 一般 藝術의 中心 問題다.

우리는 이제 價値에 關하야 一言할 必要가 생겻다.

價値는 一種의 滿足의 感情이다. 우리는 疑問의 不快한 感情이 지나간 째에 卽 疑問이 解決되엿슬 째에 一種의 滿足의 感情을 經驗하니 이것은 眞理 價値 感情이다. 또 내가 무슨 稱讚할 만한 行爲를 하엿거나 或 남이 한 것을 볼 째에 우리는 一種의 滿足의 感情을 經驗하니 이것이 道德 價値 感情이다. 이밧게 우리는 엇더한 形狀이나 色彩나 또는 音響의 排列을 볼 째에 或은 不快한 感情을 或은 滿足의 感情을 經驗하니 이것이 審美 價値 感情이다. 이 모양으로 우리에게는 先天的으로 三種의 價値 感情이 잇다고 한다. 眞理 價値 感情(略하야 眞理感)에서 科學이 나오고 道德 價値 感情(略하야 道德感)에서 善한 行爲의 努力이 생기고 審美 價値 感情(略하야 審美感)에서 藝術的 活動이 생기는 것이다.

이러케 三種의 價値의 別이 잇거니와 文學에 잇서서는 이 세 가지가 合一한 듯하다. 藝術을 觀念藝術 官能藝術의 兩者로 난홀 수 잇다하면 文藝는 觀念藝術이오 音樂은 純然한 官能藝術이오 繪畵는 中間에 屬하는 것이다. 觀念藝術이란 다른말로 하면 意味를 가진 卽 理知로 解釋할 수 잇는 藝術이란 말이오 官能藝術이라 함은 오직 感官으로만 玩賞할 수 잇는 藝術이란 쯧이다. 毋論 다른 모든 區別이 다 便宜的이오 決코 完全한 것이 못 되는 것과 가티 이 觀念藝術과 官能藝術과의 區別도 그러할 것이다. 그러나 이 區別은 文學의 價値를 說明하는 데는 매우 便利도 하고 또 重要도 한 것 갓다. 대개 觀念藝術인 文學은 決코 官能藝術인 音樂 모양으로 다만 審美感만으로 價値를 判斷할 것이 못되고 다른 두 가지 價値感 卽 眞理感과 道德感의 滿足을 要求하는 까닭이다.

이에 나는 文學의 價値의 成立이 다른 藝術의 價値의 成立보다 다른 줄을 대강 말하엿거니와 이것을 좀 仔細하게 討議할 必要가 잇다고 밋음으로 이 다음 號로 넘긴다.

〈참고〉 문학의 가치와 관련된 내용을 다음 호로 넘긴다고 하였으나, '문학 강좌'는 제5호까지만 실렸음

◎ 노래를 지으시려는 이에게(一),
　　주요한(1924), 『조선문단』 창간호(1924.9.)~제3호(1924.11.)

　** 우리나라 신체시의 역사를 바탕으로 신시 운동의 지향점과 시 작법 태도를 서술하였음

『조선문단』 창간호, 1924.9.

『조선문단』이 우리 문예계의 적막을 쌔트리고 문단에 선생명을 개척하기 위하야 출세하게 되엿습니다. 그 가운데 특별히 신테시를 위하야 한란을 베풀게 된 것은 크게 의미 잇는 일인 줄 압니다. 그러나 거긔에 필자가 고선자가 된 것이라거나 또 노래 짓는데 관하여 이러타 저러타 하는 것이 다 렴치업고 죄송한 일입니다. 다만 오늘날 조선 청년된 우리들은 아모 다른 권위를 차즈랴는 것보다도(차저도 못 어들

것이니까) 서로 가르키고 서로 배화가는 것이 합당한 줄로 알고 여러 분의 연구 자료로 이 아레 말을 보아주시기를 바랍니다.

一. 과거의 시가

이 글의 데목을 「노래를 지으시려는 이에게」 하엿지만은 지금 우리 에게는 그 '노래'라는 말부터 뜻이 분명치 못합니다. 과거 우리 사회에 노래라는 형식으로 된 문학이 잇섯다 하면 대개 세 가지가 잇섯다 하 겟습니다. 첫재는 중국을 순전히 모방한 한시오 둘재는 형식은 다르나 내용으로는 역시 중국을 모방한 시됴이오 셋재는 그레도 국민덕 정죠 를 여간 나타낸 민요와 동요입니다. 그 세 가지 중에 필자의 의견으로 는 셋재것이 가장 예술덕 가치가 잇다고 봅니다. 그러나 그 의견을 중 론하려는 것이 이 글의 목덕이 아니니까 지금은 말 아니하겟습니다. 다만 필자의 의견으로는 과거 우리 문학 중 민요와 동요 가운데 예술 덕 독창성을 발견할 수 잇다는 것만 지금 긔억하시고 될 수만 잇스면 그대로 잠간 미러 주시기를 바랍니다.

二. 신시의 선구

그런데 근래에 와서 새로운 문물이 수입되며 문톄가 한문의 전제에 서 버서나는 동시에(아직까지 그 전제를 아조 벗지는 못하엿스나) 지 금 우리가 토론하려는 신톄시가 생겨낫습니다. 그 신톄시를 가르켜서 이 아래부터는 간단히 신시라 하겟습니다. 그러면 그 신시라는 것은 엇더한 것인가. 이 문뎨는 력사덕으로 관할할 째에 명백히 대답됩니 다. 산문학의 시작을 말하랴면 반드시 예수교의 성경을 들지 아늘 수 업슴갓치 신시의 긔원을 말하랴면 '찬미가'를 들지 아늘 수 업습니다. '찬미가'는 예수교인들이 례배보려 모힐 째에 부르기 위하야 서양 곡 됴에 마초아서 조선말로 쓴 노래입니다. 그 노래의 내용은 대개 서양 찬미를 번역한 것이 만습니다. 그 번역의 잘 되고 못 된 것이라던지 가치가 잇고 업는 것이라던지는 지금 론할 것 업고, 다만 그것이 신시 운동에 영향을 주엇다는 덤은 그것이 우리글로 우리말로 쓴 노래의 시작이라 힘이외다. 그러나 그 노래에서 직접으로 영향이라던지 감동을 바더서 나온 신시 작가는 잇섯스리라고 생각이 아니됩니다. 오늘에 니르서는 찬미가의 내용은 고사하고 그 어사와 문예뎍 가치의 너머도 나즌 것을 누구나 보지 아늘 수 업습니다. 그것을 개역하고 개작하는 것이 성경의 개역과 마천가지로 교회 문학가의 큰일이 될 줄 압니다. 그러나 그 문뎨는 오늘 뎨목 박기니 다시 더 말할 것 업고 '찬미가' 다음으로 신시의 형식을 가젓다 할 것이 소년 잡지 등에 난 칠오됴(七五調)의 신톄시와 갑오 이후에 류행한 창가라고 보겟습니다. 그 가운데는 아직도 한문구됴를 버서나지 못한 것도 잇섯고 또 혹 됴선 녯날 말을 그대로 서 보는 국수뎍 작품도 잇섯는 듯합니다. 그 가운데 혹은 웅장한 군가뎍 색채를 가진 것도 잇고 교훈뎍, 종교뎍, 애국뎍, 여러 가지 색채를 가진 것이 잇섯스나 내용으로 보아 예술뎍, 독창뎍 가치 잇는 것은 별로 업섯다고 봄이 가하겟습니다. 다만 형식상으로 '찬미가'와 '창가'와 일본 신톄시를 모방한 됴선 신톄시가 됴선 고래의 한시, 시됴, 민요와 판이 다른 것을 보아 신시의 효시라고 볼 수 잇다 함이외다.

三. 자유시의 첫 작자

참말 우리가 오늘 닐컷는 신시는 멀리 일본 동경에서 그 요람을 발견하엿습니다. (만일 그전에 합병 이전 당시 출판물 중에 신시의 싹이 잇섯다 하면 거긔 닉히 아시는 분의 가르킴을 긔다립니다.) 필자의 아는 한에서는 당시(一九一七年 頃) 동경 류학생 긔관잡지 『학지광(學之光)』에 창작시를 발표한 류암 김여제(流暗 金輿濟) 군이 신시의 첫 작가라고 봅니다. 그의 작품 중에 「만만파파식적(萬萬波波息笛)」가튼 것은 아직도 필자의 머리에 깁히 인상이 남어 잇는 작입니다. 그이의 작을 지금 인용할 수 업슴은 유감이나 그 째 본 인상으로 말하면 그 내용(정죠, 사샹, 감정)이 새롭고 형식에 니르러서도 고래의 격을 파한 자유시이엇습니다. 류암 군이 그 후에 별로히 시를 짓지 안키 짜문에 오늘 와서 그이를 긔억하는 이가 적습니다. 그러나 필자는 아직도 그이의 쟝래 활동을 긔대하는 중임니다.

四. 『창조』와 밋 그 이후

일년을 지나서 一九一九년 봄에 동인 문예 잡지 『창조』가 역시 동경서 창간되엿습니다. 그 창간호는 동년 이월에 나고 둘재호느는 삼월에 인쇄가 되엿스나 그 째 독립운동이 니러남으로 발간이 못 되고 잇다가 익년부터 계속되엿습니다. 그 창간호(즉 一九一九년 二월)에 필자가 '불노리' 이하 사편인가를 시험으로 발표하엿습니다. 동시에 경도에서 발간한 『학우』라는 잡지에 '에튜—드'라고 데하고 역시 시험덕 작품을 발표하엿습니다. 그 작품들의 내용은 전혀 불란서 밋 일본 현대 작가의 영향을 바다 외래덕 긔분이 만핫고(그러키 짜문에 조선 문학상으로는 독창덕이 아니라고 할 수 잇스나 아모 본 쓸 데도 업는 당시에 어린 필자의 경우로는 그 이상을 요구할 수 업섯습니다.) 그 형식도 역시 아조 격을 쌔트린 자유시의 형식이엿습니다. 자유시라는 형식으로 말하면 당시 주로 불란서 상징파의 주장으로 고래로 나려오든 각*과 '타입'을 폐하고 작자의 자연스러운 리듬에 마초아 쓰기 시작한 것임니다. 그런데 조선말로 시험할 째에 자유시의 형식을 취하게 된 것은 그 시대의 영향도 잇섯거니와 조선말 원톄의 성질샹 그러지 아늘 수 업섯슴이외다. 과거에 조선말 시가의 형식으로 말하자면 시됴이던지 민요이던지 운 다는 법은 업섯고 다만 글자 수효(다시 말하면 씰라블의 수효)가 일뎡한 규률을 짜를 쑨이엇습니다. 민요의 형식 중에는 팔팔됴(여덟자식 한 귀가 되는 것)가 가장 만헛습니다. 그러나 이런 형식이 심히 단됴한 것은 면치 못할 것입니다. 그럼으로 엇던 이는 일본시가의 형식인 七五됴를 시험해 본 것도 잇습니다. 만은 그 결과가 다 새론 시를 지으랴는 데 합당한 재료가 못되엿습니다. 이러한 리유로 발표된 몟 편의 시험뎍 작품이 동긔가 뇌여 그 뒤를 니여 혹은 그와 동시에 각처에서 비슷한 형식으로 작품이 발표되엿습니다. 이것이 겨우 오륙년 전일이니까 독쟈 중에도 이를 긔억하시는 이가 만흘 것이오 쏘 그 후의 경과고 아실 줄 압니다. 이러케 시작된 신시 운동에 참가한 이를 지금 일일이 다 들 수는 업거니와 그 중에도 공로가 만흔 이는 역시집『오노와 무도』,『기탄자리』,『신월』등과 시집『해파리의 노래』등을 발간한 안서 김억(岸曙 金憶) 군이라 하겟습니다.

五. 자유시의 압길의 두 가지 문뎨

이와 갓치 시작된 신시 운동이 아직까지도 초창시대에 잇는 것은 여러분이 다 아실 것이외다. 이 초창 시대에 잇는 우리는 긔성한 시대의 세력을 가진 것 업고 일반 독서 계급의 쌔른 감상력을 가짐도 업고 쏘 긔성한 시가의 형식도 업시 다만 빈손으로 무슨 새론 문학의 창조를 쇠하는 것이외다. 일이 어렵기도 하려니와 그 동시에 흥미도 잇는 것입니다. 그러면 이 신시 운동의 전도의 목표는 무엇인가 적어도 나의 생각으로는 두 가지의 목표가 잇다고 합니다. 첫재는 민족뎍 뎡조와 사샹을 바로 해석하고 표현하는 것, 둘재는 조선말의 미와 힘을 새로 차저내고 지어내는 것입니다. (다음호에 계속) (一九二四, 八.)

『조선문단』제2호, 1924.10.

六. 신시의 내용

<u>신시 운동의 내용은 엇더하여야 될가.</u> 이것이 우에 말한 두 가지 목표

의 첫재울시다. 곳 '민족뎍 정서와 사상을 바로 표현하는 것'이외다. 모든 예술뎍 표현에 내용과 형식이란 논흐지 못할 물건이외다. 형식을 극단으로 파괴하려는 운동 즉 근내의 미래와 심지어 다다이즘 가튼 운동은 형식에 치우치는 타락뎍 경향에 대한 반동, 자극제는 될지언정 그 형식 파괴라는 무긔만 가지고 얼마나 오랜 예술뎍 생명을 가질런지는 의문이외다. 예술이라 칭하지 아느면 모르거니와 예술이라 칭하는 이샹 박게 나타남이(즉 표현이) 잇서야 할 것이요 표현이 잇는 이샹 형식이 업슬 수 업습니다. 가령 음악이라 하면 음악을 다른 예술, 미술 혹 문학에서 구별하는 특수한 형식이 잇슬 것이외다. 그러치 안코 가령 동물 표본을 진렬하고 이것이 음악이라 하면 누가 그것을 긍뎡하겟습니까. 노래로 말하여도 이는 문학에 속한 것이니 음악이나 무도나 됴각과 달리 문자라는 형식을 취하야 할 것이오 문자 중에도 음률을 직히는 운문의 형식을 취하야 할 것이외다. 적어도 이 범위 안에 잇는 것이라야 노래라 하엿지 그 범위를 버셔나면 노래라 할 수가 업겟습니다.

형식이 이와 가치 중요한 물건이나 그 밋흐로 더 드러가 보면 형식보다도 더 중요한 것은 내용인 것을 알 수 잇습니다. 프란스의 자유시가 쟝래 시가샹에 상당한 디위를 차지한다 하면 이는 그 형식이 파괴뎍임보다 그 내용의 영원성에 의할 것이외다. <u>고래로 뎐하는 걸작이 그 긔교 여하보다도 그 속에 잇는 사상과 정서의 가치에 의한 것이외다.</u> 그럼으로 베를렌과 베라만이 가치 歡賞을 밧고 휫트맨이 가치 大詩人의 稱을 엇는 것이외다. 그와 마츤가지로 오늘날 우리가 창작코저 시험 중에 잇는 조선의 신시도 그 신시라는 형식으로 인하야 생명을 어들 것이 아니라 신시의 속에 실린 사상과 정셔의 독창뎍이고 아님에 그 생명이 달릴 것이외다. 만일 오늘 신시의 작가들이 참 새론 정신과 새론 미를 발견하면 우리 신시 운동은 성공할 것이요 그러치 못하면 얼마 가다가 쇠하고 말 것입니다. 만일 이 신시 운동이 실패된다 하면 조선 민족에게 거긔셔 더한 불행이 업슬 것이오 그것이 성공되

176

면 우리 당대와 후손에게 그런 보배가 업슬 것입니다. 그럼으로 오늘 이 운동에 참가한 우리(그 수효가 손으로 곱으리만치도 못되는 우리)는 우리의 책임이 얼마나 중한 것을 깨다러야 하겟습니다.

그러면 우리 신시의 내용은 과연 엇더하여야만 생명 잇는 내용이 될가. 이것은 짧은 시간에 단뎡을 내리지 못할 문뎨입니다. 오랜 시간을 지나는 동안에(잘못하면 우리 후대 여러 대를 지나는 동안에야) 해결할 문뎨입니다. 그러나 가장 안전한 '크라이틔리아'[8]를 두 가지만 말하자면 <u>첫재는 개성에 충실하라 함이오 둘재는 조선 사람된 개성에 충실하라 함</u>이외다. 첫재로 개성의 표현이 업는 예술품으로 생명을 유지한 례가 업습니다. 우주에 미가 가득하다 하여도 그것이 예술이 되지 못합니다. 그의 미의 소질이 엇던 개성과 됴화하고 결혼할 째에야 참 예술이 탄생됩니다. 그럼으로 예술뎍 긔분을 조곰이라도 가진 사람이면 그 개성을 사사물들에 발현합니다. 또 하고저 합니다. 이런 의미로 보면 셰샹 사람이 다 예술가라 하겟습니다. 그 가운데도 그런 텬분이 만혼 사람이 큰 예술가가 되나 봅니다. 이것은 너머도 범박한 표준이기 싸문에 누구나 부인할 사람이 업슬 줄 압니다. 그러나 둘재 표준 즉 조선 사람된 개성의 표현에 니르러서는 반대할 이가 잇슬 듯도 합니다. 한가지 분명히 말할 것은 나의 의미하는 조선 사람된 개성 간단히 말하면 조선혼이라 함은 결코 인간의 공통성을 무시하는 또는 인류애를 무시하는 배타뎍 국수주의가 아니라 함이외다. 이런 배타주의는 외국 문화 침입의 영향으로 생긴 두 가지 큰 극단주의의 하나로 별로 가치 업는 운동이라 봅니다. 나는 이러한 배타뎍 국수주의를 반대합니다. 현대의 우리는 조혼 의미에 잇서셔 민족을 국가를 초월할 필요가 잇다고 생각합니다. 또 외국 문화의 수입도 할 수 잇는 데싸지만히 하는 것이 조타고 합니다. 외국 문화가 다 조혼 것은 아니겟지오마는 가시가 실타고 꼿싸지 버리는 싸닭은 업습니다. 그러나 외국 문

---

8) 크리아틔리아: 기준, 준거

화 수입이 우에 말한 바와 정 반대의 영향을 낳는 수도 잇스니 이는 곳 극단의 외국 숭배주의 모방주의외다.

오늘날 우리 사회를 살펴보면 풍속 습관상으로나 의복 례절상으로나 학술상으로 사상으로나 엇던 방면으로나 외국 문화의 모방으로 급선무를 삼는 것이 사실이외다. 그 외국이란 것이 미국이거나 아라사거나 일본이거나 물론하고. 이것이 아조 납부다는 것이 아니외다. 어늬 나라이나 문화가 크게 발달된 나라는 그 력사상에 언제든지 한번은 그러한 모방시대를 지나지 안은 나라가 업습니다. 그런 고로 외국 문화 모방이 조선 문화상에 새 긔원을 짓는 첫거름임은 의심 업는 일이외다. 신시 운동에 잇서서도 <u>과거 오륙년 간의 운동이 대부분은 모방에 지나지 못한 것이 사실</u>이라 하겟습니다. 그리고 그 모방은 엇던 우리의 큰 작가가 잇서서 그를 모방한 것이 아니오 아모러케 굴러도 <u>외국 작가의 모방 밧게 될 것이 업섯</u>습니다. 물론 우리 가운데는 혹 순전한 독창뎍 작품을 지으려고 로력도 허엿겟지오. 그러나 그것이 얼마나 한 열매를 매젓는지는 의문이외다. 그러면 이제부터 나아갈 우리의 길은 다름이 아니라 이 외국 문화 전제에서 버서나서 <u>국민뎍 독창 문학을 건설함</u>에 잇습니다. 그러케 하기 위하야서 우리는 우리 민족이 가진 모든 조흔 것 사상으로나 정서로나 뎐통으로나 창조력으로 나를 발견하고 해석하고 노래하여야겟습니다. 이런 의미에 잇서서 우리가 가진 유일한 발족뎜이 한시도 아니오 시됴도 아니오 민요와 밋 동요라 함은 나의 전부터 주장하는 바이외다. 민요을 발족뎜으로 삼거나 말거나 하여간에 조선말로 쓴 노래가 조선 사람의 가슴에 먼저 울리기 전에 예술뎍 가치가 생길 것 아니외다. 튜톤 문학에 튜톤의 피가 흐르고 라틘 문학에 라틘의 피가 흐름가치 조선 문학에 조선의 피가 놀쒸어야 할 것이외다. 그리한 뒤에라야 슬라브 예술이 먼저 슬라부 예술인 뒤에(슬라부 예술이기 짜문에) 세계 예술이 됨가치 <u>조선 문학이 조선 문학인 뒤에</u>(혹인 짜닭으로) 세계문학이 될 것입니다.

그러면 그 다음 문데는 엇더케 하면 그런 생명 잇는 문학을 창작할 수 잇슬가. 그 대답은 나의 능력에 밋지 못하는 것이외다. 다만 우리 가운데 현재 시인이 나서 우리의 사상 우리의 아픔 깃븜을 잘 알고 우리의 말을 잘 리해하야 위대한 작품을 지어내기를 기다릴 쑨이외다. 그러고 현재 신시 운동에 차가한 우리 잠?코저 하는 여러분은 이 목표를 바라보고 로력할 쑨이외다. 그 사업이 과연 어느날에 가서 성공할는지 우리의 알바이 아니외다. (以下 次號)

『조선문단』 제3호, 1924.11.

신시와 우리말

신시 운동의 둘재 큰 목표는 우리말의 미를 표현하는 것이외다. 국민문학이란 말이 무슨 의미가 잇다 하면 국민덕 사상을 담은 문학이란 외에 국민덕 언어의 미를 가진 문학이라 하겟습니다. 문자 예술에 속한 엇더한 예술품을 감상한다 하더라도 반드시 언어의 미를 리해치 못하고는 불가능한 것을 봅니다. 러시아의 푸시낀[9]이 외국인의 감상을 못 밧는 것은 그 언어가 너머 러시아덕인 까닭이란 말을 드럿습니다. 산문을 가지고도 언어의 리해력(리해력보다도 감상력, 그 쩨르리케트한 미를 맛보는 힘)이 업시는 완전한 애독쟈가 되기 어렵다 하는 것이 뎡론입니다. 하물며 노래에 니르러서리오. 색채의 미를 모르는 이에게 그림이 아모 미혹이 업는 것 가티 언어의 미묘한 당단에 감각력이 업는 이에게 노래의 미를 쌔닷게 할 수 업슬 것입니다. 풀로벨[10]은 소설을 쓰면서도 글자 한자를 구하기 위하야 쌔로는 여러 날을 두고 고심하엿다 합니다. 노래의 미가 태반이 언어의 미에서 나오는 것은 누구나 부뎡치 못할 줄 압니다.

---

9) 푸시낀: 푸시킨.
10) 풀로벨: 플로베르.

그러면 과거에 과연 조선말의 미를 표현한 조선 노래가 잇섯나. 업섯다 함이 가할 것이오 이섯다 하면 극히 적다 함이 가하겟습니다. 약간의 시됴로 말하면 한문 구조에 너머 로예가 되어 조선말의 근본미를 일헛다 할 것이 태반입니다. 민요와 동요에 니르러서는 시됴보다 근본성으로 낫다 하겟스나 단조하고 유치한 란뎜을 면치 못합니다. 오늘날 신시가 비록 시작은 외국시의 모방, 번역에서 하엿스나, 쟝차는 조선말의 진정한 미를 차저 드러갈 것은 의심 업스며 쏘 그리하여야 할 것입니다. 웨 그러케 하기 전에는 신시가 한가지 예술의 형식으로 조선에 생명을 계속할 가치와 권리가 업는 것인고로.

그러면 무엇을 가르처 조선말의 진뎡한 미라 할가. 이것은 아모도 예언할 것이 못되며, 리론할 것이 못된다 합니다. 이는 다만 예술뎍 현재의 발견과 창작에서 나올 것이라 합니다. 멧가지 이것은 아니다 하는 것은 잇겟습니다.

첫재, 외국어의 직역은 결코 조선말이 못 될 것이외다. 이 의미에 잇서서 오늘날 신시의 다부분은 조선말이 아니라 하겟습니다. 아 외국말이 조선옷을 닙고 나온 것쑨이외다. 엇더케 외국어가 조선화하고 외국사상이 조선화할는지는 역시 예술가가 스스로 해결할 문뎨입니다. 둘재 고어의 부활이 결코 조선말이 아닙니다. 한째에 순젼한 조선말이 잇고 그 시대의 조선 사람의 가슴에 고샹한 졍서를 니르키던 말이라도 임의 오래 사용되지 안은 이상, 현대 조선인에게 그런 숭고한 졍서를 니르키지 못하는 이상, 그것이 현대 조선말의 진졍의 미라 할 수 업슬 것이외다. 그런 고어의 부활이 일종 호긔뎍 흥미를 줄 것은 사실이오, 쏘 그런 고어 중에도 일종의 특수한 색채를 가진 것이 잇슬 것도 사실이나, 다만 고어이니까 순젼한 조선말이니까, 조선말의 미를 가초앗다고 할 수 업는 것이외다. 도리혀 그런 고어보다도 후대에 수입된 한문한자 가운데 더 우리 생활과 우리 졍서에 반향을 니르키는 말이 만흘 것이외다. 그러면 여긔 조선말이라 한 것은 결코 순젼한 조선어근에서 나온 말이라 함이 아니요, 어근은 어듸서 왓던지 현재 우리 감각에 반향을 니르킬 만한 생명 잇는 말을 가르킨 것이외다.

그러나 이상 두 가지는 일종 소극뎍 졔한에 불과하고 적극뎍으로 엇더한 것이 조선말의 미라고 하는 것은 리론으로 말할 수 업습니다. 그것을 발견하고 챵작하는 것이 시인의 직무요, 그것을 감상하고 소개하는 것이 비평가의 직무이겟습니다. 그런 중에 이 문뎨에 대하야 각 작가가 제각기 자긔의 도그마가 잇습니다. 엇던 이는 이것이 참말 조선 노래다운 노래라 하고, 엇던 이는 저것이라 합니다. 필자도 제게 맛는 도그마가 잇습니다. 우에도 말한 것거티 필자의 의견으로는 조선의 신시 운동이 성공하려면 반드시 민요를 긔초삼고 나아가야 되리라 합니다. 이것은 엇던 나라 문학사를 보드래도 증명할 수 잇는 것이외다. 문학 발생의 초챵시대에 잇서서 그 새 문학의 출발뎜이 언제든지 민요에 잇섯습니다. 멀리 그릭11)이고 그럿섯고 라틴 문학, 영, 법, 덕의 근대문학, 각가히 러시아와 일본의 문학이 그랫습니다.

이런 의미로서 나는 근래 우리 청년 작가들 중에 외국서 드러온 <u>악마주의, 유미주의, 데가단주의</u>를 챵도하는 사람의 큰 발뎐을 의문으로 압니다. 그 반대로 순전한 민요뎍 긔분에서 출발하려는 이들의 쟝래를 큰 흥미를 가지고 봅니다. 그러한 경향을 다소간이라도 보인 작가를 곱자면 지금 생각나는 대로『백조』에 로작(露雀) 군, 이전『창조』지금 『령대』에 김억, 김소월 두 군,『금성』에 손진태, 백긔만 두 군, 가튼 이를 치겟습니다. 그런 이들의 작품이 아직도 만치 못하고 쏘 모하노은 것이 업슴으로 지금 우리 참고 될 만한 것이 업슴은 유감인 중에 김억 군이 민요 시집의 명을 씐『금모래』를 발간하엿다 함은 깃분 소식의 하나입니다. 필자의 근간 시집『아름다운 새벽』에도 민요뎍이라 할 수는 업스나 조선뎍 긔분을 나타내려고 시험한 것이 더러 잇습니다. 그 외에 간혹 나는 문예잡지, 시가 잡지에 그런 참고 재료가 잇습니다. 통트러 말하자면 그런 재료가 심히 부족합니다. 민요 급 동요는 신문사

---

11) 그릭: 그리스.

등에서 모집한 일이 잇기는 하나 책으로 발간하엿다는 말을 못 드럿습니다. 만일 그런 책이 발간되면 크게 유익이 잇슬 것이외다.

이와 가튼 리유로 리론 이외에 실물을 드러 증거하기 힘듭니다. 억지로 하려는 것보다 현명한 독자의 상상력과 독창력에 맛깁니다. 지금 우리는 긔성 문학 주석할 시대가 아니라 새문학을 창조할 시대이니까 여러분 압헤는 한업는 자유스러운 시험쟝이 열렷습니다. 그 넓은 처녀디에 발을 드려노려고 하는 사람도 수효가 심히 적습니다.

이샹은 신시 운동의 목표가 조선덕 사샹 정서의 표현과 조선덕 언어의 미를 발견하는 데 잇다 하는 것을 말할 것이외다. 엇던 이에게는 이 말이 별로 신기치 안케 들릴는지 모르나 필자의 의견으로는 우리가 그러한 발견을 하기 전에 우리의 모든 로력이 영원한 생명을 가지지 못하리라 합니다. 쏘 엇던 이는 이 말이 예술의 보편성을 모색한다고 할는지 모르나 이는 말의 표현만 보고 하는 말인가 합니다. 예술은 인류의 예술이지 조선의 예술이 아닌 것을 나는 밋습니다. 그러나 그 예술이 조선의 예술이기 째문의 인류의 예술인 가치가 생긴다 합니다. 우리의 나아갈 길은 다른 것 아니라 국민문학의 챵성, 그로 조츨 세계 문화의 공헌이라 하겟습니다. (此項 完)

◎ 소설 작법, 김동인, 『조선문단』 제7호(1925.4.)~제10호

小說作法(一), 『조선문단』 제7호, 1924.4.

序文 비슷한 것

우리는 매일 밥을, 세 번 평균으로 먹는다. 그러나, 누가 우리의게 갑자기, 밥 먹는 법을 가르키라 하면, 우리는 그 사람을 미치광이로 볼 것이니, 웨 그러냐 하면 喫飯法이라 하는 것은 싸로히 업는 까닭이다. 우리가 밥을 젓가치로 먹던, 숟가락으로 먹던, 洋人과 가치 鑵과 칼로

먹던, 쏘는 나히 어린애들과 가치 손까락으로 먹던, 아모도 거기 간섭하며, 治安法 違反이라던가 風俗壞亂으로 우리를 法律의 손에 내여줄 사람이 업슬 것이다. 喰者의 버릇과 便益上, 밥을 박죽으로 퍼먹는다 하여도 쏘한 괜치 않을 것으로서, 喰飯法則上 너는 젓거치로 먹엇스니 안되엿다, 나는 술가락으로 먹엇스니 되엿다는 等의 헷소리는 하는 사람이 업슬 것이다.

그러나, 우리는 喰飯法이라는 것을 온전히 가지지 못하엿는가. 무론 成文律은 업겟지만 不文律로서, 우리는 아모의게도 배우지 안혼 喰飯法을 가지고 잇다. 즉 젓거치로던 술가락으로던 혹은 동치로던 喰物을 입속에 잡아너코 입을 다믄 뒤에, 喰物 運搬 긔구를 쏩아내이고 니쌀로 씹으며 혀로 구을려서, 목구녕 속으로 잡아 너흐는 것—이것이 우리의 不文律의 喰飯法이겟다. 그 가운데 小異는 잇슬 테지만, 대개는, (내가 처음으로 成文律로 발표한)이 과뎡을 안 지내는 사람이 업슬 것이다.

小說作法에 대하야도 쏙 가치 말할 수가 잇다. 小說이라는 것도, 一뎡한 作法에, 律하야 쓸 수가 업는 것으로서, 내가 이러한 方式으로, 小說을 쓰고, 다른 사람이 다른 方式으로 쓰고, 쏘 다른 사람이, 쏘 다른 方式으로 쓴다 할지라도, 결코 어느 것은 방식에 맛고, 어느 것은 방식에 안 맛는다고 할 수가 업는 것이다.

그러나 '小說作法'이라는 것은, 온전히 存在치 못할 者인가. 이러케 볼 째는, 엇던 뎡도까지는 小說作法의 存在라는 것을 非認할 수 업는 것이다. 搆案, 文章, 思想, 筆致, 描寫, 技巧, 權謀術, 무엇무엇 等 엇던 뎡도까지는 作者의 甲乙을 무론하고,(음식을 엇던 運搬機로 입까지 가저가서, 엇던 과뎡을 지나석, 목구녕으로 삼키는 것과 마츤가지의) 通過하지 안을 수 업는 과뎡이 잇다.

내가 이제 쓰랴 하는 것은 그것이다.

그러나 小說은 工藝品이 아니매, 이 小說作法을 마치 家具 製作法冊과 가치 알고, 이 小說作法만 짜로 외이면, 小說家가 되려니 하는 마음으로 넘어서는 안 될 것이다. 다만 이 글은 어린 씨의게 비료를 부읏는데 지나지 못하는 것으로서, 콩알을 땅에 삼은 뒤에 아모리 비료를 잘하고 잘 각군다 할지라도, 그 콩알에서 복송아나무가 날 리가 만무하다. 다만 비료—나는 이러한 목뎍으로 이 글을 쓰랴한다.

◎ 小說作法(二), 『조선문단』 제8호, 1925.5.

小說의 起源 및 그 歷史

小說에 대한 강화를 쓰기 전에 우리는 잠간 小說의 起源과 및 그 歷史를 살펴보지 안으면 안 되겟다.

한 머리의 나뷔가 되기까지에는 그 前生에 수렁이 時代가 잇섯고 그 전에는 벌네의 時代가 잇섯고 쏘 그 전에는 알의 時代가 잇섯슴과 마츤가지로 小說이 지금의 '小說'까지로 發達되기까지에는 별별 途程을 다 밟엇겟슴을 짐작할 수가 잇다.

小說의 前身으로서 우리는 洋의 東西를 무론하고 散在하여 잇는 騎士니약이로 볼 수 잇다. 그리고 그 前身은 神話이겟고 神話의 어버이인 傳說이며 傳說의 어버이로서 '實在된 事實을 좀 誇張시킨 이약이'들을 쏘한 小說 發達史를 생각할 째에는 니저서는 안 될 사실이겟다.

詩의 起源이 반듯이 成文詩라 하며 音樂의 起源을 반듯이 樂器 發明 後라고 하는 것을 우리는 誤解라고 할 수 잇는 것과 마츤가지로서 小說의 기원을 成文 小說로서 하는 사람을 쏘한 우슬 수가 잇다. 크로쓰 敎授[12]의 小說의 起源도 紋事詩며 戱曲과 가치 오랜 것이라고 說破한 것은 그러한 쯧에서 나온 것이다.

우리는 小說의 起源을 생각할 째에 몬저 原始時代의 사람의 단순한 살림을 생각할 수가 잇다. 그 사람이 아츰에 활과 살을 들고 뫼에 산양

---

12) 크로스: 미상.

을 갓다가 갑자기 범이나 사자를 맛날 째의 일을 우리는 상상하여 보자. 猛獸는 배불리 먹은 뒤에 무성한 삼림 속에서 늘어지게 잠이 드러잇다. 그것을 바라본 原始人은 활을 재어가지고 한 살로서 그 猛獸를 죽엿다. 그리하여 그 심생을 자긔의 마을에 가지고 도라온 경우에 그 原始人은 엇더한 態度를 취할가. 그가 만약 平凡한 사람이엇드면 아모 문데도 안 니러낫를 것이다. 그러나 그의게 만약 天才的 想像力이 잇섯슬 것이면 猛獸는 「입을 벌리고 그를 무르려」하엿슬 것이겟다. 그러고 「니ㅅ발과 발톱이 그의 옷을 씨젓슬 것」에겟다. 그것을 그가 '담대히' 활활 쏘매 그 猛獸는 「길길이 올라 쒸며」 그 째문에 山野가 「진동하엿슬 것」이겟다. 猛獸가 낫잠을 자? 그런 것은 그는 눈치도 안 채이게 하엿슬 것이겟다.

여긔 우리는 우리 人類 文化의 자랑인 小說의 그 起源을 瞥見할 수가 잇다.

그 뒤의 發達은 간단하다. 처음에는 사실에 근거 삼은 '니약이'가 人智의 發達에 조차서 온전한 無根의 니약이가 나오고 그 뒤에는 그 니약이에 더 자미스러운 덤을 부치려고 하누님과 귀신이며 독갑이를 製造하고 요술쟁이며 장수를 만드러 내이며 이러케 차차 發達되다가 '글자'라는 것이 생긴 뒤에 엇든 好奇心 만흔 사람이 '이약이'를 글로 써 사 다른 사람의게 닑게 한 것—이리하여 不文小說에서 成文小說로 그 길은 진섭되엿다.

西洋의 成文小說로 지금까지 남어 잇는 것 가온데 그 중 오랜 것은 에집트의 웨스트카ー르파파이러쓰[13]라 한다. 그것은 지금부터 六千年 전 쯤의 것으로서 쵀ー읍스 王의 세 아들이 아버지를 유쾌하게 하기 위하여 아버지의 아페서 한 사람식 자미 잇는 이약이를 하는 것이 그 大旨로서 그 時代 사람의 단순한 構想을 볼 수가 잇다 한다.

그 다음으로 現在 한가운데 그 중 오랜 것은 五十年쯤 전의 것으로

---

13) 웨스트칼 파파이러스: 미상.

서 〈농부의 이약이〉와 그 다음 〈세트나 皇子의 니약이〉며 〈째타의 니약이〉 等으로서 모도 에집트의 피라밋 가운데서 발견된 것들이다.

그 니약이들은 모다 그 당시의 한가한 사람들의게 심심푸리로 보게 하게 하기 위하야 쓴 글들로서 構想이며 描寫며 아모 덤으로던 볼 것은 업다 한다. (농부의 니약이 밧게는) 모도 다 황당무게한 요술쟁이의 니약이로서 原始人의 니약이를 다만 글자로 나타내인 데 지나지 못하엿다.

그러나 '니약이'는 쓰리—쓰로 드러오면서 얼마간 진보되엿다. 아리쓰틔데쓰[14]의 멸레쌘 니약이며 쯰오제늬—쓰[15]의 〈듸니아쓰와 델실레쓰〉 等 그리쓰 古代 니약이에서 우리는 처음으로 戀愛物語[16]를 잡아너은 것을 볼 수가 잇다. 에집트에서는 사람의 흥미를 쓰을기 위하여. 요술쟁이의 니약이를 쓴 대신 쓰리—쓰에서는 戀愛로서 讀者를 즐겁게 하려 하엿다. 니약이는 차차 사람의 情緒를 注意하엿다. 이리하여 니약이는 차차 小說로 갓가워 왓다. 그 뒤 헬리오도—러스·롱거쓰·페트로뉴—쓰 等 허다한 사람과 허다한 세월로서 中世紀의 騎士物語로까지 發達되엿다.

騎士物語의 특덤은 사람의 힘을 認識한 데 잇다. '이 세상에 존재 못할 긔괴한 일'을 쓴 덤에서는 騎士物語이나 古代 에집트 物語이나 마츤가지라 할 수 잇스나 古代 物語에서는 그런 경우에는 魔力을 비는 대신 騎士 物語에서는 사람의 힘으로서 모든 장애를 처물렀다. 그러고 說明에는 말하기를 나는 그런 큰 일은 못한다. 그러나 그(騎士)는 偉人이다고.

그 뒤에 惡漢物語 全盛도 잇섯스나 騎士物語나 惡漢物語나 말하자면 경우나 사건이나쌘으로 讀者의 흥미를 쓰으는데 지나지 못하엿다. 흥미잇은 우리의 生活 가운데 얼마밧게 안 되는 것으로서 몃백의 작가가 수업는 작품을 발포한 뒤에는 흥미잇는 사건이며 경우라는 것도 다

---

14) 아리스틔데쓰: 아리스티데스(기원전 530~468). 고대 그리스 아테네의 정치가.
15) 쯰오제늬—쓰: 미상.
16) 연애물어: '물어'는 일본식 용어. '모노 가타리'.

종자가 말러버리고 마렷다. '니야이'도 인전 새로운 局面을 發見하기 전에는 自滅하게 되엿다. 이째에 셀반테쓰[17]의 『쏜·퀴호-테』가 나타낫다.

멋 千년을 품고 잇넌 알은 마츰내 섭설을 쌔트리고 나왓다. '니야이'는 종내 『쏜·퀴호-테』로서 小說로 변하엿다.

'니야이'의 時代에 獨創的 文學的 型式으로 '아마듸쓰·어앤·쇼-르'[18]을 세상에 니역서 '니야이'의 한 새 局面을 준 스페인 國은 쏘한 쏜·퀴호테를 내여서 '니야이'의 더욱 새로운 局面우로 '小說'을 우리의게 주엇다. 쏜·퀴호테는 近代小說의 祖ㅣ다. 아직것 모든 作品이 다만 內容의 흥미 쏜으로 讀者의게 아텸을 할째 「性格이라는 것을 붓짓으로 나타내일 수가 잇다」는 것을 우리의게 가르친 처음 作이 쏜·퀴호테-다.

그 뒤의 小說의 發達은 눈이 뒤집힐 듯하엿다. 英의 리차-드슨의 〈파할라〉[19](?)가 發表된 뒤에 그 感傷的 作風의 反動으로 해-르딩[20]의 堅實한 作風이 생겨나며 同時에 各國에 有無名의 作家가 雨後竹筍과 가치 생겨나서 當時의 識者로서 小說의 타락을 근심케까지 하엿다. 그 뒤에 꼴드스미욧[21]가 나타나서 溫健한 筆致를 뵈일 쌔에 獨의 쾨테[22]며 무-셰유쓰,[23] 리히텔[24]까지 그 筆致를 模倣하며 그 세력이 대단히 퍼젓다.

그 다음에 생겨난 것이 룻소-며 엣쥐월쓰-며 나려와서는 유-고-, 쇼-꼴, 툴게네쯔, 톨스토이, 듀-마, 쌀작, 탁커리-等으로서 이 時代부터는 小說이라는 것은 一國的 것이 아니고 國際的의 것으로 認識

---

17) 셸쌘테스: 세르반테스.
18) 아마듸쓰·어앤·쇼-르: 아마디우스 오프 콜.
19) 리차드슨: 미상.
20) 해-르딩: 필딩.
21) 꼴드스미욧: 골드 스미스.
22) 쾨테: 괴테.
23) 무세유쓰: 미상.
24) 리히텔: 미상.

하게 되엿다.

그러케 되면서 차차 저절로 派가 갈리며 手法上 여러 가지의 主張이 생겨서 쓸로－벨과 가튼 寫眞主義를 取하는 者와 모－팟산의 客觀을 取하는 자와 제－ㅁ쓰의 세밀한 心理 묘사, 졸라의 下流社會 묘사, 톨스토이의 事實主義, 스틔븐쓴의 怪奇的 物語 무엇 무엇 제각금 論議하고 主張하게 되엿다.

그러는 가운데 또한 특별히 니저서는 안 될 사실이 잇스니 十九世紀 初부터 에드가－알란 포－를 原祖로 하여 시작된 한 小說의 型式 短篇小說에 대하여서－다. 取材, 結搆, 描寫, 모든 방식을 아직 것의 小說 作風의 글들에서 버서나서 온전한 獨立的 型式으로 쓰는 이 단편소설을 단지 廣汎한 小說의 한 型式으로 볼지 혹은 騎士 物語에서 小說로 進步된 것과 마츤가지의 革命으로 볼지 그것은 이후에 歷史쌴이 証明할 것이겟지만 포－에 連하여 도－데, 모－팟산,25) 체홉26) 等을 지나서 지금의 國際的 小說界는 短篇小說 全盛임은 거져 넘기지 못할 사실이다.

小說史를 쓰려할 째에는 東洋小說史에도 言及하여야겟고 筆者의 草稿에는 大略의 엣것을 써 두엇스나 歷史에 피곤한 筆者의 붓대로 더 쓰기가 실타 함으로 그만 除之하고 이후 긔회를 기다리기로 한다.

나는 以上 破天荒으로 간단히(讀者가 了解키 어렵도록) 小說史를 썻다. 詳細히 긔억 안 하여도 괜찬은 것으로서 自白하자면 筆者도 參考書가 업스면 모를 일이지만 이제 쓸 小說講話에는 小說 發展에 대한 槪念쌴은 잇서야겟기에 讀者의게 그 槪念을 주려고 잡기 실흔 붓을 들고 어려운 글을 썻다.

---

25) 모팟－산: 모파상.
26) 체홉: 안톤 체호프.

◎ 小說作法(三), 『조선문단』 제8호, 1925.6.

構想

題材―"小說을 쓰는 方法은 다만 세 가지밧게는 업다. 먼저 니약이의 가음(plot)을 만드러 가지고 거기 人物을 配置하는 것이 첫재. 먼저(엇던 性格을 가진) 人物을 만드러 가지고 그런 性格의 사람이면 展開될 만한 事件이나 局面을 發見하는 것이 둘재, 셋재는 엇던 雰圍氣를 붓드러가지고 그 雰圍氣에 마즐 만한 局面이며 人物을 만드러 내이는 것."이라고 한 스틔앤슨27)의 말은 一분의 반박할 여지가 업는 올혼 말이다. 엇던 사건과 人物과 背景―이 세 가지로서 小說이 成立되는 것이매 그 세 가지ㅅ 가운데 하나를 붓들고서 그 남아지의 것을 보충한다는 것은 小說作法의 그 根本일 밧게 업다. 그러면 나는 이 項에서 거기 대한 간단한 설명을 하여 보겟다.

事件―小說에 事件―郞 니약이의 가음은 업지 못할 한 要素라고 할 수 잇다. 졸라의 一派는 "小說은 奇談이 아니이매 그 構實이라는 것은 不必要하다."고 하엿스나 쏘한 小說은 感想文이나 스켓취가 아닌 以上에는 엇더한 (복잡한 혹은 단순한) 統一된 니약이의 構實이 잇지 안을 수가 업다.

우리가 졸라의 各 作品에서 그 正確한 묘사며 '紙面에서 소서나올 듯한 분명한 性格을 가진 各 人物을 보면서도 하픔날 듯한 冗漫(용만)을 늣기며 째째로는 참지 못하며 몃 페이쥐式 쉬여 넘으며 보는 것은 다른 것이 아니라 졸라의 作品에서는 統一된 니약이를 볼 수가 업다는 덤에 잇다. 로만·롤란28)의 짠·크리스토쯔29)도 그러하며―性格쌘을 主

---

27) 스틔앤슨: 스티븐슨.
28) 로만 롤란: 로만 롤랑.
29) 짠·크리스토쯔: 장 크리스토프.

로 하고 니약이의 가음에 온전한 쥬의를 안한 온갖 作品은 다만 남의게 하픔을 나게 하는 한 지리한 理論에 지나지 못한다.

그런지라 우리는 小說作法을 討究하렬 째에 먼저 그 構案에 대하여 좀 생각할 필요가 잇다.

여기 내가 먼저 例를 들고저 하는 것은 春園의 無情이다.

春園의 無情을 나는 다만 그 플롯트에 대하여서만 좀 써 보겟다. 無情을 우리는, 每頁 字字句句로는 도뎌히 닑을 수 업다. 혹은 서너줄 째째로는 數頁식 쮜여서 닑지 안을 수 업도록, 그 가운데는 作者의 탈션이며 不用意가 잇고 甚한 것으로서는 一人物(황쥬 女學生이 긔챠에서 영채와 만낫슬 째에 同乘하엿든 그 녀학생의 오라비 동생)이 不知 去處로 된 곳까지 잇스나, 우리는 그 無情을 하는 수 업시 마즈막 페이쥐까지 닑지 아늘 수 업는 것은, 그 플롯트 째문이다. 열 사람에 갓가운 人物이 登場하여 場面마다 事件마다 물이 나즌 데로 흐르는 것과 가치, 그 絡結의 場面을 向하여 바로 向케 한 곳에(곤대곤대 탈션이 업지는 안치만) 作者는 확실히 그 플롯트를 살게 하엿다 할 수가 잇다.

째째로 에비소-트로 볼 수 잇는 것(례컨대 월화의 니약이가튼 것)도 잇스나, 그것도 本線과 合할 째에는, 그 本 플롯트의 氣分과 合一될 샌더러 오히려 원 플롯트에 쯧기픈 暗示를 주어서, 이것으로서 一層 더 플롯트의 생명을 전명하게 하엿다.

샌만 아니라, 거긔는 讀者의 아페 파 노혼, 커다란 權謀의 구렁텅이까지 잇다. 여主人公 박영채가 자긔의 양어머니의게, 遺書를 써 노코 '長靑流의 大同江에 몸을 던지러' 平壤으로 향한 뒤에 作者는 영채의 그림자를 감초어 노앗다. 뒤쫏처 나려간 양어머니와 형식이는 영채의 시테를 못엇고, 도로 上京하엿다. 과연 영채는 죽엇슬가. 作者는 이를 슬며시 감초어 노코 몃 十페이쥐를 모른 체한다. 그것이 號를 련하여 신문에 발표될 째에 讀者는 얼마나 그 運命을 아르려고 애를 썻슬가. 무론 아모도 영채가 죽지 아녓스리라고는 짐작한다. 웨 그러냐 하면 만약 영채가 죽어버리고 말면 아직것 발표한 '無情'은, 한낫 新聞 三面

記事에 지나지 못할 테니까.

　그러나 事件 小說의 弱点을 또한 우리는 無情에서 볼 수 잇다. 春園은 無情을 처음 腹案할 쌔에 그 大團圓을 正確히 搆案하여 두지 아넛든 듯 십다. 그는 엇더케 無情을 매즐지 망개인 形蹟이 잇다. 자미 잇는 事件이 머리에 써오름으로 그 團圓은 쪽쪽이 덩하여 노치 안코 시작하여 노흐면 이러한 실책을 맛나기가 쉽다. <u>春園은 그 作品 속의 人物을 너무 액겻다. 적어도 두 세 사람은 죽여버리지 안으면 團圓이 안 될 것을 春園은 그 人物들을 너무 액겻다.</u> 여기 無情의 致命傷이 잇다.

　여기 反 하여 菊初의 〈鬼의 聲〉을 펴볼 것 가트면, 모든 事件, 모든 人物, 모든 局面은, 〈鬼의 聲〉의 맨 마지막 句,

　"시앗시앗

　시앗되지 마라."

라는 시앗새의 애처러울 노래로 흘러나렷다. 無情은 한 재미잇는 事件 째문에, 서두와 結末을 만드러 내인데 反하여 〈鬼의 聲〉은 한 애처러운 結末을 됴상키 위하여, 서두와 事件을 만드러 내인 것이, 이 두 作品의게, 이러틋 差異를 생기게 한 것이다.

　想涉의 〈해바라기〉며 稻香의 〈별을 안거든 우지나 말걸〉 等을 닑고 不滿을 쌔닷는 것은 모두 다 未完成의 搆案으로 作品을 完結하여 버린 데 잇다.

　〈해바라기〉를 讀破한 뒤에 먼저 늣기는 것은, 여主人公 영희가 무얼하러 新婚 이튼날 남편을 속여 가지고, 이전 愛人의 무덤까지 新婚旅行이라는 가면 아레서 가서, 거기 石碑를 해 세윗는가 하는 点이다. 惡意던가? 惡意면 엇든? 作者는 이를 解決하기 전에 '긋' 字를 썻다. 한낫 記事면은 모르지만, 小說로서는 큰 결덤이 아닐 수 업다. 作者는 다만 두 글자를 썻드면 〈해바라기〉는 얌전한 作品으로 남엇슬 것을, 그 두 글자를 니저버렷다. 두 글자, 즉 '未完'이라고.

　그러나 훌늉한 플롯트는 가진 〈鬢上雪〉, 〈永遠의 夢想〉, 〈再逢春〉, 〈花의 血〉 等, 新小說들이 대단히 쩗은 生命 밧게는 가지지 못할 것은,

엇던 까닭일가. 이것으로 보면 小說의 全部는 플롯트가 아니다. 그러면 그 밧게 쏘 무엇이 잇나.

性格—小說의 基礎로 플롯트를 닛지 못할 것과 가치, 쏘한 人物—卽性格을 니즐 수가 업다. 네전의 자미잇든 모든 니약이들이 지금은, 도라보는 사람이 업게 된 것은, 거기는 플롯트는 잇섯스나, 人物에 性格이 업섯슴으로, 그 人物이 모든 죽은 사람과 마츤가지엇슴에 잇다.

그러나, 아까도 例를 든 것과 가치, 性格쑌으로, 플롯트라는 것을 온전히 생각지 안코 써 나간 졸라의 모든 作品은 한낫, 人物 展覽會로는 볼 수 잇스나, 지루하고 冗漫하여 讀者로서 하픔을 나게 하는 것을 보면 쏘한 性格쑌으로, 플롯트를 度外視할 수가 업다.

性格쑌으로, 플롯트라는 것을 온전히 생각지 안코 써 나간 作者 가운데 툴게네쯔30)와 가튼 大家도 잇기는 잇스나, 그의 모든 作도 完結에 가서는 엇지 完結을 매즐지 몰라서 애를 쓴 点을 감초지 못하엿다. 툴게네쯔만한 大家이기에 그만큼이라도 남의 눈을 속엿지, 群少 作家가 그를 모방하엿드면, 그것은 아모 흥미를 쓰을 수 업는 人物 展覽會 記錄에 지나지 못하엿슬 것이다. 툴게네쯔의 것이라도 좀, 쥬의만 하여 보면, 억지로 完結을 매즌 点을 볼 수가 잇다. 例를 들자면,

「이것으로 긋인가」 不滿足한 讀者는 아마 이러케 뭇겟지. 「그 뒤에 라불렛키—는 엇지 되엿나? 리자는 엇지 되엿나?」 이럿케 뭇겟지. 그러나 아직 사러는 잇다 할망정 인저는 벌서 人生의 戰場을 은퇴한 사람들의게 관하여, 무슨 더 할말이 잇슬가. 뎐문에 의지하면, 라블렛키—는 리자가 몸을 감초고 잇는 시골 修道院을 차저가서 리자와 만나 보앗다 한다. 內陣에서 內陣으로 옴가갈 쌔에 리자는 女僧服으로 평탄하고 점잔은 얌전한 거름으로, 라블렉키의 겨틀 지나갓다. 그러나, 그의게는 겻눈질도 하지 아녓다. 다만

---

30) 쑬게테쯔: 투르게네프.

그가 서 잇는 편 눈의 눈썹이 약간 썰리고, 여윈 얼골이 좀 아레로 숙여진 듯하고, 念珠를 검칠 合掌한 손가락이 아까보다 더 힘잇게 쥐여진 것…쯤이엇섯다. 둘은 엇던 생각을 하엿는지, 엇던 것을 늣겻는지, 누가 그를 알랴. 누가 그를 말할 수 잇스랴. 다만 人生에게 이러한 째가 잇고, 이러한 感情이 잇스며 사람은 다만 그것을 指摘할 수가 잇슬 뿐— 그 以上 追求할 것이 아니라. —툴게네쯔 『貴族의 집』에서

이것은 마치 活動寫眞의 〈The End〉의 바로 前場面을 련상시키는 不自然 團圓이 아닐가. 툴게네쯔 자긔도, 그 뎜은 확실히 아른 듯 십다. 그러치 안으면,
「이것으로 싯인가 云云」
의 句는 存在할 必要며 리유가 업스닛까.

그만한 不自然한 뎜을 이만큼이라도 감춘 것은, 툴게네쯔의 手腕이 非常하엿기에이지, 그러치만 아녓드면 그것은 다만 한낫 人物 展覽會 혹은 斷片的 事實 展覽會 記錄에 지나지 못하엿슬 것이다.

雾圍氣—우리는 以上에서 플롯트쌘으로도 完全한 小說이 못 되고, 人物쌘으로도 完全한 小說이 못되는 点을 九命하엿다. 性格을 主로 삼고, 構想을 從으로 한다 할지라도, 構想까지 完成된 뒤에 처음으로 붓을 들어야 될 것이니, 그러한 結果로서 생겨난 作品을 들자면, 알취—셰쯔31)의 〈싸—닌〉이며 딴눈치오32)의 〈죽음의 勝利〉 等이 그 部類에 속할 것이오, 構想을 主로 삼는다 할지라도 거긔에 맛는 性格의 人物을 붓드러서 從으로 配置를 한 뒤에야 完全한 作品을 이를지니, 써스터예쯔스키33)—의 〈罪와 罰〉이며 톨스토이34)의 〈復活〉이 그 部類에 속할

---

31) 앞취셰쯔: 미상.
32) 딴눈치오: 단눈치오. 이탈리아의 시인, 극작가.
33) 써스터예쯔스키: 도스토예프스키.
34) 톨스토이(1817~1875). 러시아의 시인·소설가·극작가.

것이다. 그러나 그것 — 플롯트와 人物뿐으로는 또한 한 傳記나 人物의 事業錄에 지나지 못할 것으로서, 小說이 되기 위하여는 그 全體를 抱容한 雰圍氣라는 것이 잇서야 하겟다.

歷史가 '人生의 寫眞'이오 小說이 '人生의 繪畵'라는 것을 是認하려면 小說에는 雰圍氣라는 것이 업지 못할 것임을 또한 非認할 수 업다. 톨스토이의 〈復活〉을 싼 커다란 雰圍氣는 결코 네쯔류—더쯔나 카튜샤가 아니다. 復活은 人類 번민의 縮圖ㅣ다.

李仁稙의 〈鬼의 聲〉을 들고 니러선 커다란 그림자는, 결코 김승지며 그의 마누라, 혹은 츈천집과 강동지 내외가 아니다. 〈鬼의 聲〉은 妾째문에 온갖 비극과 파란이 니러나는 當時의 貴族社會의 비통한 부르지즘이다.

　시앗시앗

　시앗되지 마라

라는 시앗새의 소리는, 결코, 츈천집의 원혼인 한낫 시앗새의 노래가 아니고 당시의 샘만은 마나님들의게 희생바든 모든 첩의 원혼의 부루지짐이다. 朝鮮에 처음으로 寫實小說을 내여노흔 李仁稙은 또한 우리의게 '엇던 雰圍氣'를 붓드러가지고 거긔 <u>適合한 人物과 事實을 만드러내인 小說, 背景小說</u>을 보여주엇다.

　나는 이상 간단하니 構想 作成의 세 가지 要素를 설명하엿다. 여기는 이재 쓴 그 세가지의 項目을 범벅으로 하여, 좀더 構體的으로 說明하여 보겟다.

　우에 쓴 바로도 자세히 씹어보면 료해는 하겟지만 事件, 人物, 背景 세 가지에서 어느 点을 起点으로 삼던, 그것은 관계 없느나, 그 세가지가 和合하여 한 完全한 小說 初案으로 되기 前에 붓을 드럿다가는, 完成되는 作品은 不明瞭하거나 不徹底하거나 不完全한 것이 안 될 수가 업다. '한 句식 한 句식 腹案하여 마즈막의 한 句까지 暗誦한 뒤에야 체음으로 붓을 잡는다'는 晩年의 톨스토이의 執筆法은 반듯이 본바들 만한 가치가 잇다.

一句一句를 腹案. 엇던 사람의게는, 이것이 한낫 우서운 말일지는 모르나 創作을 하여보려고 마음을 내인 일이 잇슨 사람은, 아마도 反駁할 여지가 업는 말이다. 왼 한 篇을 全部 한 句 한 句식 복안할 수는 업다 할지라도 적어도 그 强調点ㅣ 귀듕한 대목쑨은 한구한구식 복안할 필요가 잇다. 나는 이전 엇던 作品에서 事件과 人物과 背景의 構案이 全部 씃난 뒤에 그 作의 女主人公의 自殺로서 結末을 맷기로 하고, 붓을 잡은 일이 잇다. 엇던 雜誌에 二回에 난호아 發表를 한 것인데, 第一回에 벌서 女主人公의 自殺과 밋 그 方法이며 場所까지 暗示하여 노앗다. 그러나 第二回재 正確히 그 事件을 그려나아가는데 싸라서 처음에 '自殺은 너무 잔혹지 안나' 하는 생각이 낫다. 붓이 進涉되자 그 생각은 차차 더하여, 마츰내 나는 그 主人公을 죽이지 못하엿다.

또 하나 그 비슷한 경험으로—나는 〈마음이 여튼 者〉의 主人公의 안해와 아들을 결코 죽일 생각은 업섯다. 그러나 엇지할가, 그 母子를 죽이지 안으면 결코 團圓이 되지 안는 것을, 사실 나는 그 째 눈물을 머금고 그 母子를 죽엿다.

作品 속에서 活躍하는 人物들도 엇던 性格과 性格을 가진 有機體이매 아모리 그 作者라 할지라도 마음대로 그들을 처분할 수 업다. 作品 中途에서 作者가 그 作品 內에 活躍하는 人物의, 意志에 反하여, 제 쓰대로 붓을 돌니면 거기서는 矛盾과 自家동(당)着[35]밧게는 남을 것이 업다.

그런지라 톨스토이의 말을 본바더서, 두 번 세 번 事件과 人物과 背景을 結合시켜서 執筆中物에 作內의 人物로써 返逆的 行動을 取치 안케 하는데 構想의 必要가 잇다.

플롯트에 가장 귀한—업지 못할 것은 單純化와 統一과 連絡이다. 세 가지의 말(單純化, 統一, 連絡)이 다 제각기 쯧이 다른 듯하지만, 追究하

---

35) 자가당착의 오식.

면 가튼 것에 지나지 못한다. 複雜한 世相에서 統一된 連絡잇는 엇던 事件을 집어내여, 小說化하는 것, 이것이 單純化이겟다. 小說은 人生의 寫眞이 아니고 人生의 繪畵인 以上에는 世上에 存在되고 생겨나는 모든 事件(뎡처업고 련락업시 紛糾한)이 그대로가 小說이 되는 것이 아니라, 그 가운데서 쏩아내인 엇던 련락잇고 통일된 한 토막의 事件쑨이, 小說의 材料로 될 수가 잇는 것이다. 單純化라는 것은 이것을 쏫함이다. '小說은 人生을 單純化한 것'이라는 것도 여기서 나온 말이다.

그런지라 플롯트에 여러 가지 쓸데업는 군틔며 에비소―트 等을 加하여 小說을 다만 길게 하려는 것은 不必要한 일일 쑨더러 나아가서는 그 作品을 죽이는 行動에 지나지 못한다. 目的地를 향하여 겻눈질 안하고 쏙바로 나아가는 것―이것이 小說家로서의 가장, 령리한 행동이라 할 수 잇다. 플롯트에 성공한 모든, 大家의 作品에서, 우리는 이를 분명히 볼 수 잇다. 각각 성격이 다른 人物 數十이 出場을 하고 總出場 人物 數百名이며 世界 最長篇小說의 名稱이 잇는 톨스토이의 〈戰爭과 平和〉를 우리가 볼 째에 그 紛糾되고 얼킨 수업슨 事件이 一見에 매우 복잡한 듯하나 다시 한번 자세히 內容을 点檢할 째에 우리는 그 너무 單純함에 놀라지 아늘 수가 업다. 가르되 "사람은 다만 쩌들고 시퍼서 쩌든다. '참'이라 하는 것은 침묵과 無關心 아레 감초여 잇너니라."고.

유―고36)의 〈哀史〉가 그러하며 택커리37)의 〈虛榮의 거리〉 그러하며 쩌스터예쯔스키의 〈갈마조쁘 兄弟〉 그러하며 一見 복잡한 듯한 모든 名作도 다시 자세 살펴보면 '련락잇는 統一된 單純化한' 人生의 一片面에 지나지 못한다.

群少 作家의 失敗는 대개 人生 그대로의 복잡한 面을 감추지 안코, 나타내이려 하며, 혹인 一時의 興味 째문에 連絡업는 行動(主人公의 것이던 누구의 것이던)을 揷入하여 플롯트의 統一을 쌔트리는 데 잇다. 統一,

---

36) 유고: 빅토르 위고.
37) 택거리: 미상.

單純化, 連絡 이것은 小說 構案上 업지 못할 것이다. ―계속―

(여러분ㅅ 가운데 李仁稙 著, 〈鬼의 聲〉下卷을 所持신 분이 게시면 좀 빌려주시면 고맙겟습니다.)

◎ 小說作法(四), 『조선문단』 제10호, 1925.7.

文體

나는 이상 小說의 構想에 대하여 썻다. 그러면, 構想이 긋난 뒤에 먼저 마음에 두어야 할 文體에 대하야 좀 써야겟다.

文體를 구별하여, 一元描寫體, 多元描寫體, 純客觀的 描寫體 세 종류로 난혼다.

一元 描寫――元 描寫라 하는 것은 圖式으로 說明하자면

一元描寫式

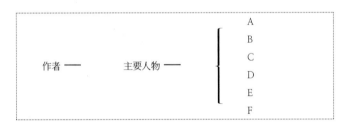

作者 ―― 主要人物 ―― { A B C D E F

一元 描寫 B 形式

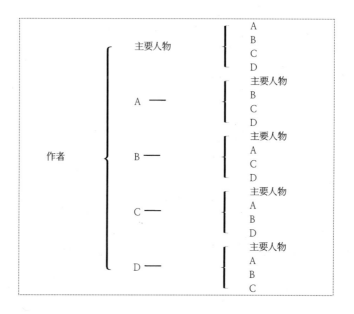

以上과 如한 자로서, 먼저 그 A形式에 대하여 說明을 加한 뒤에 B형식을 說明하여 보려 한다.

간단히 말하자면 一元 描寫라는 것은, 景致던 情緖던 心理던 作中 主要人物의 눈에 비최인 것에 限하여 作者가 쓸 權利가 잇지,—主要 人物의 눈에 버서난 일은 아모런 것이라도 쓸 권리가 업는—그런 形式의 描寫이다. 例를 들자면

사흘 뒤에 K는 咸從 자긔집으로 도라왓다.(筆者註—이 째는 K는 대단한 곳불로 알코 잇슴)

그가 자긔집까지 올 동안은 자긔 意識이랄지 남의 의식이랄지 모를 의식을 가젓섯다. 그는 그동안 치윗는지 더윗는지 쏘ㅅ쪽이 아지도 못하여스되, 칩다 생각은 하엿다. 長箭서 七八十리 되는 조그만 증긔선을 탈 째에, 작은 배루다 생각하엿다. 밤 열시에 쩌난다던 배가 이튼날 새벽 두시에야

써낫다. (中略)

　京元線 렬차에 올라슬 째는 챗직가튼 바기 나려 쏘기 시작하엿다. 갓다
가나 뢰에 둘녀째워서 어두운 데는 비로 말믜암아 더 어두워저서 해금강의
그 려마보라도 못하면 못하지 나을 것은 업섯다. 이 째에 K는 C(同行하는
친구)의 존재까지 니젓다. 째째로 C가 얼핏얼핏 보이기는 하지만, 모도 순
서업시 된 것이 무엇이 무엇인지 모를 범덕 턴지엇다. 램프ㅅ불은 어두운
가운데 벌-거케 반득인다. K의게는(웨인지) 그것이 별로 불상하고 애처럽
게 보엿다. 째째로 턴넬도 잇고 외인편으로 보이는 시내에 비오는 것도 보
이고, 류리창을 째리는 비ㅅ소리는 들리되, 이것 역시 무엇인지 모를 범덕
턴지엇섯다.

　마즌편 결상에는 려행가인 듯한 서양 사람이 하나 안저서, 턱을 팔에 고
이고 정긔 업는 눈을, 어두운 日氣 째문에 더 멀-거니 쓰고 그 큰 동자의
창으로 K를 드려다 본다. K의게는 이것이 별로 무서윗다. 그 동자를 피하
려고 머리를 돌리면 그 동자는 쌤에 와 닷는지 쌤이 근질근질하다. 가치
보면 그 서양 사람은 머리를 돌리리라 하여 마조보면 그는 멀-건 눈을 더
크게 쓰고 경쟁을 하자 한다. (下略) ─동인 作, 〈마음이 여튼 者〉에게

以上과 가치 K와 C가 京元線 렬차에 탓슬 째에, K는 곳 불 째문에
정신업시 지낫다 할지나 정신이 쏙쏙한 C는 모든 것을 다 의식하엿슬
것이다. 그러나 一元 描寫에서는 主要 人物 以外의 人物의 눈에, 혹은
마음에 비최인 事物은 아모리 貴한 것일지라도 作者는 쓸 권리가 업다.
京元線 列車에서 C가 橫死를 하엿다 할지라도 K가 보지만 못하엿스면
作者는 C의 描寫를 쓸 권리가 업슬지니, 〈마음이 여튼 者〉에서 다시
한곤대 例를 들자면,

　K는 棧橋에 나려서 바다로 향하여 도라서서 그 넓은 바다ㅅ긔운을 가슴
썻 드러마시면서 굽으러지고 굽으러저서 더 넓은 朝鮮海에 접한 長箭港을
바라볼 째에, 마음에 써오르는 일종의 외로움과 무한 큰 상쾌를 깨다랏다.

K는 C를 보앗다. C도 눈에 란란한 비츳 내이고 아츰 비체 반작어리는 反射 光에 나츨 쪼이면서 퍼젓다 줄엇다 하는 바다의 해와 만년의 비밀을 감초 고 잇느라는 바다의 속색임을 듯고 잇다.

"아아"

K는 도라섯다.

이상과 마츤가지로 C가 아모리 그 '만년의 비밀을 감초고 잇노라'는 바다를 바라보앗다 할지라 그 K가 C를 向하지만 아녓스면, 作者는 그 것을 쓸 권리가 업다.

가장 쉽게 말하자면 一元 描寫라는 것은, '나'라는 것을 主人公으로 삼은 一人稱 小說에, 그 '나'의게 엇던 일홈을 부친 자로서, 늘봄의 〈화 수분〉의 主人公인 '나'라는 사람을 K라던 A라던 일홈을 給與할 것 가 트면 그것이 卽 一元 描寫의 作品일 것이며, 짜라서 一元 描寫型 小說의 主要 人物(〈마음이 여튼 者〉의 K며 〈약한 者의 슬픔〉의 엘리자벳이며 〈暴君〉의 순애 等)을 '나'라는 일홈으로서 고처서 一人稱 小說을 만들 것 가트면 조금도 거트짐업시 완전한 一人稱 小說로 될 수가 잇는 것 이다.

一元 描寫에서는 作者는 그 作品 中의 主要 人物인, '主人公'을 通하 여서만 모든 局面을 볼 수 잇고(圖解 參照) 主人公이 미처 못 본 일이던 가, 主人公 以外의 人物의 心理 等, 主人公이 寸度치 못할 事物 等을 作 者 亦是 寸度할 권리가 업다.

一元描寫 B形式－갓가운 例로 憑虛의 〈지새는 안개〉가 잇스니 卽 〈지새는 안개〉의 主人公은 창섭이라는 靑年이지만, 전혜의 文體를 볼 째에 아까 설명한 바와 다른 것을 볼 수 잇다. 이것이 卽 B型 一元描寫 (圖解 B型 參照)의 部에 들 것이니, 作品 全體를 여러 도막에 쓴어서, 한도막식 그 도막의 主人公(主觀人物)을 선택한 것으로서, 博文書館 發 行 『지새는 안개』 初版으로 설명을 하자면, 一頁에서부터 十四頁까지의 主要 人物은 정애이며, 十四頁서부터 二十一頁까지는 화라, 二十一부터 三十二頁까지는 도로 정애, 이와 가치 節 혹은 章을 싸라서 主要 人物을 밧고아 가면서 쓰는 법이니, 最近의 西洋의 長編小說은 대개 이 形式을 쪼차 한다.

多元描寫─想涉과 稻香의 쓰는 文體가 즉 이것이니 作者는 째와 경우를 구별치 안코 아모데서나 아모 째나 그 作中에 나오는 어느 人物의게던, 描寫의 筆을 加할 수 잇는 方法으로서, 圖解로 설명하자면 이와 갓다.

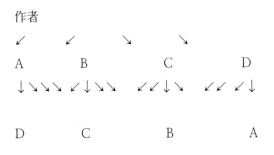

例

(上略) 영희가 사씨쌍이라는가 하는 계집애의 일을 이처럼 열심히 뭇는 것이 순택의 눈에쑨 아니라 하녀가 보기에도 매우 이상하얏다. 그러나 이 능구렁이가튼 주인 마누라만은 짐작할 수 잇고 또 영희 압헤서는 아모쪼록 사씨쌍을 가엽게 생각하도록 말하는 것이 필경에 리익될 것은 업다 하드라도 필요한 일이라고 생각하얏다.

순택이는 도모지 어쩌케 된 까닭인지 몰라서 귀만 기우리고 (下略)

─想涉, 〈해바라기〉에서

(上略) 몃칠이 지넷다. 양천집의 험이 나타나기 시작하얏다. 시골서 아모

러케나 자라난 데다가 이리저리 써도라 다녀서 배운 것이 업고 본 것이 업서서 어른 아이 알아볼 줄을 모르고 말버릇이 업다. 거기다가 셩미가 쌘롱 쌘롱 하고 소갈머리가 업서서 엇던 째는 주인 안해의 눈짓하는 것도 몰라보고 제멋대로 하는 째가 잇다. 그럴 째마다 주인은 상일 찝흐리고 코우슴을 친다.

엇던 째는 통 내외하고 다니는 친구가 와서 보고 주인 귀에다 몰래,

"내보내게, 못그겟네. 첫재 날볼상이 사봐."

하며 권고를 한다. 그럴 째마다 주인은,

"나도 아네. 하지만 은지가 열흘도 못된 것을 엇더케 내보내나 차차."

하고 대답만 하야 두엇다. 이 눈치를 챈 주인 안해는 그 친구를 몹시 미워하기 시작하얏다.

"별 걱정을 다하네. 오지랖도 쇄 널지 남의 집 살림걱정까지 하게."

하며 엽헤다 셰노코 욕을 할 적이 잇섯다. 그럴 적마다 주인은 치미러 올러 오는 분을 참는다. 학교 다니는 열 두 살 먹은 큰 아들도 걸핏하면,

"찍어뱅이 액구눈이."

하고 놀려 먹는다. 그러면 그럴 째마다 몽둥이 씨ㅁ이 나린다. 그것이 도화선이 되어 내외쌈이 된다. (下略) —稻香 〈계집하인〉에서

이상과 가치, 作者는 作品 中에 나오는 모든 人物의 心理를 通觀하며 一動一靜을 다 그려내는 것을 多元描寫라 한다. 主要人物이 보도 듯도 못한 일이라도 그 사건에 관련되는 일이지면 作者는 쓸 권리가 잇스며, 심한 경우에는 그 作品의 主人公이 누구인지 얼는 아라보지 못하게까지 不必要한 人物의 觀點이며 心理를 그려낼 권리까지 作者는 가젓스니 톨스토이의 〈전쟁과 평화〉며 이전의 모든 長編은 이 部類에 속한다.

純客觀的 描寫—이것은 作者는 절대로 中立地에 서서 作中 人物의 行動쑨을 描寫하는 것으로서, 作中에 나오는 人物의 心理는 直接 描寫치

못하며, 다만 그들의 行動으로 心理를 아라내이게 하는 것이니 近代의 最短篇小說에 이런 例가 만흐며 더욱 더 췌홉의 作品 中에서 만히 볼 수 잇는 方式이다.

優劣—이재 긔록한 그 방식들의 어느 것이 조코 어느 것이 못하다고 그것은 한마듸로 할 수 업는 者로서, 제각기 一得一失이 잇다. 一元描寫는 무론 간절하고 明瞭한 뎜은 다른 방식보다 나앗다 할지나, 主要人物 外의 人物 行動이며 心理를 쓸 필요가 잇슬 째에는 그 行動이며 心理를 主要 人物의 示點圈 內에 씨으러 드려야 하니싸 저절로, 얼마간의 矛盾이 생기지 안을 수 업다. 그 好例로서 憑虛의 〈지새는 안개〉의 一五○頁부터 一五一頁싸지를 들 수가 잇스니, 화라라는 게집애가 창섭이라는 청년의 뎡조를 쌔앗기 위하야 창섭을 술을 취게 하엿는데, 창섭은 그만 술에 취하여서 잠이 드럿다.

作者는 창섭을 主要人物(그 節의)로 삼아서 아직것 써 왓스니싼 이 순간의 화라의 심리를 써 내인다 하면, 거기는 一元描寫로 거의 破단이 생길 것이다. 그러나 이 순간의 화라(主要人物이 아닌)의 心理를 作者는 쏘한 쓰고 시펏다. 이런 경우에 엇저나?

이런 째에 림하여 作者는 화라의 獨白으로서 화라의 心理를 나타내이려 하엿다.

"그새 잔담. 그새 잔담. 이런 망할 일 좀 보아. 사람이 곳 긔가 막히겟구면. 그러면 내 말도 도모지 아니드른 모양이지. 공연히 술을 권해서 공연히 술을 권해서 … 그래도 정신이 이서야지. 아모 의미가 업게 되엿구면." 혼자 이런말을 중얼거리며 방안을 왓다갓다 한다. (下略)

화라의 이 행동은 무론 讀者의게 不自然하다는 感을 니르키게 한다. 그러나 一元 描寫型式을 써 오든 作者로서는 (主要人物인) 창섭 以外의 人物의 心理는 寸度할 권리가 업스니싼 이런 不自然한 筆法으로서라도 그 째의 화라의 心理를 나타내이지 안을 수가 업다. 이 點이 一元 描寫의 弱點이고—

多元 描寫는 作中의 主要人物이고 아니고를 不關하고 아모의 心理던 作者가 自由로 쓸 수 잇슴으로 讀者로서 煩雜한 感을 니르키게 하며 나아가서는 그 小說의 力點이 어듸 잇는지까지 모르게 하는 일이 생기니 想涉이 〈해바라기〉를 一元 描寫의 方式으로 쓰기만 하엿스면, 좀더 明瞭한 作品이 되엿스리라고 생각한다. 탈선, 主旨의 몽롱, 性格의 不明瞭, 이것들은 多元 描寫의 作品에서 만히 볼 것이다.

純客觀的 描寫는 쏘한 三四頁 以內의 短篇에는 應用하여 效果를 엇는 일이 잇스나 그 以上의 作品이 되려면 절대로 不可能이다 할 수가 잇다.

이와 가치 各 方式이 제각기 一得一失이 잇스매, 小說을 쓰려 하는 사람은, 미리 잘 연구하고, 자긔의 筆法, 或은 小說의 플롯트와 비교하여 가지고, 자긔의게 덕합한 方式을 取할 것이지, 누가 이것을 取하라 뎌것을 取하라 할 수는 업는 것이다. (續)

(속으로 표시하였지만, 『조선문단』에는 이후 연재되지 않았음)

◎ 詩作法(一), 김안서, 『조선문단』 제7호(1925.4.)~제12호(1925.10.)

** 모두 5회에 걸쳐 연재한 안서의 시 작법

『조선문단』 제7호, 1925.4.

緖言

理智를 써나 感情 世界를 逍遙하는 것은 詩歌입니다. 그러기에 非科學的이며 非理論的입니다. 詩歌가 超然한 地位를 가진 것도 實로 이 点에 잇습니다. 儼然하게 말하면 所謂 詩作法이라는 것은 存在할 價値도 업거니와 잇다 하더라도 그것은 無用의 長物밧게 더 되지 못할 것입니다.

만일에 그것이 理論과 說明이 整頓된 科學의 일 것 갓트면 '詩作法 自在'니 '作法精義'니 하는 이름으로 精細한 部目에 精細한 說明을 더하야 詩歌 初學者에게 석지 아니한 便宜와 만흔 돕음을 들일 수도 잇겟습니다 만은 임의 詩歌라는 것은 그러한 科學的 理論의, 例하면 幾何니 算術과 갓튼 것이 되지 못하기 째문에 엇던 意味로 보아서는 이 無謀大膽하다 할 만한 詩作法은 詩歌 初學者에게 肯定的 滿足을 주기는 姑舍하고, 도리혀 안개낀 봄날과 갓튼 失望을 주게 될는지도 몰으겟습니다. 이 点에 對하야 筆者는 미리부터 걱정하는 바입니다.

非科學的이며 非理論的인 것을 엇더한 程度까지는 組織的이 되게 하며 理論과 說明을 더하야 써 初學者에게 길잡이써리나 되게 하랴는 것이 筆者의 勞苦라고 하면 勞苦이겟습니다. 그러고 될 수 잇는 대로 筆者의 經驗을 根底잡아 가장 平易하게 맘썻은 充實을 期約하야 이 作詩法이라는 難中難事와 面接하랴고 합니다.

그러고 筆者의 希望과 滿足 갓튼 것이 잇다하면, 그것은 筆者에게 '詩란 무엇이냐?' 쏘는 '詩란 엇더케 짓느냐?'한 眞實한 質問을 보낸 詩歌 初學者의 熱烈한 探求에 對하야 조곰이라도 돕음이 되엿스면 하는 것과 그 回答 代身에 이것을 公開합니다 하는 것입니다.

쓸갓치도 아니한 애기의 배쏩이 다섯치라는 세음으로 緒言이 넘우도 길어서는 讀者 여러분에게는 未安한 일이길내, 人事엣 緒言을 짤막하게 하고 本論으로 들어가겟습니다.

一. 詩란 무엇이냐

대관절 '詩란 무엇이냐?' 하고 質問하면 아마 한 마듸로 이러저러한 것이다 하며 對答하기처럼 어렵은 것은 업슬 것입니다. 表現 形式에 一定한 規定과 制限이 업는 散文에 對한 韻文, 다시 말하면 表現 形式에 一定한 規定과 制限이 잇는 것이라고 하면 科學的으로 詩의 說明이라고는 할 수 잇겟슴니다, 만은 이것만으로는 아모 것도 아니되야, 엇던 詩人은 '詩는 詩이다'한 對答까지 한 것도 잇슴니다.

新約의 使徒 요한의 말에

"첨에 말슴이 잇스니 말슴이 하느님과 갓치 게시매, 말슴을 곳 하느님이시다. 말슴이 첨에 하느님과 갓치 게시어, 말슴으로 萬物이 지어진 바 되엿스니, 지어진 物件이 말슴 업시는 하나도 지어진 것이 업다. 生命에 말슴이 잇스니, 生命은 사람의 빗이다."

한 것이 잇슴니다. 이것으로 보면 詩歌는 '첨에 만(말)이 잇스니'할 째 부터 잇섯슬 것입니다. 말을 (古代에는) 써나서는 詩歌, 다시 말하면 노래가 업섯슬 것이며, 이 노래(詩歌)야말로 가장 오래고 가장 崇嚴한 人生의 첫소리되는 第一 原始的 感情 表現의 하나이엇슬 것입니다. 그러기에 이 노래(詩歌)는 人類의 存在하는 곳이면 엇더한 곳에든지 存在하야 그 生命은 人類와 함끠 비롯하야 人類와 함끠 업서질 것입니다. 이리하야 文明이니 野蠻이니 都市니 村落이니 어린애니 어룬이니 하는 分別도 업고 洋의 東西와 地의 南北과 째의 古今을 말할 것 업시 詩歌(노래)는 곳곳마다 째째마다 을퍼지어 個人的도 되고 民族的도 외며, 國民的도 되고 人類的도 되엿슴니다.

人類는 째와 곳에 쌀아 珍貨됨에 쌀아 原始的 感情이 차츰차츰 變한 것은 어린애기와 어른의 그것과 다름이 업슴니다. 첨에는 言語의 놉나지와 길고 쌀은 것으로 거의 '늦긴바'와 '생각된 바'의 感情을 表現하게 되든 것이 只今 와서는 文字의 形式을 빌어, 그 文學에 여러 가지 技巧와 形式과 制限을 주어, 單純을 잃은 複雜한 感情을 表現케 되엿슴니다.

이리하야 只今 와서는 詩의 가진 意味에도 여러 가지가 잇서 單純을 잃고 複雜케 되얏슴니다. 이것은 現代 사람의 生活이 또한 內外 두 面으로 이럿케 된 것이매, 엇지할 수 업는 일임니다. 그러나 現代 사람의 생활이 여러 가지 感情을 表現함에 形式이 複雜할 샌이고, 조곰도 感情의 産物이든 것이 理智의 産物이 되거나 하지는 안슴니다. 말하면 '늦긴대로' '본 대로' '생각한 대로'를 그대로 表現함에도 充實히 그대로 되게 됨에 적지 아니한 表現 形式의 難關이 잇습니다.

엇던 詩人은 '詩에도 理智的 詩歌도 잇기는 합니다, 만은 詩原則으로 感情과 情緖와 感覺의 率直하고 單純한 記錄이기 때문에 詩人은 小鳥와 갓치, 그저 노래하면 그만입니다. 小鳥가 노래함에 무슨 努力이 들겟습닛가? 이에는 決코 理智의 힘도 批判도 反省도 아모 것도 업습니다.' 합니다. 果然 그럴는지는 몰으겟습니다 만은 만일에 小鳥의 노래하는 그것이 小鳥의 感情과 情緖와 感覺을 充實하게 또는 그와 갓치 相當하게 記錄하지 못하는 째에는 엇지하겟습닛가? 感情과 情緖와 感覺을 充實히 記錄할 만한 充分한 文字를 찻기에 四五個 星霜을 지내보냇다는 詩人의 告白도 하나 둘이 아님을 들을 째에 '小鳥와 갓치 노래하라'는 말을 信用할 수가 업습니다. 이것은 뒤에 자세히 말하겟습니다 만은 한마듸로 말하면 詩의 內容과 技巧는 二元이면서도 結局은 一元體를 써나서 靈이 存在치 못하며 靈을 써나서는 肉體가 存在치 못하는 것과 갓습니다.

엇지하엿든 詩歌는 原始時代와 現代의 區別업시 理智의 世界에서는 생기는 것이 아니고, 感情 世界에서만 생깁니다. 사람의 感情이 엇던 極에 達하엿슬 째에는 얼골에 남몰을 表情이 생기며, 입에서는 그 째 그 感情을 經驗하는 사람이 아니고는 그러한 소리를 낼 수 업는 音聲이 나옵니다. 詩는 그 째에 발서 생긴 것입니다. 이러한 感情과 이러한 音聲을 그대로 表現함에는 文字의 表情과 音樂의 音調를 빌지 아니하고는 그 感情의 '그 自身의 소리'를 들을 수가 업습니다. 그러고 그 째의 그 感情만은 다른 사람으로는 맛보지 못합니다.

이런 詩 定義의 첨에 詩라는 것은 表現 形式에 一定한 規定과 制限이 잇는 韻文이라고 하엿습니다. 이것은 詩歌를 表現 形式으로만 보고 한 말이고, 한거름 더 들어가서 內容으로 詩歌를 볼 째에는 感情의 高潮된 소리입니다. 다시 말하면 激動에 發動을 거듭한 感動 그 自身입니다.

그러나 感情의 熱烈한 激動 째문에 創作的 想像과 直觀이 업서서는 아니됩니다. 이 點에서 詩歌라는 것은 現實的 創作的 想像과 直觀을 文

字가 音樂的 形式으로 表現된 感情이라고도 할 수 잇습니다. 詩歌의 內容을 한마듸로 말할 수는 대단히 어려워서 '엇던 詩人은 詩는 呼吸이다.' 하기도 하엿습니다. 쏘 엇던 詩人은 '詩는 긔도의 言語이다.' 하엿고, 쏘 엇던이는 '心情의 사랑이다.' 하엿스며, 쏘 엇던 이는 '靈魂의 타는 音樂이다.' 하엿습니다. 藝術은 人生의 表現이요, 作品은 人格이라는 點으로 보아 이것은 다만 人格의 한 面을 잡아 말함에 不過하야 全體를 잡은 것은 못 됩니다. 詩歌의 內容에 對한 定義를 말하랴면 結局 限定이 업슬 터이니까, 여긔에는 簡單하게 詩歌라는 것은 <u>高潮된 感情(情緒)의 音樂的 表現</u>이라는 것이 넓흔 意味로 가장 穩當할 듯합니다.

그러면 이것으로써 詩歌란 무엇이냐 하는 質問에 對하야 얼마만한 槪念을 주엇을 듯합니다 만은 다시 參考삼아 日常生活에 詩的이니 무엇이니 하는 意味의 範圍를 들어보면, 대개는 아래와 가튼 네 가지 意味로 使用됩니다.

第一에는 想像的 쏘는 感情的 意味.

우리가 엇던 아름다운 그림을 볼 째에나 쏘는 어린 時代의 달콤한 追憶에 잠기는 사람을 가르쳐 '詩的'이니 하는 것을 보면, 이 째에는 分明히 詩라는 것은 想像的 쏘는 感情的 心情을 意味하는 것입니다. 詩歌가 이 點에서 想像的 쏘는 感情的 色彩를 가진 것으로 대개는 이러한 意味로 쓰게 됩니다.

第二에는 非現實的이며 理想的의 意味.

이 現實 世界에서는 볼 수 업슬 만한 自然의 風景이나 쏘는 小說이나 脚本이나 그밧게 作品 속에 가장 아름다운 描寫의 敍述의 한 部分을 가르쳐 '詩이로군' 하는 말을 합니다. 그리고 이러한 部分의 마흔 作品을 詩的 要素가 豊富하다 하야 '튜르게네쯔'의 小說을 敍情詩를 읽은 듯하다고 하는 것을 보아도 非現實的이며 理想的 意味로 씁니다. 그러나 이러한 意味는 대단히 漠然하야 明白히 槪念을 엇을 수가 업습니다. 空想的이며 情緒的으로 '로맨틱'한 것이씨 째문에 무엇이라고 잡아노흘 수가 어렵습니다. 그러고 이것은 詩라는 것은 藝術 中에 가장 純實한 混

合物이 업는 高貴하다는 因襲的 信仰에서 나온 것이라고 한 엇던 學者의 말이 올흔 듯합니다.

그리고 第三에는 散文과 韻文의 意味.

이것은 맨 점에 말한 詩의 外形만을 본 것으로 누구에게나 詩의 韻과 리듬은 곳 눈에 씌울 것입니다. 거듭하야 말하면 이것은 主觀的 觀察인 第一과 第二와는 全然히 反對되는 것입니다.

第四에는 廣義의 詩人의 意味.

詩를 한 줄좃차 쓰지 못한 藝術家(小說家, 戲曲家는 勿論이고 畵家까지라도)를 總稱하야 詩人이라고 불으는 것을 보면 詩人的 要素가 만흔 사람을 가르치는 것보다도 文學的 創作이나 藝術的 創作에 從事하는 사람을 意味합니다. 이것은 모든 藝術的 創作을 廣義로 詩歌라고 解釋한 데 지나지 안은 것입니다.

이 우에 들어 노흔 日常生活에 通用되는 詩의 意味는 엇던 것은 잘못된 것이며, 엇썬 것은 올케 된 것이라고 斷定할 수 업슬 만콤 各各 肯定되는 點도 잇고 쏘한 갓튼 째에 短點도 잇는 줄로 압니다. 그러나 이것들을 綜合하야 한마듸에 모하 노면 亦是, 詩歌라는 것은 感情의 高潮된 것에 音樂的 表現을 주되 想像的일 것을 일치 말나 함에 지내지 안는 줄로 압니다.

◎ 詩作法(二), 『조선문단』 제8호, 1925.5.

二. 韻文과 散文

온갖 藝術은 온갖 表現입니다. 文學의 精華라고 하는 詩歌도 表現 아닐 수 업습니다. 다시 말하면 藝術이란 '物件' 그 自身이 아니고 '實在'한 것의 表現입니다. 돌이나 나무나 그 自身으로는 藝術品이 되지 못하고 사람의 손을 거처서 그것이 音樂으로 詩歌로 그림으로 彫刻으로 表現된 것이라야 비로소 藝術이라는 것이 됩니다.

이것을 다시 한마듸로 말하면 藝術이란 人生의 實在에 對한 感動을 表現한 것입니다. 그 感動을 表現함에는 一定한 約束이 잇다 함은 임의 '詩歌'란 무엇이냐? 한 첫머리에 말하엿습니다. 얼마큼 科學的이라고 할 수는 잇스나 表現 形式에 一定한 規定과 制限이 업는 散文에 對한 韻文이 詩歌의 意義로, 詩歌에는 一定한 規定과 制限이 잇습니다.

文學이라는 것을 廣義로 區別하면 結局은 散文과 韻文의 두 가지가 잇서 記事과 敍事를 主眼잡는 小說이나 戱曲이나 그밧게 모든 韻文이 아닌 것은 다 散文部에 屬할 것이고, 敍事詩 敍情詩나 俗歌, 民謠, 童謠, 戱曲詩, 唱歌, 雜歌니 할 것 업시 散文이 아닌 것은 다 韻文에 屬합니다.

이 点에서 첫 緒言에 말한 科學的으로 說明하겟다 한 約束에 딸아 韻文과 散文에 對하야 이야기는 始作되겟습니다. 엇더한 것을 勿論하고 內容과 그릇은 二元이면서 一元되지 아니할 수 업습니다. 웨 그런고 內容과 그릇이 調和되지 아니하고 各各 分離되면 所謂 調和로 생기는 美가 업서지는 것과 마찬가지로 詩歌에 對하야서도 形式的 定義인 '詩歌는 感情의 高潮된 소리이다.' 한 것도 結局 다갓치 詩歌의 定義를 形成함에는 써러져 잇슬 것이 아니고 하나이 될 것입니다. 일부러 이런 말을 讀者를 위하야 한마듸 합니다.

一定한 規定과 制限이 잇는 것이 韻文이라 하면 그만일 듯합니다 만은 다시 一步를 나외여 엇더한 것이 一定한 規定과 制限을 주느냐 하면 그것은 <u>韻律</u>입니다.

이 韻律은 詩歌를 形成하는 가장 큰 重要한 本質이라 하여도 過言이 아닙니다. '리듬'을 써나서는 詩歌가 업겟고 詩歌를 써나서는 '리듬'(音樂을 除하고는)이 업습니다. '리듬'이란 무엇이냐 하는 것을 明白히 하는 것이 韻文의 本義를 말하는 것이며 쏘한 詩歌의 本質을 밝히는 것입니다.

'리듬(律)'이란 英語의 Rhythm으로 一定한 拍子잇는 運動의 쯧입니다. 모든 것이 이 리듬 하나으로 因하야 움직인다 하여야 올습니다. 音樂은 말할 것도 업슬어니와 詩歌의 本質도 어데 잇느냐 하면 音響의 리듬이 잇서 놉핫다 나잣다 컷다 적엇다 하야 듯는 귀에 形容할 수 업는 美音을 줍니다. 音響이란 靜的에는 存在하지 아니하는 오직 動的에만 存在하야 詩歌는 實로 動的에 잇습니다. 이러한 意味로 詩歌는 感情의 高潮나 動搖에 잇다 하엿습니다. 平穩無事한 곳에는 音響이 업는 양으로 高潮나 動搖되지 아니한 맘에는 詩歌가 생기지 못하는 것도 이새문입니다.

엇더한 音響에든지 반듯시 千篇一律의 單純한 것은 업서 하나이 놉흐면 반드시 다른 하나는 나즌 法입니다. 여긔에 一高一低와 一大一小가 생겨 바닷물결 가튼 것을 볼 째에는 조곰도 變化가 업는 듯합니다만은 그 實은 그럿치 아니하야 적은 물결이 海岸을 툭하고 싸리고 밀어간 뒤에는 반듯이 큰 물결이 山과 갓치 들어와서 쌍하고 부닥칩니다. 그 一大一小와 一高一低의 音響에는 숨길 수 업는 調和가 잇서 그만으로 宇宙의 調和된 音樂을 듯는 것이라 할 수 잇습니다. 世所謂 複雜에 單純이 잇고 單純에 複雜이 잇다는 것은 이러한 運動의 宇宙的 法則을 말합니다. 엇지하야 이럿케 될가 하는 것은 人生의 智識으로 攷究할 수 업고 하느님이 잇다하면 하느님만이 알 것이고 만일 하느님이 잇지 안타고 하면 宇宙의 自然的 法則이라 할 수밧게 업습니다.

엇지하엿든 音響에는 一强一弱, 一高一低, 一大一小, 一廣一狹, 一先一後가 잇서 이 속에는 自然的 運動의 法則으로 曲調가 잇습니다. 엇더한 것을 不問하고 變化 뒤에 變化가 잇고 複雜 뒤에 單純이 잇고 單純뒤에 複雜이 잇는 곳에는 반듯시 曲調가 잇습니다. 그 曲調에는 누구가 人工으로 만들지 아니하여도 曲調가 잇는 以上, 調和가 잇서, 實로 크게 말하면 이 宇宙에는 自然의 큰 音樂과 自然의 詩歌가 잇서, 쉰지 아니하고 갓튼 調和된 曲調를 繼續 反復한다 하여도 웃을 말은 決코 아닌 줄로 압니다.

宇宙 그 自身이 一定한 拍子 잇는 運動을 하는 것만 보아도 이것을 否定할 수 업는 것입니다. 어둠음이 잇스면 밝음이 잇고, 치움이 잇으면 덥음이 잇는 것도 이것입니다. 그러고 봄 뒤에는 녀름이 오고 녀름

뒤에는 가을이 차자오고, 가을 뒤에는 겨울이 君臨하엿다가 다시 봄이 되는 것도 큰 意味로 보면 曲調라 할 수 잇겟습니다. 이 曲調야말로 前에 말한 詩歌의 리듬으로 詩歌에만 存在한 것이 아니고 잇다는 모든 實在에는 다갓치 이 리듬이 恒常 그 自身을 發見합니다.

藝術이란 한마듸로 말하면 이러한 廣義로 본 複雜하고 變化 만혼 曲調를 定한 調和된 曲調 만든 것입니다.

藝術家의 손을 거처 調節되야 藝術家 自己式으로 만든 宇宙, 다시 말하면 大宇宙에 對한 自己의 調和식힌 小宇宙라고 할 만한 것입니다. 이 째문에 藝術이란 人生의 表現이요, 作品이란 個性의 表現이라고 합니다. 宇宙의 自然的 動的 曲調를 文學으로 音樂으로 美術로 舞蹈로 表現 手段을 삼기 째문에 모든 藝術은 表現을 써나서는 價値도 업슬어니와 存在할 수가 업다는 것도 이 點에 잇습니다.

그러고 그 <u>表現 方法에는 세 가지</u>가 잇서,

一, 音響 手段

二, 文字 手段

三, 色彩 手段입니다.

藝術家의 五官에 계획된 大宇宙의 自然的 運動의 曲調를 表現함에 第一에 音響이 잇서 音樂이나 舞蹈갓튼 것입니다. 音樂은 이 運動의 曲調를 音響과 音響의 運結로 表現하며 舞蹈는 몸즛과 表情으로 表現합니다. 그러고 第二에 文字가 잇서 文字와 言語로 그 表現 方法을 삼습니다. 文字와 言語로 表現된 모든 藝術은 文學인 것입니다. 쥐놀은 肉體도 업고 소리를 내일 音響도 업기 째문에 엇지할 수 업시 沈黙하는 文字로 表現하는 것입니다.

詩歌는 實로 이 文字 手段에 드는 것입니다. 지내간 往昔에는 詩人들이 文字가 存在치 못하엿기 째문에 直接으로 音聲을 빌어 表現하엿다고도 합니다 만은 그것은 文字의 境域을 버서나서 音樂的 手段을 쓴 것이니 여긔에 말할 것은 업습니다. 文字와 言語의 表現을 비는 詩歌는 宇宙의 運動을 그대로 發表하지 아니하고 다만 文字와 言語의 沈黙이

잇슬 쓴입니다. 쉬놀지도 못하고 소리도 내지 못합니다.

그러기에 藝術에 第一 發達된 것은 音樂이라고 합니다. 웨 그런고 運動을 動的 그대로 表現하는 째문입니다.

그 다음 第三에 色彩가 잇서 이것은 쉬지도 아니하고 소리를 내시 아니하며 文字의 沈默도 빌지 아니하고 잇는 그것을 고요히 色彩로 表現합니다. 그림과 彫刻이 그것입니다. 空間世界며 色彩 形狀의 世界로써 運動의 世界를 暗示하며 表現하는 것입니다. 그러기에 音響 手段을 動的 表現이라 하면 文字 手段과 色彩 手段은 靜的 表現이라고 할 것입니다. 모든 藝術의 表現 手段과 方法은 이 세 가지에 밧하지 아니합니다.

이것으로 보면 리듬이란 一定한 拍子 잇는 運動이라 함을 얼마만큼은 짐작할 줄 압니다. 그러면 이 리듬을 詩歌에는 엇더한 形式으로 表現할 것인가 함이 文字와 言語의 部門에서만 그 價値가 存在가 잇는 以上 엇더한 排列로써 動的 曲調를 表現할가 하는 것이 남기어진 問題입니다.

이곳에서 詩歌의 리듬과 산문의 리듬도 各各 分離되지 안을 수가 업습니다. 散文이라고 반듯시 리듬이 업는 줄로 생각하여서는 큰 잘못입니다.

사람마다 돌아가는 血管의 피의 느리고 쌀은 것이 다르고, 呼吸의 度數가 다름에 쌀아서 말하는 音調와 글 읽는 式이 다릇습니다. 詩歌의 리듬도 詩人마다 各各 다릇습니다. 그러나 全體를 通하야 人生이라는 点이 갓튼 것만큼 各 詩人의 리듬이 다릇키는 하나 共通点이 잇는 모양으로 散文과 韻文의 相異는 대개 이러한 程度에 잇서 散文에는 廣義의 리듬이 잇다 하면 韻文에는 狹義의 리듬이 잇슬 것입니다. 그러나 하나는 平面的이요 具體化된 리듬이 아니라고 하면 다른 하나는 立體的으로 具體化된 것이 그것일 듯합니다.

前에 詩歌의 內容의 定義는 '感情의 高潮와 激動의 소리라' 하엿습니다. 感情이 高潮되고 激動된 째에는 自然히 말소리로 보더라도 平時보다는 緊張되고 强調되야 激烈한 것과 마찬가지로 그 感情의 表現되는

詩歌에도 이러한 것이 아니될 수 업습니다. 散文의 리듬은 平生詩의 싸라안즌 平穩한 感情의 그것과 갓치 느리고 緊張性이 업는 强調되지 아니한 것이겟습니다. 이 点에서 散文과는 離別하고 나는 韻文의 部門으로 들어가서 詩歌의 一定한 韻律을 吟味하랴고 합니다.

三. 西詩와 밋 漢詩의 韻律

西洋詩와 漢詩에는 約束된 一定한 韻律이 넘우도 規則的입니다. 近來에 와서 西洋에는 自由詩가 생기고 漢詩에는 白誥詩[38]가 잇서 이 모든 約束된 詩形을 깨치랴고는 합니다 만은 詩歌의 原則上 리듬은 암만 하여도 깨처지지 못할 줄로 압니다. 이것은 쓸데업는 말일지는 몰으나 아모리 旣成品에 對하야 極度의 破壞를 더하랴는 '다다이즘'의 詩歌에도 리듬을 써여 노흐면 '다다이스트' 外에는 아모도 理解치 못한다고는 하지만 '다다이스트' 本體도 무엇인지 몰으게 될 줄 압니다. 詩歌는 어데까지든지 韻律을 生命삼은 表現 아닐 수 업슴도 이에서 더 깁혼 意味를 가집니다.

西洋詩에는 平仄(Metre)와 압운(Rhyme) 두 가지가 重要한 制約이 됩니다. 平仄는 言語의 音聲의 强弱과 그 째문에 생기는 言語의 長短과 數로 여러 가지 差異가 생기는 것입니다. 그리고 押韻은 語脚을 마츠는 것입니다. 西洋語에는 言語에 抑揚이 잇서 西洋 詩歌는 이것을 基本 形式을 잡아 되엿습니다. 이것은 所謂 抑揚이라는 것으로 各語가 抑揚으로 된 一行에는 長短의 音節이 잇서 그 音節이 一定한 기럭지의 區別로 一行 一行이 成立됩니다. 이것을 語長(Foot)이라고 합니다.

이 抑揚이 第一 甚한 것은 獨語이나 英語이겟고 弱한 것은 佛語갓튼 것입니다. 이러한 抑揚을 基本잡아 長短이 錯綜된 詩形이 네 가지나 잇서
　一. 抑揚格(Iamfabus)

---

38) 백고시(白誥詩): 한시의 일종.

二. 揚抑格(Troehee)

三. 抑抑揚格(Amapeet)

四. 揚揚抑格(Daety)

들입니다. 이밧게도

一. Trameter(eight syllables)

二. Alexandria(Twelve Syllables)

가 잇서 第一은 古代 英詩에 만핫고 第二는 佛國의 普通 詩形입니다.

이러한 것은 英詩를 읽음에는 必要합니다 만은 朝鮮詩와는 關係가 업서 자세하게 말할 必要가 업습니다. 그리고 前에 말한 頭韻(Alliteration)과 각운(Rhyme)이 잇습니다. 頭韻은 대단히 듬을고 普通 脚韻만은 밟습니다. 脚韻은 對照的 美感을 주는데 重大한 힘이 잇서 一行을 쉬여서 갓튼 音綴과 音聲을 줍니다. 例를 들면,

Through leaves are many, the root is One

Through all the lying days of my Youth

I swayed my leaves and flowers in the Sun

Now I may wither in to the Truth

와 갓튼 것으로 첫줄에 One(원)으로 씃이 나고 셋재 줄에 Sun(썬)으로 씃이 나서 갓튼 音聲의 快感을 주엇습니다. 그리하고 둘재줄에 youth (유드)로 씃이 나고 넷재줄에 Truth(츠루드)로 結末이 되야 對照的 美感을 주엇습니다. 頭韻도 이와 갓치 된 것입니다. 그리고 또 하나 胸韻이라는 것도 잇습니다 만은 이것은 아직까지 흔하게 發見하지 못하얏습니다.

西洋 詩歌란 이럿케 拘束과 規定이 嚴正하야 이것을 밟지 아니한 詩歌갓튼 것은 詩歌가 아니라고까지 하엿습니다.

다음에는 漢詩에 對하야 이야기하랴고 합니다. (未完)

◎ 詩作法(三), 『조선문단』 제9호, 1925.6.

三. 西詩와 漢詩의 韻律 續

그리고 갓튼 作者 예이츠의 黃葉의 調落(?凋落)한 가을을 背景삼아 가이업는 사랑의 末路를 노래한 〈落葉(The falling of the leaves)〉이란 一篇을 들어보면,

Autumn is over the long leaves that love us,
And over the mice in the barley sheaves,
Yellow the leaves of the rowan above us
And yellow thhe wet wild-strawberry leaves,

The hour of the wanting of love has beset us
And weary and worn are our sad souls now;
Let us part, ere the season of passion forget us,
With a kiss and a tear on thy droop ping brow

으로 內容과 리듬이 슴하야 짜아내는 설고도 아리땁은 것입니다. 餘韻과 餘情은 言語美와 意味에 가득하게 되야 읽는 이로 하야금 슷업는 하소연을 늣기게 합니다. 첫 스탄자[39]에 us와 us, sheaves와 leaves 그리하고 다음 스탄자에 us, now와 brow의 서로 쓰우는 餘韻은 무엇이라고 말해 조흘지 몰을 만합니다.

漢詩에는 平仄이라는 것이 잇서 西詩의 長短法과 갓습니다. 普通 平仄를 表함에는 黑白을 써서 平仄의 平은 °요 仄는 읽을 씁니다.[40] 그러

---

39) 스탄자: 미상.
40) 원문 그대로 입력한 것임.

고 平仄에는 四聲이라는 것이 잇서 平聲, 上聲, 去聲, 入聲으로 漢字에는 글자마다 이것이 잇습니다. 다시 四聲이란 무엇이냐 하면 平聲이란 揚音이 업는 글 字이며, 上聲이란 語尾에 揚音이 잇는 文字이고, 去聲이란 語頭에 揚音이 잇는 文字이며 入聲이란 促音이 업는 無韻文字입니다. 이 中에 平聲은 글자와 갓치 所謂 平仄의 平이요 上聲과 去聲과 入聲은 平仄의 仄입니다. 그러고 한마듸로 말하면 平仄이란 言語의 長短 強弱으로 생겨 西詩의 그것과 조곰도 다름이 업는 것입니다. 이 四聲은 여러 數十의 韻에 난호엿스니, 韻이란 갓튼 種類의 聲音입니다 만은 漢詩의 押韻에는 반듯시 그 音綴이 갓튼 것이 아니고 以上 四聲의 語響을 類別한 것이기 째문에 이 類別의 音을 各句의 슷에 두면 그만입니다.

이 四聲와 韻을 適當히 排列하면 그 種類에 쌀아 여러 가지 詩形이 생겨 五言絶句니 七言絶句니 古詩니 律이니 하는 것이 됩니다. 그러고 第一句의 平仄排列 如何에 쌀아 여러 가지 平仄式이 생겨 五言絶句는 五字를 一句로 한 四行詩며, 七言絶句는 七字를 一句로 한 四行詩이고, 古詩니 律이니 하는 詩形은 이런 種類의 錯綜된 變態 詩形입니다. 漢詩의 絶句라는 것은 西詩에 비최여 보면 十四行으로 된 短詩形, 所謂 '쏜넷'(Sonnet)에 相當하야 一定한 規律로 成立되는 同時에 表現 方法에도 一定한 形式이 잇습니다. 이것을 다시 말하면 이에는 平仄 押韻의 別이 잇슬 뿐만 아니고, 所謂 起承轉結이라는 表現上 規距가 잇스니, 起는 第一句에, 承은 第二句에, 轉은 第三句에, 結은 第四句, 卽 終句에 잇는 것으로 起句는 全首의 總提요 承句는 接續 解意요, 轉句는 筆意를 一轉하는 것이고 結句는 全體의 總合計를 보는 門을 잠으는 것과 갓흔 것입니다.

그러고 平仄의 定式으로 보면 起句와 結句는 갓튼 것이고 가운데 二句(承句와 轉句)는 起句와 結句와는 相反되야 起句의 第二字가 平字이면 承轉 二句는 仄字로……이러다가는 朝鮮 詩作法이 아니고 漢詩 作法이 될 念慮가 잇다만은 漢詩에 關하야 이야기하든 차이니 조곰만 더 써야하겟습니다.

所謂 漢詩의 起承轉結이란 이러한 表現 方式으로 五言絶句에서 例를

들면

　　邊地鶯花少　年來未覺新
　　美人天上落　龍塞始應春

으로 이 詩는 永樂公主라는 天子의 짜님이 文明치 못한 吐蕃王에게 싀
집가는 것을 두고 지은 것으로 詩句 中에 邊地니 龍塞이니 하는 것은
中國人의 입버릇이라고 할 만한 蠻地라는 뜻이요, 美人이니 무어니 하
는 것은 公主를 가르친 말입니다. 起句인 邊地鶯花少는 吐蕃과 갓튼 未
開한 곳에는 쇠쇠리의 노래도 들니지 아니하고 아름답은 곳도 보이지
못하야 조흔 春景은 업슬 것이다요, 承句인 年來未覺新은 그러기 쌔문
에 봄이 되건 가을이 오건 조곰도 變하는 것이 업서 보잘 것도 업고
未開地인 만큼 孤寂하엿다, 轉句인 美人天上落은 起句와 承句와는 全혀
關係가 업서 이런 곳에 公主가 왓다는 것을 말한 뒤에 結句에 龍塞始應
春하면서 지금에야 未開地에도 봄이 오게 되엿다는 것으로 結詞를 매
즌 것입니다. 漢詩의 表現 規則이란 이러한 것입니다.
　이제부터는 平仄 押韻의 例를 五言絶句에서 들어보면

　　天下傷心處　勞勞送客亭
　　春風知別客　不遣柳條靑

으로 押韻은 第一句末과 第三句가 同韻이며 第二句와 第三句末이 同韻
입니다. 그러나 平韻(五言絶句)을 쓰면서도 平仄의 規定을 좃지 아니한
것도 잇서 唐詩選에 郭振의 '子夜吳歌' 갓튼 것이니

　　陌頭楊柳枝　已被春風吹
　　妾心正斷絶　君懷那知得

으로 이것은 歌니 行이니 하는 普通 詩體와는 달아 이런 것을 拗體라고
합니다.

　七言絶句에서는 第三句(다시 말하면 轉句)末에는 押韻하지 아니하고
第一句(起句)와 第二句(承句)와 第三句(結句)末에 押韻합니다. 例를 牧甫
의 詩에서 들어보면

　　烟籠寒水月籠沙　夜泊奏淮酒家
　　商女不知亡國恨　隔江猶唱後庭花

와 갓튼 것입니다. 七言絶句에 起承結 三句에 韻을 밟는 것은 勿論입니
다 만은 起句에 押韻하지 아니하엿을 째에는 對韻을 밟아 起句와 轉句
그리하고 承句와 結句에 押韻하야 起句와 承句의 一高一低, 轉句와 結
句의 一高一低를 보이는 것도 잇습니다. 高蟾의 '旅夕'이란 詩에

　　風散古陂警宿雁　日臨黃戌起啼鴉
　　不堪吟斷無人見　時復寒燈落一花

와 갓튼 것입니다.

　마즈막으로 한마듸 하랴는 것은 四聲과 갓튼 것은 中國人의 發音에
쌀아 存在할 것이요, 決코 朝鮮 사람의 發音에는 存在하지 못할 것입니
다. 그러기 째문에 中國人이 詩를 지음에는 이러한 것이 必要요 不可缺
할 것일지언정 우리가 漢詩로 지음에는 조곰도 意味업는, 말하자면 字
典에서 發見하야 비로소 쓸 만한 것에 지내지 아니할 것입니다. 그러
고 只今 와서는 中國에도 自由로 詩想을 表現하야 旣成 詩形을 打破하
랴는 '白話詩'까지 잇는 以上 우리에게는 意味 업는 것입니다. 또 詩의
價値는 눈으로 玩賞함에도 잇거니와 그것보다도 聽覺에 다치어 더 큰
意味와 價値가 認定되는 以上, 詩의 朗讀으로 볼 째에는 漢詩의 押韻은
彼岸의 불 갓튼 觀이 업지 아니합니다. (다음에)

◎ 詩作法(四), 『조선문단』 제10호, 1925.7.

四. 朝鮮詩

임의 西洋과 中國의 漢詩의 詩形과 韻律의 대개를 말하엿스니, 이 番에는 우리의 詩形이란 엇더한 것인가를 말하지 안을 수가 업습니다 만은, 朝鮮에서 生을 밧아 이곳에서 자라서 이곳에서 이러한 詩作法을 말하게 된 나로서는 이런 말을 하기에는 그럿치 아니하여도 더워서 쌈이 흘으지만은 붉은 얼골에다 구즌 쌈을 흘니지 아니할 수가 업습니다. 구즌 쌈을 흘닐 수 잇거니와 구즌 쌈을 흘니면서도 朝鮮의 詩形을 말할 수가 업스니, 이에서 더 어려운 일은 업습니다. 正直하게 告白하면 筆者의 知識으로는 알 수가 업서 이것져것 되는 대로 參考할 것이나마 잇스면 參考라도 하랴고 하엿습니다만은 參考할 거시조차 업스니 이를 엇지합닛가. 그리하야 여러 先輩에게 물어도 보앗스니 未安합니다 만은 한 분도 完全한 對答을 주지 못하엿습니다.

무엇보다도 詩歌의 起源과 詩形과 詩格에 對하야 말하고 십습니다. 그러나 이것에 對하야 分明히 알 수가 업습니다. 여긔에 말하는 것이 잇다하면 그것은 筆者 自身으로도 確信이 잇는 것이 아니라는 것입니다.

우리의 詩歌의 始作은 高句麗째의 黃鳥詩가 첨이라 합니다 만은 엇던 이의 말을 들으면 檀君째부터 詩歌가 잇다고 하니 어느 것을 올타고 하며 어느 것을 잘못이라 하겟습닛가. 이 是非를 밝힐 만한 文獻이 업는 以上, 詩歌의 紀元을 알 수가 업습니다. 엇지하엿든지 漢文의 詩形을 빌은 詩는 高句麗째도 잇서, 乙支公이 隋나라와 싸흘 째에 隋將 于仲文에게 준 詩가 "神策究天文, 妙算窮地理, 戰勝功旣高, 知足願云知" 라 한 것을 보아도 詩歌가 잇기는 그 前부터 잇섯습니다 만은 中國의 詩歌이요, 적어도 朝鮮 사람의 손으로 되야 朝鮮 사람의 思想과 感情을 朝鮮式으로 發表한 것은 아니엿스니, 이것은 다시 잡아서 論議할 것이 되지 못합니다.

新羅의 崔致遠 갓튼 이는 中國에서도 그의 詩文에 혀를 내밀고 驚歎할 만큼 偉大하엿슴은 朝鮮 文獻보다도 中國 文獻에서 이것을 더 雄緯으로 說明하엿스니, 自己네만을 文化의 民族으로 알고 다른 民族들은 野蠻으로 생각한 中國人이 이만큼 崔公을 말하엿슬 새에야, 다시 公의 漢文에 對한 知識과 能한 詩風은 말할 것이 업습니다. 그러고 더욱 그것이 中國 文化에도 中心이라 할 만한 唐나라 째엿스니 滔滔萬言이 무슨 더 그의 讚辭를 表白하겟습닛가. 그러나 이것은 우리 固有한 詩形이 아니엿스니, 이를 엇지하겟습닛가. 그러기에 이것은 例外로 보지 안을 수가 업습니다. 只今으로 보면 그리 甘心할 수는 업지만은 그의 秋夜雨中이란 詩는 '秋風惟苦吟 世路少知音 窓外三更雨 燈心(客?)萬里心'으로 中國人의 맘에는 적지 아니한 印象을 주엇슬 것입니다. 글 字는 비록 우리 글자가 아니나 新羅째에 吏讀로 意思는 發表케 한 薛聰의 뒤에 吏讀詩가 잇섯습니다.

善化公主主隱
他密只嫁良置古
薯童房乙
夜矣卯乙抱去如

엇덧습닛가. 이것을 보고 알 수가 잇습닛가. 그러고 쏘 이것을 詩歌라 하엿스니, 只今 사람으로는 이것도 詩歌 말나 죽은 것인가 하지 안을 만큼 우수을 것입니다. 筆者도 이 詩를 엇던 이한테 들엇슬 쑨이요, 이런 쯧이리라고 解釋할 만큼한 吏讀에 對한 힘이 업스니, 解釋하여 준 이의 解釋대로 그 意味를 곳처 봅시다. '善化公主는 남에게 밀어두고 薯童房을 밤에 몰내 안고 가다' 하는 것이 그 意味로 如何間 善化公主라는 임금님의 짜님이 남에게 싀집갈 約束을 하여 두고, 自己의 愛人되는 薯童이란 사람을 남몰으는 밤 中에 남 몰으게 쯰여안고 逃亡하엿다 하는 것이라 합니다. 아모리 時代가 멀어지고 곳이 달나젓기로니 이럿케 다르고 이러케 表現이 서로 멀리라고는 꿈에좃차 생각할 수가 업습니다.

이것은 이만하고 우리 朝鮮에 詩歌가 잇고 그 詩歌는 民族的 思想과 感情을 담은 것이라 하면 어느 것을 가르처 말함이겟습닛가. 이에는 아마 다른 論議가 업서 누구나 다 갓치 時調(엇던 이는 詩調라고도 하지만은 詩歌의 詩字가 아니고 時節의 時字가 올타고 합니다.)라고 할 것입니다. 다시 말하면 時調라는 것은 鄉歌라는 것으로, 이것도 아마 漢詩에 中毒되야 漢詩에 對한 俗詩나 鄕詩의 뜻인 듯하나 자세히 알 수가 업습니다. 여러 말할 것 업시 三國時代에도 時調가 잇섯슬가 하나 그 實은 잇섯스니, 詩歌의 始作도 알기가 어렵습니다. 三國 以後의 高麗 째부터는 아모리 排外熱이 만하 中國이 아니고는 밤낫을 보낼 수가 업섯슴에도 不拘하고 如前히 時調는 잇섯스니, 암만 무엇이라고 하더래도 亦是 自己의 固有한 思想과 感情을 담음에는 남의 것을 빌 것이 아니고 自己의 固有한 것이 아니면 안 된다는 생각을 더욱 굿게 늣기게 합니다. 只今 傳하는 가운데 가장 年代가 오래된 時調로는 高句麗 故國 川王 乙巴素의 것으로 그 時調에

> 越相國范少伯이 名遂功成하기 前에
> 五湖煙月이 조흔 줄 알년만은
> 西施를 실노라 하야 느저 돌아 오더라

하엿고, 그 다음에는 高麗째 밧게 업서, 누구나 愛誦하야 몰을 이가 업슬 만큼한 圃隱 鄭夢周의,

> 이 몸이 죽고 죽어 一百 番 고처 죽어
> 白骨이 塵土되야 넉시야 잇고 업건
> 님 向한 一片丹心이야 가실 줄이 잇스랴.

詩(時)調가 잇고 그의 母親 斗는 이의 아들을 警戒한

가마귀 싸호는 골에 白鷺야 가지 말나.

성낸 가마귀 흰빗을 새울세라

淸江에 조히 씨슨 몸을 더럽힐가 하노라.

한 것이 잇습니다. 그러고 이보다 좀 더 오랜 것으로는 海東孔子라는 崔沖의 時調에,

一生에 恨하기를 義皇ㅅ제 못날 줄이

草衣를 무릅쓰고 木實을 먹을망정

人心이 淳厚하던 줄을 못내 불외하노라

을픈 것이 잇습니다 만은 멧 個를 除하고는 다 갓치 題材와 思想을 中國에서 빌어온 것만큼, 이름만은 時調이며 詩形만은 朝鮮 것이나, 하나도 朝鮮의 魂이 담기어지지 아니한 듯합니다. 勿論 時調에는 思想과 感情으로 보아 朝鮮 것보다도 中國 것이 만하, 좀 不滿한 點이 적지 아니합니다. 그러나 그 中에서 筆者가 보아 조흔 것이라는 것을 하나 쏩아 보면 作者는 李兆年으로 亦是 中國式 냄새가 나는 詩에,

梨花에 月白하고 銀漢이 三更인데

一枝春心을 子頓(子規?)야 아랴만은

多情도 病인 양하야 잠 못 드러 하노라

한 것이니 이 ‘多情도 病인 양하야’ 한 것이 描寫로는 대단히 아름답을 것 갓습니다.

時調에는 音과 調가 잇습니다. 이 音이란 것을 朝鮮 사람으로는 取하여야 할 것인지, 몰으겟다 하는 것보다도 筆者는 그 必要와 必然을 몰으겟습니다. 웨 그런고 하니 이것은 다 中國것이고 朝鮮것은 아니기 쌔문입니다. 筆者의 엿튼 知識은 이것을 말하기에 넘우 어리니, 只今

『歌曲選』이란 冊에서 이 知識을 빌어오면 音에 對하야 聲暈(성훈?)는 이 렇케 說明하엿다 하니 가르되 '平聲 哀而安, 去聲 勵而擧, 上聲 淸而遠, 入聲 直而促'이라 합니다. 이것을 朝鮮音에 그대로 採用하랴 함은 어리석은 것이 아니고는 이런 큰 英斷은 할 수 업슬 것입니다.

그리고 調에 對하야는 이러한 說明으로,

一. 平調　雄深和平, 黃鐘一動, 萬物皆擧

　　　　　　洛陽三月 邵子乘車 百花叢裡 按轡徐徐

　　　　　　舜御南薰殿上以五絃之琴解民慍之曲聲律正大和平

　　　　　　詩에는 月到天心處 風來水面時 一般淸意味 料得少人知

二. 羽調　淸壯澈勵 玉斗撞破 碎骨鏗鳴

　　　　　　項王躍馬 雄釖腰鳴 大江以西 攻無堅城

　　　　　　項王躍馬 鞭光暗啞叱叱萬夫魂飛聲律淸澈壯勵

　　　　　　詩에는 雪淨胡天牧馬還 月明羌笛戍樓間 借問梅花何處落 風吹一
夜滿關山

三. 界面調　　哀怨悽悵 忠魂沈江 餘恨滿楚

　　　　　　令威去國 千載始歸 纍纍塚前 物是人非

　　　　　　王昭君解漢往胡時白雪紛紛 馬上彈琵琶聲律鳴咽悽悵

　　　　　　詩에는 洞庭西望楚江分 水盡南天不見雲 日落長沙秋色遠 不知何
處吊湘君

이라 하엿스니 하나도 中國 것 아닌 것이 어데 잇습닛가. 임의된 事實은 엇지할 수 업는 것이닛가 이것을 다시 잡아가지고 이러니 저러니 하는 것은 도로혀 意味업는 일일 듯하야 이만하고 맙니다.

그리고 朝鮮말로는 性質上 西詩와 갓치 抑揚과 押韻할 수는 업습니다. 또 엇지되야 押韻갓혼 것을 抑志로 한다 하더라도 이것은 아모 效

果도 업고 또한 意味도 업슬 것으로, 이 억지옛 일 째문에 詩人의 內生命이 完全한 表現을 엇지 못할 것입니다.

西詩와 漢詩갓치 여러 가지 貴치 아니한 約束과 制限이 업슴에 쌀아 損害되는 點도 잇거니와 또한 그것이 업슨 것만큼 自由롭은 利得도 적지 아니하야 時調 갓튼 것으로 보아도 初章과 中章에 싸닭스럽은 詩形의 必要條件이 업슴에 쌀아 終章 첫머리의 三字만 직혓스면 그만이니 이것이 다른 것과 比하야 自由롭은 것이 아니고 무엇이겟습닛가.

이만콤 朝鮮의 固有 詩歌에 對하야는 말을 하고 여긔에 詩歌라고 하는 것은 所謂 새롭은 詩歌라는 쏫으로 이 詩歌의 첨은 아모리 그 形式은 從來의 時調의 風格을 벗어나지 못하엿다 하더라도 <u>雜誌『少年』의 主幹이든 崔南善 氏에게서 始作되엿슴</u>을 否定할 수 업습니다. 그 째의 詩歌라는 것은 只今으로 보면 單純한 唱歌에 지내지 못하엿습니다. 氏의 '아보라함 린컨'의 人道를 노래한 것과 갓튼 것이 그것입니다 만은 그 노래가 손에 업기 째문에 여러분에게 보여들일 수는 업는 것이 서오한 일이라면 서오한 일입니다.

이 압흐로 말하여야 할 것은 새롭은 詩歌란 무엇이며 또 그 歷史는 엇더한 것인가 하는 것으로, 이에 對하야는 다시 章을 난호아 이야기 하려니와 무엇보다도 民謠에 對하야 이야기하여야 할 것을 말지 못하게 된 것이 가장 큰 遺憾입니다. (未完)

◎ 詩作法(五), 『조선문단』 제11호, 1925.8.

五. 새롭은 詩歌와 그 歷史

여긔에서 다시 重言復言할 必要가 업슬 만큼 임의 맨 첨에 '詩歌란 무엇이냐' 하는 곳에서 詩歌의 定義와 밋 西洋詩와 漢詩의 두 가지 詩形을 말하엿습니다. 그러고 詩歌란 것은 어대까지든지 무엇보다도 感情을 生命 삼은 것이라고 말하엿습니다. 廣義로 볼 째에는 散文과 詩歌

의 差異는 하나는 一定한 規律的 表現 形式이 업는 代身에 다른 하나는 어대까지든지 一定한 規律的 表現 形式을 가진 것입니다. 이것을 다시 仔細히 말하면 散文을 描寫的이라 하면 詩歌는 暗示的이겟고, 散文을 分解的이요 演繹的이라 한다면 詩歌는 集中的이요 省略的이겟습니다. 이것으로 보면 또한 散文을 說明이라고 한다면 詩歌는 說明的이 아닐 것입니다.

이럿케 말하면 詩歌의 意味가 되엿다고 할 수도 잇습니다 만은 詩歌에는 무엇보다도 複雜을 單純케 하는 '리듬'이 必要합니다. 다시 말하면 人生의 感情이 言語에 表現되야 言語로 생기는 여러 가지 變化와 그것을 調和하는 形式이 '리듬'입니다. 音數니 平仄이니 하는 것이 반듯이 아름답은 '리듬'을 짜아내는 것이 아니고 感情을 生命삼는 詩歌의 '리듬'은 感情 그 自身 속에 임의 '리듬'이 內在된 것이라 하지 아니할 수가 업습니다. 이것은 感動을 밧으면 感動된 感情에는 엇썬 波動이 잇서 波動된 바 모든 感情의 表現—깃븜이니 설음이니 하는 곳에는 반듯이 感情으로 생기는 固有한 曲調가 잇습니다. 다시 말하면 '리듬'이란 그 속에 살아 活躍하는 것으로 설은 노래에는 설은 리듬이 잇고 깃븐 노래에는 깃븐 리듬이 잇는 것입니다.

그러고 다시 이것을 個人別로 볼 째에는 個人의 얼골이 各各 다른 것과 마찬가지로 感動된 感情의 現象이 달나서 假令 하나는 그 現象이 立體的이라 하면 다른 하나는 平面的이 되야 한 곳에 흘으는 '리듬'은 急劇 熱烈한 것이면 다른 곳에 흘으는 '리듬'은 溫和 沈音이 되지 아니할 수 업습니다. 그러기에 갓튼 詩想을 詩人이 노래한다면 그 詩歌에 흐르는 리듬은 반듯이 各各 다르지 안을 수 업스니 이것은 各各 感動된 感情의 音樂的 現象이 다르기 째문이며 또한 詩歌란 그만큼 個性的이기 째문입니다. 그러나 詩歌의—그것보다 藝術의 基本은 人類의 共樂에 잇서 누구나 鑑賞하야 갓튼 情과 갓튼 感에 共鳴할 수가 잇는 것으로 多言을 要할 것이 아닙니다.

詩歌의 固定한 形式: 西洋詩와 漢詩의 詩形 갓튼 것은 니름니다. 갓튼 것은 엇더한 點으로는 整理된 秩序잇는 形式美는 잇을지 모르겟슴니다 만은 詩人의 복밧쳐 나오는 感情의 內在 '리듬'을 그대로 表白하기는 어려울 것입니다. 그뿐 아니고 이러한 固定된 詩形은 그 나라의 言語의 性質에 짜라 그러케 된 것이기 째문에 엇더한 言語를 勿論하고 이러한 詩形과 갓튼 詩形을 밟는다 하면 첫재에 밟을 수도 업거니와 그것보다도 이러한 어리석음을 할 人士도 업슬 것입니다. 나라마다 詩形이 다른 것은 무엇보다도 言語의 性質에 起因된 것인 줄 압니다.

前에 朝鮮 詩歌의 固有한 詩形은 時調라 하엿슴니다. 西洋의 固定된 形式美의 詩形이 近代에 와서 째여지고 詩人의 自由 奔放한 感情의 內在 '리듬'을 그대로 表現하는 自由詩가 잇슴과 마찬가지로 우리가 새로운 詩歌를 求하며 時調의 形式을 取치 아니하는 것도 이러한 內的 要求에 지내지 안니함니다. 그러고 여긔에서 새로운 詩歌라는 것은 西洋의 그것과 또는 東洋 멧 나라의 그것과 갓치 只今까지 存在된 詩形의 그것에 對한 말로 이 詩歌의 意義는 勿論 同一한 것이고 그 表現 形式에 니르러서는 엇던 程度까진 言語의 差異 째문에 다릇슴니다. 그러고 새롭은 詩歌라 함은 畢竟 規律에 對한 相反語로 古典的 嚴密한 詩形의 約束에 對한 말이니 仄廣이니 押韻이니 音節 制限이니 하는 까닭스러운 것을 破壞하야 바리고 在來 詩形의 온갖 束縛과 制限과 規定을 버서버린 極히 自由롭은 詩形이라는 데 지내지 아니합니다.

한마듸로 말하면 모든 것을 쑤다려 부시자는 '近代的'이니 이에 對한 解釋을 구태여 말하고져 하니 아니합니다. 엇써한 詩形과 表現 形式을 勿論하고 古典的 詩形과 表現 形式을 反抗하고 니러난 近代의 詩歌는 다갓치 새롭은 詩歌라고 할 수가 잇습니다.

또한 時調의 짤막한 것에 對하야는 長詩라고 하여도 조흘 것이니 이것도 구태여 分別하자 함에 지나지 아니하는 말입니다.

그런데 우리나라의 새롭은 詩歌의 來歷은 엇더한 것인가를 말하면 前에도 말하엿습니다 마는 이 起源은 六堂 崔南善 氏의 主宰한『少年』

雜誌에서 始作된 것으로 崔氏의 새롭은 詩歌에는 암만하여도 唱歌라는 생각밧게 다시 더 달은 말을 代用할 수가 업슬만큼하야 氏의 '漢陽歌'와 '京釜鐵道歌' 갓튼 것이 이 代表이니 더 다시 무슨 새롭은 意味를 가진 詩歌라 할 수가 잇겟슴닛가.

그 때에 氏는 이러한 詩歌밧게 散文詩 비슷한 것을 썻스니 그것은 『少年』雜誌에 실닌 '녀름구름'과 '太白을 써남'과 그밧게 여러 篇 되는 것으로 氏의 詩歌와 散文詩에는 普通 어대까지든지 感情을 無視하고 理智的 敎訓을 主眼삼는 것이 크다란 허물입니다. 散文詩에는 이러한 것이 比較的 적어 넘치는 듯한 感情에 '바이로니즘'[41]的 熱情을 보인 것이 잇스니 '太白을 써남'과 갓튼 것이 가장 好例일 것입니다. 그러나 우에도 말슴함과 갓치 그의 詩에는 반듯이 엇더한 主義와 意見을 그대로 담은 것이 만하 結局 남은 것은 理智的 冷情이란 생각을 주엇습니다.

그리하기는 째가 째엿스니까 이것을 잡아가지고 이러니 져러니 할 것은 아닙니다 만은 純正한 詩歌라는 見地에서 氏의 作品을 볼 째에는 詩歌가 아니고 詩歌라는 탈을 쓰고 엇던 思想을 發表함에 지내지 아니하엿스니 이 點에서 苦言을 들이게 됩니다. 隆熙 三年째의 『少年』雜誌에 실은 氏의 '숯두고'라 한 詩를 보면

나는 숯을 즐겨 맛노라
그러나 그의 아리땁은 態度를 보고 눈이 얼이여
그의 香氣롭은 냄새를 맛고 코가 반하야
精神업시 그를 즐겨 마즘이 아니다
다만 날카롭은 北風을 덥흔 氣運으로써
人情업는 殺氣를 김흔 사랑으로써

한 첫 節을 보면 幼稚함도 幼稚함이거니와 이러케 理知요 功利的엣것

---

41) 바리오니즘: 바이런 시의 경향을 추종하는 주의.

은 업슬 것입니다. 그리고 隆熙 四年이라는 오랜날의 『少年』에 散文詩의 '봄·여름·가을·겨울'의 四季節를 노래한 것이 잇스니 그 中에서 '가을'이란 것의 첫 句를 引用하면

하늘은 싸—맛코 휘—언하고 한 一字
眼下에 남이 업는 듯 儼全하게 웃쑥
씨룩 소리는 四面에서 나지만
그의 우에는 지내가는 기럭이 쎄가 업다
치웁다고 더웁다고 궁둥이를 요리조리 하는 기럭이 아니 날나나? 못넘나?

와 갓튼 것이니 只今의 눈으로 보면 勿論 웃을 것입니다 만은 朝鮮의 맨 처음의 詩歌엿슴인 것만큼 그 쎄에는 이것을 異常한 눈으로 보앗스니 進步란 것은 참으로 무섭습니다. 더욱 氏의 少年 創刊號 發表한 '바다'⁴²⁾와 갓은 것은 '철석 철석'으로 始作한 노래로 쏘한 어린 쎄를 免치 못한 노래엿습니다.

그 다음에는 春園 李光洙 氏의 詩歌가 그 쎄의 『少年』雜誌에 發表되야 '곰'과 '우리 英雄' 갓튼 것입니다. 氏의 詩歌에는 熱情이 가득하야 崔南善 氏와는 싼판으로 理智의 빗이 조곰도 보이지 안엇습니다. 그리고 누구나 '바이로니즘'의 影響이 氏를 支配하다십히 氏의 詩歌에 낫타낫슴을 볼 것입니다. 그러나 '敎訓'이나 '主張'을 말치 안이한 것만큼 詩歌 그 形式갓튼 것은 둘재로 두고라도 詩답은 맛이 잇섯스니 氏의 隆熙 四年의 '우리 英雄'이라는 첫 節을 보면,

月明浦에 밤이 깁펏도다
連日 苦戰에 疲困한 壯士들은
깁히 잠들고 코소리 놉도다.

─────────────────
42) 원 제목은 『海에게서 少年에게』임.

깁고 깁픈 하늘에 無數한 星辰은
잠잠하게 반듯반듯 빗나며
부드러운 바람에 나라오는 풀닙까지도
날낸 우리 愛國士의 핏내를 먹음은 듯
浦口에 멀니 오는 물결 소리는
철석철석 무엇을 노래하는 듯

한 것이니 崔氏에 比하야 얼마나 詩歌답은 맛이 잇는가는 이것으로써
짐작할 수 잇슬 것입니다. 그러고 氏의 『靑春』에 發表된 만흔 散文詩는
읽을 만한 價値가 잇슴니다 만은 不幸히 그 雜誌가 업서 引用하지 못하
는 것이 서오함니다.

如何間 그 째의 일이엿스니 이것을 잡아서 是是非非의 曲直을 말할
것은 아니요 다만 우리 詩壇에 새롭은 詩歌의 길을 開拓하엿다는 點에
對하야는 누구나 六堂과 春園 두 분의 功勞를 拒否할 수 업는 同時에
니즐 수도 업슴니다. 그러고 開拓者의 功勞에 對하여는 머리를 숙여 감
샤치 안을 수가 업는 일입니다.

그 뒤에는 隆熙 四年 『少年』 誌上에 假人 洪命憙 氏가 '폴른트'의 文
士요 愛國志士인 '안드래·네모에프스키'의 '사랑'이란 것을 移植 發表
한 것이 잇슴니다. 原文은 엇더한 것인지 모르지만은 日譯된 것을 보
면 散文詩라는 標만 안부터슬망정 읽으면 읽을사록 詩味가 폭폭 나는
散文詩로 氏의 重譯에도 이러한 맛을 볼 수가 잇스니 散文詩로서는 이
것이 그 째의 첫재이엿슬 것입니다.

깁히 고요한 언제든지 닛지 못할 쎨은 노래와 갓치 언린 째는 지내갓네.
只今 와서 그 曲調를 잡으랴 하야도 잡을 길이 바이 업네. 다만 그 심만은
이 生涯 한 모롱이에 서서 째째로 그 曲調가 쓴혓다 나졋다 할 쌘일세. 이것
을 듯고 情에 못 넉여 소래지르기를 멧번 하엿노? 어린 째야말노 나의 幸福
이 한 몸이 되야섯네. 내가 몸이면 幸福은 그 몸 살니는 魂魄이얏서라.

230

한 것으로 각금 가노라면 따갓튼 것이 맘에 맛지 안이한 것이 잇습니다 만은 이만한 移植된 散文詩는 그 째로 보면 다시 업섯슬 것입니다.

그 다음에 東京서 發行한 『學之光』 첫 號에 所謂 詩歌라는 것이 만히 發表되야 내 自身의 拙作도 멧 篇 실니엿습니다. 그 째까지라도 詩歌답은 詩歌를 볼 수가 업섯습니다. 그 中에는 流暗 金輿濟 君의 '萬萬波波息笛'이라는 詩가 第一로 그 째까지 詩歌 歷史에서라도 하는 것보다도 只今의 歷史에도 조곰도 遜色이 업슬 새롭는 詩歌의 첫 名篇이엿습니다. 그밧게는 素月 崔承九 君(몸이 돌아간 友人입니다)의 散文詩에서 새롭은 맛을 볼 수가 잇섯다는 記錄이 잇겟고 서울서 週刊으로 發行된 『泰西文藝申報』에 내 自身의 移植品과 創作 詩歌가 發表되엿스나 只今으로 보면 하나도 鑑賞할 價値가 업섯습니다.

詩歌답은 새롭은 詩歌를 차즈라고 하면 東京서 發行된 同人雜誌 『創造』밧게 업슴니다. 同誌에 發表된 朱耀翰 君의 '불노리'라는 散文詩와 다른 詩歌갓튼 것은 가장 아름다운 詩歌인 同時에 새롭은 詩歌의 詩形이며 表現 形式의 새롭은 洗禮를 밧는 것이라 할 수가 잇습니다.

象牙塔 黃錫禹 君의 所謂 '象徵詩'라는 이름을 가지고 『開闢』과 『泰西文藝申報』에 發表되엿든 것도 只今으론 오랜 옛날 일로 각금 가노라면 再誦할 만한 詩歌도 잇섯스나 대개는 所謂 象徵을 爲한 象徵詩로 아모러한 意味를 가지지 못한 것이 만핫스니 다시 多言할 것이 업습니다. 그리고 雨後竹筍 모양으로 所謂 文藝雜誌니 무슨 雜誌니 하는 創刊號가 終號가 되지 안이하면 三號 短命의 雜誌 가튼 것이 나올 째마다 새롭은 詩歌라는 것이 쟝마 뒤에 개고리 색기 뒤씀룻시 더글더글 이리 굴고 우렁우렁 저리로 어키기는 하엿습니다 만은 하나도 보잘 것이 업섯스니 이것은 무엇보다도 詩歌를 詩歌답게 鑑賞할 眼識 잇는 選者와 評者가 업섯든 것이 가장 큰 原因이엿고 둘재에는 詩歌라는 것이 엇써한 것은 모르고 어린 아희들의 四方치기와 갓치 쟐말쟐막하게 글 句를 씩어서 行數만 버려 노흐면 詩歌인 줄만 아는 멋모르기 親故들이 所謂 詩歌라는 것을 싸구려 쟝사 모양으로 濫作 發行한 것이 그 큰 原因이엿

스니 이러한 것은 잡아서 말할 나위도 업슴니다 만은 엇잿든 朝鮮처럼 詩人되기 쉽은 곳은 世界 엇써한 文壇에도 업슬 만하야 지내간 뒷날을 돌아보고 오랴는 압날을 바라보면셔 詩歌의 길을 생각할 째에는 實노 寒心한 일이라 하지 안을 수가 업슴니다. 嚴密하게 말하면 우리에게는 아직도 完全한 詩形과 表現 形式이 發見되지 못하야 엇썬 이는 西洋의 또 엇썬 이는 日本의 그것을 그대로 採用하야 <u>朝鮮語의 性質과 朝鮮 사람의 思想과 感情을 가장 近代的 또는 現代的으로 表現할 수 잇는 統一된 詩形은 업다</u> 하여도 <u>過言이 안일 것이니</u>, 이것으로 보면 우리의 새롭은 詩歌는 아직도 彼岸에 잇셔 目下의 것은 그 準備에 지내지 안이하는 感이 업지 안이함니다. 엇썬 意味로 보아 <u>近頃에 와서 時調가 盛 해지는 것은 깃블 만한 일임니다</u> 만은 <u>在來의 時調 밋에셔 좀 버셔나셔 現代 朝鮮의 思想과 感情을 그대로 表現하도록 하는 것이 되지 못하면 現代 朝鮮의 마음과는 아무러한 關係도 업슬 줄 압니다.</u> 歷史를 말함에 만히 評답게 된 것은 이것으로 筆者의 엇써한 部分의 詩歌에 對한 心情을 表白한 것이니 넓히 생각하여 주시기 바랍니다. (以下 次號)

◎ 詩作法(五), 『조선문단』 제12호, 1925.10.

七. 詩歌[43]의 種類

임의 詩歌란 엇더한 것인가하는 槪念을 주기 위하야 大體로 詩歌에 對한 槪念을 말하엿스니 비록 完全치는 못하나마 그것으로써 여러분은 詩歌의 槪念을 엇덧을 줄로 밋슴니다. 그러고 同時에 여러분은 그것에 滿足해 주셔야 하겟슴니다. 이 다음에는 所謂 詩歌 作法이라는 것이 잇다 하면 나는 붓을 그 作法으로 나외지 아니할 수 업슴니다 만은 <u>作法으로 들어가기 前에 아직 한가지 말치 아니하면 아니될 것이 잇스니</u> 그

---

43) 원문은 '待歌'로 표현. 詩歌의 오식.

것은 다른 것이 아니고 詩歌의 分類에 생기는 그 種類가 얼마나 될가 하는 것입니다.

오래 前부터 여러 哲學者와 美學者와 그리하고 文學者들은 詩歌를 그 性質에 짤아서 여러 種類로 난호아 놋코 말하엿습니다고 말할 것도 업시 나 亦是 그들의 난호아 노흔 것이 대단히 便宜하기 째문에 조곰도 異議를 말치 안코 그것을 빌어다가 여러분의 압헤 排列만 하엿스면 하는 생각을 가젓습니다 만은 世上일이란 반듯시 그럿케만 되지 아니하는 것이 만흔 것과 갓치 詩歌의 種類도 그대로 採用하기 어렵은 것이외다. 이곳에는 그 分類해 노흔 것에서 複雜한 것을 避하기 위하야 가장 明瞭하고 簡單한 區別만 쑵아 排列해 보겟습니다.

嚴正한 大體의 區別로 보면 詩歌에는 抒情과 敍事 두 가지 詩밧게 업슬 것입니다. 이것을 쏘 다시 한거름 들어가서 純實한 詩歌란 點에서 난호게 되면—다시 말하면 純實한 感情만을 生命잡고 要點 삼는다는 所謂 純正詩歌의 本質上에서 視察하야 그것을 區別해 놋는다 하면 詩歌의 區別된 領土는 크게 縮少되야 結局 抒情詩歌란 것밧게 남지 못하게 될 것입니다. 거듭 말합니다 만은 詩歌의 本質的 意義로 볼 째에는 抒情詩밧게 아니될 것입니다.

비록 그것키는 합니다 만은 主觀을 無視한 純實한 客觀이 업는 것과 마찬가지로 아모리 抒情的 詩歌가 아니고 敍事的 詩歌라 한들 쏘는 엇던 小說써리나 戲曲 資料를 노래로 고친 것이라 하기로니 그것이 散文과 달나 平面的이 아니고 立體的이며 一定한 規律을 밟앗고 쏘한 同時에 詩人의 感情을 全然히 無視한 것이 못되는 以上 엇더케 그것을 詩歌라는 部門에서 除名식힐 수가 잇겟습닛가? 毋論 除名할 수는 업는 것입니다. 그리하야 이러한 意味에서 엇던 程度까지의 區別로 抒情詩歌를 가르처 詩歌의 本體라고 한다 하면 敍事 詩歌는 疑心업시 枝體라고 할 수 잇는 同時에 쏘한 抒情詩歌 속에 包含식힐 수가 잇습니다. 임의 詩歌의 性質에 짤아 種類를 區別한다고 하엿스니 이러한 大體되는 一般的 區別만으로는 不足할 상 십허 쏘다시 詩歌의 性質에 짤아서 區別

되는 種類를 들어 놋는다 하면 대개 아레와 갓치 簡單한 것이 되야,

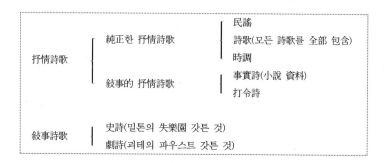

이와 갓겟습니다 만은 말할 것도 업시 이것은 成品된 旣成 詩歌의 形式을 보아 區別한 것이요 別로 한 詩歌의 內容으로 들어가서 그 內容의 如何에 짤아 區別한다고 하면 말은 좀 웃습게 될 듯하나 結局은 主觀詩歌(抒情詩歌)와 客觀詩歌(敍事詩歌)의 두 가지가 잇을 것입니다. 이것도 嚴正한 意味로 보아서 純正한 客觀이라는 것이 업는 것과 갓치 쏘한 主觀 속에 客觀이 잇게 될 터인즉 그 結果는 언제나 마찬가지로 다를 것이 업스니 아모리 엇더한 景致를 을플 째에 主觀的 感情은 無視하고 客觀的 冷情한 感情을 넛는다 하더라도 그 客觀은 亦是 主觀을 거첫을 쑨 아니고 다만 位置만을 밧구아 노홈에 지내지 아니하야 이곳에 科學的 眞과 藝術的 眞이 서로 다르게 됩니다. 갓튼 景致를 千 詩人이 노래하엿다 하면 詩 千篇이 各其 다르게 되는 것을 보면 무엇보다도 이것을 沈默의 雄辯이 說明하는 것입니다.

이러한 詩歌의 種類 區別은 古來 詩歌의 歷史的 變遷에 짤아서 그 分類된 것이 實로 여러 가지엿습니다 만은 이곳에는 古來 東西의 詩歌的 歷史를 精細히 말할 許與된 紙面도 업거니와 쏘한 하고 만흔 流波의 起伏과 時代의 變遷을 자세히 말할 힘도 업스니 責任이나 避하기 위하야 簡單하게 두어 마듸나 말하랴고 합니다.

大體로 말하면 엇던 나라의 詩歌를 毋論하고 往昔에는 詩歌의 中心

이 韻文이란 곳에 始終一貫된 感이 잇섯습니다 만은 그것이 近代로 옴겨와서는 散文으로 모혀들어 時代的 區分에서 생기는 舊詩形과 新詩形이란 差別이 잇게 됨에 짤아 前에는 抒情詩보다도 敍事詩를 重要視하는 것이 近代에 와서는 敍事詩보다도 抒情詩를 重要한 자리에 놋케 되엿습니다. 한마듸로 말하면 形式을 重히 보고 詩人의 內部 生命갓튼 것을 무척 拘束하엿습니다. 그리하고 古代文學은 대개 律語로써 唯一한 表現方法을 삼다 십히 한 感이 잇섯습니다. 이 意味에서 詩歌의 起源을 생각하면 音樂과 갓치 人生과 自然의 發聲을 模倣한 것이 分明하엿는데 그것이 漸次 發達하야 今日과 갓튼 變化를 니르킨 것입니다. 文藝運動으로 보아도 古典主義를 反抗한 로맨主義가 잇슨 뒤에 이것을 쏘다시 自然主義가 反抗하엿다가 自然主義는 新로맨主義(近代의 自然主義를 反抗한 모든 主義를 가르친 것입니다.)에게 敗北를 當한 것과 마찬가지로 詩歌의 形式이 一興一亡도 이와 갓핫습니다.

이리하야 近代 詩人의 內部 生命을 아모러한 拘束도 업시 가장 自由롭게 表現하라는 熱烈한 傾向은 까닭스럽고 貴찬은 韻文의 모든 約束과 制裁를 쑤다려 부석지 안코는 말지 아니하엿습니다. 그 結果 拘束된 韻文에서 自由롭은 散文으로 解放되야 自由詩라는 것이 생겻습니다. 한마듸로 말하면 自由詩라고 하여도 嚴正한 意味로 보아 內在律은 잇서 詩人마다의 自由롭은 것입니다. 그러고 날마다 늘어가는 小說과 戲曲의 勢力은 敍事詩歌의 領土를 漸次 蠶食하야 詩歌의 領土는 純正한 感情을 表함으로써 生命삼는 抒情詩로 限定되고 말앗스니 이것을 가르처 여러 가지 原因을 말하는 것보다 '近代的'이라는 三字로 덥허 바리는 것이 가장 適切할 듯합니다.

東洋보다도 西洋에서 이러한 運動이 몬저 始作되야 이 影響은 東洋에까지 미처온 것은 말할 것도 업거니와 西洋의 詩歌的 情勢를 보면 前과 갓치 기다란 敍事詩갓튼 것은 누구나 돌아보지 안케 되야 그대로 衰弱해감에 짤아 쌀막한 抒情詩歌가 새롭은 光明을 노케 되엿습니다. 엇던 詩人갓튼 이는 詩歌가 瞬間 瞬間의 感情을 表現하는 것인 以上 詩

歌의 詩形은 쌀막하면 쌀막할사록 좃타 하며 所謂 短形詩形을 主張하야 '쏜넷' 詩形을 採用하는 사람이 만케 된 것도 생각하면 偶然한 일이라고만 할 수 업는 것입니다. 재내간 날의 알넥산더 폼과 갓치 '人生論'이란 理智의 産物인 哲理를 詩歌라는 形式 속에 잡아 너흐라는 사람도 업거니와 '人生論'과 比하야는 抒情詩라 할 만한 밀톤의 '失樂園' 갓튼 기다란 敍事를 노래하는 詩人도 업습니다. 如何間 오래동안 忘却된 詩歌의 本質이 차차 그 光明을 놋케 된 것이라 할 것입니다.

그러고 더욱 詩歌의 本職을 밝히는 近代의 詩歌에는 어데싸지든지 主觀의 意議를 놉힌 것으로 이 主觀의 意義가 놉하지면 놉하질사록 그 權威는 强固케 됨에 쌀아 近代 詩歌의 特色이라 할 만한 個人的과 個性的이 舊詩歌의 그것과는 엄청나게 다른 것입니다.

이 点입니다. 近代 詩歌가 個性的인 것만큼 舊詩歌의 機械的에서 버서나온 것을 볼 수 잇슴에 쌀아서 이 압흐로의 純實한 詩歌의 커렌트[44]는 더욱 個性的 傾向을 가지게 될 것이나 詩歌답은 詩歌는 오직 이곳에서 그 意義와 價値가 잇음이라 합니다. 舊詩歌에서 新詩歌로 쓸어온 功德은 프랑스의 象徵派 詩歌도 그들의 運動에 對하야 實로 特筆大書할 만합니다. 해가 여러 番 밧구인 今日 와서는 비록 詩歌를 돌아보는 사람이 업다 하더라도 싸닭스럽고 拘束 만흔 어듭은 房 안에 잠기어 窒息하랴든 詩歌를 救해내 왓다는 事實하나만은 否認할 수 업는 것입니다. 이러한 意味에서 象徵詩는 個人의 感覺과 情緒에게 새롭은 解放과 自由를 위하야 勇敢하게 싸혼 가장 尊敬밧을 반한 희생된 先覺者란 感을 禁할 수가 업습니다. (次號)

(종결된 글이 아니나 이후 연재되지 않았음)

---

44) 커렌트(current): 경향.

◎ 小說 作家의게, 홍순명, 『조선문단』 제7호, 1925.4.

小說을 지음으로써 우리의 指導者가 되시랴는 여러분이시여.

저는 新小說을 닑는 이들과 舊小說을 닑는 이들의 中間에 잇는 사람입니다. 그러나 저는 兩便小說을 다 닑는 사람은 되지 못합니다. 舊小說은 滋味도 업는 中에 氣가 맥히고 火가 나서 못 닑습니다.

小說家이신 여러분이시여.

舊小說은 그 多部分이 우리로 하야금 永永히 精神드는 날이 업스라 오직 醉生夢死中에서 蠢蠢거리는 바보가 되라 하는 말 갓더이다. 曰 某將軍의 遁身奇問, 某道士의 出入幽現. 某眞人의 呼風駕 雲이 엇더하며 曰 某處士는 何眞星의 化生이요, 某翰林은 何仙人의 謫降이요, 某公主는 何姮娥의 換生이라하며 或은 曰하되 太唐 聖代 엇던 곳에 三壯 大師가 엇지하고 大明 聖王 무슨 年에 蘇大成이 엇지하고 어는 나라 某王時에는 楊眞人이 엇지하고라 하니 이에서 所得 所得할 것이 무엇이겟습닛가. 人이 苟히 心術이 잇고 보면 이것이 우리의게 무슨 關係가 잇다하며 무슨 興味를 줄 것이라 하겟습닛가.

小說家이신 여러분이여.

눈 싸진 農村의 오막사리집에서 老人이나 젊은이나 甚至에는 普通學校도 못 단니는 十四五六七歲의 牧童인가 冠童인가들의 唯一한 娛樂이요 唯一한 慰撫 兼 智識을 엇는 것이 오직 이러한 舊小說이나 耽讀하는 것이라하면 그 얼마나 可憐한 일이며 氣맥히는 일이겟습닛가. 世上이 엇지된 줄은 全然不知하고 이것이 내것인지 남의 것인지 分間할 餘裕도 업시 空然히 닑고 외우고 니약이한다 하면 그 얼마나 답답한 일이며 火가 생길 일이겟습닛가.

小說을 지음으로써 우리의 指導者가 되시랴는 여러분들이시여!

저는 小說 닑기를 조와합니다. 저쑨 아니라 사람은 다 그런가 봅니다. 事情이 許하는 데까지는 購讀하랴고 듭니다. 그러고 저는 僥倖으로 여러분의 創作 卽 新小說을 조와합니다. 그 中에서는 엇던 것을 더 조와하느냐 하면 첫재에 나의 體驗이 잇는 것, 쏘는 職業이나 生活의 方式 程度 等이 나와 쪽갓흔 階級을 그린 것 다음에는 우리 社會의 現在 狀況을 그린 것 쏘 그 다음에는 現代 것은 아니라도 우리 歷史上에 잇는 人物이나 事實을 가지고 만든 것 이러케 順序가 되는 듯합니다. 小說을 工夫하랴고 닑는 것이 아니라 그 滋味와 感謝한 맛을 取해서 닑는 것이길래 더욱 그러합니다. 讀者 우리들은 다 그럴 줄 압니다. 더구나 宗教에서도 現實을 重히 하고 國境을 쌋는 世上에 小說로서 그럿치 못하면 이는 人間을 써난 藝術이라 하겟습니다.

이 外에도 무슨 條件이 쏘 잇느냐 물으면 그것은 뭇지 안아도 期於히 말하라든 것이어니와 第一에지지써분하고 無用한 才幹질한 것, 第二에 우리말에 典形을 無視하고 異常한 사투리로 쓴 것, 第三에는 새실내비산 당구(?)에 元 줄기가 어릿터워서 劃線이 分明치 못한 것 이 싸위는 所謂 鑑賞力이란 것이 아직도 不足한 탓인가 解讀기쏫차 귀찬아서 집어던지고 말게 되는 것입니다. 이 세 가지의 條件을 換言하면 이러케 말할 수가 잇슬가 합니다. 무엇인고 하니 그 말씨가 쑤렷쑤렷한 가운데 善惡感을 니르킴이 가장 熱烈 分明해서 儒弱한 讀者로도 敢히 扼腕而呼痛하며 拍案而叫快하고 法悅을 늣김이 가장 深刻 瞭然해서 無知한 讀者로도 能히 嘘唏而太息하며 掩卷而長吁케 함이라 합니다. 讀者 우리들은 아직도 만히 幼稚합니다. 强權으로써 行使하는 政令이라도 民衆을 離反케 하고는 效果가 업슬여든 讀者의 情趣 程度를 無視한 文藝에야 무슨 意義가 存在하겟습닛가.

小說을 지음으로써 우리의 指導者가 되시랴는 여러분이시여.

只今 우에 말한 몟 가지의 要求와 條件이란 것은 우리들보다도 여러분이야말로 더 잘 알으실 줄 밋습니다. 勿論 그리서야 될 것 아닙닛가. 그러나 여러분이 쓰신 小說을 엇던 種類의 사람이 닑고 아니 닑는 줄을 여러분은 勿論 알으실 터이지요. 卽 여루분의 創作이 엇더한 生活을 標準하야 體驗을 經過하야 나온 것임에 엇던 사람이 즐겨하고 아니 즐겨 – 아지 못하는 줄을 여러분은 알으실 터이지요.

現下의 우리 社會를 一個의 巨大한 本이라고 하면 그 根幹은 이미 여러 곳에 좀이 나고 구세가 들어서 完全을 回復할 方略이 無하며 可憐한 그의 枝葉들도 衰敗한 形狀이 한 두 가지가 아니니 大槪를 말하면 雨露나 風陽을 도모지 못 밧는 것이 잇고, 全養分을 獨斷히 差知하야 몃 업시 鬱*하되 何等 結實을 못하는 徒長枝葉이 잇고 滋養은 極히 不足한데다가 熱烈한 光線만 작고 밧음으로 부질업는 發散作用이 極度로 元進되여서 닙이 시들고 가지가 말으는 것이 잇다 하겟습니다.

여러분은 이 나무의 어는 部分을 注目하십닛가. 힘이 밋치는 대로 全枝葉을 골골히 삷히소서. 여러분은 이 나무에다가 光熱만 주고져 하십닛가. 될 수 잇는 대로 雨露도 주소셔. 卽 여러분이 내노시는 作品은 南中한 日光갓치 無所不照하고 春夏의 和候갓치 調順하시기를 바랍니다.

小說을 지음으로써 우리의 指導者가 되실야는 여러분이시여.

近來에 都鄙城村間으로 만하게 훗터지는 書冊 廣告紙 中에는 엇지하야 여러분의 作品의 名字가 올으지 안습닛가. 近來에 巨里巨里 市日마다 버러지는 冊 져자에는 엇지하야 여러분의 作品이 석기지 안습닛가. 於心에 不層이 有합닛가. 許多한 事情이 잇는 까닭입닛가. 事情을 쌔치시오. 超越하시오. 이를 못하시면 여러분의 存在가 徹底치 못합니다.

三國誌, 西遊記, 張白傳, 九雲夢, 蘇大成, 林紅雲 이 짜위로만 긋득히 채워진 廣告紙가 官廳으로 學校로 城中으로 外村으로 작구작구 날아듦을 볼 쌔에 감투쓴이 手巾쓴이 구두씬이 冊褓씬이 들이 小說冊 져자에 들나서서 이것이 滋味잇다 저것이 볼 만하다 함을 볼 쌔에 여러분의 無力함과 우리의 無知함을 가엽시 역이고 氣맥혀 하지 안할 수 업습니다.

3. 철필

** 철필(鐵筆): 1930년 7월부터 1931년 2월 통권 4호까지 발행된 언론 관련 잡지

◎ 新聞小說 雜草, 崔獨鵑, 『철필』 창간호, 1930.7.

이것은 硏究도 안이요 評論도 안이다.

題目 그대로 雜草입니다. 짤아서 붓이 믹그러지는 곳에 脫線이 잇고 問東答西가 잇글 것을 讀者 諸氏와 編輯者에게 미리 諒解를 求하여 두는 바입니다.

朝鮮에 잇서서의 新聞小說의 發達 過程을 나의 아는 範圍 內에서 말하랴면 飜案時代로부터 創作時代—그리고는 歷史物 或은 古代小說 時代로 逆轉하여 오는 感이 업지 안슴니다.

일즉이 何夢, 牛步, 一齊 等 先輩가 當時에는 單 一個밧게 업는 每日申報에 連載한 것은 거이 그 全部가 泰西 名作 或은 日本 新小說의 飜案이엿스며 春園의 새로운 붓을 기대려서 우리 作家의 創作이 비로서 日刊 新聞에 連載되엿다고 記憶됨니다. 春園의 處女作?이요 쏘는 出世作이라고도 할 만한 〈無情〉이 一次 每日申報 紙上에 連載될 쌔에 讀者들

은 목마른 싯헤 淸涼劑를 맛나드시 耽讀한 것은 이즐 수 업는 事實일 것임니다. 그것은 거이 革命이라고도 할 만한 아름답고 새로운 文章과 描寫에도 醉한 바이려니와 飜案物보다는 人物이나 事件의 起伏과 變化에 잇서서 單純하고 興味가 乏少하다 할지라도 좀더 朝鮮 사람다운 人物이 음직이엇스며 좀더 우리 社會에 잇슬 만한 事件이 숨어 잇는 것이 讀者에게 實感을 준 것이라고 생각함니다. 勿論 春園 以前에도 故李人稙갓혼 先輩가 훌늉한 우리의 家庭小說을 創作하야 그 功課가 莫大한 바 잇섯스나 新聞小說로써 發表된 일은 아마 업섯다고 記憶됨니다. 李氏가 좀더 長壽하여 주엇드라면 新聞小說로써 반드시 큰 業을 이루어 주엇스리라고 氏의 遺著를 손에 들 째마다 追慕의 情이 김퍼짐을 째다라 마지 안슴니다. 말이 暫間 岐路로 쌔젓슴니다.

〈無情〉으로서 愛讀을 바든 春園은 뒤를 이어 〈再生〉을 當時의 彗星가티 出現한 二千萬의 입을 代表한다는 新興 言論機關인 『東亞日報』紙上에 連載함으로써 거듭 讀者를 熱狂식히엇슴니다. 春園은 無情을 新聞에 連載하여 본 經驗에서인지 〈再生〉에서는 좀더 新聞小說다운 形式을 가추엇든 것이 前作보다도 新聞小說로써의 效果를 一層 놉히엇다고 생각함니다.

이러케 創作 新聞小說에 잇서서는 春園의 獨壇場인 同時에 飜案은 飜案으로써 亦是 輕蔑하지 못할 勢力을 가지고 잇섯슴니다.

이러케 手腕을 보인 春園은 創作에 疲勞를 늣기엇슴인지 特히 計劃한 바 잇섯슴인지 〈許生傳〉이라는 野談을 新聞에 連載하는 새로운 試驗을 하야 讀者를 쯰으는 點에서는 또한 失敗하지 안엇슴니다. 그 뒤의 春園은 〈麻衣太子〉, 〈端宗哀史〉 等 歷史物에까지 손을 대여 新聞 連載物로서는 가지가지의 試驗을 다하여 보앗슴니다. 엇잿든지 우리는 新聞小說로서의 春園의 存在를 이즐 수 업슴니다. 同時에 아즉도 四十의 고개를 넘지 못한 春園의 長篇作家로써의 進展을 期待하는 바가 만슴니다.

春園보다 써러저서 新聞小說에 붓을 적시인 作家를 記憶되는 대로

쏩아본다면 故 稻香, 想涉, 八峯, 星海 等 諸氏며 그 末席으로 筆者도 쏩
히일 것입니다. 幻戲를 連載하야 젊은 男女 讀者를 씌은 稻香은 新聞小
說家로써 만흔 素質을 가젓든 作家이라고 생각합니다. 挽近 數年 동안
에 『東亞』, 『每申』에 〈사랑과 罪〉, 〈二心〉 等 長篇을 쑤준히 連載하고도
오히려 疲勞한 빗도 업시 繼續하야 新聞小說에 붓을 잠그고 잇는 想涉
의 精力은 新聞小說壇을 爲하야 慶賀하고 십습니다.

일즉이 『東亞日報』에 〈約婚〉을 連載하다가 新聞廢刊을 말미암아 中
斷한 이래 評等을 主로 잡고 잇든 八峯이 昨年부터 〈前途洋洋〉(『中外』
紙에 完載) 〈海潮音〉(『朝鮮日報』에 目下 連載) 等 新聞小說로 進出한 것
은 注目되고 企待되는 바이며 일즉이 『朝鮮日報』紙上을 通하야 日本
作家 中西伊之助의 〈熱風〉을 譯載한 以後 同紙上으로 〈키 일흔 帆船〉,
다시 『東亞』紙에 〈짓밟힌 眞珠〉 等을 連載하야 勞力이 만튼 星海의 最
近의 沈黙이며 從來 短篇만을 쓰든 東仁이 新聞小說로 進出한다는 消息
等은 注目되며 企待되는 일입니다.

이야기는 다시 거슬러 올라감니다.

飜案物이 創作品에 驅逐된 것도 안이겟지마는 엇잿든지 人氣를 漸失
하여 온 것도 否認치 못할 事實입니다. 某某 新聞이 窮餘의 策으로 歐米
探偵物의 翻案을 最近까지 繼續하여왓스나 讀者가 달게 읽지 안는 모
양입니다. 이러한 翻案物이 밀니자 擡頭한 것이 歷史物 中國의 古代小說
이라고 하겟습니다.

最近에 新聞 紙上에 連載되고 或은 아즉 連載 中에 잇는 것만을 一瞥
할지라도 春園의 〈端宗哀史〉(『東亞日報』 完載), 碧初의 〈林巨正傳〉(『朝
鮮日報』 連載 中斷), 牛步의 〈西遊記〉(『中外日報』 連載 中), 白南의 〈水
湖誌〉(『東亞日報』 完載), 白華의 〈三國誌〉(『每日申報』 連載 中), 冽雲의
〈紅樓夢〉(『朝鮮日報』 連載 中) 等等의 輩出은 這間의 消息을 엿보기에
足하겟습니다.

이러한 傾向의 그 動機와 原因을 살피여 본다면 大體로 一. 日刊 新聞
들이 紙面을 늘님에 쌀아 連載物의 需要가 激增된 것, 二. 쌀아서 몃 사

람 못되는 長篇 作家의 生産이 그 需要를 채우지 못하는 것, 三. 設使 需要에 應할 수 잇다 할지라도 新聞小說(創作)만으로는 具色이 되지 안는 것, 四. 그것을 要求하는 讀者層이 만혼 것 等일 것입니다.

그런데 中國의 古代小說의 復活은 그 勵行을 躊躇하는 바이나 朝鮮 사람으로써 朝鮮의 歷史를 逐日 忘却하는 今日에 情勢에 鑑하야 쯧잇는 作家들이 誠意를 가지고 歷史物로써 開拓할 餘地 豊富한 處女地라고 생각합니다.

◎ 써-날리슴(新聞調)과 文學, 申敬淳, 『철필』 창간호, 1930.7.

(글쓰기 관련 자료가 아니므로 내용은 입력하지 않음)

一. 써날리슴(新聞調)의 定義

二. 써날리슴의 文學的 功勞

三. 短篇小說과 新文藝

四. 써날리슴의 危險性

五. 써날리슴과 大衆文學

六. 써날리슴의 罪惡

七. 觀照 업는 文學

八. 結論

4. 농민

** 농민: 1925년 12월 창간된 『조선농민』을 1930년 5월 다시 간행하면서 『농민』으로 바꾸었음.

◎ 農民詩 作法[講座](一), 許日(1932), 『농민』 3~7, 1932.7.~3.8.

一. 머리말

「여러분 농민들이이서 다─같이 농민 시인(農民詩人)이 되어 봅시다!」 이와 같은 생각 밑에서 이번에 시 쓰는 법을 여러분에게 선물로 들입니다.

이렇게 말슴들이면 혹 어떤 분은 고게를 돌리면서 「아이구 우리 따위가 시인이 다 뭐야!」하고 처음부터 이 강좌를 넑어보실 생각좇아 아니하실 이가 게실는지 모르겟습니다.

그러나 여러분 우리 농민들은 하로밭비 그런 못난 생각을 버려야겟습니다. 우리들은 과거의 우리 조상들이 못나서 시라고 하면 깜짝 놀라던 그런 생각을 가저서는 아니됩니다.

아닌 게 아니라 과거에는 확실히 詩라는 것을 (詩뿐만 아니라 다른 예술에 잇어서도 그리하엿거니와) 우리 농민들과같이 못사는 사람들이 쓰는 것이 아니고 우리들과는 다소 그 생활과 신분을 달리하는 궁중의 사람들이나 그타 량반들만이 그것을 써 왓습니다.

그러기에 지금에 잇어도 詩라는 밀만 들으면 그것은 우리 농민들과 같이 무식하고 못사는 사람들의 쓰는 것이 아니라 지식 잇고 작난 사람들만이 쓰는 신성하고 어렵은 것이라고 생각하기 쉽습니다. 그리고 詩라는 것에 대하야는 처음부터 생각도 못하게 됩니다. 그러나 이제부터는 그 따위 못난 생각이란 모다 집어치우고 詩를 그런 특수 계급의 손에서 우리들의 손으로 빼앗어 오자! 이렇게 단단이 결심해야겟습니다.

그럿습니다. 지금은 우리네 못난 조상들이 살고 잇는 과거의 봉건 사회가 아니오 그리고 자본주의 사회의 초기도 아니오 바야흐로 자본주의 사회의 말기입니다. 다시 말하면 그들의 전성시대는 지내가고 우리들과 같이 못난 사람들의 손으로 모든 것이 돌아오랴는 이때입니다.

모든 것이 그러함과 같이 예술 즉 詩같은 것도 우리들의 손에 넣아야 할 것은 더 말할 것도 없습니다.

그리고 詩라는 것은 그렇게 어려운 것도 아니오 그저 누구나 쓸 수 잇는 것이외다— 詩라는 것은 별것이 아니라 우리들의 생활 즉 들에 가서 밭 갈고 김 매고 산에 가서 나무하는 동안 우리들의 생각에 감격되는 것을 그대로 순진하게 그려놓으면 그만입니다.

詩라는 것은 결코 지식 잇는 사람들의 감격을 적어놓는 것만이 詩가 아니오, 우리들과 같이 못난 사람들의 감격을 적은 것 아니 그것이 도리어 참된 詩라는 것을 우리들은 확실히 깨달아야 할 것이람다.

이만하엿으면 詩라는 것은 다른 사람들의 것이 아니오 바로 우리 농민들의 것이로구나 하는 것을 알 수 잇을 것이외다. 따라서 처음에 말한 바 「우리 농민들도 다같이 詩人이 되어 봅시다」하는 것이 아모 실현성 없는 헛말이 아닌 것을 짐작할 수 잇을 것이외다.

다음으로 우리들이 다시 생각해야 할 것은 우리들의 農民詩라는 것은 결코 다른 사람들의 詩와 같이 현학적의 詩가 아니고 우리들의 생활을 위한 생활시(生活詩)라는 것이외다. 다시 말하면 현재와 같이 참담무비한 생활을 하고 잇는 농민들 그리고 그러한 생활에서 벗어나서 새로운 평화의 생활을 얻으랴고 하는 모든 로력과 행동을 그리는 詩이니만큼 그것은 반듯이 우리들의 생활을 흥기나게 하고 자극을 갖게 하고 용기를 나게 하는 좋은 수단과 ×기로 된다는 것이며 또 되어야 할 것이외다.

그러기에 우리들도 다같이 농민 詩人이 되도록 하기 위하야 이와 같이 詩 쓰는 法에 대한 강좌를 두게 된 것이외다. 만일 과거의 詩와 같이 다만 위안과 오락만을 위한 그리고 공상만의 詩라면 여기서 새삼스럽게 이런 강좌를 베풀 필요도 없을 것이외다.

여기서 우리들은 한번 더 분명히 생각하고 지내갑시다. 우리들의 농민 詩라는 것은 우리들의 생활을 향상시키는 그리고 우리들의 운동을 앞으로 전진시키는 기름과 자양분과 같이 필요한 것이라는 것을! − 무엇보다도 그러한 정당한 생각을 전제로 하고 이제부터 본 문제로 들어갑시다.

二. 詩와 散文과의 區別 어떻게 다른가?

순서상 詩 쓰는 法을 말하기 전에 예술(藝術) 중에 이 詩란 것은 어떠한 특성을 가지고 잇는 것인가, 즉 詩가 가지고 잇는 내용과 형식의 특수성에 대하야 자서히 검토하고 넘어가야 할 것이외다.

詩란 것은 무엇인가? 막연히 그것을 설명하는 것보다는 산문(散文)이라는 것에 비교해 가면서 말하는 것이 좋을 것 같습니다.

그러면 詩는 산문과 어떻게 다른가 에제 한가지 례를 들어봅시다.

「한울은 맑은 거울같이 깨끗이 개어 잇다」 이와 같은 산문을 詩로 곧처보면 「한울은 깨끗이 개어 잇다/맑은 거울과도 같이」

즉 詩에서는 표현을 단축시키고 간명히 하는 까닭에 그것은 산문에 비하야 산(生) 감정 그것이 그대로 표현되는 것이외다. 그러기에 우리들은 산문보다도 詩에서 받는 감격과 흥분이 한층 더 심각하여지는 것이외다.

> 「저녁 늦게 들에서 돌아오면
> 나는 그대로 자리에 글어진다.
> 그러면
> 솜(綿)과 같이 녹으라진
> 피곤한 몸에
> 죽엄과 같이 깊은 잠이
> 무겁게 찾어든다 ……」

이제 이 詩를 산문으로 곧처보면 「저녁에 늦게야 나는 들에서 돌아와서 그대로 자리에 슬어진다. 나의 몸은 솜과 같이 피곤해진 까닭에 나는 그대로 죽은 듯이 잠이 들게 된다.」

이러한 례를 찾자면 얼마라도 잇을 것이나 번잡을 피하기 위하야 이만하기로 합시다.

그런데 여기서 한가지 주의해야 할 것은 아모런 산문이라도 표현만 곧히면 전부가 詩가 될 수 잇다는 것은 아니란 말이외다.

가령 「하나에 하나를 가하면 둘이 된다.」 이것은 훌늉한 산문이외다. 그러나 그것을 아모리 뒤치고 자히고 하여 보아도 詩로는 되지 아니합니다—둘는 하나에 하나을 가한 것이다—이것은 詩가 아니외다.

이와 같이 일정한 역사적 사실 또는 일정한 과학적 진리 같은 것은 영영 詩로는 되지 못합니다. 「소크라테스는 철학가다!」 이것을 「철학가는 소쿠라테스다」 이렇게 해 보아도 詩는 되지 않습니다. 그밖에 또 하나 주의할 것은 제재(題材)에 잇어서도 제재에 따라서 산문의 제재는 되면서도 詩의 제재는 못되는 것이 잇습니다.

例를 들면 맹수를 맞내어 놀란 때 혹은 의외의 사변에 당황한 장면 같은 것은 특수한 례의 외에는 詩의 재료가 되지 못합니다. 말하면 詩

에는 詩만이 가지는 詩境이라는 것이 잇는 것이외다.

이상의 것이 간단하나마 산문에 비하야 詩라는 것은 대략 어떤 것이란 것이 알려젓으리라고 생각합니다.

농민되시는 여러분은 이것을 직접 여러분의 생활과 비교하면서 詩란 것을 생각해 보시면 더욱 분명해질 것이외다. 그러면 詩와 산문의 구별되는 점에 대해서는 이만합시다. (계속)

三. 詩의 種類

詩는 형식으로나 내용으로 보나 여러 가지 종류가 잇는데 첫재 우리는 정형시(定型詩)와 자유시(自由詩)의 두 가지로 갈라볼 수 잇습니다.

정형시란 것은 일반적으로 일정한 형식이 고정되어 잇는 詩라는 말인데 가사 례를 들어보면 지나간 녯날 詩 곳 한시(漢詩)로는 七言절구라든가 五言절구가 잇어서 누구든지 詩를 쓰랴면 반듯이 그 형식에 맞후어 쓰어야 하나니 즉 한 구절이 字수로는 七자나 五자로 해야 하고 성음(聲音)으로는 일정한 운(韻)이란 것을 밟는 동시에 또한 高下字를 놓아야 하는 것이엇습니다.

그리고 그것은 漢詩만이 아니오 외국의 어느 나라의 詩도 다 같이 그와 비슷한 형식을 걷처 왓습니다. 우리 조선만 하더라도 漢詩에 비하면 비교적 자유스러울는지 모르나 역시 일정한 형식을 가진 詩 곳 時調라는 정형 詩를 가저온 것이 사실이엇습니다.(물론 조선은 중국과의 특수한 관게—지리적 역사적 관게상 조선 언문시(言文詩)보다는 漢詩 그것을 그대로 써온 것이 사실이어니와)

여기서 漢詩와 時調에 대해서 간단히 하나식만 례를 든다면 위선 漢詩에 잇어서

「昨日到城郭, 歸來淚滿綠, 偏身綺羅者, 不是養蠶人」

라고 이렇게 한 구절이 다섯자식 五言절구로 짓는 것도 잇고 또한 南怡 장군의 詩

「白頭山石磨刀盡, 豆滿江水飮馬無, 男兒二十未平國, 後世誰稱大丈夫」

라고 이렇게 한 구절이 일곱자식 七言절구로 짓는 것도 잇엇습니다.

그러고 時調에 잇어 鄭夢周 先生의 作

「이몸이 죽어죽어 일백 번 고처 죽어(三四 三四)

백골이 진토되어 넋이야 잇고 없고(三四 三四)

님향한 일편 단심야 가실 줄이 잇으랴(三五七)」

이렇게 時調는 三句로 되는데 첫구가 三四三四 둘재구가 三四三四 셋재구가 三五七, 이처럼 句 수와 字 수의 제한이 잇는 것이엇습니다. 이와 같은 정형 詩라는 것은 그 내용이 대개 봉건시대의 생활 사상이엇습니다.

그 시대의 수공업적(手工業的) 단순한 생활 방식과 솔직한 봉건사상의 고정화(固定化) 그것을 내용으로 한 탓에 자연히 그 내용을 담는 형식도 거기에 적당하게 고정화되고 말앗습니다. 그럼으로 우리들이 먼저 정형시를 생각할 때에는 그것이 봉건시대 또는 그전 시대에 발생하야 그 생명을 봉건시대가 허물어질 때까지 연장되어 왓다는 것을 알 수 잇습니다.

그와 같이 정형詩는 봉건사회와 그 운명을 같이 하엿습니다. 사실 봉건시대는 정형 詩의 만능시대이엇습니다. 그런데 사회라는 것은 변천하는 것이 사실이며 또한 진리입니다. 봉건시대는 언제나 연장되는 것이 못되고 반듯이 문허지고야 말을 운명을 가지고 잇섯습니다. 그리하야 종래 봉건 사회가 깨어지고 금일의 소위 자본주의 사회란 것이 닥처왓습니다. 여기서 봉건사회와 그 운명을 같이하엿기 때문에 정형 詩는 아조 그 자최를 감초고 말앗습니다. (물론 지금도 정형시가 아조 업는 것은 ***** 1줄 판독 못함)

이때에 이 봉건사회가 문허지고 자본주의 사회가 나타나게 되자 이 詩의 領域에서도 지금까지의 정형 詩와는 반대로 무정형시(無定型詩) 즉 자유 詩라는 것이 출생하게 되엇습니다. 이 자유 詩라는 것은 과거와 같이 구속과 또는 그보다도 형식의 구속을 받는데 대하야 불만을 가져왔음으로 이번에는 일체 그런 구속은 페지하고 가장 자유스럽게 내용을 선택하고 자유스러운 형식을 취하자는 주장 밑에서 이 自由詩라는 것이 나오게 된 것입니다.

우리들은 이 自由詩란 것을 생각할 때에 여러 가지 점에서 정형 詩보다는 좀더 구체적으로 생각해 볼 필요가 잇겟습니다. 웨 그러냐 하면 이 自由詩라는 것은 우리들이 직접으로 당장 문제를 삼는 것이니까요.

첫재 우리는 自由詩라는 것을 생각하지 않을 수 없습니다. 런하야 소위 新體詩란 것을 생각하지 않을 수 없습니다. 新體詩란 것은 말하자면 自由詩의 前身이며 母體입니다. 본래 정형 詩가 깨어지면서 곳 완전한 自由詩로 된 것이 아니라 그전에 新體詩라는 準自由詩의 게단을 밟고 넘어온 것입니다. 이것은 우리 조선서도 그러한 게단을 밟아온 것이외다.

조선의 新體詩의 例를 하나 들기 위하야 六堂 崔南善 氏의 作品의 一節(隆熙 三年 四月 少年誌 所載)를 인용하여 보면(以下 七行 略)

이 新體詩란 것은 行수와 字수는 일정되어 잇지 아니하고 作者의 自由대로 선택할 수 잇으나 그것은 各節에 따라서 각각 다른 것이 아니라一節과 二節에 잇어 그 行수와 또는 각 行의 字수까지도 前節에 맞후어 가야 하는 것입니다. 이것이 정형 詩에서 自由詩로 넘어가랴는 도정에서 신체시란 것입니다. 우리 조선에서 이러한 신체시가 잇은 후 뒤니어 自由詩 시대가 닥처왓으니 제일 처음으로 완전한 自由詩를 쓴 것은 春園 李光洙 氏입니다. 이제 自由詩의 例로 春園의 詩를 一편 인용하여 보면 그는 그의 詩 '祈禱'에서

거룩한 산
神秘한 雲霧의 장막 속에
검붉은 불길이 오른다.
내가 두 팔을 들고
한을을 울얼어 창생을 슌할 때에

바람이 웨치며 불어와
흰옷자락을 날린다.
아! 천지의 주재여
이 山과 雲霧의 바람을 내신 이어
내 기도를 들으소서
내 몸을 燔祭物로 받으소서

이 詩에서 보는 바와 같이 그것은 行수의 제한도 없고 行에 잇어는 字수의 제한도 없이 다만 자기의 쓰고 싶은 대로 써 놓으면 詩가 되는 것입니다.

이러하게 自由롭게 쓰게 된 것이 지금의 우리들이 쓰고 잇는 自由詩란 것이외다. 그러기에 이것은 우리들이 과거의 관렴을 가지고 詩란 것은 어려운 것이거니 하고 생각할 것이 아니오 누구나 쓰기만 하면 쓸 수 잇는 것이외다. 그런 것이니까 우리 農民들도 이전처럼 이 詩란 것을 딴 사람들에게만 맡겨 두지 말고 우리들이 직접 작구작국 써 보는 것이 좋을 것이외다.

四. 農民詩란 무엇인가.

農民詩란 것은 역시 自由詩의 하나으로 볼 수 잇습니다. 웨 그러냐 하면 詩의 형식으로 보아 그 형식은 순전히 自由스럽게 되어야 할 것이기 때문이외다.

그러면 일반 自由詩에 비하야 農民詩의 특징이 어데 잇겟느냐 하면 그것은 첫재 내용이란 점에 잇다고 생각할 수 잇습니다.

農民詩란 것은 막연한 립장에서 막연한 생활을 그린 것이 아니라 정확한 農民의 립장에서 農民의 의식을 가지고 그들 自身의 생활을 그려가야 하는 것이외다. 그리고 또 한 가지 내용에 잇어 주목해야 할 것은 다만 그러한 내용을 무비판적으로 그려볼 것이 아니라 오늘날의

농촌 사정에 대하야 일정한 비판을 가하며 그 비판 밑에서 현재 農民
은 엇더한 참담한 생활을 하고 잇는가 그리고 그 생활에서 벗어나랴
면 어떻게 해야 하겟는가를 감정적으로 지시하며 진작시키는 내용이
아니면 안 됩니다. 農民詩란 것은 과거의 所謂 田園詩란 것과 달아서
다만 표면에서 보이는 대로 무비판하게 평화스러운 田園美를 그려갈
것이 아니라 좀 더 깊은 생활 내용에 들어가서 심각한 생활을 그려가
야 참된 農民詩가 될 것이외다. 이 내용 문제에 잇어는 前月號에 白民
氏가 農民 문학에 대하야 말슴한 것이 잇으니 여기서는 그만하고 略하
려 하거니와 다음으로 한가지만 더 생각해 말할 것은 農民詩가 그러한
것을 내용으로 하니만큼 그의 표현과 형식도 다른 일반 자유 詩와는
달라서 독특한 農民의 감정을 그대로 表現해 줄 만한 表現과 형식이
아니면 아니될 것이외다. 즉 農民이 스는 말을 가지고 가장 읽기 쉽움
고 알기 쉬운 表現과 形式이 되어야 할 것이외다. 그것은 일반 도시 뿌
르조아 문학의 말초신경질적의 표현이 아니고 가장 건강미가 잇고 향
토미가 충실한 그것이 아니면 아니될 것이외다. 간단하나마 農民詩에
대하야는 이만하고 다음에 詩 쓰는 법을 대강 말하려 합니다.

五. 農民詩 쓰는 법

이상에서 말한 바와 같이 自由詩란 것은 구절의 제한도 없고 그타
行數 字數의 제한도 없으니 우리들이 거기에 대하야 머리 앓을 필요는
없을 것입니다. 우리들은 농촌에서 직접 생활하고 잇으면서 그것을 내
용으로 취급해 가면 그만입니다. 그러면 구체적으로 어떠한 순서에 따
라서 詩를 쓰게 되겟는가?

이것은 나의 경험에 의하야 말한다면 첫재에 어떠한 일정한 題材를
하나 잡어 올립니다.

그리고 처음에 그 題材를 어느 것을 먼저 하고 어느 것을 뒤에 쓸
것을 순서를 작정하며 정립합니다. 한가지 例를 들면 가사 饑饉에 이

기지 못하여 줄여죽은 한 農民의 사정을 그린다면 첫재 우리들은 그 農民의 日常의 참담한 생활, 곳 그는 農民으로서 쌀구경을 못하고 소와 말과 같이 츰부리와 나무 껍질을 먹고 살었다는 것, 그러나 그와 그의 가족은 그런 것도 먹을 것이 없어서 종시 굶어죽게 되엇다는 깃, 그리고 나종으로 그러한 農民 생활에 대한 참된 흥분의 감정, 그리고 그 감정을 그리는 데서 農民은 굶어 죽기 전에 무엇을 해야 하는가를 지시해 주는 것을 쓰게 됩니다. 題材로 이렇게 머리 가운데 정리해 두고 그 다음에 순서대로 서 봅니다. 그러하나 써 놓고 보면 그대로 즉시 만족하기는 드문 일입니다. 그것이 아니고 다른 것이 더 좋은 것이 잇으면 더 서 넣기도 하고 낮븐 것이 잇으면 빼어 버리기도 하며 순서상 一이 二보다 먼저 잇는 것이 좋을 것 같으면 그 순서를 박구어 (以下 三二頁에)

◎ 農民小說 짓는 法, 許日, 『농민』 제3권 제10호, 1932.10.

먼저 번 詩 쓰는 법을 말할 때에 詩는 누구나 쓸 수 잇다는 것을 여러분 앞에 말슴 들인 일이 잇거니와 그와 꼭 같은 말슴을 이번 小說 쓰는 법을 말슴하는 데서도 반복하고 싶소이다. 혹 잘못 생각하시는 분네는 詩는 형식도 간단하고 하야 누구나 쓸 수 잇을는지 모르나 小說이야 내용이 복잡할 뿐 아니라 형식도 복잡해서 도저히 우리같은 農民에게는 쓸 것이 못된다고 애어 처음부터 쓰랴고도 하시지 안을는지 모릅니다.

그러나 그렇게 생각하시는 이가 잇다면 그것은 대단이 잘못입니다. 웨 그러냐 하면 小說이란 것은 그리 어려운 것도 아무것도 아니고 누구나 쓰시랴는 생각만 가지고 게시면 쓸 수가 넉넉이 잇는 것이외다. 지금 여러분에게 말슴들이려는 農民小說이라고 별로 그렇게 어려운 것이 아니외다. 누구나 쓸 수 잇다는 자신을 갖고서 자ㅡ 이제부터 농민소설 쓰는 법을 서로 토론해 보기로 합시다.

一. 農民小說이란 엇던 것인가?

農民소설이란 어떠한 것인가. 이것을 가장 알기 쉽게 설명하기 위하야 그것을 형식 문제와 내용 문제의 두 가지 것에 나누어서 생각하는 것이 편리할 것 같습니다.

그러면 결국 문제는 다음과 같이 두 가지로 나뉘어질 것입니다. 첫재 農民소설은 어떤 것을 내용으로 하는가, 둘재 農民 소설의 형식은 어떠한 것인가?

먼저 첫재 내용 문제부터 설명하기로 합시다. 農民소설의 내용 여기에 대하야는 본지 八月號에서 白民 氏가 자못 자서하게 農民 문학을 설명하는 데서 이 내용 문제도 다소 저촉되엇기에 여기서 나는 가장 간단하게 그것을 문제 삼고 지내가랴 합니다.

農民소설의 내용이라는 것은 말하랴면 먼저 題材 문제부터 시작해야 될 것이외다.

農民 소설의 題材는 두말 할 것 없이 그것이 農村 사정 즉 農民들의 일상생활을 중심으로 해야 할 것이외다. 웨 그러냐 하면 우리들은 農民의 생활이 포함되지 아니한 작품을 가지고 農民 소설이라고는 도저히 할 수 없는 까닭으로 다만 그 소설에 농장의 이름이 나오고 농민의 이름이 나온다고 하여서 그 작품 그대로가 農民소설이 되는 것일가. 물론 그 소설에 農民이란 글자와 농촌이란 말이 많이 보인다고 하여서 그것이 다 農民소설이 될 리는 만무한 것입니다. 아무리 그 가운데 農民과 농촌이란 말이 많이 쓰여 잇다 할지라도 그 가운데의 모든 사정이 참된 농민의 생활과 아모런 관계가 없다고 하면 그것은 農民소설도 아무것도 아니니까요. 그럼으로 農民소설이란 그 가운데 農民과 농촌을 그저 되는 대로 넣는 것이 아니라 참된 농촌이오 참된 農民이어야 한다는 의미에서 그것은 農民의 눈으로 본 農民이고 農村이어야 할 것이외다. 그 가운데는 農民의 생활이 農民의 참된 눈으로 본 거즛없는 실제의 農民이오 농촌이어야 한다는 것이외다.

이렇게 말하면 문제가 좀 어려워지는 것 같으나 결국은 조곰도 어려운 것이 아니오 만일 農民 자신이 農民소설을 쓴다면 그 작품의 내용은 農民의 눈으로 본 정당한 농민이오 농촌일 것이외다. 다만 여기서 내가 특별이 말하고저하는 것은 즉 農民 자신이 아니고 다른 지식계급의 작가들이 農民소설을 쓸 때에는 農民과 農村을 참되게 그리지 못하는 까닭에 그것은 일음만은 農民소설일지 모르거니와 사실에 잇어서 農民소설이 될 수 없는 것이외다.

그러면 農民소설의 題材－내용은 무엇이야 하는가?는 결국 **의 農村과 農民을 農民의 바른 눈으로 본 것이어야 할 것이외다. 그것만이 참된 農民의 소설로 될 수 잇는 것이외다.

대게 내용 문제는 그만해 두고 다음의 農民소설의 형식 문제를 생각해 보기로 합시다.

農民소설의 형식이라면 결국 農民소설의 표현 문제와 관련될 것이외다. 우리들이 아는 바와 같이 農民의 생활이란 전원적(田園的)이고 템포(調子)가 없고 한만하고 유구(悠久)한 생활일 것이외다. 그럼으로 이러한 것을 내용으로 하는 農民소설의 형식은 자연히 거기에 다라서 그 형식은 動力的이 아닌 沈漫한 형식일 것이외다. 그리고 <u>표현은 될 수 잇는 대로 농민이 사용하고 잇는 말 그것으로써 알기 쉽게 쓰는 것이 아니면 안 될 것이오 그리고 보통 農民의 생활은 참담한 것이란 의미에서 그것은 향기롭지 못하고 침울한 늎조를 가진 것이어야 할 것이외다.</u>

형식에 대해서도 별로 이밖에 할 말이 없고 무엇보다도 중요한 문제는 여러분 자신이 친이 붓을 들어 그것을 써 보는 것이 좋을 것이외다.

二. 農民소설 쓰는 法

農民소설을 쓰랴면 다른 소설과 같이 무엇보다도 먼저 어떤 題材를 한아 붙잡아야 할 것이외다. 그리고 題材를 하나를 붙잡아 놓고는 그 題材를 어떤 순서로 써야하겟슨즉 그중 어느 부분이 중요하고 어느 부분이 비교적 가벼워서 거기에 따라서 어느 것은 표현하는 데 가장 힘을 들이고 어느 것은 비교적 힘을 아니 들여도 좋겟다 하는 데 대하야 순서 잇게 또 바르게 정리해여야 할 것이외다. 그런 題材의 순서와 정리가 끝나면 물론 그 다음에는 직접 붓을 들어서 써 봐야 할 것이외다.

여기서 그것을 좀더 분명히 설명하기 위하야 한 가지 례를 들어 설명해 보는 것이 좋을 것 같습니다.

여기 어떤 농촌에 한 농가의 전식구가 하로 아츰 餓死한 사건이 생겻다 합시다. 그러면 그 사건은 農民소설로써 훌늉한 題材인 것이외다. 그러나 단순히 그 사실만을 긔록하야 놓는다면 그것은 신문의 한 삼면 기사는 될지언정 農民소설은 되지 못합니다. (以下 二十九行 略)

5. 한글(1935)

** 한글: 조선어학회의 기관지.

◎ **文學과 文士와 文章**(1), 이광수, 『한글』 제3권 제5호, 1935.5.

　내 말슴을 들으시는 이 중에는 文學을 지여내시는 이, 곧 詩人과 文士-詩歌를 짓는 이, 小說을 짓는 이, 劇을 짓는 이, 其他 엣세이 旅行記 感想文 等을 짓는 이, 요새말로 雜文 隨筆 等屬을 짓는 이, 그리고 方向을 바꾸어서는 짓는 이와 對立하야 批評文을 짓는 이 等이러한 文士도 계실 것이요, 또 以上에 말슴한 여러 種類의 文學을 짓지는 아니하시되 詩人 文士가 지어놓은 文學을 보시는 이가 계실 것입니다. 文學을 지어 내는 것을 創作이라고 하고, 文學을 보는 것을 感賞한다고 이름 짓습니다. 그리고 詩人 文士가 創作해 놓은 글―卽 作品을 잘 되었네 잘 안 되어 있네 어디가 어쩌니 안 되었네 하는 글을 쓰는 이를 文學 批評家 또는 文學 評論家라고 합니다. 創作도 하면서 兼해서 批評을 하는 이도 있고 創作은 한 줄도 아니하고 批評만 하는 이도 있거니와 이 文學 批評家도 文士의 部類에 屬한 存在입니다.
　지금 내 말슴을 듣는 이 중에는 文學 創作家, 文學 批評家, 文學 感賞

家-라기보다 文學을 鑑償하는 大衆이 계시거니와 그밖에 또 한 階級이 계실 것입니다. 그것은 나도 文士가 되어 보겠다 하는 이들입니다. 學生들 중에는 文士가 되어 보겠다 또는 文士가 되어 볼가 하는 이가 相當히 많아서 俗談에도 二十 內外에 文士 아닌 靑年 없고, 三十 內外에 唯物論者 아닌 사람이 없고, 늙어서 宗敎家 아닌 사람이 없다고 합니다.

그런데 나는 지금 우에 말한 듯한 이 여러 가지 듣는 이들에게 文學과 文章과 文士에 對한 말슴을 오늘 내일 이틀에 아울러서 六十分 동안에 하지 아니하면 아니될 處地에 있습니다. 내게 있어서는 相當히 難堪한 所任입니다.

대체 말 있는 나라 치고 이야기 없는 나라가 없듯이 글 있는 나라 치고 文學 없는 나라는 없습니다. 文學을 가장 오랜 것을 찾자면 支那에 詩經, 書經, 印度의 뻬다 詩篇, 고대의 舊約聖書 等은 다 三千年 以前의 것이요, 西洋의 經文學의 始祖라고 하는 호머의 詩며 이스킬로소, 소포클레쓰, 유리피데쓰 等의 劇詩도 二千五百年 前에 생긴 것이요, 朝鮮으로 말하면 眞正한 意味의 朝鮮文學, 朝鮮말로 씨운 朝鮮文學은 지금까지 남아 있는 것으로는 吏讀로 적힌 新羅의 鄕歌가 始祖니, 이것도 거의 一千三百年 以前에 遡及할 수 있는 것입니다.

文學의 發生學的 또는 胎生學的 根源을 찾으면 詩나 노래는 民謠에서, 小說은 이야기에, 劇은 놀이에서 나온 것이라고 아니할 수 없습니다. 혹은 詩歌의 起源이 宗敎에 있다고도 하지마는 宗敎에서 神에게 제사를 드릴 때에 詩歌를 쓰게 된 것이, 그 또 起源이 民謠에서라고 보는 것이 正當할 것입니다. 무슨 좋은 일이 생기니까 좋다고 팔을 내어두르고, 좋다고 소리를 지르고, 그리고 나서는 그 좋던 것이 잊히지를 아니하야, 그 후에 다른 사람을 보고 그 좋던 이야기를 한바탕(發表의 本能 表現의 本能)하자니 그 좋던 光景을 그리고, 좋을 때에 자기가 지른 소리, 팔다리를 내어 두르던 모양을 한번 다시 해 볼 것이 아닙니까. 그렇다 하면 그 지른 소리는 詩歌가 되고 나종에 다른 사람에게 그때에 自己가 느낀 바와 같은 느낌—그것이 기쁨이든지 슬픔이든지, 놀람이든지, 웃우음이든지 또 이런 여러 가지 感情이 섞인 것이든지—를 일으키기 爲하야 그때 光景을 線과 彩色으로 그러면 그림이 되고, 말로 하면 이야기가 되고 노래가 되고, 글로 쓰면 小說도 되고 詩도 되고, 劇도 되고 紀行文도 될 것이 아닙니까. 우리는 文學뿐 아니라 모든 藝術의 發生學的 起源을 이만큼 想像하면 큰 잘못이 없으리라고 믿습니다.

아까 잠간 사람이란 제가 느낀 바—적게 말고 크게 느낀 바를 남에게 고대로 傳하고 싶은 本能的 慾望이 있습니다. 그래서 톨스토이는 그의 藝術論에서 "藝術이란 一種의 말이어서 우리가 스스로 느낀 바를 同胞에게 傳하는 方便이라."고 定義하였습니다. 藝術은 一種의 말이라고 한 그 말이란 말이 썩 재미 있다고 생각합니다. 우리는 우리가 생각하는 바를 말을 通해서 同胞에게 傳達합니다. 좀 어려운 말을 슨다면, 우리의 知的活動인 觀念은 보통말로 다른 사람에게 傳達한다고 하지마는, 우리의 情이 받는 感激 卽 느낌은 藝術이라는 特別한 말로써 傳達한다는 말이외다. 아까 든 例中에 어떤 사람이 무슨 좋은 일이 있어서 기뻐서 소리를 지르고 팔다리를 내어두른 것은 情의 感激 卽 느낌인데, 이 사람이 느낌을 다른 사람에 고대로 傳하려면 보통말로는 아니되고 藝術이라는 特別한 말의 形式을 빌어가지고야 된다는 말입니다. 그러면 文學이란 무엇인가. 나는 여기 톨스토이의 藝術의 定義를 그냥 借用하려고 합니다. 다만 말슴해 가는 동안에 톨스토이의 定義에다가 한가지 添附함이 있으려고 합니다.

實際論에 들어가서 말슴하기로 합니다. 첫재로 創作家—卽 詩人이나 文士는 웨 글을 짓나, 더 좁혀 말슴하면 웨 文學을 짓나. 여기서부터 시작하렵니다.

實際에 있어서 오늘날 文士들이 文學的 作品—다른 藝術品에도 그러리라고 생각합니다마는—을 짓는 대는 여러 가지 動機가 있습니다. 그 중에서 生活費를 爲하야, 原稿料를 爲하야 卽 돈을 爲하야서 作品을 짓는 境遇가 相當히 많은데, 이것은 作家에 있어서는 큰 矛盾이요 큰 苦痛입니다. 먹을 것은 벌어야 하겠고 그러자면 原稿를 사 줄 新聞社나

雜誌社나 冊肆의 비위를 맞후어야 하겠는데, 新聞社나 雜誌社에서는 자기네 商品이 잘 팔리기 爲하여서 文學을 싣는 것이어서 文學 自身을 爲하여서 싣는 것은 아니니까 作者에게 여러 가지 注文과 制限을 주지 아니할 수 없습니다. 그러면 作家 卽 詩人이나 文士는 新聞이나 雜誌, 編輯人들의 이 注文과 制限—막말로 하면 이 命令에 屈服하여야만 밥값을 벌게 됩니다. 여기 作家의 藝術的 良心의 歪曲이 있고, 墮落이 있고 따라서 藝術의 萎縮과 枯死가 있는 것입니다. 藝術家에게 파트로이 必要한 것이 이 때문입니다.

그런데 理想的으로 볼 때에는—文學, 다른 藝術도 그렇습니다마는 文學을 짓는 活動은 구두장수가 구두를 짓거나 代書人이 訴狀을 쓰는 것과 같이 돈을 바라고 하여서는 아니될 種類의 것입니다. 돈뿐 아니라 大衆의 稱讚 卽 名譽라든지 어떤 權力者의 稱讚이라든지 또는 其他 어떠한 報酬도 바라서는 아니될 性質의 것입니다. 마치 宗敎家가 돈의 報酬를 바라거나 聽衆의 稱讚을 바라고 說敎를 해서는 아니되는 것과 꼭 마찬가지요, 조금도 다름이 없는 것입니다.

웨 그런고 하면, 文學이란 다른 藝術도 그러하지마는 우리의 生命이 또는 靈이 느낀 바가 있을 때에, 그 느낀 바가 대단히 큰 것이어서 암만하여도 一般 人類에게 千萬代後孫에게까지라도, 地球 말고 다른 별에 사는 사람들에게가지라도 아니 傳하고는 참을 수가 없는 一種의 强迫感을 느낄 때에만 지을 것이기 때문입니다. 文章의 技術을 練習하기 爲하야 習作하는 것이야 問題도 삼을 것이 없지마는 정말 作品을 世上에 發表한다는 것은 마치 釋迦世尊의 法華經의 大說法을 하시거나 예수께서 山上의 大寶訓을 하실 때와 같은 嚴肅한 態度를 가짐이 옳을 것이라고 믿습니다.

웨 우리가 느낀다는 것이 이처럼 重要하고 그 느낀 것을 남에게 傳하는 일—卽 藝術活動이 이처럼 重要한가 하고 反問하시는 이가 계실 듯합니다. 聖嘆의 말과 같이 藝術을 한 消趣法 卽 消日거리, 심심 파적이라고 생각한다 하면 이렇게 反問하시는 것도 容或無怪입니다. 事實

上 오늘날 우리는 文學이란 것을 이만큼 생각하는 傾向이 많고 또 文學 自體로부터라도 그런 대접—食後에 먹는 담배 한 대, 코피 한 잔쯤의 대접을 받아서 싼 것이 많습니다.

그렇지마는 實相으로 말하면 우리가 느낀다는 情的 生活은 우리가 안다는 知的 生活보다 더 크고 깊고 놓은 것이라고 믿습니다. 뉴톤의 萬有引力이라든지 아인슈타인의 相對性原理라든지 또 더 實際 方面으로 보면 왈의 水蒸氣, 에디손의 電氣, 마르코니의 無線電信 等 人類의 知力의 最高한 産物들은 진실로 人類에게 福利를 주는 것이요, 全宇宙의 生物界를 통틀어서 내어놓을 만한 자랑거리지마는 이런 것은 오히려 없고서도 살 수 있다 하더라도 사람의 情意 方面의 所産인 宗敎, 藝術—거기서 나온 風俗, 習慣, 禮拜, 道德, 人格, 사랑, 공경, 克己, 慈悲, 謙遜, 참음, 용서—이러한 訓練이 없이는 하루도 살 수 없을 것입니다.

그러면 文學이나 다른 藝術도 이른바 勸善懲惡을 目標로 해서 그러냐 하면 그런 것이 아닙니다. 文學뿐 아니라 宗敎도 勸善懲惡이라는 것은 社會的으로 客觀的 觀點에서 본 效果이지, 宗敎 自體로 보면 그것이 옳고 그것이 좋고 그것이 마음에 맞고 그렇게 해야만 마음에 洽足하니까 그렇게 믿고 그렇게 행하는 것인지, 意識的으로 方便的으로 善을 행하고, 惡을 避할 때에는 벌서 宗敎가 아니고 一種 功利的 行爲입니다. 宗敎 行爲보다 수없이 낮은 行爲입니다.

文學도 그와 같아서 舊約聖經의 다윗王의 詩를 읽으면 우리 그가 어떻게 여호아라는 神에게 對해서 敬虔, 忠誠, 歸依, 感謝, 그리고 有時呼 恐怖를 느낀 것을 볼 수 있거니와, 이러한 感情을 좋은 文章(이 文章이란 말씀을 記憶합시오)여서 그것을 읽는 사람에게 비록 그 읽는 瞬間에만이라도 그가 經驗한 대단히 價値가 높은 感情을 經驗하게 하는 것인데, 여기서 다윗의 詩篇의 文學的 效果는 끝이 나는 것이요, 따라서 그 讀者에게 일으키는 道德的 影響은 間接이요, 派生的인 것입니다. 우리가 높은 山에 오르면 平素에 느끼지 못하던 崇高라든지, 偉大라든지 환하다든지, 어마어마라든지, 으리으리라든지 하는 느낌을 받거니와,

우리는 이 느낌을 얻기 爲하야 힘드는 줄을 모르고 山에 오르는 것입니다. 만일 그러한 느낌이 아니 되느냐. (續)

◎ 문학과 문사와 문장(2), 이광수, 『한글』 제3권 제6호, 1935.8.

文學도 그와 같아서 人生의 生活中에서 우리가 느낀 바를 詩라든지, 小說이라든지, 劇이라든지, 其他 무슨 形式으로든지 글 卽 文章을 가지고 表現한 것입니다. 그런데 만일 사람사람이 느끼는 힘이 다 같다고 하면, 文學도 必要가 없고, 宗敎도 必要가 없겠지오. 마치 사람사람이 아는 힘이 다 같다고하면 學問도 必要없고, 書籍이나 學校나 學者나 先生의 必要가 없는 것과 마찬가지입니다. 그렇지마는 사람이란 神秘해서 두 가지 異常한 것이 있습니다. 하나는 사람마다 體力, 五官力은 毋論이요, 知力이나 感情力이나 想像力이나 意志力이 千差萬別로 다른 것이요, 둘재는 다르기는 다르면서도 무슨 일을 當하거나 남의 말을 들으면 알아듣는 것입니다. 卽 깨닫는다는 것입니다. 사람에게는 모든 因이 다른 具備하여서는 그 因들의 發現이 緣을 따라서 先後次第가 있는 모양입니다.

그래서 藝術家라는 사람은 다른 사람들보다 느끼는 힘이 銳敏하게 發達이 되어서 예사 사람으로는 못 느끼는 바를 느기는 種類의 사람인데, 이 사람들이 느낀 바를 예사 사람은 가지지 못하는 色彩라든지, 音響이라든지, 모양이라든지, 움즉임이라든지, 文章의 농난한 재주로 表現한 것이 그림이 되고, 音樂이 되고, 춤이 되고, 彫刻이나 建築이 되고, 文學이 되는 것입니다. 에미슨이 그의 詩人論에 詩人은 萬民의 代言人이라 한 것이 이러한 消息인가 합니다. 그런데 사람은 緣만 얻으면 속에 숨었던 因이 發作이 되는 것이 마치 성냥가비에 불의 因이 있어도 긋기 前에는 언제든지 불이 아니 나다가 한번 그을 곳에 그으면, 곧 불이 나는 것과 같은 까닭에, 이 藝術家가 느낀 바와 같은 바를 느끼고, 一種의 기쁨을 兼하여서 깨닫는 것입니다. 여기 또 하나 <u>注意할</u>

것은 사람의 性質이란 숨었던 힘이 한번만 무슨 緣으로든지 깨어나면 그것은 좀체로 다시 죽지는 아니하고 漸漸 자라는 性質을 가졌다는 것이니, 敎育의 基礎 原理가 여기 그 結果로 보아서는 없었던 情緖가 새로 심어지는 것과 같습니다. 藝術家의 作品에 緣해서 한번 깬 慈悲라든지, 敬虔이라든지, 崇嚴이라든지, 또 나쁜 편으로 보면 忿怒라든지, 憎惡라든지, 嫉妬 淫蕩이라든지 하는 感情들도 한번 깬 뒤에는 그와 類似한 實生活이나 藝術品을 對하는 때마다 더욱 더욱 자라는 것입니다. 이런 모양으로 藝術의 實際的, 功利的 效果가 派生하는 것입니다. 지금 말슴한 것은 藝術 全體에 對한 것이지마는 고대로 文學에 適用할 수가 있습니다.

그러면 어떤 文學이 좋은 文學일가, 어떤 文士가 좋은 文學을 지을 수가 잇을가, 文章이란 文學에 對하야 어떠한 關係를 가졌을가 하는 本問題에 들어가서는 내일 이 時間에 다시 말슴하겠습니다.

그러면 어떤 文學이 좋은 文學일가 하는 問題에서 시작하렵니다.

이 問題도 꽤 말성많은 問題여서 甲이 이러한 文學을 讚揚하면, 乙은 그러한 文學은 排斥하며, 저러한 文學을 내세웁니다. 가장 顯著한 例를 들면, 같은 셰익스피어의 作品을 가지고도 꿰테는 셰익스피어만을 읽기 爲해서라도 英語를 배워야 한다고 말하였다는데, 톨스토이는 셰익스피어의 代表的 傑作이라는 해믈렡 같은 것까지도 人生에게 무엇을 주는 것이 없으니, 惡文學이라고 막 攻擊하였습니다. 그 톨스토이가 極口 稱揚한 유고의 레미세라블로 말하더라도 自然主義자들이나 또 맑스主義者 評論家의 눈에는 時代에 뒤떨어진 잠꼬대라고 할 것입니다. 이 모양으로 좋은 文學의 標準, 卽 文學의 價値를 재이는 尺度는 求하기 어렵습니다.

이러한 差異가 생기는 까닭은 첫재로는 時代思潮의 變遷, 둘재로는 個性의 人生觀의 差異와 變遷에 오는 것인데, 時代思潮란 理論에 依한 것이라 하더라도 一種의 群衆心理여서 대단히 꿋꿋한 제 人生觀이 서지 못한 사람이면 그리로 휩쓸려 들어가는 것이 마치 衣服의 流行과 같은 것입니다. 그러나 男子의 긴 저고리 라팔통 바지가 지나가고 女子들의 치마와 저고리 기럭지가 해마다 變하는 것과 같아서, 時代思潮란 若干의 永遠性 있는 자취를 人類의 思想에 남기고는 가버리는 것입니다. 그러기 때문에 二三千年이나 歲月을 지난 文學은 말할 것도 없고, 百年의 生命을 누린 文學도 몇 번인지 모르게 時代思潮의 攻擊과 埋葬을 받고 나려오지 아니한 것은 없을 것입니다. 그러면 文學的 作品 中에서 오랜 時代의 많은 忘却과 埋葬의 厄을 받아서 스러지는 수없는 作品 中에 오래오래 살아 남아서 빛나는 作品에는 대체 어떠한 特色이 있나—이것이 文學的 作品의 價値를 評하는데 가장 重要하고 信憑할 만한 要素라고 생각합니다.

웨 그런고 하면, 個人 批評家의 意見은 뛰어나게 큰 人格과 識見을 가진 이가 아니고는 첫재로는 우에 말슴한 時代思潮의 暗示의 魔醉가 되는 同時에 自己 個性의 特異한 氣質과 性癖의 驅使를 받기가 쉬우므로 嚴正한 意味에서 公定한 判斷을 그들에게서 바라기가 어렵습니다. 오래 살아가고 여러 사람에게 읽혀질 本質的 價値를 가진 文學的 作品에 對하여서는 批評家들의 던지는 攻擊이 들은 마치 바위에 던지는 닭의 알과 같은 것이어서 一時 그 作品의 빛을 大衆의 눈에서 감출 수가 있을는지 모르나, 얼마 아니하여서 다시 들어나고 마는 것입니다.

혹 個性의 差異를 過大하게 보아서 甲의 좋아하는 것이 반듯이 乙의 좋아하는 바가 이나리고, 그러므로 文學的 作品도 사람을 따라서 맞고 아니맞는 것이 各各 다른 것이지 萬人에게 다 맞을 文學은 없다고 하지마는 여기는 分明히 一理가 있지마는, 大體로 보면 人類의 個性의 差異한 枝葉的이지 根幹的은 아닌 것이니, 比喩해 말하면 夫婦의 愛라든지, 子女에게 對한 恩情이라든지, 友情의 아름다움이라든지, 宇宙와 人生에 對한 여러 가지 感激이라든지, 生의 慾望과 死의 恐怖라든지, 義理라든지, 義俠이라든지, 淫亂, 吝嗇(인색), 利己心, 嫉妬, 忿怒 같은 사람의 弱點이라든지는 個人을 따라서는 濃淡의 差쯤은 있을지언정 本質的 差異는 없고, 個人뿐 아니라 種族的으로나 時代的으로는 그리 變遷이 있는 것이 아니니, 一言以蔽之하면, 사람의 道德的 生活의 根幹이 되는 感情生活은 時間과 空間을 超越한 것이라고 볼 수 있습니다. 우리가 漢土의 文學이나 外國文學을 愛讀하고 또 古代文學을 愛讀할 수 있는 것이 <u>情生活의 普遍性이라는 根本 原理</u>에서 나온 것인가 합니다.

以上 말슴한 대서 여러분께서는 벌서 좋은 文學 價値, 높은 文學, 다른 價値는 且置하더라도, 時間的으로나 空間的으로 普遍性을 가질 만한 文學이 무엇일가는 想像하였으리라고 믿습니다. 卽 永久性과 普遍性을 가지려면 文學은 人生 生活의 永久性 있고 普遍性 있는 方面의 題目으로 또는 內容으로 할 것이라 합니다. 地球가 宇宙의 中心이라고 우리 知識이 생각하던 때나 地球가 太陽系 수많은 별 中에 한낱 변변ㅎ지 못한 거의 다 죽어가는 별에 不過하다고 생각하게 된 오늘에나 우리 人類의 感情만은 變함이 없이 男子와 女子가 서로 사랑하야 夫婦가 되고 뼈가 휘도록 일하야 子女를 벌어먹이고 帝王이 되리라 大富豪가 되리라 하야 野心과 勇氣와 殘忍性을 보이고 달과 별과 山水를 보고 아름다움을 느낍니다. 帝國과 共和國이 아무리 바꾸이고 哲學의 體系와 科學의 發見이 몇 千번 變하더라도 飛行機를 타고 南北極을 휘돌더라도 有情然의 느끼는 生活만은 마치 元素나 에네르기와 같은 變形이 있을지언정, 生滅이 없는 모양입니다. 人生의 이 方面이야말로 人生 生活의 本流요, 主流요, 뿌리오, 줄거리어서, 이 方面을 爲하야 宗敎가 생기고, 藝術이 생기는 것이라고 나는 생각합니다. 事實上 어제 말슴한 支那의 詩經이라든지, 印度, 猶太, 希臘 等의 古代文學이라든지 三千年의 긴 歲月에 生命을 維持해 온 文學이 그 生命을 維持한 理由는 그 속에 發生된 科學이나 哲學이나 社會制度의 理論이나에 있는 것이 아닙니다. 그때의 科學이나 理論이나 또는 制度는 이미 다 歷史의 무덤 속에 들어가 재가 되어버렸건마는, 사람의 느끼던 生活만이 三十年(三千年의 오기?)의 오늘에도 우리의 가슴에 따뜻한 血脈을 가지고 부디져서 그네와 같이 울고 웃고 하는 것입니다.

지금까지 말슴한 것은 文學의 題目과 材料에 關한 것에 不過합니다.

宇宙 全體가 文學의 材料로 人間 全體가 文學의 材料입니다. 그러나 이 材料가 文學이 되려면는 文學을 짓는 사람, 곧 文士를 要하는 것입니다. 마치 좋은 香氣와 단 汁을 가진 꽃이 아무리 滿山遍野하더라도 그것을 採集해서 제 몸에 固有한 分泌物로 化合시켜서 오직 그 혼자만이 아니느 秘方으로 釀造를 하는 꿀벌이라는 일군이 없이는 굴은 얻지 못할 것입니다. 文學에 있어서 꿀벌의 所任을 하는 이가 文士인데, 이 文士가 예사 사람보다 깊이 銳敏하게 宇宙와 人生을 살피는 눈과 느끼는 情과 풀잎에 앉은 한방울 이슬을 보고 宇宙의 機微를 直覺하는 直覺力과를, 길로 걸어가는 사람 하나를 보고 人生의 秘密을 想像하는 남달리 發達된 想像力을 가지고 一篇의 詩를 마음 속에 마련한다 하면, 그는 이에 꿀벌이가 花粉과 花蜜을 採取해 들인 것이요, 이것을 그 文士가 가진 人格의 分泌物로 반죽하야 <u>그가 多年 苦心하야서 닦은 文章이라는 秘方으로 表現하야 一篇의 詩가 讀者에게 提供되는 것</u>이 꿀벌로 말하면 꿀을 빚어내인 것입니다.

滄波엔 明月이요 靑山엔 淸風이라
淸風明月이 高樓에 가득 차니
紅塵에 막혔던 胸襟이 豁然開를.

바다도 좋다 하고 靑山도 좋다하거늘
바다와 靑山이 한곳에 뙤단 말가
하물며 淸風明月이 있으니 仙境인가.

누우면 山月이요 앉으면 海月이라
가만히 눈 감으면 胸中에도 明月 있다.
五六島 스쳐가는 배도 明月 싣고.

어이 갈거나 어이 갈거나.

이 淸風明月 두고 내 어이 갈거나.

잠이야 아무 때 못 자랴. 밤새도록.

—春園이 二十餘年 前 海雲臺에서 지은 것

◎ 문학과 문사와 문장(3), 이광수, 『한글』 제3권 제7호, 1935.9.

지금 드린 말슴에서 우리는 文學의 두 가지 要素를 얻는데 그것은 文士의 人格의 힘과 文士의 文章의 힘이라는 것입니다.

人格의 힘이란 말슴은 좀 糢糊해서 좀 說明할 必要가 있습니다. 普通 人格이라고 하면 술담배도 안 먹고 外道도 아니하고 信用도 있고 점잖고 남의 尊敬과 信賴를 받을 사람을 일컫습니다. 이것이 무론 높은 人格의 表現이어서 저마다 그러한 人格者가 되고 싶은 일이지마는, 내가 宗敎的이나 藝術的으로 人格者라고 할 때에는 우에 말슴한 外的 表現, 卽 밖에 들어난 行爲보다도 그 사람의 主觀的 人格, 人格의 內容이랄가, 根源이랄가를 가르치는 것인데, 具體的으로 말슴하면 宇宙와 人生의 崇嚴을 깊이 느끼는 힘이 있고, 人生을 達觀하야 自己는 비록 世間을 뛰어났더라도 苦海火宅에 허더기는 衆生의 덧없는 一生을 끓이고 볶는 모든 愛慾과 所願과 슬픔과 기쁨과 괴로움과 衆生 自身도 잘 意識하지 못할 그들의 마음과 生活의 秘密과 하소연은 다 알고 깊이 同情하는 힘을 가져서 그네와 같이 울고 웃고 괴로워할 수 있는, 그리고도 이 衆生을 어떤 光明으로 이끌 信念을 가진 그러한 人格을 말하는 것이다, 이렇게 말슴하면 그것은 聖者가 아니냐, 聖人이, 아니냐, 어디 藝術家냐, 文士냐, 그래서야 누가 좀체로 藝術家, 文士가 되기를 바라겠느냐 하실 것입니다. 무론 이것은 文士의 理想을 말슴하는 것이니까 갑자기 모든 文士가 다 이러하기를 바랄 수는 없는 일이지마는, 어느 文士나 이 理想을 向하고 向上하고 精進하지 아니하면 그는 文士의 職分을 十分 自覺하지 못한 이입니다. 그는 文學을 一種의 遊戲로 아는 이입니다.

文士 中에는 人生의 愛慾 方面에 特別한 興味를 가져서 男女의 愛情과 葛藤을 主題로 한 作品을 짓기를 좋아하는 이가 많아서 이런 文士는 戀愛詩人이니 戀愛 小說家니 하는 名稱을 받습니다. 또 어떤 文士는 人生의 醜惡한 方面을 많이 暴露하기를 즐겨하고, 또 어떤 文士는 人生의 病的인 方面을 즐겨서 描寫하고, 또 어떤 文士는 人生의 野獸的, 鬪爭的 方面을, 또 어떤 文士는 人生의 怪奇的 方面을 즐겨 描寫하야 耽奇文學이니 偵探文學이니 하는 것을 짓고, 또 어떤 文士는 人生의 愉快한 方面, 가볍게 웃을 만한 方面을 잘 그려서 유모어 文學을 짓고, 또 어떤 文士는 人生의 抱腹絶倒할 滑稽的 方面에 興味를 가져서 滑稽文學, 諧謔 文學을 짓고, 또 어떤 文士는 社會問題를 取扱하고, 또 어떤 文士는 人生의 實生活에서는 도무지 볼 수 없는 世界를 空想으로 그리고, 또 어떤 文士는 文學의 形式을 빌어서 個人이나 社會를 諷刺하거나, 自己가 抱懷한 理論을 宣傳하는 이른바 宣傳文學, 主義文學이라는 것을 짓습니다. 이 모양으로 人生의 어느 方面 하나만을 잡아가지고 여러 가지 타입의 文學을 짓는 文士가 있을 수 있거니와, 그들 중에 누구는 옳다, 누구는 그르다 할 것은 아니니만치 소나무도 있고, 봉송아 나무도 있고, 아까시아 나무도 있고, 또 三十年에 한번 꽃이 핀다는 優曇鉢華라는 稀貴한 꽃도 있고, 莊子 南華經에 말하는 도무지 아무짝에도 쓸데는 없이 크기만 엄청나게 크다는 樗木(저목)도 있는 셈으로, 새중에도 두루미, 독수리, 참새, 할미새, 꾀꼬리, 또 봉황이, 공작이, 닭, 가지각색 새가 있는 모양으로 文士 中에 가지각색 性格, 性癖을 가진 사람이 있어서, 가지각색 文學을 지을 것이요, 이것을 禁할 必要도 없거니와 禁할 수도 없는 것입니다. 가령 英文學 하나를 例로 들더라도 쉐익스피어 모양으로 사람의 性格―貪慾, 野心, 優柔不斷 等에서 일어나는 人生의 喜悲劇을 쓰는 사람도 있고, 워즈워드 모양으로 自然의 平和와 神秘만을 노래하는 이도 있고, 밀톤 모양으로 神과 惡魔, 善과 惡의 鬪爭을 우락부락하게 그리는 이도 있고, 하디 模樣으로 人情의 눈물겹고 軟軟

한 方面을 그리는 이도 있고, 지금도 살아 있는 버넷 쏘 모양으로 現代와 政治와 社會를 辛辣한 諷刺로 苦笑하는 이도 있고, 테니슨 모양으로 國家와 英雄의 榮光을 즐겨 읊조리는 이가 있으면, 번즈 모양으로 農村, 이름없는 男女들의 日常生活의 素朴한 情景을 노래하는 이도 있고, 또 스티븐슨 같이 人生의 흔히 있지 아니하는 이상한 病的이오 眈奇的인 것을 좋와하는 이도 있고, 곤라드 모양으로 바다 生活을 즐겨 그리는 이도 있고―이 모양으로 百花가 燎亂하게 英文學이라는 큰 동산을 꾸민 感이 없지 아니합니다. 그러므로 어떤 種類의 文學은 버릴 것이라고 指定, 制限할 性質의 것은 되지 못하거니와, 文學을 좋은 文學, 사람을 크게 感動할 수 있는 文學, 人類 中에 가장 높은 人格을 가진 사람을 感動할 수 있는 文學, 實生活에 많은 波瀾과 經驗을 쌓기에 人生의 쓴 맛 단 맛을 본 사람도 感動할 수 있는 文學, 그 文學을 읽은 뒤에는 讀者에게 그것을 읽기 前보다 人生의 새로운 높은 깊은 感激을 經驗하게 하는 文學―이러한 文學을 짓고 못 짓는 것은 그 作者의 人格과 文章의 힘에서 찾을 수밖에 없는 것입니다. 同一한 글제를 내이고 글을 짓게 한 것 - 그 중에 詩나 賦나 文學的 作品을 짓게 하여서 사람의 人格과 識見을 알려고 하던 옛날의 科擧制度도 결코 意味없는 것이 아닙니다. 知識이란 없다가 있을 수도 있고, 또 比較의 短時日에 배울 수가 있는 것이지마는, 人格이란 그 바탕만은 先天的이요, 또 修練의 期限이 길어서 一朝一夕에 아니 一生을 다 바쳐서도 얻을 수 없고 고치기도 어려운 것입니다. 佛家에서는 人格은 몇 億萬年을 두고 닦는 것이라고 합니다. 이 點에서 偉大한 文士는 先天的으로 그 素質을 타고 나는 것이라고 할 것입니다. 내가 文士의 人格이라 함은 이러한 것을 가리킨 것입니다. 다음에 問題되는 것은 文章입니다. (次回 完結)

◎ 문학과 문사와 문장(完), 이광수, 『한글』 제3권 제8호, 1935.10.

글을 씨는 것은 <u>日常生活에 必要할 만한 글을 쓰는 재주는 比較的 배</u>

우기가 쉬운 일이기 때문에 흔히 글짓는 공부를 疏忽히 하는 이가 많습니다. 畫家 되려는 사람이 畫工夫와 色彩工夫와 構圖하는 工夫를 아니하고도 된다고 하거나 醫師가 醫學을 아니 배우고도 行術할 수가 있다고 하면, 다들 놀래고 웃겠지만, 그러면서도 文士가 되려는 이가 글공부부터 시작해야 된다는 觀念은 적은 듯합니다. 우리가 오늘날에 보는 글들, 편지, 新聞, 雜誌의 글, 詩, 小說 같은 純文學의 글까지도 오늘날 조선글은 語彙의 貧弱, 不正確으로 보거나 文法, 修辭法의 잘못이 많은 것으로 보거나 말 아닌 글이 多數인 것 같습니다.

文學과 文章은 몸과 魂과 같습니다. 文章이란 文章 自體만으로 한 藝術이라고 믿습니다. 古來로 文豪라는 이들의 文章의 修練에 對한 故心慘憺은 普通사람의 想像 以上입니다. 李白이가 석공이를 갈아서 바늘을 만들었다든지, 蘇東坡의 赤壁賦 初稿가 큰 광주리로 몇 개라든지 다 文章에 對한 苦心을 말하는 것입니다.

近代에 와서 印刷術이 發達되고 一時的 生命만을 目的으로 하는 글이 많기 때문에, 글을 아무렇게나 쓰는 弊端이 많이 생겼습니다. 그러나 비록 現代라 하더라도 大衆의 글을 보면, 一言一句 一點一劃도 각각 다 제 자리가 있어서, 하나도 허수러운 것이 없음을 볼 것입니다. 하물며 數千年 數百年의 生命을 가지고 오는 傑作이라는 것을 들면 그 內容은 말고라도 文章의 美와 힘과 變幻無窮함만으로 再讀 三讀하는 興味와 價値가 있는 것이니, 某氏의 佛國寺 石造品의 評을 듣건댄, 그 藝術的 創造力 말고 石工의 技術민으로 재주있는 사람이 十年工夫는 하여야 되리라고 하였습니다. 文章 工夫도 그와 같습니다. 슬픈 글은 슬프게, 壯한 글은 壯하게, 느린 것을 그릴 때에는 크게, 雅할 때 雅하고, 俗할 때 俗하고, 모든 것이 自由自在롭게 되어야 비로소 용한 木工이나 畫工이나 또는 音樂家와 같이 제 마음대로의 모양, 리듬, 品格을 表現할 것입니다. 文章이 서투른 글은 서투른 畫工의 그림과 같아서 높은 山을 그린다는 것이 주먹만 흙무데기가 되고, 호랑이를 그린다는 것이 개가 되고, 슬프라고 쓴 것이 우습게 되는 것입니다. 그렇지 아니하면 무슨 소리인지 몰라보게 되는 것입니다.

文章도 藝術이란 말슴을 하였거니와, 文章도 藝術이기 때문에 文章에도 筆者의 人格이 비추입니다. '글은 사람이라' 한 이도 있거니와 우리는 칼라일의 글과 애머슨의 글을 각각 한 페지씩만 읽는다면 거기 쓴 內容은 보지 아니하고도 이는 꺼칠꺼칠한 사람이요, 저는 平和로운 사람인 것을 알 것입니다. 기운찬 文章, 아름다운 文章, 점잖은 文章, 시언시언한 文章, 그 쥐가 그 꼬리를 문 文章, 다부진 文章과 헤버리진 文章, 능글능글한 文章과 아담한 文章, 바라지고 야시꺼운 文章과 미끈한 文章, 꼬집어뜯는 文章 等 우리는 文章의 性格을 判斷할 수 있는 것입니다. 따라서 그 글을 쓴 文士의 性格을 判斷할 수 있는 것입니다. 이 모양으로 文章은 文學이라는 藝術의 修練과 아울러서 가장 큰 修練이 되는 것입니다. 最後에 文學과 人生과의 關係를 몇 말슴하고 이 이야기를 막으려고 합니다.

첫재로 人生은 苦海입니다. 슬픔과 괴로움이 많은 세상이므로 人生은 慰安을 求합니다. 安心立命을 求합니다. 어떤 이는 이를 宗敎에 求하고, 宗敎에 信仰을 못 가진 이는 酒色, 其他의 享樂에서 慰安을 求합니다. 이렇게 苦悶이 많은 이에게 文學은 가장 廉價로 求할 수 있는 慰安이 됩니다. 하루밤 술 먹는 돈을 가졌으면, 좋은 文學書 몇 권 乃至 몇 十卷을 살 것이니 이것을 가지고 하루밤에 三四十頁만 읽으면 지극히 愉快한 중에 심심한 한 밤을 보내고, 깨끗하게 된 마음으로 자리에 들어갈 수가 있을 것이요, 만일 그 중에 더욱 좋은 대를 朗讀한다고 하면, 왼 家族이 團欒하야 慰安을 받을 것이니, 이것이 西洋의 善良한 家庭에서 흔히 하는 일입니다.

둘재로 人生에게는 向上의 理想과 慾望이 있습니다. 宇宙와 人生의 秘密을 알아보고 또 더 높이 더 깊이 더 크게 感激하고 싶은 慾望이 있습니다. 이러한 이에게도 文學은 좋은 伴侶가 될 것입니다.

셋재로 사람에게는 以上에 말슴한 慰安, 卽 宗敎的인 要求와 宇宙와 人生의 機微를 알려도 哲學的인 要求 以外에 純藝術的인 要求가 있습니다. 칸크가 判斷力의 批判이라는 現代 藝術哲學의 基礎를 이룬 책에서도 말한 바와 같이, 모든 實用的 價値—宗敎的인 것, 哲學的인 것은 實用的 價値입니다—를 떠나서 藝術的 表現 그 물건에 대한 要求가 우리에게 있다고 하였습니다. 좋은 그림을 보면 좋다, 좋은 音樂을 들으면 좋다, 詩나 다른 文學도 그러하다—하는 것입니다. 그래서 藝術이란 實用的 要求를 짝하지 아니하는 기쁨이라고 말하였습니다. 이러한 藝術的 要求는 社會의 文化가 높아갈수록, 個人의 敎養이—精神生活이 높아갈수록 强烈해지는 것이어니와, 小兒나 野蠻, 未開人에게도 없는 것이 아닙니다. 人生의 生活 全體가 藝術化가 된다면 그만 愉快한 人生이 없겠지마는, 또 그것이 人生의 理想이겠지마는, 뜻있는 사람은 힘이 믿는대로 저와 및 제 家庭의 生活을 藝術化하려고 합니다. 좁은 마당귀에 심은 한포기 꽃, 방안에 걸린 한폭 그림이나 글씨, 담넘어로 흘러오는 피아노의 울림, 일하고 난 저녁 등불 밑에 손에 들린 한 권의 詩集—이거이 얼마나 人生을 愉快하게 정답게, 부드럽게, 그리고 깊숙하게 하는 것입니까.

이러한 人生의 藝術的 要求 中에 가장 값싸게, 가장 쉽게 求할 수 있는 것은 文學입니다. 그림이나 樂器처럼 빗싸지도 아니하고 求하기, 가지고 다니기 어렵지도 아니합니다. 책 한 권만 몸에 지니면 햇볕이나 불빛 있는 곳이면 어디서나 享受할 수 있는 福이요, 快樂입니다. 칼라일이 "英國으로 하여금 쉑익스피어를 잃게 할진댄 차라리 印度를 잃게 하라."고 한 것이 이러한 뜻입니다. 英國의 豊富한, 健全한 文學은 英語를 말하는 國民들의 누구나 다 享受할 수 있는 永遠하고 普遍的인 財産이기 때문입니다. 孔子님도 그 아드님을 보시고 "네 詩를 읽었느냐?", "못 읽었느냐?", "그러면 아직 더부러 말할 수 없다."고 하셨습니다.

文士들은 좋은 文學을 지으시고, 一般 여러 가지 일에 바쁘신 同胞들은 좋은 文學을 사랑하시기를 바랍니다.

6. 학등

** 학등: 1933년 10월 15일 창간호부터 1936년 3월 통권 23호까지 한성도서주식회사에서 발행한 학술 잡지.

◎ 劇作家가 되려는 분에게,

　유치진, 『학등』 1936년 2·3월 합호, 통권 23호.

書信으로나 혹은 내게 直接 찾아와서 이렇게 묻는 분이 종종 있다.
"나는 劇作家가 되고자 하는데 무슨 工夫를 어떤 方式으로 해야 합니까?"

여기에 對한 答案을 말하기는 참으로 어려운 일이다. 世上에는 詩作法이니 小說 作法이니 하는 冊이 있다. 그런 類의 冊을 아모리 通讀하야도 그것으로써 詩 혹은 小說을 쓸 수 없는 것과 마찬가지로 劇作法에 對한 아모리 尤大하고 高明한 著述이 있어도 그것으로써 劇作家가 될 수 없는 것이다.

그 理由는 劇作法이란 한갓 理論에 不過ᄒ다. 그러나 創作이란 그것은 理論을 떠난 한 個性의 '에모-슌'의 工作인 까닭이다.

그러므로써 내가 여기에서 劇作家가 되려는 여러분에게 劇作術에

제2부 일제강점기 문학적 글쓰기론 자료(잡지 편)　273

對한 理論을 말한닷자 그것은 오히려 그들의 個性의 '에모-슌'의 工作을 混線시킬 念慮를 갖어올 뿐일 것이다. 그리고 그 理論은 지금 내게 許諾된 紙面으로는 到底히 다할 수 없는 것이다.

그래서 나는 여기에다가 劇作家가 되려는 분에게 보내는 極히 初步的인 '心得'을 우리 朝鮮의 境遇를 參酌하야 서보려 한다.

○

위선 朝鮮에서 劇作家가 되려는 분은 朝鮮말의 '再調査'부터 시작하여야 할 것이다. 事實 우리는──般的으로 말하야 우리는─朝鮮말을 모른다. 그 理由는 朝鮮말을 배울 수 있는 環境에 우리가 處하지 못하고 있는 까닭이 그 主되는 原因일 것이다. 그리고 우리가 日常 슨다는 朝鮮말은 퍽도 그 水準이 얕고 貧弱하다.

그러므로 劇作家를 希望하는 우리는 무엇보다 몬저 朝鮮말의 語感과 語彙를 豊富히 하기 위하야 우리의 時間을 提供하지 않으면 안 될 것이다.

戲曲이란 動作의 藝術이란 말이 있으나, 그 動作을 制約하는 것은 말(臺詞)이다.

W.B.예-쯔는 演劇은 불(火焰)이란 말을 하였다. 아모리 博識하고 아모리 말이 能하더라도 마음속에 불붓는 火山이 潛在하야 있지 않은 사람은 훌륭한 劇作家가 될 수 없는 것이다.

불이란 人間에 對하야 社會에 對하야 人生에 對하야 그리고 自己自身에 對하야 挑戰하는 意志이다. 恒常 自己를 (그리고 人間을 社會를 人生을) 批判하고 解剖하야 惡을 미워하고 善을 憧憬하는 마음이 없는 사람은 劇作家가 될 수 없다. 劇作家가 되려는 분은 위선 自己속에 붓는 물을 凝視하라.

○

　그러나 思想 內容이 貧寒한 사람은 아모리 속에 붙는 불이 있어도 소용없다. 우리 劇作의 徒는 東西洋의 古典부터 시작하야 豊富한 思想 內容의 營養 攝取를 하지 않으면 안 될 것이다. 그리하야 人生에 對한 (혹은 自己 自身에 對한) 高鶩한 哲學的 背景을 세워야 할 것이다.

　그러므로 우리는 쓸려고만 하지 말고 읽기를 많이 하자. 往往 쓰기를 급하게 하는 분이 있다. 그것은 그의 將來를 위하야서는 極히 삼가야 할 일이다.

　一般 哲學書籍, 博物學, 社會學 等等
　그리고 文學書籍, 小說, 詩
　그 다음에는 演劇學, 世界 演劇史, 東西洋의 戲曲 全部
　끝으로 劇場 實際에 對한 工夫

이만한 順序로 工夫하야 준다면 多幸이다.

○

　나는 끝으로 劇場 實際에 對한 工夫를 말하였다. 劇場 實際란 劇場의 여러 가지 機械的 舞臺 約束을 말함은 勿論이다. 演劇이란 좁은 舞臺에다가 人生 社會를 示現시키는 것임으로 舞臺를 모르고는 劇作의 붓을 들 수 없는 것이다.

　演劇의 美란 一方 '舞臺'의 '拘束美'다. 舞臺의 制約, 舞臺의 拘束, 舞臺의 不便을 모르고는 舞臺美의 '키노―트'를 붓잡을 수 없다.

　그러나 내가 앞에 말한 劇場 實際를 알어야 한다는 것은 決코 舞臺만을 알어야 한다는 말이 아니다. 舞臺를 아는 同時에 觀衆席을 알어야 한다. 卽 觀衆의 心理의 動向을 알어야 한다는 것이다.

觀衆은 舞臺의 거울(鏡)이다. 舞臺에서 일어나는 모든 事件은 觀衆의 心衷에 비치여서 비로소 그 效果를 나타내는 것이다.

그러므로 나의 戱曲에 對한 定義는 이렇다.

"戱曲이란 舞臺에서 進行되는 事件이 觀衆의 心靈에 부닥처서 일어나는 觀衆의 心的 리듬의 記錄이다."라고.

○

一般的으로 말하야 文學은 個人의 所産이면서 그것은 結局 社會의 所有物이다.

그러나 내가 劇作家가 觀衆을 알어야 한다는 말은 文學者가 社會를 알어야 한다는 意味에서가 아니다. 오히려 그보다도 더 緊密한 意味에서 劇作家는 觀衆을 알어야 한다는 것이다.

웨?

觀衆이란 演劇의 한 部分인 까닭이다.

作曲家가 피아노의 키의 音調를 理解 못하고는 作曲할 수 없는 것과 같이, 劇作家는 觀衆의 群衆的 心理의 波紋을 推測 못하고는 劇作할 수 없다.

劇作術이란 觀衆의 마음을 저울질하는 術이다.

(一) 舞臺的 리듬이란 말이 있고, (二) 劇의 클라이막스란 말이 있다. 이 말은 結局 (一)은 觀衆의 마음의 波動을 말하는 것이오, (二)는 觀衆의 마음의 最高潮를 말하는 말이다. 모두가 觀衆이 本位다.

우리의 先輩는 이런 말을 하였다.

"자네가 만일 劇作家가 되려거든 자네는 劇場으로 가거라."

이 말은 劇作家를 志望하는 분은 劇場에 가서 내가 以上에 말한 劇場의 모든 實際를 배우라는 것이다. 나도 이 말을 勸하고 싶다.

그러나 不幸히 朝鮮서는 未熟하나마 一年에 二三次밖에 上場되지 않는 新劇 外에는 내가 勸하고 싶은 劇場이 없다. 所謂 요즘 商業劇, 新派 等을 보는 것은 오히려 劇作의 本道를 그르트리는 것이다.

그것은 劇作家가 되려는 분에게 害가 되었으면 되었지, 利로울 거은 조금도 없다.

그 理由는 거기에는 演劇이라고 命名할 만한 것이 全無하기 때문이다.

이와 같이 우리에게는 갈러도 갈 만한 劇場이 없기 때문에 우리는 一層 많이 讀書에서 그 모든 不足과 欠乏을 補佐하여야 할 것이다. 그 外에는 좋은 方道가 없다.

以上 極히 短篇的으로 나는 劇作家가 되려는 분에게 나의 愚見을 보내는 것이다. 이거으로 學習上 조고만한 도움 乃至 參考가 된다면 나의 多幸이다.

제3부
일제강점기 문학적 글쓰기론 자료(동아일보 편)

1. 방정환, 동화작법

◎ 童話作法－동화 짓는 이에게(소파생), 『동아일보』, 1925.1.1.

　童話 童謠 小品文 세 가지 作法을 九十 줄에 쓰라는 것은 도뎌히 못될 말이니 童話 童謠를 짓는 이들의 注意할 것 몇 가지만 간단히 들어 노아 보기로 하겟습니다. 九十줄에 될는지…

　△ 童은 兒이란 童童이요 話는 說話의 話인즉 결국 童話는 兒童 說話라 할 것임니다. 그러니 兒童 以外읫 사람이 만히 닑거나 듯거나 하는 경우에라도 童話 그것은 兒童을 상대로 하는 것이 아니면 안 될 것은 물론임니다. 그런고로 동화가 가져야 할 첫재 요건은 ― 兒童들이 잘 알 수 잇는 것이라야 한다는 것임니다. 요사이 신문이나 잡지에 실리는 것이나 또 어린이 社에 드러오는 것을 보면 童話를 小說 쓰듯 하느라고 공연한 로력을 만히 한 것이 만슴니다.

　△ 그러한 것은 童話에 잇서서는 아무 效果가 업슬 쑨 아니라 도로혀 兒童의 머리를 현란케 하는 폐가 잇기 쉬웁슴니다. 알기 쉽게 말하면 녀름 日氣의 더운 것을 말할 째에 온도 몃십도나 되게 덥다 하면

모릅니다. 더웁다 더웁다 못하야 옷을 벗고 물로 쮜어 들어가도 그래도 더웁다고 하면 兒童은 더위를 짐작합니다. 義州에서 釜山까지 二千里나 되닛가 굉장히 멀다 하면 兒童은 그 먼 것을 짐작 못합니다. 거름잘 것는 사람이 새벽브터 밤중까지 쉬지 안코 거러서 스므 밤 스므 날을 가도 다 가지 못한다 하여야 그 굉장히 먼 것을 짐작합니다.

△ 그러고는 또 童話를 쓰거나 이약이하는 사람이 아모리 자상하게 길게 오래 하드래도 그것을 닑거나 듯는 兒童은 그 中에서 자긔가 알수 잇는 것쑨만을 추려 가짐니다. 兒童을 만히 接해 본 사람은 알 것임니다. 길다란 이야기를 들려주고 나종에 다시 한 번 물어보십시오. 군데군데 쮜어가면서 자긔 아는 것만 골라서 긔억하고 잇슴니다. 활동사진을 보아도 다른 것은 전혀 모르고 개(犬)가 자동차를 쪼ㅅ차 가거나 비행긔를 타고 올라가거나 싸홈하는 것밧게는 모르고 잇슴니다.

△ 그러니 童話 作者나 口演者가 兒童이 아지 못할 말, 兒童이 興味를 늣기지 안는 것을 쓴다 하면 쓸사록 努力만 허비하게 됨니다.

△ 그 다음에 童話가 가질 요건은 <u>二 兒童에게 愉悅을 주어야 한다</u>는 것임니다. 兒童의 마음에 깃붐과 유쾌한 흥을 주는 것이 童話의 生命이라고 해도 조흘 것임니다. 敎育的 價値 문뎨는 셋재 넷재 문뎨이고 첫재 깃붐을 주어야 하는 것임니다. 교육뎍 의미를 가젓슬 쑨이고 아모 흥미가 업스면 그것은 童話가 아니고 俚言이 되고 마는 것임니다. 아모러한 교육뎍의 의미가 업서도 童話는 될 수 잇지만, 아모러한 愉悅도 주지 못하고는 童話가 되기 어렵슴니다.

△ 싯호로 <u>셋재 교육뎍 의미를 가져야 할 것</u>이라고 이러케 치겟는데 교육뎍 의미라는 것은 이야기하기는 장황하겟스닛가 여긔에는 그만두겟슴니다.

△ 동화에 관하야도 간단하게 나마 다 쓰지 못하얏스닛가 약속 동요
는 전혀 못 쓰게 되엇습니다.

2. 송아 주요한, 문예통속강화

◎ 문예통속강화(일), 『동아일보』, 1925.12.31.

　잘 되엇건 못되엇건 新文藝라는 것이 朝鮮 讀書界의 不 可拔의 地位
를 占하게 된 것은 事實이외다. 文字를 解하는 靑年中에 文藝雜紙 一卷
을 손에 들어보지 안키가 쉽지 안코 또 每月 發刊되는 出版物 中에 文
藝가 必須品이 된 것은 本欄에서 長白山人이 임의 말한 것이외다. 그러
면 願不願을 뭇지 안코 文藝作品의 讀者가 아니될 수 업는 우리(大部分
은 靑年)로서 그 作品의 存在의 價値와 理由를 한번 뭇지 아늘 수 업고
또 어느 것이 조코 어느 것이 나쁜지 作家는 무엇을 表現하려 하엿고
讀者는 무엇을 鑑賞하여야 할 것인지 一言以蔽之하면 文藝讀者로서의
常識을 必要타 아니치 못하겟습니다. 그런 主旨下에서 極初心되는 文
藝讀者를 대상으로 하로 한마듸식 써보려 합니다.

　◇ 藝術을 民衆化하라 함도 뜻이 잇는 말이지마는 民衆을 敎化하야
藝術의 鑑賞力을 기름도 文化發展上에 意義 잇는 일이라 합니다. 啓蒙
子의 것은 뜻도 여긔 버서나지 안습니다.

一. 鑑賞과 批評 (중략)

文藝의 讀者로서 創作品을 對할 째에(假令 一篇의 詩를 본다던지 小說을 볼 째)그 態度 마음가지를 두 가지로 大別할 수 잇다 합니다. 卽 鑑賞的 態度와 批評的 態度이외다. 嚴格하게 理論을 캐자면 두 가지의 區別이 매우 어렵겟지마는 쉽게 말하면 鑑賞的 態度는 主觀的이오, 批評的 態度는 客觀的이겟습니다.

◇ 鑑賞은 主觀的이매 한가지 作品을 가지고도 보는 사람을 짜라 보는 바가 다르고 所得, 所感, 所悅이 다를 것이외다. 곳 讀者는 一 作品을 媒介로 삼아 自己의 創作力을 發揮하고 感情(喜怒哀樂)을 發表함이외다. 鄭圃隱의,

이 몸이 죽고죽어 일백 번 고쳐 죽어

白骨이 塵土되야 넉시야 잇고 없고

님 向한 一片丹心이야 가실 줄이

한 時調를 닑을 째에 엇더한 感情을 가지십니까. 作者는 아마 當時 君主에 대한 忠節을 을픈 것이겟지오. 그러나 우리는 그 中에 各各 자기의 身勢와 思想을 짜라 或은 父母에 對한 孝心도 생각할 수 잇고 友人에 對한 信誼라던가 情人에 對한 마음이라던가 宗敎的 信仰이라던가 社會 民族에 對한 忠誠하는 생각이라던가 가지 各色으로 解釋할 수 잇고 큰 늣김을 가질 수 잇지 안습니까. 이것이 곳 鑑賞의 態度이니 讀者의 人格이 作品의 魂에 點火되어 슬어오르는 것이외다. 이는 實로 創作의 態度에 近似하니 作家가 人事나 自然을 觀察타가 그 偉大함에 感化하야 傑作品을 내는 것이 讀者가 旣成 作品을 因하야 크게 感動됨과 그 心理 條件에 別로 差異가 업다고 생각합니다. 世界 傑作品 中에 果然 作人의 作品의 感化를 밧지 안은 것이 몟 個나 되겟습니까. 꾀테, 밀톤, 딴테, 쉑스피어 等의 大作品이 다 古代 傳說 等에서 材料와 暗示를 바든 거슬 보아도 알 것이 잇습니다.

◇ 이와 反하야 批評의 態度는 主觀的이매 感情의 作用보다 理智의 活動이 만습니다. 그의 第一의 義務는 價値를 決定하는 것이니 곳 作者가 旣定한 美의 基準에 及第되는가 或은 眞을 發見하엿는가, 作品과 社會의 關係는 무엇인가, 歷史와의 關係는 엇던가, 永久的으로 存在할 價値가 잇는가 업는가. 技巧가 主題와 合當한가 等等의 質問을 對答하는 것이 그의 目的이니 이는 文藝 專門家의 職이라 하겟습니다. 오스카 와일드의 唯美主義를 아모리 입에 맛지 안터라도 英國 文化史上의 一地位를 許하는 것이 批評家의 責任이외다. 그는 鑑賞家와 가치 自己 嗜好에 맛지 안는 것은 黙殺하고 지나갈 수 업습니다.

◇ 批評 中에도 鑑賞 批評이니 裁斷 批評이니 하야 歐美 文壇에 彼가 可니 此가 否니 하야 論戰이 되는 일까지 잇고 年前에 我 文壇에서도 唯那 東仁 想涉 等 諸君의 論戰이 잇슨 줄 記憶되거니와 그 鑑賞 批評이라는 術語가 나타내임가치 鑑賞의 態度와 批評의 態度가 어듸 確然한 區域線이 잇는 것이 아니라 傾向上 그런 差異가 잇슬 쑨이오 實際에 잇서서는 늘 混同되어 잇슴이 事實이외다.

◇ 讀者로서의 義務는 鑑賞力을 넓게 함으로 偏僻한 批評眼을 가지게 말고 批評的 眼光으로 鑑賞力을 陶冶하야 低級의 趣味에서 高尙한 데로 나가기를 쇠할 것임니다.

◎ 文藝通俗講話(二), 『동아일보』, 1926.1.7.

二. 創作의 三種

文藝作品을 보는 데를 싸라 여러 종류로 分할 수 잇겟스나 創作의 動機 或 起源으로 보면 三種으로 말할 수 잇다 합니다. 卽興的 創作과 寄情的 創作과 思想的 創作이외다.

1) 卽興的 創作: 吾人의 귀에 들리고 눈에 보이는 千態萬象間에 째로 吾人의 感興을 도두는 것이 문득 期하지 아니하고 붓그테 넘쳐 나오는 것을 가리킴이외다. (중략) 詩歌의 一部와 紀行文 가튼 것이 이런 作品의 好例이겟습니다.

2) 寄情的 創作: 胸中에 疊疊한 情波가 一時에 暴發되어 或은 活潑하고 或은 悒鬱하며 時로는 女心가치 戀戀하고 時로는 斷腸의 哀를 訴하야 狂濤와도 갓고 死灰와도 가타야 (중략) 近代 敍情詩의 全部와 浪漫派의 作品이 此類에 屬하얏다 보겟습니다. 民謠의 大部分도 여긔 屬합니다.

3) 思想的 創作: 實로 前記의 二者—卽 事物의 觀察로 니러나는 感興과 內心의 活動으로 조차오는 情熱 及 思索이 互相 融合하고 蘊釀하야 나오는 것이어니 卽興을 寶色充에 견주고 寄情을 花香에 비긴 것 가치 (중략) 近代文學의 거의 全部가 小說, 戲曲, 詩歌, 論文을 勿論하고 이 部類에 屬하얏다고 짜라서 이것이 文學의 가장 價値 잇는 部分이라고 보겟습니다.

◎ 문예통속강화(三), 『동아일보』, 1926.1.9.

三. 小說의 四要素

오늘의 朝鮮의 讀者는 每月에 十數篇의 短篇 或 長篇小說을 보는 特權을 가젓습니다. 勿論 그것이 歐美나 日本에 비겨 적은 數爻이지마는 적고 새로 讀者의 努力과 時間을 相當히 잡아먹는 것이니 그 結果가 最大의 效果를 搾取하게 못되고 도리혀 努力과 時間의 虛費가 되어서는 큰 狼狽이겟습니다. 그러면 엇던 것이 小說을 보는 이에게 가장 有益한 態度가 될가 다만 個人의 嗜好에 버려두어 보기 조흔 것은 조코 실흔 것은 실타 하는 單純한 評價 標準에 버려둘가. 이 問題의 對答으로 小說에서는 무엇을 보나 하는 一種의 公式을 세우고 드러부틈이 初學者에게 도움이 될 줄 압니다.

◇ 小說의 要素를 나는 네 가지로 봅니다. 卽 <u>曲折, 人物, 背景, 主旨</u>올시다. 우리가 다 아는 小說을 가지고 그 네 가지 實例를 들자면 春園의 '開拓者'의 曲折은 성순이라는 處女가 閔이라는 안해 잇는 男子와 戀愛가 생겻는데 自己 家庭에서 다른 이에게로 시집가라는 것을 拒逆다 못하여 藥을 마시고 自殺하는 것이외다. 그 中에는 성순의 兄이 化學師로 失意를 한 뒤에 勞働을 한다던가 성순을 다려가려고 하는 富豪의 往來라던가 각가지의 細密한 曲折이 잇스니 그 小說을 보신 이는 다 記憶할 터이외다. 누가 그 小說의 무슨 이야기냐고 무를 째에 말로 한 번 역거내릴 것이 卽 나의 닐캇는 <u>曲折 或은 脚色</u>이란 것이외다.

◇ 人物은 勿論 그 主人公인 성순을 爲始하야 그의 兄, 母, 畫家 閔, 富豪 等을 가리킴이오 '背景'이라 함은 그 時代와 社會階級과 그 家庭, 그 節氣 等을 洋風이 드러온 現代의 智識 中産階級에 屬하엿다 할 만한 家庭의 典型이라 하겟습니다. 성재의 化學室이라던가 老母라던가 富豪의 宴席이라던가 禮拜堂이라던가 다 이 背景을 나타내기 爲하여 適當히 使用된 描寫라 하겟지오.

◇ 小說의 主旨라 하면 얼른 勸善懲惡을 생각할 쑨도 계시겟지마는 여긔는 그런 뜻보다 훨신 넓게 생각하야 小說 作者의 目的, 動機, 哲學, 人生觀 等을 말한 것이외다. '開拓者'의 主旨는 아조 汎博히 말하자면 朝鮮社會의 過渡期의 一 病통을 그려낸 것이겟고 좀 仔細히 말하면 旣成 道德 或 習俗이 新生活에 抵觸되는 것이라던지 或은 戀愛와 社會 法度라는 것과의 衝突을 그린 것이라던지 죽음으로 因한 戀愛의 勝利라던지(作者는 不同意할는지 모르나) 그러케 보겟지오.

◎ 문예통속강화(四), 『동아일보』, 1926.1.10.

三. 小說의 四要素

◇ 그런데 過去에 우리가 小說이라 일홈지을 째는 쏘 지금도 "小說 가튼 眞談이라."할 째는 小說을 單只 曲折 한 가지로만 본 것이외다. 그래서 小說이라 하면 奇異 神通한 事實을 그린 것이라야 되는 줄로 알엇습니다. 쏘 世上에 그런 小說이 만히 잇습니다. 新聞 紙上에 通俗小說로 飜譯된 것 中에는 반드시 이런 것이 아니면 感傷的 勸善懲惡的의 것이엇습니다. 우리 기억에 아식 새로운 '海王星', '무쇠탈', '붉은 실' 等이 다 이 部類 卽 曲折하나를 生命으로 삼은 것에 屬합니다. 그러나 曲折만으로 된 小說은 한 遊戲에 不過하야 讀者의 好奇心을 滿足하게는 할지언정 讀後에 아무런 偉大한 感動을 니르키지 못하나니 活動寫眞의 活劇 偵探劇보다 나을 것이 업습니다. 그러므로 文藝的 價值가 잇는 小說은 될 수 잇는 대까지 그 曲折이 自然스럽게 至於必然的이게 하자는 것이 小說家의 共通한 目標인가 합니다. 그러면 우리 讀者로서는 奇怪하고 神通한 것보다 自然스러운 것, 必然的인 것을 小說에서 要求할 것이외다.

◇ 둘재로 人物은 近代小說 特히 短篇의 生命이라 하겟습니다. 近代小說이야말로 人物 그의 性格, 心理, 思想 밋 그 變遷(進化 等)을 描寫하는 것으로 天職을 삼는다 하겟습니다. 露國 文豪 투르비에쁘의 六大 小說 '부평초', '貴族의 깃', '前夜', '煙氣', '父와 子', '處女地' 等이 十九世紀 中葉의 每十年代에 産出된 露國 男女 靑年의 典型을 解剖 描出한 것임은 評者의 定論이 아닙니까. 그밧게 人物 描寫의 極致의 例로는 플로벨의 '보바리 夫人'이라던가 쏘지 엘리웃트의 '싸일리스 마-나'라던가 체호쁘의 名短篇의 主人公들 아르치바세쁘의 '싸-닌'을 들겟고, 우리 말로 된 中에 春園의 '거룩한 죽엄'의 東學先生이라던가 '許生'이라던

가 '가실'이라던가 다 그 人物의 性格 描寫를 쎄어버리면 남는 것이 업다 하겟습니다. 實로 小說이 吾人의 想像力을 活動케 하야 趣味 津津하는 까닭은 다름 아니라 그 속에 生命 잇는 人物이 生命 잇는 筆致로 描寫된 까닭이올시다. 엇더케 잘 숨이고 엇더케 좋은 思想이 잇는 小說이 잇더라도 그 속에 살아숨쉬는 人物이 업스면 이는 죽은 小說이오 藝術的으로 價値가 업거나 小說 以外의 다른 部門에 屬하는 것이외다. 神通한 이야기면 怪談冊에나 活動寫眞에서 찾고 生硬한 敎訓을 차즈려면 說敎堂으로 갈 것이외다.

◇ 背景이 小說에 잇서서 人物보다 더 重要한 地位 더 興味를 가진 境遇가 잇습니다. 通稱하는 歷史小說, 社會小說 等이 이런 것이외다.

◎ 문예통속강화(五), 『동아일보』, 1926.1.11.

三. 小說의 四要素

(전략)

◇ 마지막으로 主旨만으로 된 小說도 잇겟습니다. 〈天路歷程〉이 그 適例이겟습니다. 偉大한 人格者 위대한 思索家가 넓은 觀察과 기픈 煩悶을 지나서 그 結果를 小說의 型式으로 發表할 째 우리는 그 努力을 尊敬하고 쏘 그런 小說이 往往 傑作을 出함을 봅니다.

◎ 문예통속강화(六), 『동아일보』, 1926.1.13.

三. 小說의 四要素

톨스토이의 '復活' 밋 其後의 諸短篇가튼 것은 그 一例이겟지오.

그러나 그 主旨가 淺薄하거나 或은 主旨는 훌륭하더라도 너머 露骨하게 表現될 째에는 藝術的 感動力이 업서지고 맙니다. 이것이 理想主義的 作家의 째지기 쉬운 陷穽이외다. 엇던 評家는 主旨가 잇는 作品과 업는 作品을 分開하지마는 主旨가 업다 하는 것은 作家가 붓을 들 째에 意識的으로 主旨를 定함이 업다 함이오 小說이 되어 나온 以上에는 반드시 主旨가 잇다고 생각함니다. 아모리 平凡을 主唱하는 自然主義 作家의 小說이라도 적어도 '人生이란 이러하니라' 하는 主旨일망정 업다고는 못하겟슴니다. 要컨대 小說의 主旨는 暗示的이오 餘韻이 잇서야 쓰고 露骨的이고 說敎的이면 안 된다 하겟슴니다. 後者와 가튼 것은 찰하리 哲學書나 修養讀本에 가서 차질 것이외다. "作者의 職務는 描寫함이오 批判하는 것은 讀者에게 잇다" 함이 이를 가르침이겟지오. 톨스토이가 체호쁘을 가리켜 "그는 寫眞師에 不過하다" 한 것은 그를 나초는 말로 한 것이나 우리는 도로혀 그것이 체호쁘의 偉大함을 證據하는 것으로 봄니다.

◇ 小說에서는 무엇을 볼가. 첫재는 그 前後 曲折이 自然스러우냐 - 아니 한거름 더 나아가서 必然的이냐, 둘재는 그 人物들이 살앗느냐, 허수아비가 아니고 숨쉬는 人物들이더냐, 셋재는 그 背景이 分明하냐, 適合하냐, 넷재는 餘韻이 잇느냐, 卷을 덥흔 後에 큰 늑김을 가지게 하느냐 이 네 가지를 무러, 그 作品의 價値를 定할 것이오, 또 그 엇던 作品을 볼 째에던지 그 四要素의 一部 或은 全部에 가초아진 美와 眞과 善을 차저냄으로 鑑賞의 材料를 삼으면 小說 보는 時間이 헛된 데 도라가지 안을 것이외다. 그러함으로 비로소 벙어리 �꿀먹는 맛도 아니될 것이오, 所謂 小說 中毒이란 病症도 減退될 것이오, 또 그 小說이 무슨 쯧이오 하는 怪問도 發하지 안을가 합니다.

◎ 문예통속강화(七), 『동아일보』, 1926.2.1.

四. 理想主義와 現實主義

◇ 波斯의 拜火敎는 明暗 兩神을 拜한다 합니다. 明(卽 火神)은 모든 善한 것의 源流요, 暗은 모든 惡한 것의 源流라 합니다. 中國의 多神敎도 亦是 二種의 神이 있으니 卽 善을 撑하는 者는 神이오 惡을 撑하는 者는 鬼라 하야 通稱할 째는 鬼神이라 하며 또 太極은 陰陽 兩者가 合하야 되엿습니다.

◇ 이가치 善과 惡, 陽과 陰, 明과 暗, 積極과 消極이 對照되는 것이 人類 思索의 一傾向이외다. 그럼으로 싸라서 文藝上에도 그러한 對照가 各方面으로 생기는 것을 볼 수 잇습니다. 假令 希臘主義에 對한 猶太主義라던가, 靈에 對한 肉이라던가, 浪漫主義 對 寫實主義, 唯知 對 唯情, 唯物 對 唯心, 樂觀 對 悲觀, 唯美主義 對 人生主義 等等이 그 例임니다.

◇ 그런데 以上 各種의 對照가 쉽게 말하면 두 가지 큰 傾向의 表現으로 볼 수가 잇습니다. 卽 하나는 理想主義的 色彩를 띈 모든 것이오, 다른 것은 現實主義的 色彩를 가진 것이올시다. 哲學이나 宗敎에 잇서서 樂觀主義, 自然主義, 人生 肯定論 便으로 나아가는 것은 卽 一括하야 理想主義的이라 할 것이오, 그 反面으로 悲觀論, 運命論, 人生 否定主義로 닷는 것은 亦 一括하야 現實主義的이라 할 수 잇겟습니다. 비슷한 論法으로 分類하자면 希臘主義, 浪漫主義, 等은 理想派이요, 猶太主義, 寫實主義 等은 現實派이라 하겟습니다. (중략)

◎ 문예통속강화(八), 『동아일보』, 1926.2.2.

五. 小說의 效能

小說을 보아 무슨 效能이 잇나. 中學 學監의 意見으로 보면 小說이란
절대로 有害無益한 毒藥이겟지요. 또 小說家의 地位로 보면 무슨 有益
이 잇나 하는 有益이란 말부터 無識하고 沒常識하고 侮辱的인 句이겟
지요. (중략)

그러나 나는 有益이라는 두 글자의 정의를 넓혀서 "最高善을 達하는
要因을 作하는 것"이라 하야 비단 功利的 打算의 價値뿐만 아니라 哲學
的 人生觀的 標準까지 兼하여 論하려 합니다. 그러면 有益이 무엇이냐
하는 質問이 돈이 생기느냐 밥이 생기느냐에서 더 나아가 個人의 人格
이나 社會의 發達과 무슨 關係가 잇느냐하는 問題가 되며 또 더 나아가
"小說 存在의 理由"가 무엇이냐 하는 문제가 되겟습니다.

創作家로서 볼 째에 創作慾 乃至 創造本能이란 것을 쓰러드려 짠 問
題가 되려니와 單只 讀者로서 소설을 닑는데 무슨 效能이 잇느냐 하는
質問에는 세 가지 答이 잇스니 娛樂, 智識, 敎訓이외다. (하략)

◎ 문예통속강화(九), 『동아일보』, 1926.2.12.

六. 小說과 道德

◇ 道學 先生이 小說을 忌避하고 毒蛇視하는 까닭은 單純하지 아니나 그 要點이 두 가지에 잇다고 봅니다. 첫재는 小說이 旣成 道德律을 擁護하지 안는(만할 쑨만 아니라 그를 否認 攻擊하는) 까닭과 靑年 子弟가 小說에 醉하면 學業을 廢하는 짜닭이외다.

◇ 小說에 耽溺하야 學業을 荒함은 非但 小說쑨 아니라 무엇에던지 滋味를 부치면 가튼 結果를 生하나니 或은 運動競技에 미치기도 하고 或은 科學 發明에 精神을 일으키기도 하고 至於 衣服 治裝과 演劇場 出入, 社交戀愛, 酒樓 等 例를 들기가 밧부게 靑年을 誘惑하는 機會가 만습니다. 그 中에 아마 슷흐로 든 一件(卽 酒樓)를 除하고는 반드시 毒蛇待遇를 할 것이 아닌가 함니다. 다시 適當한 分量과 時機와 限度 안에서는 生活上 須要한 物件들입니다. (중략)

◇ 至於 小說과 旣成道德의 問題에 이르러서는 가벼엽게 斷言을 내릴 수 업습니다. 過去 우리 쌍의 民族的 傳說 或은 新小說의 名稱을 씌고 나온 通俗小說의 主旨가 大部分, 勸善懲惡의 寓意가 업는 것이 업기 째문에 小說이란 반드시 그런 主旨로 되어야만 하는가 생각되엇슴은 無理가 아니겟지오. 그러나 春園의 '開拓者', '어린 벗에게' 等의 舊式 婚姻制度에 叛旗를 든 作品이 나오고 뒤니어 外國 近代小說의 飜譯 紹介와 新出 作家의 大膽한 作品들이 나올 째에 通俗的 倫理觀을 가진 우리 讀書界는 한번 뒤숭숭하여젓슴니다.

◎ 문예통속강화(十), 『동아일보』, 1926.2.13.

◇ 果然 小說 中에 우리가 普通 道德的이라 高尙하다 맛당하다고 보는 것에 엄청나게 쒸어나가는 것이 만습니다. 近代의 小說家는 社會의 모든 惡習과 黑暗한 事實, 입밧게 내지 못할 만한 材料를 서슴지 안코 描寫합니다. 엇던 째는 萬人이 共認하는 是를 非로 主張하기도 합니다. 近代小說에 잇서서 決코 惡이 必亡하고 善이 最後의 勝利를 엇지 못함니다. 讀者의 가슴이 쓰리도록 善人이 敗를 보는 것도 잇습니다. 일흠 잇는 例를 들자면 플로벨의 '보바리 夫人', 모팟산의 '一生', 톨스토이의 '안나 카렐리나', '復活', '月光曲', '산송장'(戱曲) 들은 姦通의 事實을 主ㅅ대로 지은 小說이오, 와일드의 '도리안, 그레-', 모팟산의 短篇 中 幾篇, 아르치바세브의 '싸-닌' 或 其他는 獸慾을 材料로 하거나 性慾主義를 讚美하는 作이외다. 우리 文壇에도 惡魔主義的 色彩를 가진 이가 잇다큼 보임니다. (중략)

◇ 첫재로 우리가 理解하여야 할 것은 그 作家들이 그 小說을 지은 動機가 어데 잇는가 함이외다. 그러면 그들은 決코 漁利를 目的으로 하는 淫書 作者와 混同치 못할 것을 알겟슴니다.

<u>藝術家의 態度는 널리 말하자면 이 네가지에 지나지 못한다 생각함니다. 一. 創作家는 美와 感動을 發見함이 職責이오 그것이 最高 目的이외다. 二. 善惡의 標準은 時代를 싸라 變하나니 創作家는 時代의 先驅가 되어야 하겟다, 三 人間萬事가 唯善 唯惡한 것이 업나니 그 眞相을 解剖하는 것이 創作家의 義務ㅣ다, 四. 描寫함은 藝術家에게 잇고 判斷하는 것은 讀者에게 잇다.</u>

◎ 문예통속강화(十一), 『동아일보』, 1926.2.15.

◇ 첫재 問題는 藝術을 爲한 藝術이냐, 人生을 爲한 藝術이냐 하는 아주 오래된 論爭을 反復함에 不過하나 내가 믿는 바로는 社會上 무슨 物件이던지 人生을 爲하지 아늠이 업다 하는 點으로 보아 藝術은 勿論 人生을 爲하야 잇다고 斷言을 합니다. (중략)

◇ 둘재로 道德律이라 하는 것은 進化되는 物件이라 함은 倫理學者 社會學者의 一致하는 바이오 進化되는 中에 急進과 保守 兩勢力이 늘 爭鬪를 할 것은 不免의 事實이외다. 儒敎 道德律에 支配되는 男女關係 를 新個人主義의 見地로서 解放하려는 文藝上 運動이 守舊派의 忌嫌하 는 바임은 우리가 眼前에 보는 事實이외다. 그런데 이런 急進 勢力이 進化上에 必要한 要素인 것을 잇지 말어야겟습니다. 徒然히 그를 蛇蝎 視함은 短見이라 하겟습니다.

◇ 새로 文藝家는 普通人이 惡으로 看做하는 中에서 善을 찾기도 하 며 善中에 潛在한 惡을 摘發키도 합니다. 下流階級社會의 辨明者인 꼬 리키의 小說갓튼 것은 前者에 屬하얏고, 大儒主義者의 모든 英雄的 行 動의 動機를 私利心으로 解釋하는 等은 後者에 屬하겟습니다. 이것도 亦是 社會의 一種의 淸凉劑, 淨化劑이니 可히 反省의 材料를 삼을 것이 외다.

◇ 마즈막으로 判斷을 내리는 것은 文藝의 責任이 아니외다. 文藝는 人生의 眞, 美, 善을 그대로 그려낼 쑨이오 거긔 最後에 判斷을 내릴 이 는 讀者외다. (중략)

◇ 一言以蔽之하면 文藝는 道德律에 拘束될 것이 아니라 이를 쒸어나 서 道德의 批評家, 改革家의 責을 질 것이외다. 그 弱點과 長處의 衝突과

296

矛盾을 摘發하야 讀者에게 提供할 것입니다. 作家의 描寫하는 것이 眞인 以上 이를 不道德이라 排斥함은 어리석은 일이외다. 事實을 掩蔽하라는 것처럼 이러한 일이 다시 업습니다. 文藝는 道德 以上이외다.

(이하 생략) '문예통속강화' (12)부터 (17)까지는 '김동환의 승천하는 천하'를 대상으로 앞의 이론을 적용한 글이다. 연재 일자는 아래와 같다.

1) 『동아일보』, 1926.2.16. 문예통속강화(十二)
2) 『동아일보』, 1926.2.17. 문예통속강화(十三)
3) 『동아일보』, 1926.2.19. 문예통속강화(十四)
4) 『동아일보』, 1926.2.23. 문예통속강화(十五)
5) 『동아일보』, 1926.2.26. 문예통속강화(十六)
6) 『동아일보』, 1926.2.25. 문예통속강화(十七)

3. 양주동, 미학적 문예론

이 글은 창작의 미학적 성격을 논평한 글로, 작법과는 직접적인 관련을 맺지 않는다. 그러나 이 시기 '문예론'을 이해하는 데 도움을 줄 수 있는 글이어서, 일부 내용을 정리한다.

◎ 미학적 문예론, 『동아일보』, 1927.6.18.(一)~6.27.(八)

文藝作品 創作과 感想의 美學的 見解와 論據

本論으로 들어가기 전에 爲先 한마듸 하여 둘 것은 筆者가 元來 美學의 專門學徒ㅣ 안이라는 것이다. 온갖 文藝品의 內在的 要素 밋 그것의 價値를 오즉 科學的 規範下에서만 解釋하고 判斷하려 하는 純粹 美學的 見解에 關하야 나는 오히려 文藝 創作家의 見地로서 다소의 不滿을 까닭업시 가지는 한 사람이다. (中略)

요새 朝鮮 文藝界에는 프로 文藝라는 것이 盛行한다. 말이 暫間 脫軌되엇거니와 프로 文藝는 理論上 성립의 문제가 자못 의문에 屬한다. 文藝를 엇던 文化의 所産이라 보는 境遇에 프로 文化를 獨立的으로 가지지 못한 '프로레테르'가 프로 文學을 가질 수 업다는 文化史的 論評은

姑舍하고라도 爲先 프로 文藝는 그 美學的 根據가 薄弱하다는 점으로
보아 (중략)

◎ 美學的 文藝論(七), 『동아일보』, 1927.6.26.

文藝作品 創作과 感想의 美學的 見解와 論據

文藝作品의 實際를 보건대 敍情詩에서는 感情 作用이 훨신 만코 知的
要素는 缺如한 觀이 잇다. 그러나 近代의 劇과 小說類에는 知的 要素가
多分히 混入되엇스니 이는 近代 文藝가 純藝術的 見地로 보아 藝術에서
멀어짐을 말하는 것이다. 詩中에도 敎訓詩 思想詩 같은 것은 抽象的 槪
念을 比較的 만히 包含하엿슴이 事實이다. 그러나 이 境遇에도 思考作
用的 要素가 直觀과 感情의 活動에 妨害함에 이를 것 갓흐면 美的 態度
는 깨여지고 마는 同時에 詩로서 失敗가 되는 것이다. 小說이나 劇도
그러하다. 그 內容 形式의 感情과 直觀 作用을 無視하고서 오로지 知的
思考만 偏重한 것은 理論的 論文 或은 對話에 그칠 뿐이요 文藝品으로
成立할 수가 업다. '美는 槪念 업시도 快感이 잇다'고 한 칸트의 말은
좀 極端으로 치우친 弊端은 잇스나 抽象的 文藝, 槪念的 文藝가 美를 破
壞한다는 것을 말한 点에서 好個의 警句가 될 것이다. (하략)

4. 양주동, 문예비평가의 태도·기타

이 글은 동아일보 1927년 2월 28일부터 3월 4일까지 5회에 걸쳐 연재된 논문이다. 그 가운데 번역과 관련된 문제를 다룬 3월 4일자 제5회의 글은, 글쓰기 차원에서도 주목할 만한 부분이다. 제1회 연재 시에는『조선문단』1927년 2월호에 게재된 김기진의 '무산 문예작품과 무산 문예비평'이라는 논문에 대한 비판 차원에서 논문을 시작한 것으로 보인다. 이 비평문은 제목에 '기타'라는 말이 들어 있듯이, 제3회 속에 '海外文學을 읽고'가 포함되어 있다. 이 글에서는 해외문학에 소개한 번역문을 신랄하게 비판하였는데, 그로 인해 이하윤과의 논쟁이 일어나기도 하였다. 그러나 양주동의 번역문에 관한 지적은 문학 이론의 차원보다 번역 글쓰기의 태도를 의미하는 것이어서, 글쓰기 자료로 읽어 볼 가치가 충분하다.

이 비평문 이후 양주동은 1927년 7월 12일부터 7월 22일까지 '다시 文藝 批評家의 態度에 就하야'를 9회에 걸쳐 연재하였는데, 이 논문에서 문학의 가치와 사회적 의의를 논의하고 있다.

◎ 문예비평가의 태도, 『동아일보』, 1927.2.28.

◇ 『朝鮮文壇』 二月號에 실린 金基鎭 氏의 '無産 文學作品과 無産 文藝批評'이란 一文을 읽고 나는 비로소 우리 文壇上 프로 文藝 陣上에 兩個 分派가 생긴 것을 알엇다. 『朝鮮之光』 一月號에 發表된 朴英熙 氏의 論文은 보지 못하엿스나 金基鎭 氏의 解說을 밋는다 할진댄 兩方의 主張을 알엇다 할 수 잇기에 나의 이 小論은 그것을 基礎로 하야 쓰고저 한다. 그런데 몬저 말하야 둘 것은 이 一文은 프로 文藝家를 標榜치 안는 나의 一家見으로써 文藝 批評家의 態度 問題를 提示코저 하임으로 兩氏의 論爭에 對하야 批評的 位置에 스지 안코 自由로이 나 一個人의 所信을 적고저 함인 것이다. 다만 나의 主張이 兩方의 그 어느 것에도 屬하지 안은 것이기 째문에 或은 支說로서 批評的 態度를 取할는지 몰은다. (중략)

◇ 요새 露國 文壇에서 無産階級 文藝批評家들의 大部分이 니른바 '外在的 批評' 乃至 '唯物史觀的 批評', '맑스주의的 批評' 云云으로서 文學이란 것을 오로지 社會 現象의 一部로 說明하고 唯物的 思想 밋헤서 그것을 批判하며 社會에 밋치는 功果 甚至於 階級鬪爭에 資與되는 價値 問題(語弊가 잇스나)로 一切 文學을 取捨하는 傾向이 잇는 것은 一般 周知하는 事實이다. 좀더 仔細히 들여다 보면 그 無産階級 文藝에도 그 思想的 內容에 依하야 '맑시씀' 文藝 外에 '아나키즘·니힐리즘' 무슨 '이씀' 等 諸種의 分派가 잇는 모양이다.

나는 爲先 그들이 主張하는 一或은 그들의 思潮를 日本에 것처 받아온 우리 프로 文藝 諸士의 主張하는 理論에 對하야 다만 한가지 It may be라는 條件下에서 贊意를 表하고 십다. 觀點에 依하야서는 分明히 文學은 社會 現象의 一發見일 뿐더러 그것이 또한 社會에 밋치는 動力을 가젓다. 그런데 朝鮮의 現在 現象은 如何한 階級鬪爭的 時期에 잇슴으로써 如許한 文藝가 發生됨도 거의 必然的일 것은 明白한 事實이다. (중략)

◎ 文藝批評家의 態度·其他(二), 『동아일보』, 1927.3.1.

◇ 文學은 個人的 要素와 唯心的 要素를 가젓기 째문에 한낫 社會現象의 機械的 産物임에서 벗어나 文學으로서의 特殊性이 잇고 짜라서 그 特有한 內容과 形式의 條件을 要請한다. 여긔서 文學은 文學이오, 그 밧게 아모 것도 안인 것이 認識된다. 超個人主義的 唯物的으로 或은 文化史的으로 批評을 밧기 前에 몬저 文學으로서의 成立을 必要로 하며 同時에 個人的 心理的 要素를 要求하는 것이다. (중략)

◎ 文藝批評家의 態度·其他(三), 『동아일보』, 1927.3.2.

(전략)

海外文學을 읽고

近者에 내가 綿密한 注意를 가지고 읽은 雜誌로 『海外文學』 創刊號가 잇다.

『海外文學』은 그 創刊辭에도 쓰여 잇는 바와 갓치 純然히 外國 文學의 輸入—即 飜譯文學을 內容으로 한 雜誌다. 現今까지 朝鮮에 닐어난 文藝運動 中에서 外國 文學의 飜譯 紹介 方面이 殆히 闕如하엿슴은 自他가 遺憾으로 생각하는 것으로 實로 이러한 雜誌의 出現은 오히려 晚時之歎이 잇다고 할 수 잇다. 나는 이 雜誌의 同人 諸氏가 모다 外國文學을 專門 硏究하는 新進 氣銳의 士란 말을 듯고 더 한층 期待와 祝意를 가지엇든 바이다.

自國文學의 새로운 建設에 잇서서 더구나 朝鮮과 가치 傳說的 國文學의 基礎가 貧弱한 現象에 잇서서 外國文學의 輸入과 밋 그것의 消化는 絶代한 意義를 가지지 안을 수가 업다. 우리는 外國文學을 앎으로써 우리의 文學的 素養을 넓힐 쑨만 아니라 그 攝取한 知識으로써 自

家의 獨特한 境地를 새로 開拓할 수가 잇다. 다시 말하면 外國文學의 輸入은 그 自體로도 必要하거니와 그것을 우리 文學 建設의 參考資料로 삼는 데 더한층 意義가 잇슬 것이다. 나는 爲先 이러한 見地에서『海外文學』의 出現이 多少間이라도 우리 文學 建設에 補益이 잇슬 것을 밋고 期待한다. 그와 同時에 나는 該誌의 同人들이 飜譯文學 그것에만 意圖를 始終치 말고 오히려 一步 더 나아가 國文學 資料로서의 外國文學 移植을 그 窮極 目標로 하기 바란다. 한낫 外國文學의 移植쑨만이 아니오 그것의 消火가 되기를 바람은 勿論이다.

◎ 文藝批評家의 態度·其他(四),『동아일보』, 1927.3.3.

(중략) 번역의 태도와 필치에 대한 비평을 첨가함.

◇ 첫재로 不滿은 小說 飜譯에 잇서서 譯文體가 자못 낡다는 그것이다. 이것은 畢竟 생각건대 譯者가 朝鮮 現代文에 親熟치 못한 싸닭인가 한다. 現今 朝鮮文壇上에서 小說의 文體가 거의 軟文體로 純國文式을 取하는 것은 旣定된 事實인데, 譯者는 엇진 일인지 苦澁한 漢字를 써 가면서 論文體의 硬文을 取하엿다. 이것은 爲先 우리가 읽기에도 서투른 感을 밧거니와 우리 글을 尊重하는 意味로 보든지 쏘는 民衆的 與否의 點으로 보든지 不可한 일이다. 小說 飜譯體에 잇서서는 譯文의 巧拙은 莫論하고 爲先 鄭寅燮 氏의 譯이 正鵠을 엇은 것 外에는 거위다 그러한 缺陷이 잇다. 異河潤 氏의 諸譯과 밋 金晉燮 氏의 '門前의 一步'가 그 好例라 할 것이니 讀者는 그 어느 것이든지 一頁만을 보면 내 말에 首肯함이 잇슬 것이다. 나는 이 境遇에 첫재 譯文體 乃至 譯語를 좀더 軟滑하게 할 것과 둘재 못조록 漢字의 苦澁한 것을 避하라고 말하고 십다. 그리고 될사록은 原作의 選擇이 朝鮮文學과 엇더한 連絡이 되기를 바란다.

◎ 文藝批評家의 態度·其他(五), 『동아일보』, 1927.3.4.

◇ 다음에 詩의 飜譯인데 이것은 小說보다도 더 한층 難事이므로 特히 그 拙함을 責하는 것은 未安한 말이나 如何間 拙譯인 것은 事實이다. 諸氏의 譯法을 보건대 大部分이 直譯인데 이 逐字的 直譯이 쌋싹하면 도로혀 本意 아닌 誤譯으로 讀者에게 늣겨진다. 一例를 들자면 Verjaine의 '가을 노래'의 譯은 第一聯 原作과는 意味가 달너젓다. 譯詩로는 '비올롱'이 제 가슴을 괴롭힌다는 듯이 되엿지만은 이것은 잘못이니 대개 Blesse tmon coeur의 mon 한 字를 쌔친 연고이다. 이것은 極히 적은 一例에 불과하나 如何間 逐字譯을 하랴면 一字一畫을 周到히 譯出하여야 할 터이니 이는 거의 不可能한 문제이다. 그보담은 차라리 전체의 詩想과 詩態 詩語를 消化하야 意譯을 取하는 便이 처음 譯詩를 試驗하는 이의 簡便한 길이 안일가 한다. (중략)

紙面의 餘裕가 업슴으로 苦言은 이만하기로 한다. 나는 結論으로 譯界에 나선 諸氏들이 우리말과 文體 等에 關하야서 만흔 研鑽이 잇기를 바라며 적어도 現 文壇 作家들의 行文가 갓흔 程度의 譯文을 보여주엇스면 한다. 그러고 무리한 말일는지는 모르나 너무 項數만 느러노치 말고 좀더 本質的인 研究 論文을 보여주엇스면 조으리라 한다. 創刊號에서는 金晉燮 氏의 '表現主義 文學論'이 讀者에게 주는 바가 만흐리라고 생각하엿다. 그러고 듯는 이의 誤解가 잇슬는지 모르되 나는 卷末六號 記事에 다른 項보다 만흔 흥미를 가젓섯노라 말하여 둔다.

以上은 한낫 讀者로서 그 讀後感에 不過하다. 거듭 우리 文學 運動에 飜譯文學이 必要한 것과 『海外文學』의 出現이 機宜를 어든 것임을 말하며 同人 諸氏에게 感謝를 올리고저 한다. (一九二七. 二. 一. 於東京)

〈참고〉이하윤, '해외문학 독자 양주동 씨에게', 『동아일보』 1927.3.
19.~3.20.
→ 양주동의 번역문 관련 지적에 대한 강한 반론을 제기한 글임.

5. 廉想涉, 조선과 문예·문예와 민중

이 논문은 염상섭이 1928년 4월 10일부터 4월 17일까지 7회에 걸쳐 연재한 글이다. 주요 내용은 조선 문예의 현 상태를 비판하고, 민중적인 글을 써야 한다는 취지를 담고 있다. 그 가운데 쓰기 문화와 관련된 일부를 정리한다.

◎ 朝鮮과 文藝·文藝와 民衆(一), 『동아일보』, 1928.4.10.

人物이 時代를 움즉이고 民衆을 좌우할 수 잇듯이 밋는 것은 歷史家가 어떠한 時代나 어써한 事件에 對하야 반듯이 代表的 責任者를 내세우기 때문이다. (중략)

한 偉大한 作家를 硏究의 俎上에 올려 노흘 제 모든 學者는 各自의 見地에서 意見을 發表하리라. (중략)

가령 한 文學者에 對한 國語에 들어보자. 한 偉大한 作家가 出現하야 自己의 作品을 通하야 混同不一한 自國語의 文法과 밋 그 語源과 用法, 用例 等에 對하야 正確한 新機軸을 세우고 語彙의 量을 增大시키며 개

개의 單語가 가진 內容과 音響美를 擴充 校正하야 自國語로 하야금 言語 그대로도 能히 藝術的 價値를 자랑하게 하엿다고 假定하자. 그러나 그 言語는 그가 創造한 것인가? 말의 神秘로운 法則을 그는 制定하얏는가? 그는 다만 말의 精髓를 깨닷는 敏感이 잇고 말을 驅使하는 妙諦를 알 쑨이다. 그의 民族의 祖上으로부터 그가 '압바 엄마' 소리를 배울 쌔까지 數億萬人의 혀씃에서 洗練되고 數千 或은 數萬年 동안 그 말을 쓰든 사람의 智慧와 感性 속에서 琢磨된 것이다. (중략)

그러면 이와 가튼 見地下에서 未來 朝鮮의 文學과 作家를 卜하야 볼진대 우리의 傳統, 우리의 遺産, 우리의 風土, 우리의 政治經濟 事情, 우리의 民智⋯⋯ 이 모든 環境과 氣運이 과연 時代를 代表하고 偉大라는 이름을 부칠 만한 作家와 作品이 나홀 수 잇슬까? 朝鮮의 文學과 文學家의 殆半은 健康 狀態에 잇느냐?

◎ 朝鮮과 文藝·文藝와 民衆(二), 『동아일보』, 1928.4.11.

從來에 朝鮮의 文學을 云謂하는 者는 누구나 먼저 作家와 作品의 無能拙劣만을 論議하야 或은 非難攻擊하고 或은 罵倒 蔑視하거나 或은 全然 無視하여왓다. 그러나 (我田引水的 辯護가티 들닐 말이나) 非難 罵倒하기 前에 그 原因에 對하야 諒解가 잇스면 차라리 同情할 바가 업슬까? (중략)

◎ 朝鮮과 文藝·文藝와 民衆(三), 『동아일보』, 1928.4.12.

文藝는 言語와 文字에 依한 藝術的 表現이라는 意味로─文藝의 普及은 民衆의 文字의 學得과 敎養의 程度에 싸른다는 意味로─藝術的 刺戟과 雰圍氣(文運)는 文藝의 民衆化로써 釀成된다는 意味로서 獨自의 文字를 갓지 못하얏든 麗朝末까지는 莫聞에 附하고라도 李朝 五百年間에

는 萬一 朝鮮 사람이 獨自의 文學을 가질 만한 情緒的 訓練과 가지고자 하는 意慾이 잇섯더면 十二分 可能하얏고 文藝의 民衆的 涵養도 어들 수 잇섯슬 것이다. 그러나 訓民正音의 歷史가 우리에게 남겨주고 간 業績은 時調 몃 首와 龍飛御天歌나 春香傳, 沈淸傳, 洪吉童傳, 雲英傳, 薔花紅蓮傳, 謝氏南征記 … 十指에 밋지 못할 粗雜한 通俗小說 몃 篇과 기타 雜歌 俗謠의 口傳을 文字化한 것 等에서 벗어나지 못하엿다. (하략)

6. 鄭寅燮, 아동예술교육

◎ 兒童 藝術敎育(一), 『동아일보』, 1928.12.11.

우리가 一般 社會 文化를 爲하야 一의 事件을 現出시킬 째 거긔엔 必然的으로 理論的 動機가 잇어야 하고 그리하야 그것이 終結될 째까지 一般 社會의 區區한 檢討에 비최어 主觀에 對한 客觀的 吟味가 업지 못할 것이다. 이것은 歷史 進展의 過去 階級이 到來에 參酌되기 爲한 現代的 消化의 意義를 가진 것이니 進行形 中에 잇는 一의 主格이 어써한 形容詞로서 限定되고 具象化됨으로 다음에는 어써한 推測으로 '프로디케이트'될가 하는 것이 向者 '世界 兒童 展覽會'를 마치고 나서도 업지 못하든 簡單한 나의 所感이엇다.

新敎育의 理論的 主張이 實際 敎育으로 具體化될 째 거긔에는 여러 가지 形式을 取하게 되지만 그 根本의 共通 思想은 盲目的 服從이 아닌 人格的 自由에 잇는 것이다. 强制的 順從은 奴隷이오 眞正한 意味의 道德的 行爲가 아니다. 不得已한 服從에서가 아니고 必然의 意義를 自己 스스로가 認識하야 비롯오 歸納的으로 斷定된 바 行爲는 當然의 義務 行動이 된다.

在來의 敎育 精神은 始終이 如一한 注入的 服從이엇으며 어써한 旣成

된 社會의 保守케 하는 데 方便的 有爲이엇다. 都會와 地方을 勿論하고 學校 自身이 往往이 學校 以外 사람들의 體面을 尊重히 하기 째문에 學校 全體의 兒童의 敎育을 等閒히 하는 수가 업잔햇다. 더욱이 學校 運用의 機能 形式에서 이러한 例를 흔히 發見할 수 잇거니와 在來 使用되는 敎科書란 것이 兒童의 全人的 敎育 思潮를 尺度하야 생각해 볼진대 그것이 얼마나 兒童을 爲함보다 兒童 以外 사람을 爲한 것이 한 장 한 줄에서라도 檢討하야 指摘할 수 잇든 것이다. 이와 가티 어른을 爲하든가 人間 本然의 敎養 意義 以外의 功利的 附屬的 第二의 方便을 쩌나 兒童 自身의 發達을 爲한 敎育 理論이 하로 밧비 實踐化되기를 期待 안흘 수 없는 것이 아닌가?

그럼으로 新敎育의 特色으로 생각한 바 한 가지 目標를 提唱할진대 그것은 다름 아니라 어른이 準備해 둔 方向으로 强制的 服從을 要求할 것이 아니라 兒童 自身 가운데 잇는 힘으로써 自然히 發達케 하는 態度를 가저야 하겟다는 것이다. 그리하야 兒童 自身의 世界를 開拓하는 創造性을 培養해야 될 것이니 여긔에 비롯오 兒童의 全人的 人格을 가진 自律的 人物이 現出할 것이오 다시 말하면 兒童 自身의 自由意志에 依하야 敎育者는 그들의 議論 對象이 되고 동무가 되어야 하겟다는 것이다.

다음에 新敎育의 特色을 하나 들면 그것은 主知主義의 反動이니 十九世紀 後半 以來로 物質文明의 發達은 全世界의 産業을 鼓吹하야 그 結果 '헤르베르트'가 말한 바 主知主義는 全世界를 風靡하는 程度의 큰 힘을 가지게 되엇다. 그러나 主知主義는 人間의 知的 方面을 偏重한 싸닭이요 人間의 意志라든가 感情이 全人格的 獨自 存在에 얼마나 만흔 活動力을 가젓는가를 沒覺한 弊害를 가지고 잇는 것이니 이와 가튼 理知 偏重은 사람을 不具로 하야 여러 가지 欠缺된 文明을 보이게 되는 것이다. 智育은 사람을 槪念化하야 모든 것에 人間生活의 槪念的 抽象化에 싸지는 힘업는 性格을 갖게 되는 수가 잇을 쑨더러 一面에 잇어서는 사람을 機械化하고 物質化함으로 社會에서는 功利 偏重에 싸지게 되는 可憐한 知識階級이 얼마나 만흘가? 존슨 女史가 Dramatic method of teaching라는 冊에서 다음과 가티 말하엿다.

"우리들은 人間性의 敎育을 돌보지 안코는 科學者도 업고 藝術家도 맨들 수 업다. 그리고 一般은 이 重大한 人間性 敎育을 要求할 줄 몰른다. 그러나 우리들은 少年 少女의 大性의 熱烈한 마음을 認識하고 이것을 機械的인 環境에서 分離시키는 대서 적어도 少年 少女를 도와갈 수 잇을가 한다."

그 다음에 新敎育의 特色을 그 方法에서 觀察하건대 <u>兒童 自身의 體驗에 맷겨 自己들의 實驗에 依하여 배우게 하는 것</u>이니 在來에는 智識의 傳達만을 主로 하야 兒童은 恒常 被動的 地境에서 機械的 暗記의 權化가 되어 잇섯다. 記憶의 成績이 반듯이 人間의 實際 能率을 表示하는 것이 아니다. <u>推理, 判斷, 創意들을 竝行하기 爲하야 兒童으로 하야금 硏究케 하고 批判케 하고 創作케 하는 것</u>이다. 將次 어른이 되어서 有效할 것이라고만 해서 兒童이 必要치도 안흘 것을 强制的으로 注入할 것이 아니라 兒童 自身 心中으로 要求하는 바를 理解하야 거긔에 指導 如何를 區分할 것이니 이는 곳 兒童으로 하야금 自立的 獨創人으로 誘引케 하는 것이 된다.

◎ 兒童 藝術敎育(二), 『동아일보』, 1928.12.12.

以上에 말한 바 特色을 가진 敎育論은 곳 <u>所謂 말하는 最近의 藝術敎育</u>이니 人間의 自由性의 見地에서 본다 하드라도 <u>藝術의 創作 가티 作者의 自由를 必要로 하는 것은 업다</u>. 作者의 精神的 自由 업시 眞正한 藝術은 到底히 創造치 안는다. 그리고 主知主義에 對한 反動으로 藝術敎育이 主張됨은 勿論이려니와 知識 偏重에 싸지지 않는 全人的 敎育의 見地에서 본다 하드라도 藝術敎育은 만흔 效果를 가젓다 할 수 잇다. 쏘 新敎育의 方法으로 생각해 본다 하드라도 '<u>體驗과 作業</u>'은 藝術의 生命이요 圖畵, 音樂, 演劇 이 모든 것은 그 本質上 兒童의 體驗과 創作을 發揮하는 것이다. 한걸음 더 나아가 生活指導의 立場으로 생각한다 하드라도 兒童의 生活 그것이 벌서 藝術이요 繪畵, 音樂, 舞踊, 劇을 그 專門으로 가르치지 안는다 하드라도 兒童의 生活을 指導하는 方便으로써 얼마나 큰 힘을 가젓든가는 모든 方面의 學說에서 能히 肯定되어 잇든 바이다.

그러면 藝術教育이란 무어냐? 하면 狹義로 말하면 藝術의 創作과 鑑賞이니 卽 繪畵, 彫刻, 工藝 建築, 音樂, 文藝, 演劇, 舞踊 等 모든 藝術의 創作과 鑑賞을 教育함이다. 그러나 廣義로 釋하면 藝術的 精神, 藝術的 方法에 依한 모든 教育을 意味하나니 이것은 곳 美的 體驗을 通한 人間 教育이다. 이 美的 體驗 乃至 人間 活動이란 것은 精神과 感覺의 兩者가 有機的으로 調和된 것이니 거긔는 生命의 表現이 잇다. 人間性으로서의 偉大를 構成하려면 知識 技能만이 全人格이 아닌 以上 가장 生命的인 藝術을 基礎로 하야 教育을 樹立하는 것은 重大한 意義를 가젓다. 藝術은 感情의 所産만이 아니오 거긔에는 理智도 잇고 意志도 잇는 普通의 經驗, 普通의 意識보다 더 놉고 크고 깁흔 것이다. 藝術은 官能的이오 美는 一種의 快感이지만 그것은 決코 官能的 快感에 始終하는 것이 아니다. 그것을 通하야 靈感의 境地에 니르게 하는 것이다.

우리에게 各各 個性이 잇다. 라스킨은 말하엿다. "人間의 大小는 絶對的으로 날 째부터 決定되어 잇다. 一의 果實이 葡萄냐 살구냐 決定되어 잇는 것과 마찬가지로 嚴密히 決定되어 잇다. 勿論 教育 境遇 決心 努力은 큰 힘을 가젓다. 다시 말하면 살구 열매가 東風 째문에 妨害되어 푸른 열매 그대로 쌍에 썰어져 발에 짓밟히거나 或은 잘아서 黃金色의 '배르매트' 갓은 아름다운 것이 된다는 것은 이러한 힘에 依한다. 그러나 葡萄에서 살구, 小人物에서 偉人이 나는 것은 技術, 努力도 成功치 못하는 것이다."

◎ 兒童 藝術敎育(三), 『동아일보』, 1928.12.13.

이와 가티 自我 發展을 爲한 敎育은 어른의 暴虐을 爲한 敎育은 어른의 虐政을 爲한 功利的 手段에 依해 할 것이 아니라 兒童 自身의 滿足과 幸福을 그들의 個性에 依하야 充實케 하는 藝術的 指導에 依할 것이다. 존슨 女史는 말하얏다. "兒의 時代는 人生의 가장 幸福스러운 째가 되고 십다.—아니 恒常 그래야 될 것이다.—라고는 누구든지 一致하는 생각이다. 이 時代는 한 번 지내가면 무엇을 일혼 것이 다시 돌아오지 안는 것 가태서 그에 連續되어 오는 幸福이 그것을 代償할 수는 업다. 만일 그러타고 하면 兒童의 時代는 將次 到來할 暗黑時代에 對하야 日光의 빗남을 吸收하려는 時代가 아니면 안 된다. 이러케 내가 主張하는 것은 果然 틀린 말일가? 그리고 나의 말하는 日光 그 物件의 힘에 依하야서라야 自然은 우리의 마음의 가장 尊重한 部分에 우리들 天然의 慾求를 심어준다. 우리는 우리를 둘러잇는 산 世界의 美를 알고 그 神秘를 取하고 깃버하고 世界에 둘 업는 우리 文學의 傑作에 共鳴同感할 수 잇는 깃븜, 藝術의 美에 漸次 親熟해지는 맛 이 모든 것은 靑年의 마음을 태워 업새고 그들의 속에 솟아나는 '가티 하려는' 慾求로 만들어 技術 傳習의 魂을 죽이는 單調와 束縛에서 써나 그것이 設或 하욤업는 少年의 쑴일지라도 그 少年의 熱烈한 마음의 覺醒을 일으킨다. 이것은 眞實로 헤알일 수 잇는 事實이다.

兒童이 實驗과 硏究를 깃버할 째는 그들의 慾望에 싸라 식히는 것이 조타. 그리하야 그것에 對하야 技術上의 必要를 그들 自身이 깁히 늣길 째는 그 째 처음으로 必要한 技術敎育을 주라. 그들의 불가티 熱烈한 意氣를 써서는 안 된다. 이 世界를 進展케 하는 것은 實로 그들의 힘이 아닐가. 이 모든 夢想家들은 畢竟에는 實行者이다."

藝術敎育은 여긔에 큰 힘을 가젓다. 그들의 自由畵를 보라. 그들의 工藝 手藝를 보라. 그들이 遊戱하고 놀애하며 춤추는 것을 보라. 어써한 獨創, 어써한 깃븜이 잇느냐? 이것은 藝術의 自然스런 表現 行動이다. 藝術은 表現이다. 自我 發展을 爲하야 表現을 要求한다. 그럼으로 表現에 依하야 自我發展을 圖謀하고 表現에 依한 兒童 自身 生活의 滿足과 幸福을 給與하는 것이 重大한 일이다.

社會 制度 習慣 施設을 改善하야 合理된 世上을 現出하는 努力도 努力이려니와 그 內面에 잇서서 人類의 根本 精神을 改造치 안코는 不完全한 것은 勿論이다. 掠奪의 生活에서 合理的 社會 生活을 하게 되는 데는 그 根本 精神에 잇서서, "일 그 自體 가운데 自己의 生命을 發見하며 일 그 物件에 몸을 바치는 깃븜을 가지는 데"서 出發하야 하는 것이니 이것은 곳 生活을 藝術에 接觸시키는 것이다. 일 그 自體에 興味를 가지고 生活 그 속에 自身을 맛보는 人生의 態度는 곳 藝術家가 創作할 째와 鑑賞할 째와 마찬가지의 心的 過程이 잇는 것이다. 이것은 곳 生活에 藝術을 附加하는 以上 生活 態度에 藝術的 綜合的 統一 感情을 가져야 한다는 것이니 이리하야 生活의 表現이 實生活에 잇서서 여러 가지 束縛 째문에 純粹치 못한 데 對하야 藝術上의 表現의 根本 感情인 純粹感情이 浸透할 째 거긔에는 生活이 純化가 成立되는 것이다. 그리하야 社會를 根本으로 改造하는 그 自體의 目的 意識으로 轉換되는 수가 업쟌아 잇다.

以上에서 말한 바 藝術敎育이란 것이 人間敎育으로서의 自我發展으로서 또는 社會敎育으로서의 만흔 效果를 가진 以上에 한걸음 더 나아가서 그것이 經濟的 方面으로 進展될 째 産業에 關聯되는 것이 잇스니 이는 곳 商品의 美術化 藝術的 試鍊이 必要하다는 것이다. 또 廣告術로 陳列로 販賣 行爲의 美的 素養 等을 생각하면 工藝에 對한 鑑賞力과 創作力이 發達될수록 나라의 産業은 興旺케 되는 것이라 할 수 잇다.

이러케 생각해 볼 것 가트면 兒童藝術의 敎育的 價値가 個人의 立場으로서나 社會의 立場으로서나 또는 精神的 見地와 物質的 見地를 區別할 것 업시 적지 안흔 意義를 갖고 잇는 것이다.

朝鮮에 잇서서도 兒童을 自由로운 處地에 두어서 自我를 發達시킨다는 意味로 童話, 童謠, 童劇, 童舞 그리고 童畵 乃至 自由畵가 幼年 敎育

에 重大한 地位를 占케 되엇스되 一般 學校 方面에서보다 所謂 社會的 教育群에서 積極的으로 實踐되어 온 듯하다. 五六年 前부터 『어린이』를 爲始하야 만흔 兒童雜誌가 竹筍가티 솟아나고 各地에서 童話會, 童謠會, 歌劇會 等의 行事가 新聞上에 顯著한 程度의 盛旺을 連續하고 잇는 것은 누구나 다 記憶하고 잇다. 그러나 大體로 보아 一般 家庭 父兄과 學校의 一部는 最近 藝術敎育的 效果에 沒覺한 까닭인지 積極的으로 兒童들의 그러한 感謝로운 自發的 自己表現의 感銘을 妨害케 하는 수가 許多함을 종종 듯는 배 잇다. 이러한 現象은 實로 遺憾스러운 일이요 아모리 無理하게 兒童을 形式的 乃至 偏重的 束縛에 逐入케 한다 하드라도 時代의 必然性과 兒童의 天性은 結局 나가는 대로 나갈 것인가 생각한다.

7. 八峯 김기진, 대중소설론

◎ 大衆小說論(一), 『동아일보』, 1929.4.14.

一. 若干의 序言

昨年 十一月 中에 朝鮮日報 學藝欄에 筆者는 '文藝時代觀 斷片'이라는 一文을 寄稿하야 通俗 小說의 構成要素를 分析하고 프로레타리아 作家는 通俗小說이라는 槪念을 如何히 붓잡어야 하며 또는 通俗小說을 쓸 必要는 어째서 成立되며 나아가서 通俗小說을 어쩌케 써야 하겟다는 것과 또는 프로레타리아 作家가 지은 通俗小說의 任務와 限界는 어느 程度에 處할 것인가 하는 一例의 問題에 對한 若干의 考察을 試驗한 일이 잇다. 지금의 여긔서 題目을 고쳐 가지고 쓰려는 '大衆小說論'은 卽 昨年에 發表한 該研究의 새로운 發展인 것이다.

朝鮮에서 大衆小說이란 말은 一般으로 使用하지 안튼 말이다. 從來로 小說을 區別하야 使用할 말에는 다만 藝術小說과 通俗小說이라는 두 가지 말이 잇섯다. 新文藝 運動이 興起한 뒤에 文藝의 使徒들은 藝術의 象牙塔을 築造하기에 餘念이 없엇으며 딸해서 그들의 創作은 그들 自身의 興味를 滿足케 하는 器具에 지내지 못하얏고 設使 多數의 讀者를

316

얻은 作品과 作家가 잇섯다 하야도 그들 讀者는 作家의 興味에 同感하는 文學 靑年이라는 이름으로 包括할 수 잇는 特殊한 部分의 社會層이엇다. 所謂 藝術小說이라는 것은 그들의 저와 가튼 態度에서 製作된 小說을 가르치는 것이엇고 한편으로 通俗小說이라는 것은 民間의 朝鮮文新聞이 刊行된 以來로 家庭 內의 讀者를 誘引하기 爲하야 그들 文藝의 使徒들로 하야금 家庭 讀者의 興味를 끄을 만하게 小說을 쓰게 하야 揷畵와 한가지로 新聞에 記載한 것을 가르치는 것이엇다. 新文藝 勃興 以來로 通俗小說이란 眞實로 新聞紙에서 길러낸 것이다. 그리고 在來의 所謂 '이야기' 冊이라는 玉樓夢, 九雲夢, 春香傳, 趙雄傳, 劉忠烈傳, 沈淸傳 가튼 것은 年年히 數萬卷式 出刊되고 이것들 外에도 秋月色이니 江上淚니 再逢春이니 하는 十二錢하는 小說冊이 十餘版씩 重版을 거듭하야 오되, 이것들 모다 通俗小說의 圈內에도 參席하지 못하야 왓다. 이것들 욹읏붉읏한 表紙에 四號 活字로 印刷한 百頁 內外의 小說은 '古談冊' '이야기책'의 代名詞를 바다 가지고 文學의 圈外에 멀리 쫓기어 온 것의 事實이다. 그러나 新聞紙에서 길러낸 文藝의 使徒들의 通俗小說보다도 이것들 '이야기 冊'이 훨씬 더 놀라울 만큼 比較할 수도 없게 大衆 속으로 傳播되어 잇는 것도 또한 事實이다.

그럼으로 大衆小說이란 名詞는 名詞로써만 우리들의 귀에 생소할 뿐이오 實際에 잇서서는 이미 오래 前부터 存在하여 온 것임을 우리들은 이 자리에서 是認해 한다.

二. 무엇이 大衆小說이냐?

이미 오래 前부터 大衆小說이 存在하여 왓다는 것을 是認해야 한다는 말은 前記 '이야기 冊'이 大衆小說이라 함을 意味하는 말이 된다. 올타. 大衆이 읽고 또는 大衆에게 읽히기 爲하야 잇는 前記 '이야기 冊'들을 우리는 大衆小說이 아니라고 否定할 何等의 理由를 갖지 못한 까닭이다.

그러나 大衆이 읽고 쓰는 大衆에게 읽히기 爲하야 잇는 小說이 大衆 小說이라는 規定만으로는 不充分하다. 우리는 大衆小說의 全意味와 全 姿態를 究明하고 眞實로 우리들이 가저야 할 大衆小說의 槪念까지 들 고 보지 안흐면 안 된다.

大衆小說이란 大衆을 써나서 存在할 수 없다. 그런데 大衆이라는 말 은 正確히 使用하는 境遇이면 반듯이 勞働者와 農民을 가르치는 말이다. 勞働者와 農民 以外의 社會의 多數의 人間을 불를 째에 大衆이라는 말을 쓴다면 반듯이 學生層이면 學生大衆, 俸給生活者層이면 俸給生 活者大衆, 信敎者層이면 信敎者大衆이라고 써야 할 것은 勿論이다. 그 럼으로 正確한 意味에 잇서서 大衆小說의 問題라 할 것 가트면 勞動者 와 農民의 問題─卽 그들의 生活問題, 敎養問題, 意識問題가 그 大部分 을 이루고 만다.

◎ 大衆小說論(二), 『동아일보』, 1929.4.15.

그러면 朝鮮의 大衆小說은 누구의 小說인가? 뭇지 안하도 勞働者와 農民의 小說이다. 春香傳, 沈淸傳, 九雲夢, 玉樓夢은 第一 만히 누구에게 읽히어지는 小說인가? 뭇지 안하도 勞働者와 農民에게 읽히어지는 小 說이다. 單純히 이 意味에 잇서서 春香傳, 沈淸傳, 九雲夢, 玉樓夢은 大 衆小說은 大衆小說이다. 그러나 이것들은 現在의 朝鮮의 農民과 勞働者 가 가저야 할 小說인가? 決코 그러치 안타. 그럼으로 여긔서 새로이 무엇 이 大衆小說이냐? 하는 問題가 닐어나는 것이다.

現在의 朝鮮의 農民과 勞働者에게 春香傳, 沈淸傳, 九雲夢, 玉樓夢 等 은 必要치 안타. 무슨 싸닭이냐 하면 그것들은 우리들의 農民과 勞働者 에게 現實에서 逃避하야 夢幻에 陶醉하게 하며 迷信을 길러주며 奴隷 根性을 붓도다 주며, 支配者에 對한 奉仕의 精神과 宿命論的 思想과 封 建的 退嬰的 趣味를 培養하는 作用을 하는 싸닭이다. (중략)

여긔서 우리가 가저야 할 大衆小說의 槪念을 다음과 가티 規定하지 안흐면 안 된다. 卽,

"大衆小說이란 單純히 大衆의 享樂的 要求를 一時的으로 滿足시키기 爲한 것이 決코 아니오 그들의 享樂的 要求에 應하면서도 그들의 모든 魔醉劑로부터 救出하고 그들로 하야금 世界史의 現段階에 主人公의 任務을 다하도록 끄을어 올리고 結晶케 하는 作用을 하는 小說이다."

◎ **大衆小說論(三)**, 『동아일보』, 1929.4.16.

三. 大衆小說은 어째서 必要하냐?

(중략) 프로레타리아 小說과 大衆小說???

우리는 이 두 가지 問題를 이와 가티 解決하려 한다.
一. 프로레타리아 小說은 勿論 全大衆의 것이 되어야 한다. 그러나 大衆 中에는 一般的 敎養의 差異(文字 及 其他 常識의 差異)와 特殊的 敎養의 差異(文藝的 趣味와 階級的 意識의 差異)로 말미암아 그 程度에 依하야서 上層과 下層을 스스로 區別할 수가 잇다. 普通學校를 卒業하얏든지 或은 中等學校까지 다니다가 中途에 그만두엇다든지 또는 學校敎育을 바든 일이 업스나 自學으로 그만한 智識을 가진 勞動者나 農民은 '가'ㅅ 자에 ㄱ 하면 '각'하는 줄이나 아는 또는 낫노코 ㄱ字도 모르는 勞動者와 比較하야 훨씬 上位에 處한다. (중략)
二. 그러면 이 두 개의 프로레타리아 小說은 如何한 關係에 잇슬 것인가? (중략)

◎ 大衆小說論(四), 『동아일보』, 1929.4.17.

四. 大衆小說은 果然 大衆의 意識을 昂揚 結晶할 수 잇는 것인가?

(중략)

五. 어써케 맨들어야 할 것인가?

　A. 問題의 困難은 어대 잇느냐?

大衆小說은 이미 말한 바와 가티 프로레타리아 小說이다. 그럼으로 그것은 어대까지든 '프로레타리아 이데올로기'를 表現하는 것이어야 한다는 것이 根本 要件이다. 이 根本的 土臺 우에서 어써케 맨들면 가장 效果的일가 하는 問題를 내어다 볼 째에 우리는 가장 重大하고도 困難한 問題인 大衆의 興味 問題를 發見한다. '興味 問題'가 어찌 하야서 '어써케 맨들어야 할 것인가' 하는 問題에 關聯된 가장 重大하고도 困難한 問題가 되느냐 하면 大衆은 小說을 自己들의 生活에 不可缺의 必要品으로 알지 안흐며 쏘는 무엇을 求하고 무엇을 배우고저 하는 意思를 가지고 小說을 對하는 것이 決코 아니오 單純히 興味의 充足을 爲하야서 심심 破寂으로 '이야기 冊이나 볼가' 하는 생각으로 小說을 對하는 까닭이다. 그들에게 겨우 이만한 小說에 對한 興味조차 업다면 벌서부터 욹읏붉읏한 四號 活字의 冊은 그림자도 업서젓슬 것이다. 그리하야 그들의 겨우 이만한 小說에 對한 興味가 놀라지 말아! 春香傳, 沈淸傳, 九雲夢, 玉樓夢 等의 이야기 冊이 쏘는 그 外의 十餘 種의 이야기 冊이 各各 一年에 적어도 萬餘卷式 販賣되는 出版界의 現象으로 나타나고 잇다. 이 事實을 無視하고서 우리들의 理論을 抽出할 수 업다.
　그럼으로 우리들의 大衆小說은 무엇보다도 그들의 弱點=興味를 붓잡지 안코서는 그들의 속으로 들어가기 어렵다. 勿論 '直接的 敎養과

訓練'은 그들로 하야금 프로레타리아 小說에 對한 興味를 갓게 하고 意識的으로 接近하야 오도록 할 것이지만—이리 하야서는 그들의 興味도 漸漸 變化될 것이다.—아직 그들로 하야금 意識的으로 接近하야 오도록 되지 못한 現在에 잇서서는 우리의 大衆小說이 그들에게로 接近할 수 잇는 길은 오직 그들의 얼마 안 되는 興味를 붓잡는 길밧게 업다. 그러면 그들의 興味는 어써케 하면 붓잡힐가? 이 秘密을 알려면 그들이 이야기 冊을 사 보는 心理를 分析해야 한다.

　오늘날 가장 만히 팔리는 이야기 冊—, 卽 春香傳, 沈淸傳, 趙雄傳, 洪吉童傳, 劉忠烈傳, 江上淚, 玉樓夢, 九雲夢, 秋風感別曲, 秋月色, 月下佳人, 再逢春, 其他 十數種과 쏘는 이것들만은 못하지만 그래도 貧弱하기 싹업는 朝鮮 出版界에서 再版 以上式 나아가는 地位를 獨占하고 잇는 有象無象의 이야기 冊들이 대개 누구의 손으로 팔리어 가느냐 하면 學生보다도 婦人보다도 農民과 그러고는 勞働者에게로 팔리어 간다. 장거리나 큰 길거리에 行商人이 벌려 노흔 이 싸위 冊들은 좁쌀 되나 北魚ㅅ 마리나 사 가지고 집으로 돌아가는 장꾼 卽 農民이 사 가는 것이 大部分이다. 그들이 이 싸위 冊을 사 가는 心理는 (一) 울긋붉긋한 그림 그린 表紙에 好奇心과 購買慾의 刺戟을 밧고 (二) 호롱불 미테서 목침을 베고 들어 누워서 보기에도 눈이 아프지 안흘 만큼 큰 活字로 印刷된 짜닭으로 好感을 갓고 (三) 定價가 싸서 그들의 經濟力으로도 能히 一二卷쯤은 一時에 사 볼 수 잇다는 것이 다시 購買慾을 刺戟함으로 드듸어 그들은 그 冊을 사 가는 것이오 사 가지고 가서는 (四) 文章이 쉬웁고 高聲大讀하기에 適當함으로—所謂 그들의 韻致가 잇는 글이 그들을 魅惑하는 짜닭으로 愛讀하고 (五) 所謂 才子佳人의 薄命 哀話가 그들의 눈물을 자아내고 富貴功名의 成功談이 그들로 하야금 慘憺한 그들의 現實로부터 그들을 羽化登仙케 하고 好色 男女를 中心으로 한 淫談悖說이 그들에게 性的 快感을 喚起케 하야 冊을 버릴래야 버리지 못하게 함으로 그들은 혼자서만이 冊을 보지 안코 이웃 四寸까지 請하야다가 듯게 하면서 굽이굽이 썩거가며 高聲大讀하는 것이다.

◎ 大衆小說論(五), 『동아일보』, 1929.4.18.

이야기 冊을 가지고 江原道 金剛山을 구경 가든 활량이 酒幕ㅅ집에 들기만 하면 洞里ㅅ 사람들이 오좀을 싸드라는 이야기가 잇다. 이것은 지어낸 이야기가 아니오 事實일 것을 우리는 밋는다. 한 사람이 목청 조케 닑으면 여러 사람은 듯는다. 듯다가 오좀이 마려워도 족음 더 듯고 십허서 잠간만 잠간만 참ㅅ자 하다가 오좀을 싼다. 이 이야기는 江原道 사람을 侮辱한 이야기가 아니오 普遍的 事實이다. 말이 족음 脫線되엇다마는 如何間 그들이 이 따위 冊을 愛讀하는 心理는 以上과 갓다. 그럼으로 우리의 大衆小說이 그들의 興味를 捕捉할려면 그들의 이와 가튼 心理에 迎合하여야 할 것이 勿論이다. 그러나 第五에서 指摘한 바와 가치 그들은 이야기 冊의 表裝의 恍惚, 定價의 低廉, 印刷의 大, 文章의 韻致에만 興味를 가질 쑨이 아니오 實로 그 이야기 冊의 內容 思想―卑劣한 享樂 趣味, 忠孝의 觀念, 奴隷的 奉仕의 精神, 宿命論的 思想等―에까지 興味와 同情을 갓는 것이 또한 움즉일 수 업는 事實인 點에 問題의 困難은 橫在하야 잇다. (중략)

그들의 그와 가튼 興味가 一朝一夕에 消滅될 것이 아니라는 理由에는 如上의 理論的 根據가 잇다. 그럼으로 그들의 그와 가튼 興味를 驅逐할려면 間斷업는 社會 發展의 힘과 또는 ××的 智識 階級의 '直接的 敎養과 訓練'의 힘에 기달리는 外에 별 수가 업다. 다만 大衆小說의 作家는 그와 가튼 最大의 困難을 무릅쓰고 그들의 興味를 다소 맞추어 주어 가면서 現在의 傾向으로부터 全然히 달른 우리의 目的地로 그들을 救出하야 오도록 努力하여야 할 것이다. 그러면 그것은 어써케 맨들어야 할가?

◎ 大衆小說論(六), 『동아일보』, 1929.4.19.

A. 무엇을 써야 할 것인가.

그들의 興味를 다소 맞추어 주어 가면서 그들의 卑劣한 享樂 趣味와 忠孝의 觀念과 奴隷的 奉仕의 精神과 宿命論的 思想으로부터 救出하야 오자면,

一. 題材를 勞働者와 農民들의 日常 見聞의 範圍 內에서 取할 일

二. 物質生活의 不公平과 制度의 不合理로 말미암아 생기는 悲劇을 主要素로 하고서 原因을 明白히 認識하게 할 일

三. 迷信과 奴隷的 精神, 宿命論的 思想을 가진 싸닭으로 現實에서 慘敗하는 悲劇을 보이는 同時에 새로운 希望과 勇氣에 빗나는 씩씩한 人生의 姿態를 보이어 줄 일

四. 男女, 姑婦, 父子間의 新舊 道德觀, 乃至 人生觀의 衝突로 닐어나는 家庭的 風波는 조흔 題目이로되 반듯이 新思想의 勝利로 맨들 일

五. 貧과 富의 葛藤으로 말미암아 닐어나는 社會的 事件도 조흔 題目이로되, 正義로써 最後의 問題를 解決할 일

六. 男女間의 戀愛問題도 勿論 조흔 題目이나 그러나 情事 場面의 頻頻한 描寫는 避할 것이오 될 수 잇는 대로 그 戀愛 關係는 背景이 되든지 或은 骨子가 되든지 하고서 싼 事件을 보다 더 만히 取扱하도록 맨들어야 한다. 무슨 싸닭이야 하면 戀愛하고 失戀하고 쏘 戀愛하고 失戀하는 것의 連續일 것 가트면 單純히 小說作法의 技巧上 見地만으로도 拙劣한 것이 될 쑨더러(問題의 『近代人의 告白』 가튼 것도 잇기는 잇지만 그런 것은 여드름 박아지 文學 靑年과 少女나 조하할 물건이다.) 도리혀 卑劣한 享樂 趣味를 養成하는 結果를 가져오는 싸닭이다.

B. 어써케 써야 할 것인가?

그리하야 이와 가튼 用意와 準備를 가지고서 드듸어 붓을 든 째에 作家가 注意할 것은 이것이 勞働者와 農民들에게 닑히어 지도록 써야 할 것이다. 卽,

一. 文章은 平易하야 누구든지 理解할 수 잇도록 되어야 한다. 難澁한 文字나 術語의 使用은 避하여야 한다.

二. 그리고 한 句節이 넘우 길어서는 못 쓴다. 그러타고 토막토막 쓴어저서 呼吸이 동강동강 쓴어저도 안 된다. 比喩를 써 가면서 말을 둘러다가 부치는 것도 程度 問題이나 그러나 될 수 잇는 대로 避하여야 한다.

三. 그리고 쌀하서 文章은 韻文的으로 되어야 한다. 다시 말하면 朗讀할 째에 呼吸에 便하도록 되어야 한다. 무슨 까닭이냐 하면 우리의 勞働者와 農民은 반듯이 눈으로 小說을 보지 안코 귀로 보는 까닭이다.

四. 짜라서 文章은 美麗한 것이 조타.

五. 描寫와 說明은 簡潔히 하여야 한다.

六. 性格 描寫보다도 人物이 處한 境遇를, 心理 描寫보다도 事件의 起伏을 쑤렷하게 드러내야 한다.

七. 最後로 全體의 構想과 手法은 客觀的, 現實的, 實在的, 具體的인 辨證法的 寫實主義의 態度를 要求한다. 무슨 까닭이냐 하면 이러케 하는 것이 無産階級的 唯一한 態度이기 째문이다.

◎ 大衆小說論(七), 『동아일보』, 1929.4.20.

그리고 이와 같이 맨드는 同時에 우리는 이러케 된 小說을 現在 市場에 잇는 이야기 冊과 한 모양으로 普通 百頁 內外의 冊子가 되도록 四號 活字로 印刷하야 가지고 表裝도 그것들과 가티 쑤미어서 定價는 만허서 二三十錢 되게 하야 널리 大衆에게 傳播되기를 쇠하여야 한다.

六. 若干의 結言

　이 一文은 序頭에서 말한 바와 가티 나의 通俗小說硏究의 續稿로 보아도 조흘 만한 것이다. 그런 까닭으로 通俗小說硏究에 잇서시 多少 具體的 考察을 展開한 問題=例컨대 '無産階級 文藝運動의 領域內에 잇서서의 通俗小說의 任務와 限界 問題'와 同一한 性質의 問題인 大衆小說의 任務와 限界의 問題에 對하야서는 거의 이곳에서는 抵觸하지도 아니하얏다. (하략)

8. 정인섭, 문예적 교육의 처지와 소감

◎ 文藝的 敎育의 處地와 所感(一), 『동아일보』, 1929.5.2.

밧븐 가운데 여러번 付託을 바다 쏘한 所感도 잇서서 몃마듸 記述하려 한다. 世上에는 흔히 藝術 對 敎育問題가 잇서서 或은 子弟들의 美術과 音樂 工夫를 輕蔑하기도 하고 甚至於 一國의 敎育 當局者로서는 學校劇을 禁止하는 째도 잇섯다. 이러한 等屬의 現象은 無理解에서 出發하거나 쏘는 一種의 氣分的 偏狹 意識에서 展開되는 것이다. 그래서 한 便의 肯定과 쏘한 한 便의 否定으로 말미암아 더욱 이 그 가운데 誤解가 介在하여 잇슬 째 그 問題의 核心은 짜로 두고 所用 업는 紛亂을 享樂하게도 된다. 그 가운데서 公平無私한 妥當的 決案을 엇기는 대단히 어려운 일이다.

文藝에 對하야 無理解한 固陋 敎育者가 그로서는 當然의 結果로 一般的 陶冶에 冷淡하거나 쏘는 敎育의 根本義에 接觸치 안흔 本流의 藝術家가 獨斷的 誤認에 依한 自負를 反省치 안는 동안은 敎育上 藝術 價値는 不明할 쑨더러 何等의 具體的 效果를 表示할 수 업는 바이다. 或人은 近代 文藝의 弊란 것을 指摘하여—實은 그것이 自體의 認識 不足임에도 不拘하고—嚴正한 批判을 通치 안코 거저 枝葉을 事大主義化함으로서

326

文藝 全般의 弊를 말하며 教育的 資料로서 이 藝術的 適用까지 放逐하려는 傾向이 間或 잇스되, 이것은 全然 그 基準을 把握치 못한 結果라 하겟다.

그러고 쏘 藝術至上主義的 處地 乃至 文藝的 陶冶의 萬能 觀念에서 文藝의 超教育的 見地를 主張하거나 쏘는 文藝而已의 陶醉를 教育上에 全律化하려는 것도 이 兩者가 親密 不離의 關係에 잇다는 것을 精確하게 檢討치 못한 까닭이라 할 수 잇다.

이와 가티 文藝와 教育과의 關係가 徹底히 理解되지 못한 結果로써 萬若 이것이 爲政者에 依하야 行動化된 쌔 國家의 運命에도 關係하는 重大한 問題가 일어난다. 그러고 大體로 말하면 文藝에 對한 無理解로 말미암은 弊害가 더욱 큰 것이다. 나는 여긔서 文藝 教育 問題의 社會的 現象을 바로 들어 말하기 前에 멧가지 그 本質的 立場을 念頭에 두려고 한다. 그리하야 그것으로서 어느 程度까지 明確히 되는 論旨에서 相互 分野의 交涉이 自然 나타날 것이니 무엇보다도 우리는 事物의 本末을 알아야 한다.

眞善美의 問題를 教育의 一般論에서 陳述할 것도 업시 人間性의 教育的 完成에 美的 要素가 必要하다는 것은 여긔서 더 말할 것이 업다. 그러나 元來를 말하면 먼저 文藝 乃至 藝術의 本質的 見界를 展開시키고 쏘 한 便에 잇서서는 教育 그것만의 根本義를 말하야 그래서 그 兩者의 交叉點과 그것에 出發한 感應을 말할 것이로되, 制限된 紙面에 잇서서는 바로 그 中間地帶인 美的 陶冶를 생각해 보려 한다.

◎ **文藝的 教育의 處地와 所感(二)**, 『동아일보』, 1929.5.3.

사람에게는 美를 사랑하는 本能이 잇다. 그것을 否定하는 것은 旣定된 一公理를 無理하게 沒覺하는 것이다. 萬一 美를 찾는 本能이 업는 者가 잇다면 그것은 意識 能力의 不完에서나 쏘는 感覺의 不具的 變態를 意味하는 것이 된다. (중략)

美的 鑑賞力으로서 文藝의 效果를 論할 째 두 가지 方面으로 생각할 수 잇스니 卽 美를 形而上學的 純眞美로서의 見地와 美意識의 具體化로서의 立場이다. 그리하야 루소의 人格的 敎育 乃至 感情 敎育에 對한 效果와 活氣 잇는 人生을 가장 廣汎하게 쏘한 깁흐게 맛볼 수 잇게 되는 것이다. 文藝는 普通의 敎課的 材料의 效果 이외에 直接 人格의 根底인 感情, 情緒, 本能, 直覺, 願望 等에 接觸되는 것임으로서 어떤 美的 作品을 觀察할 쌔 創作者의 모든 體驗을 自己 內容에서 再現하고 反映해 보는 것이다. 이와 가티 自然과 人力의 美的 所産을 享受하고 그것을 自己것으로 하는 眞正한 意味에 잇서서의 美的 人格化가 形成된다면 이는 곳 人生의 幸福이다.

모든 것이 功利的 打算을 爲한 理智 過重主義의 敎育的 立場에서 보면 이러한 文藝 敎育이라든가 人文的 見地의 美的 陶冶는 無意味 쏘는 迂遠한 일일른지 모르나 그러나 感情과 直覺이 愚鈍한 사람에게 果然 眞正한 意味에 잇서서의 功利와 實益이 理解되며 人生的 完成을 맛볼 수 잇슬가? 文藝 敎育은 決코 科學主義 敎育을 排斥하는 것이 아니다. 二의 對立은 可能이지마는 그것은 現代에 잇서서의 더욱 後者와 關聯되는 수가 許多하다. 美를 鑑賞할 째 感覺을 試鍊하고 五官의 機能을 正確케 하려면 自然科學의 힘을 만혼 程度에서 必要한다. 그러나 偏功利主義 쏘는 偏智 傾向에 過히 쌔지는 것을 벌서 敎育學史上에 잇서서도 非難으로 돌아갓다. 그리하야 한편에서는 文藝와 그 姉妹 藝術을 利用하야 그 感情의 根底에서 情緒의 바탕에서 人格을 陶冶하고 活動 能力을 感激케 하면 性格을 어느 程度까지 感化시킬 수 잇다는 것을 主唱하며 쏘한 效果를 보고 잇스니 '文弱' 云云만을 안다면 그는 文藝思想의 半面인 剛直을 圖謀케 하고 强烈한 性格을 創造케 하는 藝術 機能을 諒解치 못한 사람이라 할 수 잇다. 人間性을 微妙케 纖細게 하는 效果도 잇지마는 驚天動地의 人格 衝動도 思想 藝術에서 出發되는 點이 만혼 바 잇다. 이러한 能力을 適當하게 利用하는 것이 敎育的 見地에 立脚한 者의 職務요 文藝 그 자체의 敎育的 效果라는 것은 如前히 存在한다.

이와 가티 文藝에 依하야 思想과 感情과의 向上이 잇고 美의 鑑賞力이 深刻해지며 圓滿하게 되면 또한 한걸음 더 나아가서 文藝의 人生 展開에 接할 때 그 中에 活人生을 배울 수 잇는 것이며 그 感銘되는 程度는 如實이오 抽象的 哲學書 或은 倫理書보담 또한 넘우나 斷片的인 日前의 人生 '페이지'보담 훨씬 큰 敎育的 效果가 잇슬 줄 생각한다. 槪念만의 說敎보담 具體的인 說話가 더 直接的 靈感을 주는 것이니 거긔에 經驗치 못한 人生的 實感이 切實히 表現되어 잇슴으로 말미암아 被敎育者는 不知不識間에 自己 自體의 反省的 完成과 飛躍的 展開를 感得할 수 잇는 것이오 그것이 行動化될 째 새로운 自己의 創造가 成立한다. 實生活이 如何히 우리에게 體驗을 준다 하드라도 그 敎訓은 넘우나 斷片的이오 混雜하고 瞬間的 局部의 限界에 支配되는 것이니 不徹底한 體驗을 더욱 調和 잇게 하고 深刻한 統一을 感得케 하야 人生의 豫備的 試鍊을 도웁는 것은 文藝의 힘이라고 할 수 잇다. 換言하면 文藝的 敎養에 依하야 作者와 가튼 또는 作中人物과 가튼 感情과 行動을 自體로서의 內部的 經驗에 依 하야 模倣하고 또는 批判할 수 잇는 바이다. 文藝는 深刻한 一面을 表現할 쑨만 아니라 廣汎하게 人生의 各方面에 이르기까지 가장 切實한 種種相을 그림으로써 眞善美의 方面쑨만 아니라 其他 모든 醜惡한 方面까지라도 時間과 空間이 想像의 힘을 넘어 完全히 藝術 가운데 具備할 수 잇는 것이다.

이러한 意味 가운데서 아리스토테레쓰의 "悲劇의 淨化作用"이 성립될 수 잇는 것이니 文藝의 美的 敎育 價値는 큰 것이다.

◎ 文藝的 敎育의 處地와 所感(三), 『동아일보』, 1929.5.4.

이와 가티 自然과 人生에 對한 眞正한 鑑賞으로서의 文藝의 敎育的 價値는 決코 一時의 反動的 擬古主義로서는 沒覺할 수 업는 것이니 이것이 한걸음 더 나아가서 一 社會에 藝術 行動을 嚴禁한다 하드래도 그것에 對한 人間의 天性的 追求란 것은 돌이어 地下線的으로 培養되거나 쓰는 사람으로 하야금 彫刻的 不具로 맨들게 되는 것이다. 속에 숨은 힘이 爆發되거나 그러치 안흐면 生命 업는 沈澱과 荒墟에 灰色의 視線을 보내고 잇슬 따름이다.

文藝의 生命이 創造에 잇고 敎育 그것도 元來 創造性을 尊重케 하는 意味에 잇서서 文藝와 敎育은 不離의 關係를 가지고 잇다.

사람에게는 元來 製作하며 또는 美的으로 構成하랴는 天性的 衝動이 잇고 그것이 藝術的 分野에 잇서서 美의 獨創性에 依하야 表現됨으로서 美的 陶冶는 藝術을 써날 수가 업는 것이다. 文藝는 사람의 創造性을 刺戟하고 잠자는 獨創性이 이로서 修鍊됨으로 被動은 能動으로 模倣은 發明으로 進展된다. 그리하야 人格은 自由롭게 그 個性을 完成케 하고 이것이 國家의 旺盛, 文化의 增加를 나케 되는 것이다.

이와 가티 美的 敎養은 사람으로 하야금 美的 鑑賞에서 出發하야 美의 創造에 돌아가게 하는 것이다. 卽 兩者는 人間 生活을 美的으로 高尙한 程度에까지 向上시키기 爲하야 美의 嗜好 能力을 開發하는 同時에 그 人間 生活이 恒常 活氣 잇고 沈滯되지 안은 進展을 도웁기 爲하야 美의 製作 能率을 圖謀케 하는 것이니 이러한 二大 內容的 意義를 가진 文藝의 敎育的 效果는 將來 專門 藝術家가 되려는 者에게는 勿論이어니와 一般 사람의 美的 陶冶에도 반듯이 必要한 것이라 하겟다.

大抵 藝術敎育이라 하는 것이 以上에 말한 바 美的 敎養의 根本義에서 出發하얏거니와 特히 十八世紀의 智識 偏重과 實利的 主理 傾向에 對한 反動으로 볼 수도 잇다. '실러'는 古代의 美的 敎育도 承認하고 近代的 意義를 發揚하얏지마는 한걸음 더 나가서 美의 힘에 依하야 사람을 道德的으로 一新하랴고도 하얏다. 藝術을 感性과 理性, 自然과 精神, 必至와 自由 等의 調和로 보며 統一로 생각하야 遊戲하면서 사람으로 하야금 感性에서 理性으로 또는 그 反對되는 效果로 或은 道德과 智識에 이르기까지 何等의 峻嚴한 命令 업시 그 目標하는 程度로 引導하랴 하얏다. 그것은 自己 決定的 本能의 自然 發露요 道德美에 達하는 理想的 見界이다. 그러나 人間의 機械化는 十九世紀에 니르러서도 如前하얏다.

‘라스킨’은 美의 觀察에 依하야 사람의 精神力이 高尙해지고 健康과 喜悅을 發하며 誠實하고 純潔한 情緒를 要求하게 되어 活人生의 感應性을 가지게 된다고 생각하얏다. 藝術的 要素를 生活 感情에 滲透시켜서 人間의 機械化와 社會上의 腐敗를 防禦하랴 하얏스니 이깃은 美를 單純히 快樂의 手段으로 보지 안코 그것을 生活上의 新理想으로 하야 生活 樣式의 各方面에 影響시킬 수 잇는 것으로 본 까닭이다. 이 傾向은 獨逸에도 傳하야 敎育의 理論과 實際에 잇서서 美를 鑑賞하는 想像力을 重大視하고 獨創性을 極히 尊仰하엿기 째문에 조흔 效果도 잇섯지마는 그것은 極端으로 나아간 結果로 過度의 個人的 主義 傾向을 보이기도 되엇다. 그러나 大體로 그 結果는 善良하야서 美的 敎育의 立場에서 集合된 여러 가지 運動이 獨逸을 始作하야 今日 世界文明의 모든 나라에 餘波를 보내게 되엇다.

이리하야 文化가 發展된 國家와 社會에 잇서서는 文藝가 敎育에 密接한 關係를 가졋다는 것을 旣知의 明白한 事實로 생각하게 되엇다. 文藝復興 以來로 歐洲 全體에 對한 敎育上의 人文主義는 그 主潮가 文藝主義엿고 文藝 업시는 敎育이 不可能 乃至 全然 無意味한 것으로 생각되엇으며, 文藝와 一般 藝術에 關한 社會의 尊崇하는 바가 적지 안흔 바 잇다.

米國에 잇서서 小學 敎育과 幼年 敎養에 잇서서 藝術的 指導 分野를 除하면 敎案의 太半은 沒覺되고 마는 것이다. 特히 學校劇은 大學에 이르기까지 가장 盛大히 實演되며 校內에 劇場까지 建設된 대가 許多하다. 文藝의 敎育的 效果가 이러한 現象까지 肯定되어 잇는 以上 그것을 理解하려고 힘쓰지 안코서 처음부터 文藝를 排斥하거나 그것의 敎育的 價値를 沒覺하려는 것은 벌서 文化國으로서는 許치 못할 일이다.

◎ 文藝的 教育의 處地와 所感(四), 『동아일보』, 1929.5.7.

　여긔서 特히 말하고자 하는 것은 言語 教授에 關한 文藝的 材料와 그 藝術的 方法이니 文句의 暗誦에만 精力을 消耗하고 直接으로 言語 內容을 直感할 수 업는 無味乾燥한 內容과 方法에 依한다면 結局 그 言語의 生命은 理解치 못한 것을 意味한다. 語學 教材에 文藝的 價値가 잇는 것을 使用하는 것은 어느 點으로 보드라도 效果가 큰 것이다. 西洋의 教課를 一覽하면 알거니와 文藝的 教材가 퍽도 만타. 中等 程度의 學校에서 벌서 '호머'라든가 '에스키라스' 其他 沙翁 '괴테' 쏘는 '실러' 等의 鑑賞이 例事다. 自己가 明白히 생각한 點을 獨力으로 適當한 言語 形式에 依하야 表示하고 自己의 思想을 迅速 確實히 發表하며 남의 것을 能히 알고 信念하고 쏘는 完全히 適用할 수 잇는 것이 言語 工夫의 目的이라면 그러한 效果를 도웁기 爲하야 各自가 깃분 가운데서 自然이 熟達되는 方法과 教材를 應用할 것은 물론 必要한 것이다.

　前者 英語科 廢止論이 日本서 出生한 데도 여러 가지 原因이 잇겟지만은—前者 某紙에 발표한 바 잇섯다—要컨대 在來의 教授 行動과 教材에 잇서서 넘우나 無味乾燥한 늣김을 주엇스며 恒常 넘우나 間接的이오 쏘한 非藝術的이엇다. 勿論 教授 '시스템'에 잇서서는 非常한 科學的 根據가 必要하고 그 教材의 背景에 充分한 實證的 立場이 잇서야 하지마는 그것이 傳達되고 消化되는 階段에 잇서서는 綜合的이오 藝術的인 '애트모스피어'를 助成하여야 하며 言語心理學的 見地에서 出發한 興味 習性을 應用할 必要가 잇다. 이러한 意味에 잇서서 '파머' 氏는 '리터러리 밸류'를 가진 英語를 主唱하는 理由를 가졋스며 그가 文藝家가 아닌 것은 勿論이오 語學者로서의 立場에 잇스면서도 文藝的 材料를 讚揚하는 것은 그 效果를 고려한 까닭이라 하겟다.

　여긔서 나는 英語 教授 問題 그것에 깁히 들어가고저 하는 것은 아니오 表現 能力의 養成에 文藝的 效果를 發見할 수 잇다는 것을 잠간 暗示하랴 함이엇다. 英語 教授에 對한 意見은 다른 機會를 보아 系統的으로 陳述하려니와 要컨대 現下 各國을 勿論하고 各其 自體로서의 母語 學習에 잇서서 自有 作文이라든가 文藝的 內容을 가진 讀本이라든가 其他 學科에 잇서서도 所謂 말하는 바 藝術的 指導 方法이 實踐되어 잇스며 거긔서 學徒들의 美的 鑑賞力과 創造性에 依한 表現機能의 完成을 期待하고 잇는 바이다.

이러한 大勢는 敎育 意義의 近代的 目標에서 觀察하건대 甚히 깃버할 現象이오 事實上 내 自身의 目見에 依한다 하드라도 이러한 例를 兒童의 藝術的 試鍊에 비치어 생각하면 現下 朝鮮에 잇서서도 幼年 敎育에 童話 童謠 等屬의 提唱으로 말미암은 效果를 能히 指摘할 수 잇는 바이다. 卽 藝術的 試驗을 바다온 者는 如何한 方面으로 進出하든지간에 意思의 表現 能率이 놉고 밧지 안혼 兒童보담은 훨씬 銳敏한 聰明을 가진 事實을 包含한 劇的 試鍊을 바든 少年의 將來는 決코 暗愚와 癡鈍에서 그 무덤을 파지는 안는다.

◎ 文藝的 敎育의 處地와 所感(五), 『동아일보』, 1929.5.9.

世上에서 흔히 '文學中毒'을 말하되, 그것이 小數일망정 設或 多數하고 假定하더라도 그 根源은 決코 文藝 그 自身에 잇는 것이 아니다. 直接 自身으로 또는 社會에서 害毒을 닙은 것이라 할 수 잇스며 事實上 各種의 誘惑과 害毒은 돌이어 實世上에 더 만히 潛在하야 잇는 것이다. 文藝는 그러한 것에 對한 防禦로서의 價値도 잇는 것이오 그 弊害를 미리 짐작케 하는 材料일지도 모른다. 더욱이 深刻한 眞理와 人生의 光明을 內包한 文藝作品 가운데서는 偉大한 靈感을 얻을 수도 잇는 것이다. 敎育者가 또는 社會 經綸者가 文藝的 要素를 잘만 利用한다면 다른 모든 方便에 依한 것보담은 훨신 더 切實한 效果를 어들 수 잇슬가 생각한다. 勿論 藝術 그것이 다른 目的으로 使用될 것인가 또는 아닌가를 論究할 必要도 잇겟지마는 藝術家 自體로서의 自惚에서 觀察하는 以外에 一般 敎育者는 藝術을 方便으로 利用할 수 잇다는 것만은 事實이오 쏘는 可能한 目的이다. 卽 敎育上의 文藝 價値는 決코 적지 안혼 바이다.

人間의 精神과 關係의 活動이 다만 藝術的 進展에 依치 안는 意味에 잇서서 모든 敎育的 材料가 文藝 材料에 內包되엇다고 할 수는 업다. 그러면 美的 敎育者는 어썬 態度를 取할 것이냐 하면 첫재 自己의 主觀的 見地가 分明하여야 하고 同時에 客觀的으로 被敎育者의 現實을 十分 解得하야 그 兩者를 調和할 것이다. 換言하면 敎師의 個性과 學徒의 個性이 融通함이 잇도록 해야 할 것이니 가르치는 者의 主觀的 獨斷的 理想이 被敎育者의 現實에 依하야 一種의 制限을 밧게 되는 것이다. 文藝的 指導者가 배우는 者로 하야금 모다 狹義의 文士가 되라고 할 수 업는 것과 마찬가지로 가르치는 者는 반드시 文士가 아니면 안 된다고 할 수도 업는 것이다. 要는 如何히 藝術을 理解하고 그것을 如何히 그 것을 理解시키고 쏘는 藝術的 價値를 如何히 適用시키는가 하는 대에 잇다.

敎師는 美的 敎育을 할 쌔 個性을 充分히 發動시킬 必要가 잇지마는 被敎育者의 美的 感情은 敎師의 個性의 無制限의 發動하려는 能力과 如何히 關聯될 것인가? 眞正한 敎育者는 먼저 材料를 十分 學修하고 이것을 充分히 支配하고 여긔에 存在하는 陶冶力을 明白히 하야 그것을 가르치고 內容의 要素를 完全히 活動시키는 技術上의 徹底를 要求한다. 그는 다만 自己의 美的 活動 그것을 目的하는 것이 아니라 그 術은 被敎育者를 開發시키는 方便으로서 價値가 잇는 것이다.

藝術家의 製作 目的은 自然과 精神界의 一部를 表現하는 것이오 그의 精神內에 成立된 思想의 主觀的 表現이다. 如何한 客觀的 描寫라 할지라도 그것은 結局 自己의 主觀의 變形에 不過하다. 單純한 忠實은 그 表記에 잇서서 史錄에 不過하지마는 文藝 行動에 잇서서는 그 結果에 어썬 眞理 어썬 特殊한 感銘을 表現하야 잇슴으로 그것에 藝術의 構成을 보는 것이다. 그러나 그 主觀만의 材料로서 被敎育者의 客觀的 事情을 全然 沒覺할 수 업는 것이니 여긔에 實質的 陶冶와 形式的 陶冶가 適當한 統一을 가져야 하는 必要가 內在하야 잇다. 그는 溫情이 가득하고

活氣 잇는 態度로서 被敎育者에 對하야 그 根底에는 人生의 精密한 智識과 敎材가 잇스면서도 冷淡하고 乾燥無味치 안혼 興味를 加하여야 한다. 무엇보다도 그 正確한 硏究와 考察이 必要하지마는 그것이 自己 自身에게 如何한 印象을 주엇스며 그 實感에 依한 內在 또는 外在의 美的 感銘을 如何히 鑑賞시킬가 하는 苦心이 必要한 것이다. 自己가 體得한 바 心調를 被敎育者의 性狀 能力과 比較하고 거기에서 當然히 具備되어야 할 豫案을 推定하여야 한다. 即 感情과 知性에 影響하는 程度를 十分 客觀的으로 考察하고 假面업는 主觀의 客觀的 態度가 必要하다.

◎ 文藝的 敎育의 處地와 所感(六), 『동아일보』, 1929.5.10.

以上에 考察한 바와 가티 敎育의 一般的 本義에서 觀察하야 美的 敎養이 必要한 것은 다시 더 말할 것 업고 또 그 意義에서 出發하야 藝術 敎育을 否定할 수도 업는 것이다. 더욱이 文藝的 敎材는 其他 姉妹 藝術=音樂, 舞踊, 美術, 工藝=에 比하야 다른 一般 知的 科學과 더욱 만혼 關係를 가지고 잇다. 量에 잇서서 또는 質에 잇서서 言語와 文字에 依하야 社會的 構成이 多大한 現代에 잇서서 廣義의 文藝的 分野는 實로 文化人의 實生活에 接觸됨이 적지 안타. 歐米 諸國의 政治家가 文藝에 對한 理解를 놉히 評價하는 것은 決코 偶然한 수수꺽기가 아니다. 그들은 自己 나라의 文豪를 如何히 尊崇하고 그 文學이 影響한 바 國民 文化를 善導할 줄 안다. 그들은 文學의 文化的 意義를 十分 推測하며 自己 自體로서 그것을 鑑賞하며 또는 創造도 하는 바이다. 文藝가 時代보담도 앞선 나라 또는 文學이 그 時代에 竝行하는 社會에 잇서서는 恒常 社會의 上層은 下層과 한가지로 文學을 所有할 줄 안다. 그러고 文學이 時代보담 뒤처진 社會에 잇서서는 그 文化 程度도 比較的 低級할 쑨더러 指導 階級은 文學을 輕蔑하거나 民衆은 文藝에 對하야 傍觀하는 現象을 取하게 되는 것이다.

朝鮮의 文學 運動이 盛旺을 이루지 못하고 恒常 活氣가 업스며 緊張

이 업스며 全體로서의 關心이 업는 것도 여러 가지 境遇의 原因이 잇겟지마는 더욱이 文藝家 自體로서는 커다란 精神(?)—興味 要素도 內包함—에 살지 안흐며 狹少한 感情의 城郭 속에 埋沒되어 잇는 自己 欺瞞과 小成 滿足의 自惚을 말미암아 또는 無知한 民衆의 無自覺도 잇겟지마는 一般 社會 指導 階級의 文藝에 對한 無理解 乃至 傍觀에 依하야 所謂 沈滯의 狀態에 잇는 것으로도 볼 수가 잇다. 經濟 問題, 檢閱 問題 等도 잇지마는 要컨대 文藝家 自體의 內質的 自覺性과 民衆의 開發이 必要함도 否認할 수 업스니 여긔에 文藝家 自體로서의 硏究的 精神과 民衆의 敎養 問題가 發生하는 것이다.

◎ 文藝的 敎育의 處地와 所感(七), 『동아일보』, 1929.5.12.

卽 在來로 朝鮮에 잇서서는 文藝家는 모다 獨習的으로 또는 偶然的으로 出生되엇고 社會의 意識的 養成에 依한 文學家 文藝家는 稀少하얏다. 여긔에 或者는 말하야 藝術家는 天才임으로 自然히 出生하는 것이니까 特히 文學 工夫라든가 文藝的 指導 敎養이 不必要하다 할지 모르나 이것은 決코 正確한 觀察이라 할 수 업는 것이다. 勿論 天才가 잇서야 偉大한 文藝家가 되겟지마는 다른 모든 文化 部門이 그러함과 마찬가지로 自體로서는 如何한 形式으로서든 남달리 勉勵함이 업는 동안에는 非凡한 形成을 할 수 업는 것이다. 歐米에 잇서서는 外面的으로 形式的으로 보아서 特別한 試鍊 업시 또는 履歷 업시 學習을 通過치 안코 一躍 天才가티 世上에 나타난 文學家가 잇는 것 가티 흔히 認識되는 바가 업잔허 잇지마는 그것은 나타난 一面만을 알고 그 根本的 必然性을—社會敎育의 機關이 比較的 完成되어 잇고 一定한 學究的 履歷이 업드라도 生活 意識의 非凡이 잇는 以上—돌보지 안흔 까닭이며 實相은 남모르는 勉勵가 잇는 것을 考慮하지 안흔 皮相的 見界라 할 수 잇다.

◎ 文藝的 教育의 處地와 所感(八), 『동아일보』, 1929.5.14.

勿論 아모리 硏究를 하고 또는 自己 獨習을 하드라도 素質이 업는 사람은 어느 程度 以上의 形式에는 到達치 못하시마는 누구를 勿論하고 現在 多少의 形式을 한 文藝家로서 남모르는 工夫의 苦心이—程度와 性質은 다를망정—업섯든 사람은 업다고 하여도 過히 틀린 推測이라 할 수 업슬 것이다. 勉勵함이 적드라도 속이 큰 形成을 보는 사람이 잇고 남보다 數倍의 努力을 하야도 적은 形成을 하는 差는 잇슬망정 要컨대 生而知之로 文藝的 敎養과 試鍊 업시 그것에 對한 理解者가 잇다 할 수 업스며 眞正한 意味에 잇서서 天才 素質 그것만으로는 決 코 自己完成이 업는 것이다. 그는 埋沒된 그대로 無爲에서 終結할 싸름이오 何等의 具體的 實證을 남겨 노치 못하는 바이다. 先進 外國에 比하면 朝鮮 社會의 文化 程度가 全體로서 未進인 만큼 文藝界에 잇서서도 속업는 大家들이 잇기는 잇스나 그것은 一時的 蜃氣樓에 不過함도 多言을 要치 안는다. 그러나 各各 努力함이 업는 것은 아니오 恒常 괴로운 가운데서라도 形成으로 向하는 意氣가 업는 것도 아니지마는 뿌리 깁흔 理解力과 深刻한 把持力의 養成이 그 自體로서도 必要하며 無知한 民衆에 對하야 敎養의 責任도 自覺하여야 한다. 여긔에 廣義로 보아서 社會 全體로서의 觀點에서 考慮하건대 文藝家를 出生케 하는 敎養的 機關이 必要하다는 것을 늣긴다. 朝鮮에 잇서서는 文藝的 敎養이란 것이 學窓에 滲通함이 極히 微弱하고 다만 新聞 雜紙=이것도 少數요 旺盛치는 못하지마는= 等을 通한 卽, '저—나리즘'에서 겨우 그 그림자를 볼 싸름이다. 그럼으로 文藝圈에 나아가기 前에 文學에 對한 比較的 系統 잇는 基礎 智識을 解得치 못한 것 가태서 外國 가트면 中等 程度 學校의 講堂이 아니면 들을 수 업는 文藝上의 論戰이 許多하고 文壇上의 커다란 提唱이란 것이 文學入門의 槪論에서 엿볼 수 잇는 것이 보이는 째도 잇다.

◎ 文藝的 教育의 處地와 所感(九), 『동아일보』, 1929.5.16.

　이러케 생각해 올 째 우리 朝鮮 文學 竪立 云云을 考慮할 째 文藝的 試鍊이 專門學校의 專門 科目에서는 勿論이려니와 中等學校 쏘는 普通學校에 잇서서도 各其 程度로서의 妥當한 文藝的 敎養이 잇기를 希望함도 決코 헛된 생각이 아닌 줄 생각한다. 더욱이 文藝的 材料의 敎育的 價値를 適用하는 意味에서 文藝의 效果를 더 넓은 見地에서 美的 陶冶의 一部로서라도 만히 利用하기를 願하는 바이다. 이것은 決코 그들을 모다 文藝家로 맨들기 爲한 것이 아니로되, 그 敎育的 效果를 一般 敎養에 使用할 수 잇다는 것이다. 그리하야 그 가운데서 狹義로는 文學에만 特히 素質을 가진 者는 勿論 將次 專門으로 文學 그것만에 專心하겟지만 大體로 朝鮮의 學校敎育이 아즉도 生生한 人間美를 가진 綜合的 目標에 向하지 안흠이 濃厚하다. 文藝는 一般 敎育的 效果로 보든지 쏘는 朝鮮에 文藝家를 出生케 하는 狹義에서든지 훨신 더 敎育上에 利用되기를 바라는 바이다. 勿論 朝鮮에는 專門 程度의 文藝 硏究 機關으로서의 學校란 것이 업다고 해도 過言이 아니지만은 萬一 學科의 一部分에서라도 文學 工夫의 機會가 잇다하면 모름직이 그것을 通하야서라도 朝鮮의 文學 樹立에 對한 誠意가 잇서야 할 것이며 배우는 者로서는 더욱 自身들의 自覺과 相互의 理解下에서 짜로 힘쓰고 圖謀하는 바가 잇서야 할 것이다. 先進 外國에 잇서서는 文藝家의 多數는 學校 在學 時代부터 文藝 硏究의 '구르―프'에 依한 藝術的 試鍊과 쏘는 表現 機關의 形成이 잇는 것이오 先輩들과의 合力도 잇서 그로 말미암아 敎科에서 暗示된 바를 實踐하는 것이다. 이만큼 그들은 그들의 行路에 對하야 쏘는 個性에 對하야 緊張한 徹底를 잇지 안는 것이니 그들로서의 構成되는 그 社會의 文藝界는 漸次 깁고 넓은 質과 量을 가지게 되는 것은 勿論이다. (下略)

9. 이은상, 시조 창작 문제

◎ 時調 創作 問題(一), 『동아일보』, 1930.3.30.

** 이 글은 『동아일보』 1930년 3월 30일부터 4월 11일까지 10회에 걸쳐 이은상이 연재한 시조 창작 이론으로, 주요 내용은 다음과 같다.

一. 內容 問題에 對하여

二. 漢字의 取捨選擇

三. 古語 使用의 範圍

四. 俗語와 新語에 對하야

五. 短形時調의 通常理論

六. 終章 初句 三字에 對하야

七. 終章 初句의 虛實辭에 對하야

八. 四章 時調의 確立

九. 兩章 時調의 理論

十. 附論

이 시기 전통 부활론과 함께 시조가 큰 관심을 끌었는데, 이은상의 시조 작법론 가운데 대표적인 글의 하나이다.

　〈내용 일부〉 時調는 이제 實로 새 生命을 얻엇다. 等閑에 부치고 不知에 맡겻든 것을 다시 살려내 보배를 만들엇다. 그리하여 그 千載의 歷史는 詩人의 歸依를 밧앗다. (중략)

(一) 內容 問題에 對하여

　時調 創作에 잇서서 새로이 論難이 되는 것 中에 重大한 한 가지가 이 內容 問題니 이 內容이란 말은 題材와 思想을 아울러 이르는 말이라고도 換言할 수 잇을 것이다.
　古時調의 內容을 分類的으로 考察할 必要를 느끼거니와 여기에 對하여는 우리에게 일즉부터 適切한 材料가 부여되어 잇스니 그것은 英祖 四十年 甲申(一七六四)에 成筆한 時調 寫本 『古今歌曲』의 分類다. (중략)

10. 萩白, 창작 방법 문제의 재토의를 위하야

** 이 글은『동아일보』1933년 11월 29일부터 12월 7일까지 연재된 사회주의 리얼리즘 관련 창작 논쟁의 하나이다. 이 시기 소비에트 문학 운동의 성과를 반성하고, 조선에서의 사회주의 리얼리즘과 창작 방향을 논의 대상으로 하였다. 연재한 주요 내용을 소개하면 다음과 같다.

◎ 創作方法 問題의 再討議를 위하야(一): 사배트 同盟−사회주의 리얼 리즘 문제 소개,『동아일보』, 1933.11.29.

現在 사베트 同盟에 잇서서 展開되고 잇는 創作 方法 問題의 再討議 는 사베트 文學에 잇서서 뿐만 아니라 우리들의 文學 運動에 잇서서도 甚大한 重要性을 갖게 하는 諸問題를 提起하고 잇다.

全同盟 ×××中央 委員會의 '文學·藝術 團體의 再組織에 關한 決議' 를 契機로 삼어 사−베트 作家의 創作的 再建을 爲하야 開始된 創作 方 法의 問題에 關한 討論은 昨年 十一月 組織 委員會 第一回 總會 以後 從 來 '랍프'를 위시하야 '몰프'의 各 支部가 걸어왓든 '創作 方法에 잇서서 辨證法的 唯物論'이란 슬로간을 잘못된 것으로 批判하고 '社會主義 리아 리슴'이란 새로운 創作上의 슬로간을 提唱하얏다.

이 새로운 提唱의 現實的인 根據는 單純히 批評家들이 엥겔스의 '발 사크' 批判에서 배웠다는 그것만에 依하야 이러한 것이 아니고 實로 사베ー트 同盟의 政治的 經濟的 文化的인 巨大한 躍進—第二次 五個年 計劃의 成功的 遂行, 藝術家들을 包含한 인테리겐챠의 大部隊의 프로레 타리아ー트 側으로의 轉換, 大衆의 文化的인 欲求의 顯著한 生長 等— 에 依하야 이 새로운 現實에 適應키 위한 運動의 必然 속에서 展開되게 된 것이다. 이러한 것을 '구론스키', '길포진' 等의 組織委員會의 멤바 의 報告 論文에 依하야 우리들에게도 明確히 된 것이다. (중략)

◎ 創作方法 問題의 再討議를 위하야(二): 사베ー트 문학 운동의 성과를 섭취하고 발전시키는 문제 및 유인, 송영의 논문 평가, 『동아일보』, 1933.11.30.

二.

朝鮮에 잇어서 "創作 方法에 잇어서의 辨證法的 唯物論을 爲한 ××" 에 잇어서 比較的 實踐的 效果를 갖다 준 것이라고 생각되는 論文은 唯 人의 "藝術的 方法의 正當한 理解를 爲하야"일 것이다. 藝術에 잇어서 辨證法的 唯物論 또는 創作 方法에 잇어서 辨證法的 唯物論에 關한 問題 는 '하리코프 議會'의 "國際 프로레타리아 文學 及 ××文學의 政治的 及 創造的 諸問題에 關한 決議"(一九三〇年 十一月)에 잇어서 明示된 바 와 같이 (중략)

◎ 創作方法 問題의 再討議를 위하야(三): 우리의 비평가들이 선진국의 성과를 정당히 섭취하지 못한 면이 있다고 비판함, 『동아일보』, 1933.12.1.

◎ 創作方法 問題의 再討議를 위하야(四): 창작 방법에서 변증법적 유물

론이 갖고 있는 잘못은 무엇인가?, 『동아일보』, 1933.12.2.

◎ 創作方法 問題의 再討議를 위하야(五): 계급 문제와 관련된 해석. 세계관과 반영의 문제, 『동아일보』, 1933.12.3.

◎ 創作方法 問題의 再討議를 위하야(六): 정치성의 문제, 『동아일보』, 1933.12.5.

◎ 創作方法 問題의 再討議를 위하야(七): 길포친-작가의 창작 방법은 그의 세계관에 의해 결정된다, 『동아일보』, 1933.12.6.

◎ 創作方法 問題의 再討議를 위하야(八): 예술에서 형상의 본질 문제, 『동아일보』, 1933.12.7.

11. 佛國 모리스 데코브라, 대중소설 창작의 비결

**『동아일보』1934년 1월 23일과 25일 2회에 걸쳐 소개된 대중 소설 창작 관련 비평문임.

◎ 大衆小說 創作의 秘訣(上), 『동아일보』, 1934.1.23.

모리스 데코브라는 佛文壇에 잇어서 앙리 드웨르노아, 류상 데−가브와 함께 三D의 稱을 듣는 錚錚한 大衆小說作家이다. (중략)

小說에 잇어서 重要한 要素를 順次的으로 檢討해 보자. 一. 情景, 二. 人物, 三. 形態다.

情景은 三十六밖에 없고 人物은 三十六種의 酒로 된 칵텔이오 小說은 이 삼십육 情景, 삼십육 人間的 카텔을 各種으로 混合 配接하여 만들어 낸 것이다.

다음에 小說을 成功시키는 處方箋 二枚를 써 보면,

(一) 主人公이 戀愛의 幸福 때문에 犧牲된다는 것

(二) 主人公에게 敵을 사랑하게 할 것이다.

(중략)

小說家가 되는 때와 十戒를 들어보자.

一. 會心의 변화한 스토리를 맨들라.

二. 文體에 重點을 두라.

三. 構成 要素는 今日의 現實이든지 或은 이에 緊密한 關聯이 잇는 것에서 取하라.

四. 題는 麗人의 진주 목걸이 같이 丁重히 取扱하라.

五. 세 번까지는 改稿하라.

六. 前에 한두번 쓴 일이 잇는 背景을 全然 그런 줄 모르고 巧妙하게 고쳐 쓰라.

七. 科學的 哲學的 讀書에 依하야 自己의 頭腦를 豊富히 하고 話題의 不足이 없도록 하라.

八. 讀者의 片紙에는 ――히 懇切히 回答하고 그 希望에 따라서는 忠告도 주라.

九. 有名하게 되는 데 廣告의 힘만 믿지 말고 起居 一擧手一投足을 그 目的을 爲하야 活用하라.

十. 決코 他人의 小說을 읽지 말라.

◎ 大衆小說 創作의 秘訣(下): 형태 문제 등과 관련된 내용임, 『동아일보』, 1934.1.25.

12. 이기영, 創作方法 問題에 關하야 - 문예적 시감

** 부르주와 문학과 프로 문학의 대립적 시각을 견지한 문학 창작 논쟁의 하나임.

◎ 창작 방법 문제에 관하야(一), 『동아일보』, 1934.5.30.~6.4.(5회)

一. 序言

나는 數年來로 知未知間의 數多한 젊은 동무들로부터 或은 書信으로 或은 面對하야 文藝에 關한 質問과 또는 그들의 創作을 評해 달라는 付託을 받어왔다. 大槪 그들은 나를 小說家로 認定하고 自己네도 그 方面으로 進出하고 싶다는 것과 <u>小說은 어떠케 써야만 잘 쓰는 것이냐는 創作 方法의 要領을 簡單히 말해 달라는 等의 要求</u>엿다. 그러나 나는 遺憾이나마 한번도 그들에게 滿足한 對答을 주지 못하엿다. 그것은 그들에게서 그러한 不滿을 들엇다는 것이 아니라 나 스스로 생각해 보고 그러타는 것이다. 웨 그러냐 하면 나는 아직 文學의 領域에서—아니 所謂 내가 專攻한다는 小說의 領域에 잇어서도 于先 내 自身부터 小說 짓는 妙理를 잘 모른다. 그것은 決코 謙辭가 아니다. 率直한 告白이다. 어떤

346

大家라도 그런 妙理를 一言으로 摘出하야 누구에게나 容易하게 그 手法을 體得케 하기는 困難한 일이라 하거든 況且 나와 같은 非才일까부냐?

　그러나 나는 지금도 되나 안되나 小說을 쓰고 잇다. 따라서 그 方面에 關해 關心을 갖고 잇으므로 나는 血氣 旺盛한 新進 동무들에게서 그런 問議를 받을 때 스스로 그 對答할 責任을 늣기지 안흘 수 없엇다. 그것은 내가 주저 넘게 누구를 指導한다는 意味가 아니다. 오직 同志的으로 서로 意思를 通하는 가운데서 내 自身부터 배움이 많으리란 까닭이다. 그러므로 萬一 내가 全然히 그런 責任을 느낄 수 없다면 나는 진작 小說을 집어치우든지 붓대를 꺾든지 하지 않으면 안 될 것이다. 웨 그러냐 하면 나도 文學을 崇尙하는 사람이기 때문에 그래서 나는 그들에게서 그런 質問을 받을 때나 或은 그들의 處女作을 읽어볼 때마다 悚汗(송한)이 등을 적시움을 깨닫지 못하는 同時에 또한 나 스스로 그들에게 배우는 바가 적지 않앗다. 그런데 이지음은 때마침 創作 方法의 問題에 對한 討議가 紛紛하다. 나는 이런 機會에 내가 생각한 바 一個 作家的 見地에서 愚見을 開陳하고 싶다.

二. 社會主義 리아리슴

　藝術 創作 方法 問題에 對하야서는 우리들은 年來로 많은 討議를 해 온 줄로 안다. 그것은 푸로문학 운동이 그 自體의 發展 成長하는 過程을 따러서 必然的으로 惹起하고 不絶히 穿鑿해야 할 條件 乃至 法則으로 볼 수 잇기 때문이다. 그래서 우리들은 周知하는 바와 같이 그동안 無産文學의 初創 時代로부터 所謂 新傾向派 時代에서 現段階에 이르기까지 創作 方法에 對한 理論 鬪爭이 活潑하게 展開되어 文學에 잇어서도 前人未踏의 新境地를 開拓하엿다. 그것은 文學 戰線에 잇어서도 그의 創作 實踐에 對한 슬로간을 여러 번째 變更해 오고 앞으로 如斯히 不斷한 發展 過程을 밟어갈 것이다. 이제 다시 앞섯 階段이든 唯物辨證法的

創作 方法의 誤謬를 指摘하고 푸로문학 再建 運動의 烽火를 들 때 果然 先進社會에서는 벌서부터 그의 發展된 創作 理論인 社會主義 리아리슴을 提唱하고 잇지 않은가? 그러면 우리 作家들은 여기서 무엇을 배와야 할 것인가?

蘇聯의 랍푸는 이미 解散된 지 數年을 經過하고 最近은 日本에서도 今春에 作家同盟을 解體하엿다는 消息을 傳한다.

이것은 一見 푸로 文學이 後退하는 것도 같고 그의 文學 運動이 餘地없이 支離滅裂한 것 같기도 하다. 勿失此機. 從前부터 푸로 文學의 沒落을 豫言하고 잇든 뿌르 作家들은 그것이 適中하얏다고 雀躍하는 者도 많은 모양 같다. (하긴 이것이 一時的 踏步인지는 모른다. 푸로 文學이 한동안 沈滯한 것이 事實이라면—그러케도 말할 수 잇을 것 같다.)

그러나 沈滯에서 更新을 策하는 것이 賢明한 일이요 또한 幼稚는 成長의 萬里 鵬程을 앞두고 잇는 것이다. 한번 社會主義 리아리슴이 提唱되자 그것은 到處에서 風雲을 捲起하지 않는가?

이것은 沈滯한 文學運動의 現階段에 잇어서 한 개의 훌륭한 淸新制라 할 수 잇다. 廣汎한 文學的 視野에서 當面한 實踐的 課題로써 充分히 研究하여야 할 것이다. 또한 特殊 事情에 處한 우리들로서는 이것을 반듯이 ××的 理論으로써 取扱하여야 할 줄로 안다. 무릇 어느 理論이든지 그것이 새로 提唱될 때는 自己의 立場에서 充分히 討議한 然後에 그것을 正當히 應用함에 잇어서만 效果를 나타낼 수 잇다. 그러면 只今 우리들은 이 創作 理論을 앞에 놓고 무엇을 생각할 것인가? 文學 實踐에 利用하랴면 어떠케 그의 核心을 把握할 것인가?

"眞實은 文學을 …資本主義에…해서…로 하는 ××인 것이다. 따라서 그러므로 푸로 文學과 및 勞働者 계급의 側으로 轉向하면서 잇는 作家의 손으로 造成되면서 잇는 文學만이 藝術的 形象 中에 現實을 그 一切의 眞實에서 그의 矛盾에서 그 發展 方向에서 푸로레타리아 …과 建設되면서 잇든 …의 歷史的 豫見에서 具體化할 수 잇다. 이 속에서야말로 이 社會主義的 리아리슴의 意義가 包含되어 잇는 것이다."(길포친) 이

創作 理論은 이 한말로만 보드라도 廣汎히 適用될 수 잇는 內容을 包藏하고 잇지 않은가? 우리는 이 理論을 簡單히 生殖할 수는 없다.

社會主義 리아리슴은 決코 藝術의 殿堂을 超階級的으로 꾸미자는 것이 아니다. 돌이어 그것은 各自 特殊한 環境을 따라서 ××的으로 푸로 文學을 再建하지 않으면 안 될 嚴肅한 命題가 아니면 안 될 줄 안다.

그것은 在來의 固定化된 唯物辨證法的 創作 理論을 揚棄하고 거기서 完全히 解散되라는 一步 前進한 理論的 技術的 創作 方法의 偉大한 文學 建設을 使命으로써 하기 때문에ㅡ.

그러면 우리는 于先 그의 正當한 解釋을 原則的으로 硏究할 것은 勿論이려니와 또한 特殊 事情에 處한 우리의 見地로서는 더 한층 特別한 硏究가 深重하여야 할 것이다. 우리는 過去와 같은 直譯的 態度를 벗어나서 可及的 飜譯 生活의 前轍은 다시 밟지 말아야 할 것이다. 웨 그러냐 하면 外國語는 아모리 잘한대야 언제든지 外國語에 不過하기 때문이다.

◎ 창작 방법 문제에 관하야(二), 『동아일보』, 1934.5.31.~6.4.

三 이데오로기와 리아리슴

從來의 푸로 文學은 너무나 이데오로기에 치우친 感이 잇다. 따라서 文學 運動은 政治的 第一主義를 爲主하고 作品에 잇어서도 오직 政治 意識을 强調하는 것이 그 作品의 全生命인 것처럼 認識하고 잇엇다.
(중략)

◎ 창작 방법 문제에 관하야(三), 『동아일보』, 1934.6.1.~6.4.(4회)

四. 世界觀과 創作 方法

언뜻 보면 이 小題는 上記한 이데오로기와 리아리슴과의 重複된 感이 잇는 듯하다. 過去의 우리는 唯物辨證法的 創作 理論을 遵守할 때에는 嚴正한 科學的 世界觀만 가지면 훌륭한 藝術을 創作할 것 같이 생각하고 또한 創作하면서 잇엇다. 그 結果 固定된 生硬한 作品을 製作해 오지 않엇는가! 그런데 只今은 上段에서 注意한 바와 같이 創作的 技術만 훌륭하면 亦是 훌륭한 作品을 生産할 수 잇을 것 같은 幻想을 가지는 作家가 잇는 것 같다. 그러나 이것은 한갓 敗北主義에 不過한 見解라 할 수 잇다. (중략)

우리는 오직 그들의 배우되 우리의 立場과 이데오로기를 嚴守하고서 거기서 選擇해야 할 것이다. 그것은 우리의 世界觀과 그들의 世界觀이 다른 까닭이다. 世界觀이란 무엇이냐? 人生觀이란 무엇이냐? 하긴 그들도 그들의 立場에서는 眞實한 文學을 創造햇다고 볼 수 잇다. 그러나 그들의 個人的 眞實은 客觀的 眞實을 意味하지 못한다. 個人的 眞實과 客觀的 眞實이 서로 矛盾되지 않는 眞實이래야만 오직 그것이 時代的 眞理를 包含할 수 잇지 않은가?
그것은 現實 把握의 正當한 意味에서 作家의 生活과 思想의 一致를 意味한다. 思想과 實踐의 一致를 要求한다.
作家는 作家的 手腕만 養成함은 不足하다. 그 가운데 그는 무엇보다 生活的 眞實을 가지고 完全한 文學的 智識을 準備해야 된다.

◎ 창작 방법 문제에 관하야(四), 『동아일보』, 1934.6.3.~6.4.

五. 作家와 生活

作家는 生活을 創造한다. 生活을 떠난 作家의 頭腦는 고무 風船과 같이 空想의 觀念만 充滿할 뿐이다. 生活은 生生한 現實을 通해서 發展하기 때문이다.

고-리키는 文學者는 다른 文化 技術者보다도 個人主義의 氣分이 훨씬 높다는 前提 밑에서 以下와 같은 말을 하엿다. "天文學者, 天體學者는 生物學, 醫學을 알지 못하면 안된달 것 없다. 機關車나 或은 橋梁 建設者는 아마 考古學이나 動物學을 알지 못할 것이나. (그러나) 文學者는 모든 方面은 아니하더라도 할 수 잇는 대로는 많이 文學과 鐵工에 對하야, 生物學과 裁縫에 對하야 技師와 닭[鷄] 等에 對하야 알지 않으면 안 된다. 南京蟲에 對해서-우리들 文學者들이 푸로레타리아-트의…에 對해서 普遍 말하는 것처럼 그것은 紅色이라든가 말하는 것뿐으로서는 不充分하다."고.

누구나 더구나 作家는 이 말에 同感할 줄 안다. 文學은 廣汎한 現實에 視野를 두지 않는가. 우리는 高峯에 올라갈수록 地上을 널리 볼 수 잇듯이 作家의 生活 經驗이 豊富할수록 그의 文學的 視野는 넓혀질 것이다. 作家와 生活은 分離할 수 없다. (중략)

六. 題材의 生産的 方面

우리는 過去의 創作 實踐에 잇어서 그 題材를 取하되 生産的 方面보다도 消費的 方面에 力點을 두엇다. 勿論 人間生活에 잇어서도 生活과 消費는 똑가치 必要하다. 生産은 消費하기 爲하야 消費는 再生産하기 爲하야 消費되고 生産되어야 할 것이다.

그러나 現實에 잇어서 生産階級은 누구며 消費階級은 누구인가?

그런데 우리들은 例하면 農村을 題材한 作品이라 할지라도 消費的 方面-假令 小作爭議를 그리는 마당에도 收穫物의 分配에만 視野를 두고(小作料 問題 等) 그 生産 過程에는 等閒한 바 잇엇다. 우리는 너무 目的(消費)에만 躁急하기 때문에—生産은 消費를 目的한 것이라는 先入見에서 不知中 그러케 치우쳣는지도 모르나 우리의 現實은 消費에 잇지 안코 오히려 生産에 集中하고 잇는 만큼 消費的 方面에도 生産的 方面에 力點을 두어야 옳지 않을가? 그것은 生産機構를 全力으로 理解하지 못하면 消費 方面도 皮相的 觀察에 떨어지고 말 것이다. 오직 生産的 組織을 通해서만 勞働의 勞働者의 正當한 意識을 實踐的으로 把握할 수 잇지 않을가? 生産階級을 대표하는 푸로 文學으로서는 더구나 그렇지 않을가?

勿論 이 問題는 只今 처음 提起된 것이 아닐 줄 안다. 數三 同志로부터 往年부터 問題삼은 줄로 안다마는 거기 對한 具體的 연구가 다시 잇엇으면 한다. 이 亦是 創作 方法의 한 새로운 領域으로서 오히려 開拓할 餘地가 많지 않을가?

◎ 창작 방법 문제에 관하야(完), 『동아일보』, 1934.6.4.~6.4.

七. 새로운 樣式 問題

우리들 文學의 새로운 樣式 問題는 大衆性 獲得에 目標를 두고 出發해야 하지 않을가 한다. 文學의 大衆化 問題에 잇어서는 새삼스레 말할 것 없으리라 할는지 모르나 그러나 只今 우리들이 製作하고 잇는 文藝가 嚴正한 意味에서 大衆的 文學은 아니라는 意味에서 다시 問題삼을 줄 안다. 大衆과는 너무 距離가 먼 것 같다. 그것은 일부 인테리 層의 交換文學的 圈外를 벗어나지 못햇기 때문이다.

그러면 우리들은 이런 文學을 製造하는 것이 正當한 것인가? 文學의 大衆化 問題는 所謂 大衆文學을 前提하고 말하는 것은 아니다. <u>眞正한 意味로서의 푸로 文學이로되 그것이 大衆的으로 讀者를 獲得해야 하겟다</u>는 것이다.

現在에 잇어서 文學的 役割을 담당하고 잇는 作家들은 大槪 小市民的 인테리 層 出身이므로 그들이 製作하는 作品이 必然的으로 인테리 的 臭味를 띨 것은 勿論이다. 그러나 그것이 뿌르 文學이 아니고 푸로레타리아 文學이 되는 以上 모름직이 大衆性을 가져야 될 것이 아닌가?

뿐만 아니라 偉大한 作品일수록 通俗的이라는 말이 잇다. 生活은 廣

汎하고 大衆은 通俗的이기 때문이다. (중략)

　지금 우리 文學에 너무 感覺的인 詩的인 뿌루 文學의 殘滓가 많지 않은가? 그것은 勞働服을 입은 勞働者가 분 바르고 기름 바른 것 같이 不自然하고 쑥스럽다. 그들은 現實 生活에 잇어서 質朴하고 鈍重한 것 같이 그들의 感情은 鈍重하고 單純할 것이다. 그러므로 거기에는 아무런 修飾과 假裝이 必要치 않다. 冗漫(용만)하고 煩雜한-末梢神經的 感覺의 曲線美는 그들에게 찾을 수 없을 것이다. 따라서 文學的 用語에 잇어서도 平凡한 그들의 日常用語를 쓰고 描寫에 잇어서도 直線的으로 簡明하게 쓸 것이지 必要치 않은 修辭的 感覺的 모든 군더더기는 一切로 터러버려야 될 줄 안다. (중략)

　八. 結語 (하략)

13. 咸大勳, 창작에 잇서서 정신생리학적 법칙

◎ 創作에 잇서서 **精神生理學的 法則**(一), 『동아일보』, 1934.4.7.

文藝 批評家는 恒常 文學作品의 評價에 잇서서 生活의 如何한 方面이 如何한 程度로 如何한 世界觀에 依하야 <u>그 作品이 諸形象 中에 反映되엇는가를 究明하지 않아서는 안 될 것이다</u>. 그러므로 이 反映의 過程을 究明하는 것은 그 作家가 가진 內的 本質의 摘發에 必要한 것은 勿論 또 偶然的 一時的 根本的 特性的인 것을 區別하는 데도 必要한 것이다.

우리는 藝術文學이 想像이 아니오 現實과 對立된 것이 아닌 것을 알 수 잇는 同時에 또한 이 生活을 寫眞과 같이 對象物을 感受하는 듯이 反映하는 것이 아님을 안다. 卽 藝術作品이 現實 生活을 反映함에 잇어서 寫眞과 같이 對象物을 잇는 그대로 反映하지 안코 選擇이란 方法에 依하야 어떤 것은 消滅시키고 또 어떤 것은 强調하야 創作하는 것을 알 수 잇나니 그것은 藝術家가 그 基本的인 特質을 그 自身이 感하고 理解하고 改造하는 때문인 것이다.

이제 우리는 한 개의 文學作品을 들처본다면 거기에는 現實을 描寫함에 잇어서 單純히 現實만이 아니오 그 藝術家의 嗜好와 氣分, 感情 等에 依하야 抽象化된 現實生活을 엿볼 수 잇다. 이는 어떤 같은 題目

354

例하면 '小作村'이란 題目을 여러 作家에게 創作하라고 해 본다 하면 그 作家들이 다가치 朝鮮의 小作村의 現實을 描寫한다 하드라도 各其 相異한 表現과 感想 等으로 製作할 것이다. 이는 그 作品에 描寫된 現實이 그 自身 가운데 作家의 '魂'의 片片이 相異한 까닭이리고 할 수 잇는 것이다. 그러므로 文學의 任務는 單純한 現實의 反映만이 아니오 主觀과 客觀과 相互 關係에 依하야 決定되는 藝術 形象의 現實的 制約인 것이다. 그러면 이 相互關係란 如何한 것인가? 이것을 알려 함에는 精神 生理學的 法則을 硏究할 必要가 우리 앞에 놓여진다고 말할 수 잇는 것이다.

우리는 한 개의 製作에 잇어 主觀이 客觀에 對하여 다음과 같은 位置 卽 結果로써 感覺과 表象과 思惟가 生하는 것과 같은 諸關係가 만들어지는 것과 같은 位置에 선다는 것을 볼 수 잇다. 卽 關係의 結果는 어느 程度까지 藝術家의 社會的 地位와 그가 거기서 낳은 主觀의 狀態에 依存하고 잇다는 것을 알 수 잇다. 그것은 感覺은 頭腦의 表皮의 어떤 部分에 局限되어 잇고 表象과 感覺의 記憶은 他의 部分인 까닭이다. 感覺은 對象物이 現存해 잇기만 하면 반듯이 必要치는 안혼 것이지만 表象은 聯合의 法則에 依하야 思惟에 轉化해 가는 것이다. 그리하야 思惟는 官能的 刺戟에서 對象物의 現存에서 完全히 獨立한 때에 비로소 아나키스틱한 狀態에 陷하는 것이다. 그렇지만 選擇의 動因이 論理的 思惟로의 移行을 準備하고 잇는 것을 잊을 수 업나니 이 動因은 藝術 形象의 形成 過程에 잇어서도 또한 非常한 重大한 意義를 갖고 잇는 것이다. 그리하야 이 過程에 잇어서 다시 새로이 일어나는 感覺과 表象과 그 以前에 生하야 이미 習慣的이 된 表象과 思惟와의 相互作用이 始作되는 것이다. 그러므로 이 過程의 어느 方面의 힘이 그의 出發을 決定하고 또 生하여 오는 思想에 結晶되어 가는 形象에 烙印을 찍는 것이다. 그러므로 새로운 段階에 喚起된 作家의 官能的 刺戟과 表象은 選擇의 힘을 빌어 詩的 形象으로 轉行하기 시작할 때 一方에서는 낡은 生活에 依하야 生한 굳어진 表象과 思想이 새로운 感覺과 表象이 對하야 矛盾을 나타낼 것이다. 그리하야 이는 새로운 것과 낡은 것과의 量이 同時에

生한 感覺, 表象 及 思想的 鬪爭의 結果로 되어 나타나는 것을 우리는 넉넉히 認識할 수 잇을 것이다.

이제 우리는 每日 우리들의 肉體와 精神이 訓練에 依하야 그 肉體와 精神의 發達을 볼 수 잇는 것을 알 수 잇다. 그런데 이와 同時에 神經細胞에도 또한 發達하는 것을 잊어서는 안 되는 것이다.

이제 이것을 說明하기 위하여 우리들이 勞動하면 할수록 우리의 體重은 增大해지고 生活力이 增大한다는 것을 말하지 않을 수 없는 것이다. 卽 이와 關聯하야 神經細胞의 衝動도 또한 强大하여지나니 이 衝動은 다른 몇 개의 神經細胞서 極點에 達하야 이들의 衝動에 依해서 또 이 衝動도 또한 重大한 意義를 갖게 되는 것이다. 그리하야 貧弱한 細胞는 반듯이 恒常 最大의 衝動에 達하지 못하고 途中에 中斷되거나 겨우 그 頂點에 到達하지만, 그와 反對로 强靭한 神經細胞는 모다 明確한 衝動을 傳達하는 것이다. 그리하야 이와 같은 衝動은 一定한 條件 下에서는 前의 衝動의 結果를 征服하고 쫓아버리기도 한다. 그리하야 同種의 刺戟이 神經細胞를 通過하는 게 적으면 적을수록 衝動은 弱해지고 이와 相應하야 聯合 能力은 漸漸 弱해지는 것이다. 이와 反對로 神經細胞의 訓練이 重해지고 同質의 刺戟을 줄 것 같으면 그것은 漸漸 自由로 이 새로운 類似의 刺戟은 通過시키는 것이다. 그러므로 이 刺戟은 쏘베-슨 聯邦 아카데미 會員이 '파브롭프'가 그의 著『動物의 高級 神經 活動의 客觀的 硏究의 十二年間의 試驗』에 나타난 神經의 潮流의 한 가지 길에서 다른 길로의 移行 或은 그의 表現에 依하면 '神經의 潮流의 轉位'를 說明하고 이 過程은 所與의 中心 生理學的 힘에 或은 그 刺戟의 程度에 依據하고 잇다고 하엿다. 그리고 그 刺戟은 다시 가장 强力한 中心 方向으로 進行한다는 것을 指示하엿다.

◎ 創作에 잇서서 精神生理學的 法則(二), 『동아일보』, 1934.4.8.

그리하야 어떤 特定한 方向으로 힘잇게 發達한 神經細胞를 갖고 잇는 作家는 容易하게 또는 急速히 自己의 感覺과 表象은 詩的 形象으로 改變할 수 잇는 것이다. 萬一에 神經細胞를 通하여 가는 길이 適當한 刺戟에 依하야 만들어지고 (중략)

우리는 藝術作品을 對할 때 그것이 如何히 生하엿는가를 살펴보고서 作品 전체를 싼 情緒的 色調와 主要 人物의 登場 또 中心的 事件의 形成 第二的인 諸모멘트와 基礎的인 모멘트의 調和, 거기 指示된 諸모멘트의 最上의 調和에 依하야 文學 藝術作品이 最高 完成으로 더듬어 올라간 것을 본다. (중략)

◎ 創作에 잇서서 精神生理學的 法則(三), 『동아일보』, 1934.4.10.

도스토옙흐스키는 어떤 片紙 가운데 그의 創作方法에 對하야 다음과 같이 썻다.

"나는 一場景이 처음으로 내 앞에 나타나 그것이 나를 기쁘게 할 때에는 直時 나는 그 場景을 쓰기 시작한다. 그렇지만 그때부터 數月이나 數年을 걸려 나는 그것을 完成한다. 그 間에 나는 몇 번이나 거기서 인슈피레이션을 感한다.(왜냐하면 나는 그 場景을 사랑하기 때문이다.)"

이 한 마디는 어느 作家든지 느낄 수 잇는 인슈피레이슌이어니와 이는 "所與의 모멘트의 所與의 條件 下에 어떤 光學的 刺戟을 獲得한 大腦의 一定 部分의 神經 活動이 시작된 것이다."(중략)

◎ 創作에 잇서서 精神生理學的 法則(四), 『동아일보』, 1934.4.11.

(이 글은 싸베-트의 評論家 파란스키의 數多한 論文과 丁抹의 生理學者 사베-트의 生理學者 파볼흐 等의 諸論文을 參考하엿습니다.)

14. 金斗容, 창작 방법의 문제 – 리얼리즘과 로맨티시즘

이 글은 『동아일보』 1935년 8월 24일부터 9월 3일까지 10회에 걸쳐 연재된 김두용과 한효의 사회주의 리얼리즘에 관한 논쟁의 하나이다. 그 가운데 일부만 소개하면 다음과 같다.

◎ 創作方法의 問題 – 리얼리즘과 로맨티시즘(一),
　『동아일보』, 1935.8.24.

一. 머리말

무엇을 어떠케 써야 할 것인가? 하는 創作 方法의 問題는 作家의 가장 重要한 根本 問題이다.

내 生活, 내 趣味에 맞는 文學을 創作할랴는 個人主義的 作家들은 勿論 創作 方法에 잇어서도 '너는 너 法대로 나는 나 法대로 쓰면 그만 아니냐는 態度를 取할는지 모르겟으나 적어도 朝鮮 文學을 朝鮮 大衆의 共同한 利益을 가진 文學으로 發達시킬랴는 마음을 가진 作家라면 누구나 다가치 어떠한 創作 方法이 가장 조코 또 適當한가 하는 問題를 等閑視할 수 없을 것이라고 생각한다.

이 問題에 對하야 오늘날 討論되고 一般 文學者와 文學 志望者들이 가장 만흔 관심을 가진 創作 方法 問題가 卽 社會主義的의 리알리즘과 ××的의 로맨티시즘의 問題인 것은 다시 더 말할 必要도 없을 것이다.

이 問題에 關하야는 벌서 오래 前부터 朝鮮의 左翼評論家들이 熱心히 討論하여 왓고 近者에 와서는 韓曉, 安含光, 두 분이 中央日報 紙上에서 서로 論爭하고 잇고 또 同紙가 熱心히 이 問題를 取扱하야 創作 方法 리알리즘에 對한 中堅作家 李北鳴, 柳致眞, 嚴興燮, 李孝石, 朴花城, 李石薰, 趙碧巖, 安懷南 諸氏의 所感과 實踐談을 紹介하얏다.

朝鮮 評論家 作家들이 어떠케 理解하고 잇는가 하는 것을 檢討하는 것은 퍽으나 重要한 當面의 問題라고 생각한다. 그러나 이 問題가 벌서 論議되는지가 오래고 또 發達된 論文도 多數하니 여기서 ──히 그것을 再批判하기는 到底히 不可能하다. 그러므로 單純히 이 問題의 本質만을 明白히 하는 同時에 最近에 發表된 韓氏 安氏의 所見을 批判하고 마지막으로 中堅作家들의 所感을 簡單簡單히 살피려 한다.

二. 리알리즘과 過去 創作 方法

리알리즘의 問題를 가장 先進한 나라에서 무엇이라고 말하느냐? 이러케 規定한다.

"歷史的 內容을 具體的으로 正確하게 그리되 社會主義的 精神으로 勞動 大衆을 思想的으로 改造하고 敎育하는 任務에 結合시키도록 그려야 한다."고.

여게 歷史的 內容을 具體的으로 正確하게 그리라는 말은 리알리즘의 創作 方法을 말한 것이라는 것은 다시 말할 必要가 없을 것이다.

그런데 朝鮮 文學에 잇어서는 過去에 어떤 創作 方法이 잇엇는가? 다시 더 말할 必要도 없거니와 朝鮮 或 日本 內地에는 푸로레타리아 리알리즘 그 後에는 唯物辨證法的 創作 方法이 잇엇다.

前者에 잇어서는 客觀的 生活을 正確히 그리라는 말을 하엿으되 그

中에 잇어서도 大衆生活 大衆鬪爭을 그리라는 말을 하엿다. 이것은 卽 歷史的 內容을 그리라는 말과 같다. 왜 그러냐 하면 歷史的 內容은 大衆生活 더구나 大衆鬪爭 속에 잇는 까닭이다.

後者에 와서는 大衆鬪爭이라는 말을 主體的 積極性 或 當面의 課題라는 말로 表現해 왓고 正確히 그리라 如實히 그리라는 말을 <u>唯物辨證法的으로 卽 本質的으로 對立的으로 發展的으로 全體的으로 한마디로 말하면 歷史的</u>으로 그리라는 말을 하엿다.

그러므로 푸로·리알리즘이나 或 唯物辨證法的 創作 方法이나 이르는 바 名稱은 다르나 結局 그것은 오늘날 이르는 바 歷史的 內容을 具體的으로 正確히 그리라 或은 現實의 眞實을 正確히 그리라는 말과 何等의 內容에 잇어서 틀린 것이 없다. (중략)

◎ 創作方法의 問題－리알리즘과 로맨티시즘(二),
　『동아일보』, 1935.8.25.

그런데 朝鮮의 評論家들은 무엇이라고 말하느냐 하면 所謂 過去의 指導的 立場에 잇엇다는 朴英熙 氏 같은 사람은 "얻은 것은 이데오로기요 일흔 것은 藝術이다."(昨年 東亞日報)라는 말까지 하엿다. 여게 對하여서는 金基鎭 氏의 正當(東亞日報 昨年 正月)한 反駁이 잇엇거니와 最近에도 韓曉 氏가 七月 下旬 中央日報에 "新創作方法의 再認識을 爲하야" 中 安含光 氏의 "웨 過去에는 唯物辨證法的 創作 方法이엇고 지금에는 社會主義的 리알리즘이냐?"는 問議에 對하야 (중략)

四. 리알리즘 우에 무슨 말을 붙일가?

그러면 朝鮮에도 리알리즘이 잇엇다면 그것은 社會主義的 리알리즘일가? 日本 內地나 朝鮮의 社會主義的 리알리즘 主張者는 "現實의 眞實을 正確히 그리는 方法을 리알리즘 우에 社會主義的이라는 말을 붙인

'社會主義的 리알리즘'이라고 생각한다. 그러나 이것은 誤解다. 가장 先進한 나라에서 나온 理論을 잘 읽으면 自然 明白하여질 것이다. (중략)

◎ 創作方法의 問題－리알리즘과 로맨티시즘(三),
　　『동아일보』, 1935.8.27.

五. 社會主義的 리알리즘 論者의 誤謬

그런데 日本의 社會主義的 리알리즘 論者들은 무어라고 하느냐 하면 그들은 現實의 (歷史的 內容)을 正確히 具體的으로 그리는 方法이라는 것이 '리알리즘' 方法인 줄 모르고 '社會主義的'을 붙인 '社會主義的 리알리즘'이라야만 그런 創作 方法인 것 같이 理解한 까닭에 한번 ×××리알리즘이 提唱되자 모다 그것을 撲滅할랴고 떠들기 始作하얏다. 리알리즘 우에 社會主義的이라는 말을 붙이는 것이 正當하다는 理由를 說明하기 爲하야 別別 詭辯을 다 붙이게 되엇다.

森山啓는 日本에도 經濟體系로는 社會主義的 實現이 없으나 思想 體系로는 社會主義가 잇으니 '社會主義的'을 리알리즘 우에 붙여도 相關없다는 理由를 說明하기 爲하야 엥겔쓰의 '空想과 科學' 中에 잇는 "資本主義 現實 속에는 矛盾이 잇으니 거기에서 矛盾을 없앨랴는 社會主義 思想이 發生한다."는 말을 數次 引用하얏으나 그러나 森山[모리야마]은 이 말이 矛盾이 잇기에 矛盾이 잇는 資本主義國의 社會主義 理論은 一般的으로는 社會主義 理論이나 特殊的으로는 ××理論이 되는 것을 指摘하는 것은 몰랏는지 알엇는지 如何間 이 말을 數次 引用하면서도 리알리즘 우에 ×××을 붙이는 것을 反對하얏고, 中野重治 또 '스타린'이 '레닌' 主義는 一般的으로 맑스 主義(社會主義)요 特殊的으로는 푸로레타리아 獨裁(××) 理論 及 戰術이란 말을 引用하여 가지고 그러니 "리알리즘 우에 社會主義的"을 붙여야 한다고 하다가 (文學評論 三月號) (이하 생략)

15. 한효, 創作 方法의 論議

** 이 글은 김두용의 '창작 방법의 문제'에 대한 반론으로, 『동아일보』 1935년 9월 27일부터 11월 29일까지 13회에 걸쳐 연재된 글로, 목차만을 제시한다.

一. 前言
二. 리알리즘과 過去의 創作 方法
三. 社會主義的 리알리즘과 그 本質
四. 社會主義的이란 말과 ××的이란 말
五. 로맨티시즘 論과 歪曲된 見解
六. 朝鮮文壇과 金氏의 評價的 態度

16. 김두용, 創作 方法論에 對하여 再論함

** 이 글은 한효의 반론에 대한 김두용의 재반론이다. 1935년 11월 6일부터 11월 29일까지 13회에 걸쳐 연재되었으며, 주요 목차는 다음과 같다. (번호는 원문의 번호를 그대로 옮겼음)

一. 韓氏에게는 未安하지만
二. 過去 唯物辨證法的 創作 方法의 內容
三. 唯物辨證法的 創作 方法을 非難하게 된 理由
四. 創作 方法의 問題를 實踐的으로 理解할 것
　　(가) 蘇同盟의 事情
　　(나) 日本 內地 及 朝鮮의 事情
六. 韓曉 氏의 無知인가? 曲解인가?
七. 韓氏의 抽象論과 重大한 問題 提議
九. 唯物辨證法的 리알리즘을
十. 日本의 論爭 狀態
十一. 論爭의 僞善的 態度
　　×××은 맑스主義的 性格이 아니다
十三. 아직도 追隨에 盲目的인 韓氏

17. 김두용,
로맨티시즘론 – 창작 방법 문제 재론의 계속

** 이 글은 김두용의 '創作 方法論에 對하여 再論함'과 이어지는 글이다. 『동아일보』1935년 11월 30일부터 12월 10일까지 10회에 걸쳐 연재되었다.

感情과 關聯시키면 돈키호테的 ひとりよがり?
活動寫眞만 보면 女工들은 自覺한다?
로맨티시슴과 ×××로맨티시슴의 過程
例, 伯父와 ㅣ냐의 心理的 科程
로맨티시슴과 ×××로맨티시슴의 區別
結論

등의 부제가 붙어 있을 정도로 다소 감정적인 논쟁이 있었음을 짐작하게 한다.

18. 金文輯, 언어의 문화적 문학적 재인식

◎ 전통과 기교 문제-언어의 문화적 문학적 재인식(1),
『동아일보』, 1936.1.16.

—신 조선 문학 散論 기획의 일부: 산론이라는 글의 성격=나름대로
규정—

이 글은 내가 企圖하는 '新朝鮮文學論 散論'인데 그 自體로서는 論文
도 아니고 評論도 아니고 이번 내가 새로 짓는 말 '散論'의 序論이라
이 亦是 散論의 하나가 될 것이다.

元來 내가 論客이 아닌 탓도 잇지마는 '評論' 더구나 '論文'이라는 語
感이 주는 바 變通性이 업는 우에 裝甲 自動車的 하고 形式的 하고서도
읽고 보면 論理學의 幼稚한 作亂 外에는 案外로 內容도 印象도 업는 이
種 '論'을 나는 실혀하는 사람이다. 그러면 散論이란 어떤 것인가? 이
글을 읽으시면 '홍 그게 散論이로군!' 하고 코우슴을 칠 수가 잇슬테니
何如튼 읽어주시되 무슨 論 무슨 論이란 말이 낫스니 말이지 大體로
文學에는 論文이 잇슬 道理가 업는 게다. 勿論 極端의 語法이나 여태껏
나는 論文이라고 이를 만한 글을 文學 領域에서 읽지 못햇다는 말이다.

歲暮 어떤 文壇 會合에서 斯界 朝鮮의 또렷한 存在의 한 분이신 鄭寅
燮 氏가 나의 어떤 글을 평하야 그(내글)는 某種 獨特한 技術을 가진
隨筆이니 決코 論文은 아니엇다고 하엿다. 내 觀察에 따르면 鄭氏의 소
위 論文은 講座의 講義를 말함이요 隨筆은 ESSAY를 뜻하는 模樣이다.
(내가 公開한 그 글은 論文도 隨筆도 아니엇고 소위 散論도 아니엇지마
는) 그러나 講義는 論文과는 스사로 別個의 物件이고 더구나 ESSAY는
隨筆이 아닌 그 무엇인 것이다. 내가 본 限의 鄭氏의 論文은 一種의 講
義엿고 西洋의 ESSAY는 (至今 내게는 字典이라는 種類의 冊은 한 卷도
없으니 어떠케 譯解되엇는지는 몰으나 設令 隨筆이라 論文이라 하는
譯이 잇드래도) 東洋語 '隨筆'과는 퍽으나 性格을 달리하는, 따라서 在
來 東洋에는 없엇든 한 形式의 글인 것이다.

西洋 文學이 輸入된 以來의 現代 極東 諸國에서 보는 바 文學上의 無
類한 論文들은 죄다 講義가 아니면 ESSAY들이다. 講義란 말의 說明은
그 必要를 느끼지 안흐나 ESSAY란 글은 現代文學의 雰圍氣에서 生活
하는 나의 認識과 理念을 좇으면 隨想5, 說苑4, 論文3, 評論2, 隨筆1을
合하야 거기다가 다시 엑스(X)5를 加한 總和를 6으로 除한 答의 體裁
와 風格을 가진 그 무엇이 아닌가 한다.

東洋에서 흔히 보는 무슨무슨 文集이라는 種類의 글 中에 이 ESSAY
를 찾을 수 잇스나 그 역시 ESSAY와는 若干 空氣의 差違와 語感의 不
合을 느끼지 안흘 수 없다.

氏는 그 자리에서 또 現下 朝鮮에는 네 사람의 가장 뚜렷한 隨筆家가
잇다고 前提하고 첫재로는 金晉燮 氏를 들고 다음 두 분의 姓銜은 잊엇
스나 同席의 나를 그 넷재 이름으로 들어 올리면서 무선 大端한 形容
과 說明을 添附하엿다. 나는 아직 隨筆家의 年齡이 안일 뿐만 아니라
도시 隨筆을 써 본 적이 없고 그에 類하는 글을 써 본 적이 없으니 말할
것도 없지마는 金晉燮 氏에 對해서 말해도 내가 본 限 同氏는 隨筆家는
안이엇다. 내가 본 三四篇의 金氏의 글은 感想文, article, 說苑 等의 글이
엇다.

그러면 <u>隨筆</u>은 어떤 것이냐? 西洋에 '엣세이'가 만흠에 대하야 東洋에는 그것이 적엇든 것 같이 東洋에 隨筆이 만흠에 對하야 西洋에는 그것이 드물엇고 現在에도 肉食主義의 그들 社會에서는 隨筆의 豊富를 希望키는 어려운 일이다. 이것도 나의 文學的 理念이 말히는 바이지만은 <u>大抵 隨筆이라 함은 老人의 心境 表現을 爲主하는 散文 藝術의 一 '잔루(장르)'이니 그 形式은 淡淡素直하고 觀照的이며 그 內容(世界)은 悟入, 哲味, 低廻, 逍遙, 追想, 是認 等等으로 表示할 수 잇다.</u> 論文과는 四十七尺의 距離가 잇음에 對하야 詩와는 單 三尺의 거리밖에 없다.

내가 日本 文學에서 만히 보든 隨筆을 웨 朝鮮 와서 그리 보지 못하는가 하고 처음은 자못 不滿足도 햇고 疑訝하기도 햇스나 漸次 文壇 內容을 알고보니 그러려니 하고 고개를 끗덕엿든 것 같다. 朝鮮의 文壇 文人은 모두가 젊다. 隨筆 三昧에 醉할 老境에 드러간 이가 적다는 것이다.

(日前 나는 東京 雜誌에 朝鮮 文壇 이야기를 하는 稿에 隨筆家라는 條에 十餘人의 文學家의 이름을 적엇으나 그는 勿論 眞正의 隨筆家라는 뜻이 아니고 내 記憶에 오르는 여러 種類의 글을 쓰신 분의 姓名을 쉽게스레 '隨筆家'라는 카테고리에 綜合해 너헛슬 따름이엇다.) (중략)

◎ 傳統과 技巧 問題─언어의 문화적 문학적 再認識(2),
　　『동아일보』, 1936.1.17.

그리면 散論이란 어떤 種類의 글이냐. 講義는 先生님이 學生과 學生으로서의 讀者에게 읽어듣기는 글이고 '엣세이'는 文學者가 讀者와 讀者를 대표하는 自己 自身과에게 묻[問]는 글임에 對해서 이 散論은 좀 비껴서 말하면 門外漢이 '便所'나 '뻰취' 우에 앉아서 어려운 말 쉬운 말 나오는 대로 혼자 중얼거리는 部類라 內容的 脫線은 勿論 그 形式에도 脫線함이 만흘 것이니 事實인즉 나도 아직 어떠케 될지를 몰으고 다만 쓰라는 命令에 服從하기 爲해서 어디 하나 散論이나 해 볼가 하고 始作한 것이다. 아이보다 배ㅅ총이 크다는 格으로 本論의 序論에 지나지 못하는 이 짧은 글에 잇서서 散論 誕生에 이만한 枚數를 消費햇다는 脫線 光景도 그가 散論인 所以이니 寬解함이 잇기를 바란다. 단 散論의 語感的 길이는 四 乃至 二十五 或은 그 以上이라는 畸型形에 屬하니 이 亦是 散論의 特徵이다.

朝鮮 文學에 무엇이 가장 缺陷햇나? 나는 傳統이라고 答한다. 傳統이 없는데 技巧가 없고 技巧가 없는데 피(血)가 없다. 技巧는 傳統의 表象이고 血은 生物로서 藝術의 意義인 것이다. (중략)

技巧란 무엇인가? 글 만드는 法인가? 아니다. 小說을 構成하는 技術인가? 그도 아니다. 그만한 法은 中學生의 作文에도 잇고 그만한 技術은 記事에도 잇다. 藝術의 技巧는 實로 藝인 것이다. 藝라니? 그는 呼吸이다. 說明 以前이고 以後인 作家의 呼吸이다. 이 呼吸을 呼吸하는 瞬間 잉크와 조히로 만든 小說이 피의 循環(生命)을 가진 讀者에게 生物로서의 活動을 開始한다. 그런 故로 그가 作家인 最後의 條件은 눈에 보이는 記號, 글자로서 보이지 안는 그 呼吸을 讀者에게 呼吸시키는 재주에 잇다. 이 재주를 亦是 曰 呼吸이라 한다. (중략)

예술로서의 文學은 글자로서의 表現된 言語에서 始終한다.
'한글'의 藝術的 再檢討는 本論 細論에서 試行키로 하고 우선 言語에 關해서만 한마디 한다면 朝鮮 文化와 그 傳統과의 反映인 朝鮮말은 言語 美學上 果然 어떤 位置에 머물고 잇는가 하는 問題를 나는 풀고 싶고 그보다 적은 問題이면서도 더 간곡하게 알고 싶은 것은 朝鮮말은 '藝'—呼吸을 呼吸하는 呼吸의 手段(媒介 또는 材料)으로서 果然 어떤 程度의 適宜性을 가젓는가 하는 안타까운 疑問이다. 이에 對한 疑問 그대로 나의 考察은 亦是 本論 細論에서 披瀝하기로 하되 내가 日本 內地 文學者들에게 番番이 한글과 조선말의 世界的 優秀性을 Betonen해 온 事實의 裏面에는 '나'와 '朝鮮'을 자랑하는 人間的 本能과 某種 感情이 얼마만큼 감추어져 잇엇다는 것만은 告白하지 안을 수 없다. 이것은 '라디칼'하고 重大한 問題이다. 그를 正面的으로 率直하게 表示한다면 한글의 그 無類의 科學的 組織性은 他의 追隨를 許諾지 안는 長點인 同時에 그 形態와 運用에 잇서서는 風流味가 적고 餘韻이 薄하다는 傳統 美學上의 短點이 잇다고 생각하며 조선말은 假令 우리가 우리의 生命의 貴함을 午時에는 意識치 못하는 것처럼 그 아름다움을 ――이 認識하기 어려울 만치 아름답다는 한 켠에 冷靜히 이를 觀察할 때에 그 語彙의 過少, 言語 色彩의 單調, 發音의 多節性과 急端的 强暴性(或은 凸怪性) 及 非音樂性 其他를 指摘할 수 잇는 것이다. (例하면 풀을 그린다, 코를 훌적 딱는다, 총총 물러섯다, 떡쌀, 곰배팔, 연놈을 한테 묶어서 죽인다 等等)

美意識으로서의 朝鮮 文學 啓發은 조선말의 言語學的 徹底한 硏究에서 出發해야 된다는 것이 나의 意見이다. 너무나 힘든 不足을 느끼나마 나는 多少 이에 유의하고 잇스니 그 報告는 다음 機會에 許諾 받기로 하고 지금은 槪念的으로만 한마디 添加해 볼려고 한다.

말의 美學的 價値 感情은 적힌 바 글자 그대로를 읽을 때와 입으로 말할 때와는 우리의 豫想을 넘어 그 形容을 달리한다는 것이 나의 느낌이다. (혹 예부터 그런 學說이 만이 잇는지도 몰으나) 幸인지 不幸인지 우리말에 잇서서는 地方的 條件的 取擇權을 준다면 後者가 前者보다 놀라울 만치 優美하다는 것을 나는 알엇다. 卽 一般的으로 우리말이 前記한 바와 같이 多節性 云云의 그의 致命的한 藝術的 不宜性을 體有함에도 불구하고 會話時의 서울 기집애 말은 天下 無類의 某種 美를 發顯한다는 事實을 나는 發見햇다.

◎ **傳統과 技巧 問題**－언어의 문화적 문학적 **再認識**(3),

『동아일보』, 1936.1.18.

(중략)

말, 말, 하지만은 말보다 깊은 藝術은 없고 말보다 넓은 文化는 없다. 廣義의 朝鮮 文學者들은 文化와 文學을 云謂하기 전에 먼저 이 깊고 넓은 말－ 朝鮮말을 研究할 義務가 잇다. 말의 歷史는 存在의 歷史고 存在의 歷史는 氏族의 歷史다. 哲學者 E. 카시러가 일즉 말한 바이지마는 言語의 起源 及 其 本質에의 哲學的 疑問은 그 存在의 本質과 그 起因에의 哲學的 疑問과 같이 그 歷史가 오래된 것이다. 땅이 잇는데 民族이 잇고 民族이 잇는데 藝術이 잇고 藝術이 잇는데 '非죽음'이 잇섯다. (중략)

◎ **傳統과 技巧 問題**－언어의 문화적 문학적 **再認識**(4),

『동아일보』, 1936.1.19.

元來 내가 '잔루(장르)'와 國境을 넘어서 藝術 그 自體를 愛好하는 사람이기 때문에 自然 各國의 文化 體系와 그 傳統性 多少間 엿보게 되엿지마는 勿論 各其 所屬한 나라의 그 길의 學者 앞에서 무슨 말 한마디를 벌여보려고 꾀하기에는 三十에도 못 이르럿다는 내 나이가 너무도 어리다는 것이다. (중략)

◎ **傳統과 技巧 問題**－언어의 문화적 문학적 **再認識**(5),

『동아일보』, 1936.1.21.

'姑娘(고낭)'이란 말이 낫으니 말이지 조선말 '기집애'는 營養 不足的 餘韻과 單調 乃至 殺風景한 語感을 주고 '처녀'란 말도(이것도 現代語지마는) '처자'와 거이 같은 程度로 未婚女의 醱酵하는 性的 魅力과 封建 朝鮮의 變化 없고 富裕치 못한 '안방' 風景을 聯想하는 外에는 (그 길게 디리운 머리와 치마도 잇지마는) 그다지 誇張할 만한 文化的 背景과 雰圍氣 그리고 歷史的 特異色과 民族的 獨自의 餘韻을 傳統意識으로서의 그 言語-처녀, 처자에서 發見하기에는 若干의 同情과 '한디캡'을 要한다는 데 對해서 저나라말 '姑娘'은 (저나라말 무스메외는 全然 別色으로 그 나라 比等한 程度로) 燦然한 文化와 歷史와 民族의 呼吸을 그 語調(語感이란 뜻으로)에서 그려내기에는 그다지 힘이 들지 안는다는 것이다. (중략)

◎ 傳統과 技巧 問題-언어의 문화적 문학적 再認識(6),
『동아일보』, 1936.1.23.

—전통 문학으로서 춘향전에 의미 부여

◎ 傳統과 技巧 問題-언어의 문화적 문학적 再認識(7),
『동아일보』, 1936.1.24.

(전략)

朝鮮 作家는 言語의 朝鮮을 再認識하는 同時에 傳統과 技巧에 關한 徹底한 解明이 잇기를 바란다. 以上 朝鮮文學의 一年 初期生으로서의 나의 幼稚한 感想이다. (正月 中旬 서울여관에서)

19. 韓曉, 창작 방법론의 신 방향

** 이 글은 1935년 김두용과 사회주의 리얼리즘 문제로 대립했던 한효의 평론이다. 1937년 9월 19일부터 9월 25일까지 5회에 걸쳐 연재되었다. 그 가운데 일부 내용을 옮긴다.

◎ 創作 方法論의 新方向(一)——面的 見解의 克服을 爲하야,
『동아일보』, 1937.9.19.

現代의 創作 方法論이 그 自身 實質的인 現實的 意義를 가추고 또 眞實한 意味에 잇서서의 創作 方法論이기 爲해서는 언제나 變轉無常한 現實的 機構로부터 離脫되어서는 아니된다.

今日의 文學界에 잇서서 創作 方法論은 그에 對한 理解의 正誤는 次置하고 무엇보다도 먼저 한 개의 儼然한 學으로서 學徒들의 가장 重要한 硏究 對象이 되어 잇다는 事實을 우리는 承認하지 안홀 수 없다. 그럼으로 文學의 領域에 잇서서 創作 方法論이 얼마나 本質的인 重要한 地位를 占領하고 잇는 것인가 함에 對하여서는 벌서 贅言할 餘地가 없는 바이다.

따라서 創作 方法論의 眞實한 積極的 意義를 規定하고 그의 學問的 優越性과 認識의 正當性을 究明하고 그리고 一切의 觀念的 背理로부터

그것을 擁護하는 것은 今日의 良心的인 文學徒들의 가장 緊要한 事業의 하나이고 또한 義務가 아니면 아니될 것이다.

그러면 이러한 우리들의 義務는 도리어 今日이라는 이 不安한 時期에 잇서서는 暴風에 꺼꾸러진 難破船의 '돗대'처럼 餘地없이 부서지고 짓밟히우는 것이다.

뿐만 아니라 恒常 正當한 眞理의 우에 立脚하려는 우리들의 限없는 渴望과 거룩한 憧憬도 오로지 '苦憫의 精神'이라는 要領不得한 槪念的 文句로서 糊塗되어 버리는 것이 오히려 當然한 現勢로 되어 잇다.

한때 人類가 經驗하지 안흐면 아니되는 그 巨大한 戰陣에로 불니워 나왓든 양키-제네레-슌이 이제야 率先하야 隊伍의 擾亂과 더불어 그 亂散의 心中 속에 잇서서의 不絶한 誇張과 合理化를 圖謀하고 잇는 것이다.

그리하야 그 創作 方法論을 말하고 휴매니즘을 論하고 倫理問題를 吟味함에 잇어 언제나 無意識을 가지고 그것이 時間 及 空間을 脫出할 수 잇는 듯이 假想하고 同時에 그것을 物質의 束縛을 떠난 純粹한 精神 狀態로 認定하려고 하는 것이다.

더욱 一聯의 作家들의 技巧 없는 紛裝術이 도리어 그들의 冒瀆的인 態度를 露骨的으로 表面化하고 同時에 그들의 消化不良의 觀察과 感受된 潛在意識이 五色 眼境의 破片과도 같이 價値 없는 色彩를 發散하는 現象은 참으로 閉心을 極 한 悲劇이 안이면 아니될 것이다. (이하 생략)

20. 宋南憲, 창작동화의 경향과 그 작법에 대하여

** 이 글은 창작 동화에서 공상적인 작품이 나올 수밖에 없는 이유
를 설명한 글임

◎ 創作 童話의 傾向과 그 作法에 對하야(上), 『동아일보』, 1939.6.30.

最近 發表되는 童話의 傾向을 볼 때 두 갈래의 特色을 發見할 수가
잇다.

그 하나는 童話가 어린이를 爲한 文學의 하나로써의 特色 卽 文學化
의 傾向이고 또 하나는 口演化의 傾向이다.

童話가 文學化해 왓다는 것은 文學을 通하야 獲得할 수 잇는 어린이
의 世界에 必然的인 擴張이며 어린이들이 文化的 敎養의 度를 넓이면
넓이수록 複雜化하고 데리케이트하게 되어 가는 것이 當然한 것이다.
이것은 文學 그 자체의 發達의 뒤를 도라보드라도 單純한 것으로부터
複雜한 것으로, 素朴한 것으로부터 微妙한 것으로 發達의 徑路를 밟고
잇는 것이 事實이다.

口演化의 傾向에 對해서는 처음 童話의 發生이라는 것이 父母 乃至
祖父母가 그 幼兒에게 口授口傳한 이야기이니까 이 口傳이라는 것은

童話의 가장 素朴한 原始 形式이다. 그리고 이야기하는 話術의 發達에 따라 純然한 口演童話의 發生을 보게 되엇다. 그 우에 또 라디오라든지 童話會 같은 發表 機關이 조금 式 旺盛하여 가기 때문에 口演童話는 發展 과정에 잇다고 볼 수 잇다.

童話가 이러케 두 갈래의 傾向을 取하고 잇다는 것은 어떤 것이 올코 그르다는 것이 아니라 童話가 가지는 要素라는 것은 읽는다든지 이야기로 한다든지 다같이 잇어야 될 必要한 것이지만 다만 이와 같이 두 갈래의 길을 取하게 되엇다는 것은 <u>童話의 表現 形式上의 分化</u>라고 볼 수 잇다.

朝鮮에서 兒童文學으로서 童話에 先驅的인 길을 開拓한 이는 故人이 된 小波 方定煥, 微笑 李定鎬 두 분일 것이다. 小波와 微笑는 일적에 兒童文學 初創期에 잇서서 雜誌『어린이』를 主宰하엿고 創作童話와 西歐 童話의 飜譯과 飜案을 하여 童話文學의 先驅的인 길을 開拓해 노앗다. 그러나 小波의 童話에서는 그 香氣와 感觸에 잇서 非常히 貴族的이고 超現實的인 作風이 만히 잇섯지만 <u>그 文章의 스타일은 어린이의 主觀을 通하여 엿볼 수</u> 잇는 新鮮한 어떤 分野가 開拓되어 잇섯다. 그는 一面 詩人이엇고 그 詩人的 一面이 小波 童話 大部分에서 엿볼 수 잇섯다.

微笑의 童話에도 이런 傾向을 엿볼 수 잇지만 微笑는 어린이들의 現實生活을 基礎로 한 寫實的風이 만헛다. 일직이 小波와 같이『어린이』十年 동안 兒童文學을 爲하여 만혼 힘을 쓰던 그는 이달 三日날 드디어 故人이 되엇다.

그 다음은『별나라』를 중심으로 한 詩人 朴世永 氏 等의 童話 作品에 잇어서도 現實的인 題材를 갖이고 寫實的인 描寫와 傾向的 一面을 表現한 데 特色이 잇엇다.『어린이』와『별나라』는 벌서 廢刊된 지 오래고『少年』『아히 생활』이 지금 잇고, 日刊 學藝欄에 '兒童欄'이 잇다.

그 中에 만히 쓰는 이로는 金泰午, 玄德, 咸世德, 田榮澤, 任元鎬, 崔秉和, 宋昌一, 金相德, 毛麒允, 金泰哲, 姜小泉, 金來成 氏 等의 作品을 볼 수 잇다.

其外에도 小說과 詩를 쓰는 이로서 種種 童話를 쓰는 이도 잇다. 여기서 이 여러 作家들의 作品을 ──히 列擧하야 考察해서 그 傾向과 作法을 論議하기보다 그들의 一般的인 創作 傾向을 通하여 創作 童話에 對한 考察을 해보고자 한다.

지나간 날의 童話에서는 主로 달이라든지 해가 말을 하고 새가 노래를 부르고 草木이라던지 물고기 山즘생 같은 것이 人間과 같은 感情을 가지고서 人間과 自然이 서로 交涉을 하엿다.

이러던 것이 어느 결에 그러한 것이 不自然視되어 現在와 같은 現實的인 童話文學이 生겨 나왓다. 小說이 옛날의 荒唐無稽한 時代로부터 漸漸 今日과 같은 科學的으로 解剖된 藝術이 된 거와 같은 길을 거러왓다고 할 수 잇다.

文學이 自然主義 以後에 잇서 浪漫으로부터 寫實로 變하엿다면 童話文學도 天國의 描寫로부터 現實의 描寫로 變化의 길을 걸어왓다. 그러나 이 寫實的인 傾向은 아이들 世界에서 꿈을 빼서오고 身邊生活에서 取材를 하여 그것이 少年 小說인지 童話인지 分別키 어려운 作品까지 나오게 되엇다. 種種 發表되는 童話 中에는 이러한 傾向을 볼 수 잇다.

우리들이 어떤 옛날 이야기를 드를 때 그 中에는 거기서 어떤 人生에 대한 暗示를 받는 수가 잇다. 조곰도 不自然하게 생각됨이 없는 것이 잇다. 이것은 오직 超現實的인 永遠한 眞實을 取扱한 까닭이 아닐까. 이러한 것이 眞實한 童話의 本質이 아닌가 한다.

◎ 創作 童話의 傾向과 그 作法에 對하야(下), 『동아일보』, 1939.7.06.

그러던 것이 後世가 됨을 따러 卑近한 勸善懲惡을 爲하여 쓰이게 되고 또는 其時代의 道德을 維持하기 爲하여 功利的인 主張을 하게 되어 眞實한 必然性을 일코 다만 學校에서 또는 家庭에서 아이들을 訓戒하기 爲하여 쓰이게 되엇기 땜에 童話라는 것이 자미가 없게 되엇다.

뿐만 아니라 이러한 實生活을 取扱한 童話는 童話가 가질 수 잇는 本

質을 喪失하엿다. 童話란 처음부터 어린이들에게 空想의 世界를 주고 情緖의 敎化를 目的한 것이니까 다만 어린이들의 生活을 그린다던지 어린이와 社會와의 關係를 그린다던지 하여 어린이들의 感情과 感覺을 代辯하는 데서만 아이들의 對한 認識을 하게 됨은 眞實한 認識이 못될 것이다.

어린이 世界에 숨어 잇는 人間의 本性을 깨워주어 어린이들에게 豊富한 人間性을 너허 주는데 童話의 本來의 使命이 잇을 것이다. 그러하기 爲해서는 아모래도 美라든가 眞이라든가 善이라든가 하야 <u>眞善美라는 것이 무엇인가를 알려주는 것이 必要하다. 여기서 비로소 空想的 作品을 만들지 안흐면 안 된다.</u> 藝術的인 아름다운 것, 眞實한 것, 善한 것을 알려주기 爲해서는 다만 어린이들의 生活만 보고 認識해서는 안 될 것이다. (하략)

21. 柳致眞, 극작법

◎ 劇作法－처음 戲曲을 쓰는 이에게 주는 片紙, 『동아일보』, 1939.3.5.

벌써 오래 前부터 戲曲을 쓰려면 어떠케 써야 합니까? 하는 劇作法에 對한 入門의 冊을 推薦해 달라는 편지를 흔히 독자에게서 받습니다.

나는 그런 편지를 받을 때마다 어떠케 그 答案을 써야 처음으로 戲曲을 쓰려는 이를 滿足시키고 그리고 그의 劇作의 門을 열어드릴른지 망서립니다. 그래서 나는 ──히 그 回答을 쓰지 못햇습니다. 여기에 紙面을 얻어 내게 편지를 준 讀者에 對한 回答을 代身하려 합니다.

허기는 劇作에 對한 冊으로 ×× 劇作法이니 戲曲作法이니 하는 손수이 얻을 수 잇는 冊이 書店에는 만습니다.

그러나 그런 類의 冊은 大部分의 讀者가 이미 一讀하엿을 것이고, 그것으로 터득 못하니까 내게 片紙로 써 붙이는 것일 것입니다.

내가 보는 限에도 以上 무슨 劇作法이니 하는 冊子를 初步의 讀者에게는 그다지 큰 靈感을 줄 수 없고 오히려 戲曲作法에 對한 어느 程度의 修練을 얻은 이에게나 多少 參考가 될 것이라고 생각합니다.

이는 마치 詩論을 읽고 詩를 못 쓰고, 小說作法에만 依支하야 小說을 못 쓰는 것과 마찬가집니다.

大概 劇作法이니 小說作法이니 하는 것은 한 學問으로서는 尊敬을 받을 일일는지 모르지만 初等生의 創作의 文理를 깨치는 데는 그다지 도움이 될 수 없고, 그 生硬한 學問은 때로는 創作에 對한 이메지를 擾亂시킬 念慮조차 잇는 것입니다.

이러한 理由에서 劇作家가 되려는 분에게 내가 勸하고 싶은 것은 그런 類의 冊子가 아닙니다.

그러면 무엇이냐?

우선 廣汎한 意味에서 社會에 對한 智識과 敎養을 높이는 데서 始作되어야 할 것입니다.

卽, 詩나 小說 作品 그리고 隨筆, 評論, 社會科學, 歷史 等 모든 學問을 만히 읽을 것, 그 읽는 데도 그저 無秩序하게 多讀만 爲主할 것이 아니라 明徹한 評論家의 힘을 빌려 그 著者의 傾向과 親交를 찾어가며 系統잇게 읽어야 할 것입니다.

이러한 基本 智識과 敎養을 通해서 劇作家가 되려는 분은 作家의 根本 土臺인 人生을 보는 눈과 社會를 批判하는 智力을 豊富하게 해야 할 것입니다. 卽 自己 自身의 人生觀 乃至 社會觀을 確立시킨다는 말인데 이것의 確立이 없고는 그의 作品은 키 없는 배와 같이 航海할 힘을 못 가집니다. 或 航海할 수 잇다 하더라도 그는 얕은 발목물에나 헴처 단이거나 하지 제법 먼 바다에는 못 나가고 맙니다.

그 다음 課題는 希臘時代로부터 東西洋의 戲曲을 體系잇게 精讀할 것입니다. 이 戲曲의 精讀으로 世界 演劇의 內容과 形式의 變遷을 學得할 수 잇습니다. 그러나 世界 演劇의 變遷을 더 具體的으로 알자면 그 時代의 社會制度와 劇場 構造와 俳優와 觀衆의 習慣쯤은 알어볼 必要가 잇습니다.

卽 그 時代의 社會史, 劇場 建築史, 演劇史, 戲曲史 等의 書籍을 求하야 參考해 가며, 戲曲 作品과 竝讀해야 할 것입니다. 그만한 用意가 없고는 그 時代의 戲曲을 理解할 수도 없습니다.

그 다음에 修得해야 할 것은 演劇의 實際입니다. 이 演劇의 實際는

冊床 우에서 배울 수 잇는 것이 아니오 勤勉히 劇場에 단이며 배워야 합니다. 劇場에 가서 舞臺가 주는 感動을 直接 體驗합니다. 한 가지 演劇을 한 번만 보아서는 안 됩니다. 時間이 許하는 대로 보고 또 보아서 몃 번이나 吟味해야 합니다. 그러는 동안에는 그 演劇을 理解할 수 잇고 거기에 對한 批判眼도 생깁니다. 卽 첫 번 求景할 때에는 한 純直한 觀客으로 그 演劇이 주는 感動의 全部를 받아들입니다. 그 다음부터는 그 感動을 分析 批判해 보는 것입니다.

愛蘭의 劇作家 숀·오케이시는 나의 劇作法은 每夜 아베이 座의 三等席에서 한 觀衆으로써 배운 것뿐이라고 告白하엿습니다. 劇場은 演劇 學徒의 敎室인 줄 알면 그만입니다.

劇場에 가서는 演劇을 배우는 同時에 觀衆도 배워야 합니다. 演劇을 보러 온 觀衆은 그 時代 그 社會에서 派遣된 劇場의 參席者입니다. 卽 觀衆을 배우는 것은 그 上演된 演劇이 波紋하는 社會를 觀察하는 것입니다. 나도 入場料를 내고 劇場에 가서 舞臺는 次置하고 觀客席만 보는 때가 흔히 잇습니다.

그러나 劇場에 가서는 觀客席만 앉어 잇슬 것이 아니라 舞臺 뒤에 가서 現代에서 演劇이 演出되는 過程과 또 그 演劇이 驅馳할 수 잇는 約束과 트릭을 배워야 할 것입니다. 이것을 모르고는 現下의 演劇을 뛰어넘을 수는 없습니다.

以上의 基本 訓練을 겪은 後에는 서투르나마 自己 스스로 習作의 붓을 들어보고 그것을 機會 잇는 대로 舞臺에 올려 脚光을 비처 보아야 합니다. 戱曲은 脚光 아래서 비로소 그 作品 價値를 나타내기 때문입니다.

自己 作品을 한두편 舞臺에 올려보고 그다음에 앞에 말한 劇作法에 關한 冊을 읽어보면 그 때 비로소 그 冊이 말하는 바 內容을 理解할 수 잇고 自己의 劇作法에 대한 誤謬도 修訂할 수 잇을 것입니다. 以上으로 겨우 戱曲을 쓴다는 基本 工夫는 그 土臺를 작만할 수 잇을 것입니다. (끝)

22. 宋南憲,
예술동화의 본질과 그 정신 – 동화작가에의 제언

** 이 글은 1939년 12월 2일부터 12월 10일까지 6회에 걸쳐 연재된 예술 동화 창작 태도와 관련한 논문으로, 동화 창작 이론의 한 면을 보여준다. 그 가운데 일부만 소개한다.

◎ 藝術童話의 本質과 그 精神 – 童話作家에의 提言(一),
  『동아일보』, 1939.12.2.

童話도 一種의 藝術이며 그 形式은 <u>散文이지만은 그 本質에 잇어서 敍事詩에 屬하는 文藝</u>다. 이런 意味에서 童話의 使命은 兒童을 中心으로 한 藝術의 使命에 一致한다. 卽 兒童의 自省心의 誘發에 依하여 童心을 純化하고 兒童의 本性을 保持하기 爲하여 社會에 對한 代辯이 안이면 안 된다. 여기에 잇어서 童話는 兒童 中心의 藝術이고 童話 作家는 散文 詩人이다.

노바-리스와 같은 神秘主義者도 일직이 童話를 가르쳐 "文學의 規準"이라고까지 말하고 "一切의 詩的인 것은 童話的이 아니면 안 된다." 라고 하여 童話를 가지고 藝術의 最高 形式이라고 生覺한 것도 無理는 아니다. 佛蘭西의 살 페롤(1628~1703)을 發端으로 하여 드 노아 伯爵 夫人(1669~1705), 獨逸에 하우프(1802~1827), 近世 藝術 童話의 王座 丁抹에 안더센(1805~1875), 露西亞에 크리로프(1768~1844), 톨스토이, 英國에 와일드(1856~1990) 以外에 美國에 베ー네트 夫人, 스타우 夫人, 호트, 佛蘭西에 아나톨 프란스, 丁抹에 스트린느벨그, 獨逸에 뮤ー렌, 白耳義에 뷰·러몬토브·갈신, 瑞典에 라ー겔 레브, 日本에 小用未明 等 의 藝術 童話의 藝術의 最高 形式으로서 다른 一切의 形式과 對等의 文 學的 評價를 要求하는 것도 當然한 일이다. (하략)

■ 김경남

건국대학교를 졸업하고 동 대학원에서 문학박사학위를 받았다. 현재 대학에서 글쓰기 강의를 하고 있으며, 글쓰기 이론에 관심이 많다.
「일제강점기의 작문론과 기행문 쓰기의 발달 과정」, 「1910년대 기행 담론과 기행문의 성격」, 「근대적 기행 담론 형성과 기행문 연구」 등 다수의 논문을 통해 글쓰기 이론의 체계화를 모색하고 있으며, 아울러 근대(近代)와 기행 담론의 천착에 몰두하고 있는 중이다.

일제강점기 글쓰기론 자료 1
일제강점기 글쓰기론 자료

© 김경남, 2015

1판 1쇄 인쇄__2015년 08월 20일
1판 1쇄 발행__2015년 08월 30일

엮은이__김경남
펴낸이__양정섭
펴낸곳__도서출판 경진
　　　　등록__제2010-000004호
　　　　블로그__http://kyungjinmunhwa.tistory.com
　　　　이메일__mykorea01@naver.com

공급처__(주)글로벌콘텐츠출판그룹
　　　　대표__홍정표
　　　　편집__김현열 송은주　**디자인**__김미미　**기획·마케팅**__노경민　**경영지원**__안선영
　　　　주소__서울특별시 강동구 천중로 196 정일빌딩 401호
　　　　전화__02-488-3280　**팩스**__02-488-3281
　　　　홈페이지__http://www.gcbook.co.kr

값 27,000원
ISBN 978-89-5996-476-5 93710

※ 이 책은 본사와 저자의 허락 없이는 내용의 일부 또는 전체의 무단 전재나 복제, 광전자 매체 수록 등을 금합니다.
※ 잘못된 책은 구입처에서 바꾸어 드립니다.
※ 이 도서의 국립중앙도서관 출판예정도서목록(CIP)은 서지정보유통지원시스템 홈페이지(http://seoji.nl.go.kr)와 국가자료공동목록시스템(http://www.nl.go.kr/kolisnet)에서 이용하실 수 있습니다. (CIP제어번호: CIP2015020911)